财政部规划教材
全国财政职业教育教学指导委员会推荐教材
全国高职高专院校财经类立体化教材

经济学基础

主　编　方　旭
副主编　何万能　丁　宇　夏薇薇

中国财经出版传媒集团
中国财政经济出版社

图书在版编目（CIP）数据

经济学基础/方旭主编. —北京：中国财政经济出版社，2019.8（2022.6重印）
ISBN 978-7-5095-9054-6

Ⅰ.①经… Ⅱ.①方… Ⅲ.①经济学-高等职业教育-教材 Ⅳ.①F0

中国版本图书馆 CIP 数据核字（2019）第 115117 号

责任编辑：周桂元　　　　　　　　　　责任校对：张　凡
封面设计：育林华夏

中国财政经济出版社 出版

URL：http://www.cfeph.cn
E-mail：cfeph@cfeph.cn
（版权所有　翻印必究）
社址：北京市海淀区阜成路甲 28 号　邮政编码：100142
营销中心电话：010-88191537　北京财经书店电话：64033436　84041336
北京鑫海金澳胶印有限公司印装　各地新华书店经销
787×1092 毫米　16 开　22 印张　534 000 字
2019 年 8 月第 1 版　2022 年 6 月北京第 3 次印刷
定价：49.00 元
ISBN 978-7-5095-9054-6
（图书出现印装问题，本社负责调换）
本社质量投诉电话：010-88190744
打击盗版举报热线：010-88191661　QQ：2242791300

前　言

本书是财政部规划教材，全国财政职业教育教学指导委员会推荐教材，由财政部教材编审委员会组织编写并审定，作为全国高职高专院校财经类教材使用。

本书将体现市场经济运行的基本规律和我国改革开放的经济成果相融合，运用大量的应用性理论和案例，深入浅出地阐述了经济学的基本理论，结合高职学生特点，力求既能体现高职教育"理论以必需、够用为度"的思想，又能保持其基本理论精华原貌，做到理论上浅显易懂，实践上紧密联系，突出教材的实用性、系统性和时代性。

本教材最大的特色是采用"以案例为引导，以任务为驱动"的编写体系，重在培养学生在实践中对经济学原理的理解和运用能力。主要创新点有：一是降低难度，精选内容。保留经济学理论体系的基本架构，剔除了以往教材中一些晦涩难懂的且与现实联系不紧密的经济学知识和一些繁琐的经济学理论推导，做到难的理论简单陈述。二是任务驱动，重构体例。每章采用案例引导，每小节依据基本原理和理论采用"任务导入"提出问题，通过"内容精讲"来讲述对应的经济学知识点，最后用"任务分析"来解决"任务导入"中提到的问题，这样的编写体系更符合学生的认知规律。三是拓展思维，增加兴趣。针对经济学的基本原理在重难点及知识点中穿插了大量的"小案例""知识窗""注意""想一想"等知识拓展小环节，有利于提高学生学习兴趣，激发学生思维能力。

本书由方旭担任主编，何万能、丁宇、夏薇薇担任副主编。编写工作的分工情况如下（按章节顺序）：第一章、第三章，重庆城市管理职业学院黄菊英、涂悦；第二章，咸宁职业技术学院方旭；第四章，淄博职业学院肖全章；第五章，广东科贸职业学院王金彪；第六章，武汉城市职业学院曹萍；第七章，咸宁职业技术学院夏薇薇；第八章，济南职业学院王红敏；第九章，重庆工业职业技术学院金渝琳；第十章，临沂职业学院郭鑫；第十一章，辽宁经济职业技术学院丁宇；第十二章，湖南财经工业职院何万能、刘会平。最后由方旭总纂定稿。在本书的编写过程中,编者尽可能地参考了国内的相关文献,引用了一些好的案例等,在此谨向有关作者表示诚挚的谢意!

本书在编写的过程中借鉴了目前已出版的国内外西方经济学的优秀教材、专著和相关资料,引用了一些有关的内容和研究成果,在此我们一并表示感谢。由于编者水平有限,加上时间仓促,书中难免有很多不足,敬请批评指正。

本教材为用书学校任课教师提供了包括教学所需的课程标准、电子教案、课件、案例库、习题库、资料库等各类资源。如有需要请以电子邮件形式向中国财政经济出版社索取（请注明：学校、全书名、版次）,Email：caijingjiaocai@163.com。

编者

2019 年 5 月

目 录

第一章　走进经济学 …………………………………………………… 1
　第一节　认识经济学 ………………………………………………… 2
　第二节　经济学的主要内容及其发展 ……………………………… 6
　第三节　经济学的研究方法 ………………………………………… 19

第二章　需求、供给与价格 …………………………………………… 29
　第一节　需求理论 …………………………………………………… 30
　第二节　供给理论 …………………………………………………… 36
　第三节　均衡价格 …………………………………………………… 42
　第四节　弹性理论 …………………………………………………… 50

第三章　消费者选择 …………………………………………………… 60
　第一节　认识效用 …………………………………………………… 61
　第二节　基数效用论——边际效用分析 …………………………… 65
　第三节　序数效用论——无差异曲线分析 ………………………… 75

第四章　探知企业生产 ………………………………………………… 90
　第一节　厂商与生产函数 …………………………………………… 91
　第二节　短期生产及其函数 ………………………………………… 97
　第三节　长期生产及其函数 ………………………………………… 104
　第四节　最优的生产要素组合 ……………………………………… 108
　第五节　规模报酬 …………………………………………………… 112

第五章　成本与收益 …………………………………………………… 122
　第一节　成本与分类 ………………………………………………… 123
　第二节　短期成本 …………………………………………………… 130

第三节　长期成本 …………………………………………………… 136
　　　第四节　收益与利润最大化 …………………………………………… 143

第六章　产品价格的决定 ……………………………………………… 151
　　　第一节　市场及其结构 ………………………………………………… 152
　　　第二节　完全竞争市场 ………………………………………………… 158
　　　第三节　完全垄断市场 ………………………………………………… 165
　　　第四节　垄断竞争市场 ………………………………………………… 173
　　　第五节　寡头垄断市场 ………………………………………………… 178

第七章　生产要素价格的决定 ………………………………………… 186
　　　第一节　生产要素的需求与供给 ……………………………………… 187
　　　第二节　劳动市场与工资 ……………………………………………… 195
　　　第三节　资本与利息 …………………………………………………… 201
　　　第四节　土地与地租 …………………………………………………… 204
　　　第五节　洛伦兹曲线与基尼系数 ……………………………………… 209

第八章　市场中政府作用 ……………………………………………… 215
　　　第一节　垄断与反垄断 ………………………………………………… 216
　　　第二节　外部效应 ……………………………………………………… 223
　　　第三节　公共产品 ……………………………………………………… 230
　　　第四节　不完全信息 …………………………………………………… 235

第九章　国民收入决定 ………………………………………………… 245
　　　第一节　国民收入核算理论与方法 …………………………………… 246
　　　第二节　国民收入的循环和均衡 ……………………………………… 256
　　　第三节　乘数原理 ……………………………………………………… 260

第十章　失业与通货膨胀 ……………………………………………… 271
　　　第一节　失业理论 ……………………………………………………… 272
　　　第二节　通货膨胀理论 ………………………………………………… 279
　　　第三节　失业与通货膨胀的关系 ……………………………………… 289

第十一章　经济周期与经济增长 ……………………………………… 294
　　　第一节　经济周期 ……………………………………………………… 295
　　　第二节　经济增长 ……………………………………………………… 305

第十二章　宏观经济政策 …………………………………………… 314
　　第一节　宏观经济政策的目标及其类型 ……………………… 315
　　第二节　财政政策 ……………………………………………… 320
　　第三节　货币政策 ……………………………………………… 327

参考文献 ………………………………………………………… 340

第一章
走进经济学

本章知识点

1. 经济学、稀缺性、机会成本的含义。
2. 经济学的主要研究内容和研究体系、微观经济学与宏观经济学的关系。
3. 经济学的基本假设、思维方式和研究方法。

知识导图

	知识结构	知识要点
第一章 走进经济学	认识经济学	经济学的由来;学习经济学的意义
	经济学的主要内容及其发展	稀缺性、机会成本的含义;经济学的含义;经济学的主要任务;经济学的体系
	经济学的研究方法	经济学的假设;经济学的分析方法

引导案例

沃尔玛的销售秘诀

2018年7月9日《财富》杂志公布了世界500强排行榜,沃尔玛以5003.4亿美元位居营业收入榜首,这是沃尔玛自2014年以来第五年成为全球最大公司,利润也在传统零售行业中位居榜首。以传统的零售经营为主的沃尔玛是如何从美国阿肯色州本顿维尔镇的一家小商店发展为全球最大的企业并取得如此辉煌的业绩的呢?

其中很重要的一个原因在于沃尔玛坚持"天天低价"的经营理念,公司非常重视成本控制,销售的商品比其他超市都更便宜。在同样品质的情况下,便宜的东西自然会对消费者产生更大的吸引力,买沃尔玛的东西

> 更省钱，省下的钱可以买别的东西，消费者的利益提高了，这是消费者追求自己利益最大化的具体表现。沃尔玛公司本意并不是想给消费者省钱，它只是想追求公司利益的最大化。但是公司在追求利益最大化的过程中，必须不断与其他公司竞争，这样它就不期然地促进了本来并未打算促进的消费者利益。
>
> 经济学认为，经济主体在追求自身利益最大化的同时，却间接地促进了社会利益的增长，该效果比他真正想要促进社会利益时所获得的效果还大，只要充分发挥市场机制的作用，建立起合乎规律的秩序，就能使经济人所追求的个人利益与社会利益协调起来。这就是经济学鼻祖亚当·斯密所说的"看不见的手"的力量。

第一节　认识经济学

本节重难点

1. 了解经济学的由来。
2. 了解生活中的经济学现象。
3. 理解学习经济学的意义。

任务导入

提到"经济学"，有同学可能认为是一门专门研究赚钱的学科，认为它能使一个人发财、一个厂商获利或一个国家经济增长。你同意这种看法吗？谈谈你理解的经济学。

内容精讲

一、经济学的由来

二维码 1.1：
经济学的起源

"经济"一词，源于希腊文 oikonomia，原意是"家政"或"家计"，也就是"家庭管理"。古希腊哲学家色诺芬（Xenophon，公元前 430—前 350）撰写了第一本以"经济"为名的著作 oikouomikoz，即《经济论》。英文的经济 economy 就是逐步从希腊文演变而成的。

最早使用"经济学"一词的是法国人蒙克莱田（1575—1621），1615 年他写了一本书——《献给国王和王太后的政治经济学》。经济学的英文是 economics，1867 年日本人神田孝平在翻译英文的 economics 时借用了三个汉字"经济学"。

19 世纪末 20 世纪初，随着中日两国文化和人员交流，"经济学"一词也从日本传到中国。

> **知识窗**
>
> 在中国古汉语中,早有"经济"一词,它是"经邦""济民""经国""济世",以及"经世济民"等词的综合和简化,含有"治国平天下"的意思。其内容不仅包括国家如何理财、如何管理其他各种经济活动,而且还包括国家如何处理政治、法律、教育、军事等方面的问题,与今天的含义相差较大。
>
> "经"的本来含义是东西之道后来引申为"治理",如"经天纬地"。"济"的本来含义是"济水",比如济水之南,就是济南,后来引申为帮助,如"救济"。
>
> 经世济民,就是治理世界,普度众生。这是一代代中国优秀知识分子的理想。
>
> 中国最早开设经济学的学校是北京大学,讲授者中也包括日本人,他们把这门课称为"经济学"。国学大师梁启超先生和严复先生,很早就接触到 economics 这个词,将其翻译成"计学"或"生计学",也就是"家计之学",不过这个译法没有被后人认可。
>
> 一代经济学大家陈岱孙先生(福建闽侯人,1900—1997,1926 年获哈佛大学经济学博士学位)曾半开玩笑地说:本来嘛,我们这门学问该叫"经世济民学",可是李世民皇帝用了"世民"这两个字,我们就只能叫"经济学"了。

现代意义上经济学产生的标志,公认的是 1776 年英国人亚当·斯密发表《国民财富的性质和原因的研究》,1901 年严复先生将其译成中文(译名《国富论》)。在亚当·斯密之前,经济学依附于哲学或伦理学的体系之内。《国富论》分析了物品价格的形成,以及土地、劳动和资本的价格如何确定等问题,揭示了市场机制的长处和弊端,指明了市场的效率特征,并看到了社会经济效益事实上是出自于个人的自利行为。

> **知识窗**
>
> ### 亚当·斯密小传
>
> 亚当·斯密(1723—1790)是英国伦理学家、经济学家,是古典政治经济学理论体系的创立者。
>
> 亚当·斯密出生在苏格兰法夫郡,他终身未婚,个性腼腆、言辞刻薄而思维缜密。
>
> 亚当·斯密在《国富论》中研究经济问题的出发点是"经济人",即人的利己本性。他认为,在经济生活中,一切行为的源动力不是来自于同

情心或利他主义,而是他的利己之心,是每一个人改善生活条件的欲望。他继承了英法古典经济学家把研究的重点从流通领域转向生产领域的传统,同时批判了重商主义认为对外贸易是致富源泉的错误观点,也摆脱了"只有农业才创造财富"的重农主义的片面看法。他系统地阐述了劳动价值论的基本原理,并据此提出了利润和地租是劳动创造的价值的一部分。他反对国家干预经济,主张自由放任。他的"看不见的手"的著名论断至今仍是经济学家们激烈争论的话题之一。

其实在《国富论》之前,亚当·斯密还有一本名为《道德情操论》的著作。他在这本著作中竭力要证明的是:具有利己主义本性的个人是如何在资本主义生产关系和社会关系中控制自己的感情和行为,尤其是自私的感情和行为。事实上,亚当·斯密在《国富论》中所建立的经济理论体系,就是以他在《道德情操论》的这些论述为前提的。

这两部著作是亚当·斯密整个写作计划和学术思想体系的两个有机组成部分。在对利己主义行为的控制上,《道德情操论》寄重托于同情心和正义感,而在《国富论》中则寄希望于竞争机制;但对自利行为的动机的论述,在本质上却是一致的。《道德情操论》所阐述的主要是伦理道德问题,《国富论》所阐述的主要是经济发展问题。用今天的观点来看,这是两门不同的学科,前者属于伦理学,后者属于经济学。

二、学习经济学的意义

经济学被称为社会科学王冠上的璀璨明珠。不了解经济学基本知识,很难对社会有一个正确全面的认识,很难站到一个较高的层次看问题。

对于个人来说,学点经济学有助于在面对人生各种必要的经济决策时做出更好的选择,使我们能够用经济学的理论去为我们的经济实践提供指导和帮助。例如,房价一直居高不下,是应该买房住还是租房住?如果买房,是买现房还是买二手房?在工作之后,应该如何支配收入?是用于储蓄还是投资?……每个人在自己的一生中都会面临很多类似的决策,学了经济学之后,你会做出对自己最有利的决策。

引导案例

不会花钱不如没有钱

有一座寺庙坐落在一个清静的地方,庙里住着一个自食其力的和尚,生活清贫而幸福。日子长了,庙里香火变得旺盛,贡品里有不少好东西,和尚把这些贡品拿去卖掉,攒了很多钱。有钱后,和尚变了,不信任任何人,担心钱被偷走,无论白天黑夜总把钱藏在自己胳肢窝里。他也因此整天心神不宁,痛苦不堪。在这个故事里,金钱是痛苦的根源。

> 经济学不讲金钱万能，也不讲金钱万恶，它的性质取决于如何获得金钱以及如何使用金钱。和尚的痛苦不在于有钱，而在于不会花钱。佛家讲"普度众生"，若是和尚能将钱送给穷苦百姓，那就是拯救了苍生，也度化了自己。经济学主张人们利用金钱使自己获得最大收益，达到效用最大化，从这个角度讲，人们要学会花钱，这样钱才是财富，才是幸福的源泉，不会花钱不如没有钱，就像和尚清贫时反而比有钱时幸福。
>
> （资料来源：陈冰著：《微经济 让你更聪明地选择和生活》，机械工业出版社 2013 年版）

学点经济学还可以让你了解周围的世界是如何运转的。一个人的生活状况既取决于自己的决策，同时也依赖于周围其他人的决策，如果个人了解周围的世界是如何运行的，就可以改进你的决策。当你想买一台笔记本电脑时，支付相应的价格，你就可以把它从任何一家电器商场拿回家；当你在大街上饥肠辘辘的时候，走进任何一家饭馆都可以让别人给你上菜……而你事前并没有通知厂家为你生产一台笔记本电脑，也没有告诉饭馆的老板为你准备饭菜。是什么原因让你能如此轻松地得到自己想要的东西呢？学了经济学，你就会明白这一切是如何发生的。你也可以明白，通货膨胀对我们的生活水平究竟有何影响？报刊杂志、财经新闻中经常提到的 GDP、CPI、PPI、FDI、存款准备金率、基尼系数、财政赤字等各自是什么含义？为什么商业银行的利率时高时低？人民币汇率变化对进出口商以及我们的生活分别会产生何种影响？为什么钻石并非人们不可或缺的，却比人们赖以生存的水贵许多？……经济学都可以帮助我们回答上述问题。

经济学除了有用之外，本身还是一个很有趣也很有魅力的领域。我们可以运用经济学的分析方法分析许多生活中的问题，例如，期末复习的时候应该如何分配时间才能保证各科成绩相辅相成？为什么商场的衣服、化妆品经常打折，而大米、盐则很少打折？为什么珠宝、化妆品通常设置在商场的一楼？为什么女装相对男装通常设置在商场较低的楼层？为什么许多经济学家认为政府设置最低工资标准并不能真正保障弱势群体的利益？这类形形色色的问题都可以运用经济学原理进行解释。将经济学思考问题的方法运用到日常生活中去，会让我们在思考问题的时候更有逻辑，让我们自己在进行决策的时候更明智，小到油盐酱醋，大到谈婚论嫁，会减少生活中的诸多郁闷和不快，多一些开心，多一些和欢笑。学习经济学将有助于我们做一个"明白人"，正如英国文豪萧伯纳曾说过一句话：经济学是一门使人生幸福的艺术。

知识窗

> 人的一生（从摇篮到坟墓）中，你永远都无法回避无情的经济学真理。学习经济学并不一定能让你变成一个天才，但不学经济学命运就很可能与你格格不入。
>
> ——保罗·萨缪尔森

总之，学习经济学有助于妥善地安排你的生活、投资和消费，有助于启发自己对一些社会现象和热门话题进行分析和判断，也有助于你更了解所生活的世界，所以让我们一起揭开经济学的面纱，好好学习这门学科吧！

任务分析

经济学虽然会为个人、厂商或者国家更多地积累财富提供思路，但并不是一门专门研究如何赚钱的学科，它其实贯穿在我们生活的方方面面，是与我们每个人的日常生活息息相关的学科。在日常生活中，每个人其实都在自觉或不自觉地运用着经济学知识分析和解决问题。经济学是一门使人更理智的学问，它教人从对自己和对社会最有利的角度去分析和解决问题。

第二节　经济学的主要内容及其发展

本节重难点

1. 掌握经济学的定义、研究内容和研究框架。
2. 理解经济学产生的原因。
3. 掌握微观经济学和宏观经济学的概念、假设及二者关系。

任务导入

丹麦哲学家布里丹讲过一则寓言：有一头毛驴，在荒芜的草原上好不容易找到了两堆草，一堆是数量较多的干草料，另一堆是数量较少的鲜草料。由于不知道吃哪一堆好，结果毛驴在无限的选择和徘徊中饿死了。后来经济学家把这头驴子称为"布里丹毛驴"。请用经济学理论来分析这一现象。

内容精讲

一、经济学的主要内容

经济学有不同学派，观点各异，对经济学所下的定义也各不相同，例如：经济学是研究生产关系的科学；经济学是研究国民财富的科学；经济学是研究关于物品的生产和交换活动的科学；经济学是选择的科学，等等。这里，我们引用获得较多认同的1970年诺贝尔经济学奖获得者保罗·萨缪尔森给出的经济学定义：经济学主要研究的是社会如何配置和利用稀缺的经济资源生产有价值的商品，以及如何把社会产品在不同的人中间进行分配。

（一）经济中的永恒矛盾

自人类社会诞生以来，每时每处，个人或社会无不充斥着各种各样的经济矛盾和经济问题,如个人利益与集体利益的矛盾,经济失衡,贫富分化。在众多矛盾中,唯有一个矛盾贯穿于人类社会经济生活的始终,这就是人类对物质和精神需要的无限欲望与资源相对稀缺的矛盾。这一矛盾是所有其他经济矛盾的根源,是人类经济中的永恒矛盾。

1. 欲望的无限性

欲望是人们为了满足生理或心理上的需要而产生的渴望。人类欲望的满足只能是相对的,原有的欲望满足了,又会产生新的、更高层次的欲望。正是人类在不断产生新的欲望和需求,人类社会和文明才会不断进步。

知识窗

清代文人胡澹庵编辑、钱德苍增辑的《解人颐》一书,其中收录了一首关于人生欲望的趣诗,叫作《不知足诗》,颇耐寻味。

终日奔波只为饥,方才一饱便思衣。
衣食两般皆具足,又想娇容美貌妻。
娶得美妻生下子,恨无田地少根基。
买得田园多广阔,出入无船少马骑。
槽头拴了骡和马,叹无官职被人欺。
县城主簿还嫌小,又要朝中挂紫衣。
若要世人心里足,除是南柯一梦西。

知识窗

美国著名心理学家马斯洛(1908—1970)在《动机与人格》一书中把人的需要(欲望)分为五个层次。

(1) 基本生理需要。这是人类维持自身生存的最基本要求,包括衣、食、住、行等方面的生理需求。

(2) 安全需要。这是人类要求得到保障自身安全、摆脱失业和丧失财产威胁等方面的需要,这是生理需要的延伸。

(3) 社交需要。这一层次的需要包括人们希望得到友爱和归属的需要,这种欲望产生于人的社会性。

(4) 尊重需要。这是指人们希望得到别人的尊重、信赖和高度评价。

(5) 自我实现需要。这是最高层次的需要,将指个人能力发挥到最大限度,实现个人理想、抱负的需要。

尽管同一个人在一定时期内对同一种物品的需要是有限的,但从整体来看,人类的欲望是无限的。但是,欲望并不是贪婪,欲望是人的正当要求,它与人满足欲望的能力应该是匹配的。换句话说,欲望是以自己的能力可以满足的,或者通过正当途径的努力可以实现的。贪婪则是要去满足无法实现的欲望。例如,在现实中,一个有能力、辛苦挣钱的人想买一套大房子是正当的欲望，但是一个工资微薄的人想通过不法途径如贪污受贿购买豪宅就是贪婪，属于不切实际地做自己根本做不到的事。

> **小案例**
>
> 　　明代刘之卿是万历年间的一个礼部主事，相当于教育部某某司的一个副司长，他所著的《贤奕篇》里有一个"王婆酿酒"的寓言非常有趣。
>
> 　　故事说的是王婆以酿酒为生，有个道士常到她家借宿，共喝了几百壶酒也没给钱。王婆亦没计较。一天，道士说："我喝你那么多酒，也没钱给你，就给你挖一口井吧。"井挖出后，涌出的全是好酒。王婆自然发财了。以后道士又来问王婆酒好不好，王婆说："酒倒是好，就是没有用来喂猪的酒糟。"道士听说，笑着在墙上题一首打油诗："天高不算高，人心第一高。井水做酒卖，还道无酒糟。"写完走了，以后这个井也不出酒了。
>
> 　　在这个寓言中，井里既出酒又出酒糟就是无法实现的，所以，王婆希望有酒还有酒糟就是不正当欲望，而成了一种贪婪。防止欲望（勤奋工作的动力）变为贪婪（犯罪的根源）的办法就个人而言是提高自己的道德自律。对社会而言需要有制度上的防范，这就是法律的威慑力。对那些贪婪犯罪者的严惩正是要给其他人以警示。正如道士对王婆的惩罚是她连酒也得不到一样。道士不仅是在惩罚王婆的贪心，也是在警告后人别学王婆的样子。

2. 资源的稀缺性

人的欲望要用各种物质产品或劳务来满足，而物质产品或劳务需要用各种资源来生产。资源是用来生产那些满足人们需要的产品（劳务）的手段或者物品，既包括土地、水、空气、矿藏等自然资源，也包括劳动、资本、技术、信息等社会经济资源，是人类推动社会经济发展的源泉。

经济活动中的资源是有限的。例如，我们企业拥有的资金、人才及其厂房等都是有限的。可能你会说，空气和水是无限的，但是随着世界工业的发展，人们对大自然的肆意破坏，对我们有用的新鲜空气和干净的水也不是无限的，也不可能取之不尽、用之不竭。

人类的欲望很多，不可能所有的欲望都能得到满足。人类有了欲望就要想办法满足，否则自己就会陷入"得不到"的痛苦之中。与人类的欲望相反，资源总是有限的，经济学上把资源"相对有限性"的这个特点称之为"稀缺性"（Scarcity）。

> **小案例**
>
> ### 石油与战争
>
> 　　2003年3月，以美国和英国为主的联合部队正式宣布对伊拉克开战。澳大利亚和波兰军队也参与了此次联合军事行动。

> 伊拉克战争，是美国以伊拉克隐藏有大规模杀伤性武器并暗中支持恐怖主义为借口，绕开联合国安理会，公然单方面决定对伊拉克大规模军事打击。为什么美国不遵循联合国宪章，违逆国际民意坚持打击伊拉克呢？其背后的石油利益才是最根本的目的。
>
> 伊拉克石油资源丰富，1993年已探明的石油储量达1120亿桶，仅次于沙特阿拉伯，居世界第二位，约占世界已探明总储量的10%。
>
> 美国政府官员从不讳言他们这一目的：控制伊拉克石油。据《世界日报》报道，时任美国国防部副部长的沃尔夫维茨曾在回答记者提问时表示："让我们简单地看这个问题，伊拉克与朝鲜之间最大的区别在于经济选择，在这个问题上我们别无选择，伊拉克这个国家到处都是石油。"

在现实社会里，稀缺性是人们时时刻刻要面对的问题，鱼和熊掌总是很难兼得。每个人都面临着稀缺的问题，或是金钱，或是时间，或是健康。即使是一个亿万富翁可以轻松得到他想要的许多东西，但是他也必须决定如何分配每天有限的时间，拿出多长时间工作，多长时间陪家人，多长时间打高尔夫球。稀缺确实是每一个人的生活现实，我们每天都面临着选择。

> **小案例**
>
> **利用稀缺性：二桃杀三士**
>
> 《晏子春秋》里记载在春秋时期，齐景公有三员猛将：古冶子、公孙接和田开疆，这三人都为齐景公立下过汗马功劳，但是他们不将齐景公放在眼里。齐景公的卿相晏子建议铲除这三个人，以免留下祸患。但是齐景公觉得三人战功赫赫，又勇猛无比，不忍铲除他们。于是，晏子向景工建议赐给他们三个人两个桃子，赏赐给最有功劳的人。三位大臣开始争夺，竞相陈述自己对国家的功劳。最后两个人得到桃子，而另外一个羞愧地自杀了。得到桃子的两个人见同伴因自己而死，也羞愧自杀。这就是历史上有名的"二桃杀三士"的故事。
>
> 可能有人会觉得奇怪，同伴自杀，为什么自己也要自杀呢？太不合情理了，但是别忘了春秋时代的人非常讲义气。晏子实际上运用了经济学上的稀缺性理论，三个人给两个桃子，无论如何也分不好，所以真正杀死三个勇士的并不是两个桃子，而是稀缺性，因为稀缺产生互相之间的争夺，最后必定在争夺中死亡。
>
> 在现实生活中，手机号或车牌号常被卖出天价，这是因为手机号或汽车牌照的数字非常独特，而且是唯一的，物以稀为贵，这样很多人都想购买，就会卖出很高的价格。

> **注意**
>
> 理解资源的"稀缺性"需要注意：(1) 经济学上说的稀缺性是指相对的稀缺性，也就是说，稀缺性强调的不是资源的绝对数量的多少，而是相对于人类欲望的无限性来说的，再多的物品和资源也是不足的。(2) 经济学研究的问题是由于资源稀缺性的存在而产生的，没有资源稀缺性就没有经济学存在的必要性。

（二）经济学的研究对象

经济学是因为稀缺性的存在而产生的，因为人类的欲望是无限的，而经济资源是有限的，所以我们要考虑如何充分利用现有的资源，如何最优化配置资源。经济学就是一门研究如何将稀缺资源在各种可供选择的用途中进行最佳配置与充分利用以更好地满足人类的欲望，从而实现资源配置的最优化的社会科学。

我们可以假想有这样一个不存在稀缺性的社会，所有物品都可以无限制地生产，所有人的欲望都可以得到完全的满足。人们可以得到任何想拥有的东西，不再有我们的担忧——房价飙升、医疗保健昂贵、环境污染，甚至不必担心失恋和变老。在这个理想的国度里，所有物品和资源全部免费，并且取之不尽用之不竭。在这种情况下，就不需要研究资源的配置，经济学则无用武之地。然而现实社会并不是这样的乌托邦，而是充满着稀缺的世界。事实上，正是由于存在着稀缺性和人们追求效用的愿望，才使得经济学成了一个重要的学科。经济学的精髓之一在于承认稀缺性是一种现实性存在并探究一个社会如何进行组织才能最有效地利用其资源。

二维码1.2
生活中的机会
成本分析

也正是由于资源的稀缺性，生活总是充满了选择。人们在进行选择时，就面临取舍问题。例如，一个大学生选择是否报班学习跆拳道，这种运动可以强身健体，还是一种防身术，但也会占用一定学习和休息时间。诸如此类的问题：当个人选择是否学经济学专业、是否上大学、是否买汽车时，当企业选择是否扩大生产线、新增广告时，都必须考虑所做出的选择需要放弃多少其他的机会。在资源稀缺的世界上，选择一种东西意味着就要放弃其他一些东西，而那些所放弃的选择能带来的最大收益就被称为该项决策的机会成本（Opportunity Cost）。

> **想一想**
>
> 富人坐飞机仅仅是因为有钱吗？
>
> 从一个城市到另一个城市，穷人可能坐汽车或火车前往，而富人更多的是坐飞机。对于他们的选择，我们可以简单地解释为"汽车票或火车票比飞机票便宜很多嘛"，但这并不是全部原因。

> 试想这样一个问题，如果掉了 10 美元，比尔·盖茨先生会弯腰去捡吗？他很可能不会这么做，因为就在他弯腰去捡钱这么短暂的时间里，可能会赚比 10 美元更多的钱。同样的道理，对于某些高收入人群，比如律师、商人等，时间对于他们非常宝贵。如果他们出差坐火车的话，所付出的代价不仅仅是火车票，还有坐火车多用的时间如果用来工作所带来的收入。换句话说，富人坐火车的机会成本比穷人大。

想一想

为什么越忙的时候反而常常越有效率？

在平时学习或工作中，我们经常觉得越忙的时候干事越有效率。这可以用机会成本的概念进行解释，因为，在很忙的时候，我们偷懒或者做杂事的机会成本提高了。此时你直观地感受到，每一秒浪费掉的时间，都本可以用来处理重要的事。这与你在闲适没有任务的午后，正在沙发上慵懒地躺着的你对流逝时间的机会成本的感知完全不同。

机会成本与会计成本的内涵不同，一项选择的机会成本不是实际的支出，而是相应的所放弃的物品或劳务的价值，是次优选择能带来的收益，是一种潜在损失或者说观念上的损失。例如，小鑫有 10 万元资金，如果用来购买货币型基金一年大约可获利 3.6 万元，存银行定期存款可获利 2 万元，买国债可获利 3.4 万元。如果他选择收益最高的货币型基金，那么机会成本就是次优选择买国债能带来的收益 3.4 万元。

算一算

机会成本的计算：上大学的机会成本

小萱高中毕业，成绩优异，考上了外地的大学，学制 4 年，学费每年 0.8 万元、餐费 1.2 万元、住宿费 0.25 万元。但是小萱如果不去读大学直接工作，能找到的收入最高的工作是去餐馆务工，每年可以收入 4 万元，还包吃住。

那么小萱读大学的机会成本就是她的次优选择即直接务工的净收入 16 万元，而她读大学实际支付的成本是 9 万元，即：$(0.8+1.2+0.25) \times 4 = 9$（万元）。

二、经济学的主要任务

人们在面临资源的稀缺性进行选择时，会遇到两方面的问题：一方面，人们需要对资源的用途进行合理、有效的配置，避免浪费；另一方面，人们要尽可能充分地利用资源，以获得更大的满足。从这层意义上来看，最优选择＝资源的有效配置＋资源的充分利用。因此，怎样最有效、最充分地进行资源配置和资源利用，就构成了经济学的两大基本任务。

（一）资源的有效配置

资源配置是指把资源合理、有效地分配到各种可供选择的用途，即要求人类应该理性地将资源按照欲望满足的主次先后和轻重缓急，合理、有效地予以配置。资源配置主要涉及三个基本经济问题：生产什么以及生产多少；如何生产；为谁生产。

1. 生产什么，生产多少

经济资源是有限的，我们在进行决策的时候必须考虑将有限的资源有效利用，做出生产什么以及生产多少的决策，这是经济资源合理配置首先要解决的问题。个人、厂商和社会必须决定在诸多可能的物品和劳务中，需要生产哪些物品以及生产多少。

例如，土地是稀缺的，在一块土地上，生产了小麦就意味着放弃了玉米、大豆、水稻等其他粮食作物。因此，需要仔细考虑究竟选择生产什么，以及生产多少，以满足什么样的欲望。又如，时间是稀缺的，你选择了学习带来的内心的充实，就放弃了追剧带来的短暂快乐。

2. 如何生产

如何生产？就是用什么样的方式、技术来生产，谁来生产。如何生产问题主要是研究一个经济体如何利用现有资源来更有效率地进行生产。

从总体上来看，如何生产包括两方面的问题：第一，如何将不同类型的资源和劳动力投入不同的生产中，比如是劳动密集型还是资源密集型；第二，选择什么样的经营方式来进行生产，比如同样是送外卖，有的用摩托车，有的用自行车，有的用跑步，虽然用汽车可能更快，但那样成本太高，几乎没法赚钱，因此通常不会选择这种方式。因为对于企业来说，赚钱才是硬道理，这就是经济学研究的"如何生产"。

当然，如何生产问题不仅关系到经济效益，还要对环境和其他社会效益给予充分的保障。

3. 为谁生产

回答了生产什么、生产多少和如何生产的问题后，接下来就要解决为谁生产的问题了，也就是生产出来的东西谁来享用？该怎么分配？就像确定了生产蛋糕、蛋糕的尺寸以及怎样烘烤之后，剩下的便是如何在人群中分蛋糕了，是平均分，还是按照年龄大小分，还是按照体重大小分？

为谁生产是解决经济产出后如何在社会成员之间进行分配，关系到社会利益分配的问题。谁来享用经济活动的成果？收入和财富的分配是公平合理的吗？社会产品如何在不同的居民之间进行分配呢？我们的社会是否会成为一个富人很少而穷人很多的社会？教师、运动员、汽车工人、互联网企业家，谁应当得到高的收入？社会应该给穷人提供最低消费，还是严格地遵循不劳动者不得食的原则？

解决为谁生产的问题和一个经济体的社会制度有关，不同的社会制度使得分配方式各有不同。我们不仅需要考虑整个经济体制的效率问题，还需要考虑全体社会成员的公平问题。较好地解决这个问题，对国民经济稳定、健康、持续的发展起着重要的作用。

（二）资源的充分利用

在现实中，存在劳动者失业、生产设备和自然资源闲置等现象，这就是资源未得到充分利用。所谓资源利用，是人类社会如何更好地利用现有的稀缺资源，使之生产更多的物品。正是由于资源是稀缺的，所以人们在从事经济活动时，不仅要合理配置资源，而且还应考虑到在资源既定的情况下，如何使稀缺资源得到充分利用、产量达到最大、实现充分就业。

资源的充分利用，不仅要使这种资源本身的效益达到最大化，还要考虑资源在运用过程中与其他资源协调配合，从而生产更有效用的社会产品。

三、经济学的研究框架

经济学的主要任务是资源的有效配置和充分利用，围绕这两大任务，现代经济学从总体上可以分为微观经济学（Microeconomics）和宏观经济学（Macroeconomics）两大内容体系，它们共同构成现代经济学的核心，两者既相互联系又相互区别。

（一）微观经济学

微观的英文为micro，来源于希腊语，原意是小，因此微观经济学又称小经济学、个体经济学。它从资源稀缺的基本原则出发，始终围绕价格这一核心问题进行个量分析，主要以单个经济主体（居民、厂商、单个市场的经济活动）作为研究对象，分析单个生产者如何将有限的收入分配在各种商品的消费上以获得最大的满足，以此说明资源配置的问题。

1. 微观经济学的基本假设

因为现实本身太过复杂，任何理论都无法百分之百地反映现实。一个经济变量往往直接或间接地受到许多因素影响，但在一个经济模型内不可能对所有因素都进行分析。因此一门科学通常都是在一定假设条件下展开，以限定讨论范围。在这些假设条件之下，推演出一系列的结论。经济学也同样如此，作为一门科学，经济学也有自己的假设。

（1）经济人假设（Hypothesis of Economic Man）。"经济人假设"是经济学最基本的假设。"经济人"是指人都是理性的，而这种理性体现为人的利己动机，即所从事一切活动的目的都是为了追求个体利益最大化。在生活中具体表现为消费者总是追求个人效用最大化，厂商总是追求利润最大化，要素所有者总是追求收入最大化，政府总是追求目标决策最优化。经济学正是在这一假设之下研究资源既定时的最大化问题。

> **注意**
>
> "经济人假设"认为人都是"利己"的,这与"自私"不同。"自私"表现为损人利己,而"自利"表现为利己但不损人。

> **注意**
>
> 此"经济人"非彼"经纪人"
>
> "经济人"是西方古典经济学的基本假设,假设人具有完全的理性,人的行为动机就是为了满足自己的私利,一切行为决策都可以做出让自己利益最大化的选择。与"经济人"相对的概念是"道德人"或"社会人"。
>
> "经纪人"则是一种职业,具体是指为买卖双方介绍交易以获取佣金的中间商人。具体来讲:经纪人系指为促成他人商品或劳务交易,在委托方和合同他方订立合同时充当订约中间人,为委托方提供订立合同的信息、机会、条件,或者在隐名交易中代表委托方与合同他方签订合同的经纪行为而获取佣金的依法设立的经纪组织和个人,包括房产经纪人、证券经纪人、保险经纪人、演艺经纪人等。

> **知识窗**
>
> 人是完全理性的吗
>
> 传统经济学认为,人都是有理性的。1978年的诺贝尔经济学奖得主赫伯特·西蒙曾修正了这一假设,提出了"有限理性"的概念,认为人是介于完全理性与非理性之间的"有限理性"状态。
>
> 例如,经济学家曾经做过一个关于哈根达斯冰淇淋的实验:假定有两杯哈根达斯冰淇淋,一个5盎司容量的A杯子里装着7盎司的冰淇淋,看起来冰淇淋装得很满。另外一个是10盎司容量的B杯子里装着8盎司的冰淇淋,看起来冰淇淋装得不满。客观来讲,哪一杯冰淇淋更好呢?按照传统经济学理论,如果说人们喜欢冰淇淋,那么8盎司的冰淇淋比7盎司的多,如果人们喜欢杯子,那么10盎司的杯子比5盎司的杯子大。所以不管从哪个角度来说,传统经济学都认为人们愿意为冰淇淋B支付更多的钱。但是试验表明,在分别判断的情况下(人们不能把这两杯冰淇淋放在一起比较),人们反而愿意为冰淇淋A多付钱。平均来讲,人们愿意花2.26美元买冰淇淋A,却不愿意用1.66美元买冰淇淋B。这是为什么呢?原因在于:人们做决策的时候,通常不是像传统经济学那样判断一个物品的真正价值,而是根据一些比较容易评价的线索来判断。在这个实验中,人们就是根据其冰淇淋杯子到底满还是不满来决定不同的支付意愿。根据

这种决策所实施的行为导致的一个结果就是人们有可能在一个差的物品上花费更多的钱。

这也是为什么冰淇淋通常都被设计为"底窄口宽"的形状，表面的那层冰淇淋一定满满当当的，顶部跟金字塔一样冒得尖尖的，而且要溢出来，顺着边缘流淌下来。这样的设计不但可以装更少的冰淇淋，还能让你感觉更多。

如果你是一个理性的人，那么对你来说，不管是挣来的钱还是一笔意外之财，如果是同样的金额，对你来说应该没有什么区别。一般来说，你会把自己辛辛苦苦挣来的钱存起来舍不得花；但是如果是一笔意外之财，你就很快地花掉了。这说明大多时候人是有限理性的。经济学家认为之所以存在这样的现象，是人们在头脑里分别为这两类钱建立了两个不同的心理账户，认为挣来的钱和意外之财是不一样的。

每一个理性经济人做事的时候，都是以追求自己最大的经济利益为动机和目的，尽管每个人着眼的只是自己的利益，并非想促进社会利益，但是当他真正这样做的时候，就像一只"看不见的手"在牵引着他，在追逐自己利益的同时，他间接地促进了社会利益的增长，效果可能要比他真正想促进社会利益的效果更好。当人们从自己利益出发去做事的时候，竞争压力使得他必须顾及他人的利益，这就是市场的力量，即"看不见的手"在起作用。市场本质是个人的，是个人在自利心理的诱导下的选择行为。

知识窗

《史记》的作者司马迁透彻地写到"天下熙熙，皆为利来；天下攘攘，皆为利往。"

理性经济人最早是在经济学鼻祖亚当·斯密的代表作《国民财富的性质和原因的研究》（严复译为《国富论》）中提出来，之后经济学不断完善和充实，并逐渐将理性经济人作为西方经济学的一个基本假设。人们在经济活动中都以追求自己最大的利益为动机和目的。书中如此阐述市场的魔力：

我们每天所需要的食物和饮料，不是出自屠夫、酿酒师或面包师的恩惠，而是出自他们利己的打算。我们不说唤起他们利他心的话，而说唤起他们利己心的话。每一个人……既不打算促进公共的利益，也不知道自己是在什么程度上促进哪种利益……他所盘算的也只是他自己的利益。这种场合下，跟其他许多场合一样，他受着一只看不见的手的引导，他追求自己的利益，往往使他能比在真正出于本意的情况下更有效地促进社会的利益。

（2）完全信息假设。它是指参与经济活动的主体对自己所必需的信息都能够完全及时地掌握，并据此做出最优选择。

（3）市场出清假设。它是指价格能调节资源的配置和利用，使整个社会达到充分就业的供求均衡状态，不存在资源的闲置和浪费（无论劳动市场上的工资还是产品市场上的价格都具有充分的灵活性，可以根据供求情况迅速进行调整，资源流动没有障碍。有了这种灵活性，产品市场和劳动市场都不会存在超额供给）。

这些假设虽然并不完全符合现实，但经济分析必须以此为前提，否则就无法获得结论。

2. 微观经济学的基本内容

（1）价格理论。价格理论主要研究在市场机制下，价格如何决定以及价格如何调节整个经济的运行。价格理论是微观经济学的中心，其他内容都围绕着这一中心展开。

（2）消费者行为理论。消费者行为理论主要研究消费者如何把有限的收入分配到各种物品的消费上，以实现效用最大化。

（3）生产理论。生产理论研究生产者如何把有限的资源用于各种物品的生产而实现利润的最大化。生产理论包括生产要素与产量之间、成本与收益之间关系的研究，以及不同市场条件下厂商行为的研究。

（4）分配理论。分配理论主要研究产品按照什么原则分配给社会各利益集团，即工资、利息、地租与利润是如何决定的。

（5）市场失灵与微观经济政策。市场机制能使社会资源得到有效配置，但市场机制的作用并不是万能的，会出现市场失灵，这是需要政府采取相应的微观经济政策进行纠正。

（二）宏观经济学（Macroeconomics）

宏观的英文为 macro，来源于希腊语，原意是大。20 世纪 30 年代的大萧条使得千百万工人失业，世界各国的生产力大幅下降，以英国著名学者凯恩斯（J. M. Keynes）为代表的经济学家对经济运行重新进行思考，从总体上看待经济变量之间的关系和经济调节问题，系统地提出了产值理论和货币理论，创造了宏观经济学的基本理论框架，并以此为基础提出了宏观财政政策和宏观货币政策。

1. 宏观经济学的基本假设

（1）市场机制不是完善的。20 世纪 30 年代出现的空前严重的经济危机，使经济学家认识到，如果只靠市场经济的自动调节，经济就无法克服危机和保持充分就业，就会在资源稀缺的同时又产生资源的浪费。要使资源合理配置并得到充分利用，仅仅靠市场机制的作用是不够的。

（2）政府有能力调节经济。人类不仅能利用市场机制，而且还能在遵从基本经济规律的前提下，对经济进行调节，这就是政府的作用。宏观经济学就是建立在对政府调节经济能力信任的基础上的。政府可以观察与研究经济运行的规律，并采取手段进行调节。

2. 宏观经济学的基本内容

（1）国民收入核算理论。国民收入核算理论主要研究国民收入的基本总量及其相互关系、国民收入核算的主要方法，说明国民收入核算中的恒等关系。

（2）国民收入决定理论。国民收入决定理论主要从总需求和总供给的角度出发，分析国民收入的决定因素及其变动规律。

（3）失业与通货膨胀理论。失业与通货膨胀是各国经济中最主要的问题。宏观经济学把失业与通货膨胀和国民收入联系起来进行研究，分析其原因和相互关系，以便找出解决这两个问题的途径。

（4）经济周期与经济增长理论。经济周期是指国民收入的短期波动，经济增长是指国民收入的长期增长趋势。这一理论主要分析国民收入短期波动的原因、长期增长的源泉等，以实现对经济增长的调节。

（5）宏观经济政策。宏观经济政策是国家干预经济的具体措施，宏观经济政策理论主要研究宏观调控的基本工具、政策目标和政策效果等。

宏观经济学以整个国民经济运行作为考察对象，采用总量分析法，分析整个经济社会中的经济总量以及经济总量的变化。宏观经济学以国民收入决定理论为中心，主要研究：社会的总消费、总储蓄、总投资怎样随着产值变化而变化；货币供给和货币需求怎样对经济产生影响；社会产值和利率水平怎样联系和怎样变化；失业和通货膨胀的原因是什么；经济为什么发生周期性变化；政府可以采用什么样的经济政策保持充分就业和价格水平的稳定，等等。

> **知识窗**
>
> 约翰·梅纳德·凯恩斯（John Maynard Keynes）1935年发表革命性巨著《就业、利息与货币通论》之前，现代意义上的宏观经济学还根本不存在。当时，英美经济处于大萧条，超过1/4的美国劳动人口处于失业状态。凯恩斯的新理论展现了一个探讨高通胀和高失业交替攀升的商业周期的根源的分析范式。

如今，宏观经济学已拓展到很多领域，如投资与消费的决定、中央银行对货币和利率的管理、国家利率上升或下调，都是宏观经济学在现实中运用的案例。宏观经济学是以国民经济运行总过程中的活动为研究对象，主要考察就业总水平、国民总收入等经济总量。

3. 微观经济学与宏观经济学的关系

微观经济学和宏观经济学既相互区别又相互联系。

（1）微观经济学与宏观经济学的区别。微观经济学与宏观经济学在研究对象、中心理论、研究方法和主要目标上的区别，如表1-1所示。

表 1-1　　　　　　　微观经济学与宏观经济学的区别

比较项目	微观经济学	宏观经济学
研究对象	以家庭、厂商等个体经济为主	以整个国民经济总体为主
中心理论	价格理论	收入理论
研究方法	个量分析法	总量分析法
主要目标	个体利益最大化	总体福利最大化

微观经济学与宏观经济学的区别主要表现为其研究对象的不同。微观经济学以价格理论为中心，以单个经济单位作为研究对象，它分析的是个别市场的经济活动和单个主体的经济行为，因而也称为个量分析或个体分析；宏观经济学以收入理论为中心，以整体国民经济作为研究对象，它分析的是整个经济社会中的经济总量及其变化，因而也称为总量分析或总体分析。

（2）微观经济学与宏观经济学的联系。微观经济学与宏观经济学的联系主要表现在以下两个方面：①宏观经济学研究的经济总量是由微观经济学研究的经济个量综合而成的。例如，社会总就业量由各个劳动市场的就业量组成，社会总产量由各个企业的产量组成，所以微观经济分析是宏观经济分析的基础。②微观经济学和宏观经济学的研究是互为条件的。在微观经济学中，总产量、价格总水平、总就业量是作为已知变量看待，侧重用个量分析方法分析单个经济单位的经济行为。宏观经济学在研究总产量时，主要研究社会的储蓄、投资等经济总量对总产量的影响，至于各个企业的产量怎样受企业的成本、利润和消费者偏好的影响等微观经济学研究的问题，在分析中被当作已知的前提。

如果宏观经济达到充分就业，又实现了物价总水平的稳定，微观又实现了经济资源的最优配置，一国的经济也就达到了福利最大化。因此，西方经济学家认为，宏观经济学和微观经济学的关系，就好像森林和树木之间的关系。

微观经济学是宏观经济学的基础，只是研究对象有所分工，立场、观点和方法无根本分歧。近年来，这两个学科已经逐渐融合起来，例如，经济学家们已经运用微观经济学的工具来分析诸如失业和通货膨胀这类属于宏观经济学领域的问题。

> **知识窗**
>
> 　　从亚当·斯密时期到20世纪30年代，许多经济学家都在致力于微观经济学理论的研究。经济学家们的研究范围涉及贸易和交换、理性且信息灵通的消费者与追求利润最大化的企业、垄断和新科技等问题。他们集中研究了不同的市场是如何运作的。但是1929—1933年发生了全球性的经济危机，世界各国的经济陷于瘫痪。从此，经济学家们转而研究是什么原因决定了像失业率和GDP这样的总和变量，也开始考虑如何来划分经济

学的类别和研究范围。

首次使用微观经济学和宏观经济学这两个名词的，是一位在荷兰统计研究所工作的经济学家彼得·沃尔夫。他在1941年的一篇文章中写道："微观经济学描述的是关于个人或家庭的经济关系，而宏观经济学是研究一个大的群体（例如国家或整个社会阶层）相互间的关系。"美国经济学家萨缪尔森在1948年出版的《经济学》中把这两种理论构建在一个经济学体系内，这成为迄今为止几乎所有经济学初级教科书的标准模式。

任务分析

"布里丹毛驴"面临的问题是经济学家所说的选择问题。"布里丹毛驴"做不出选择而饿死，说明做出选择并不是一件容易的事。其根源在于在资源有限的情况下，有所得必有所失。就布里丹毛驴而言，它选择一捆草料，必须放弃另一捆草料。放弃的草料，就是得到草料的机会成本。这头驴子的消费能力是有限的，在两捆草料中，吃一捆就足够了。但是由于"布里丹毛驴"觉得哪一捆都好，都舍不得放弃，始终犹豫不决不知如何选择，没能分析做出选择的机会成本和收益，最后哪一捆都没吃到，饿死了。

其实，每个人也和"布里丹毛驴"一样，在生活中面临各种选择的问题。例如，当你第一次去一家饭馆时，服务员给你呈上了厚厚的一本菜单，由于预算有限、食量也有限，不能每样都点，顿时你会感到很有压力，不知道该在各式菜品中如何选择，害怕选了这样而错过了另一样美味佳肴；而当你去一家很有名的面馆要点一碗招牌牛肉面时，相比起来就会轻松很多。这正是因为选择的增加，机会成本似乎变大了。因为我们对于被放弃掉的诸多选择中可能存在更好的东西这件事耿耿于怀，觉得自己付出了更大的机会成本。

理性选择并非易事，用什么资源以及怎样运用有限的资源满足某一些欲望，以实现资源配置的最优化，这就是经济学要研究的内容。

第三节　经济学的研究方法

本节重难点

1. 了解经济学的各种分析方法。
2. 掌握机会成本的定义。
3. 理解"实证经济学"和"规范经济学"的区别。

任务导入

假设今天晚上有一场精彩的足球比赛，可是临近比赛你准备出发时，突然下起了瓢泼大雨。有以下两种情况，一种情况是你已经买了票，票价还不便宜，1500元一张，是你近半个月的工资，而且不能退票。另一种情况是别人送了你一张票，可是票不能转手，也不能退。在这两种情况下，你是去还是不去看比赛，有没有什么不同？

内容精讲

经济学是一门实用性强、应用广泛的社会科学，在分析经济现象时，我们需要遵循一定的工具和方法。经济学经过两百多年的发展，已经提炼出一系列基本的思维方法。什么是经济学的思维方法呢？最简单通俗的概括就是世界上没有免费的午餐。在社会中，做任何事情都是有成本的，人们只能在不同的选择中权衡利弊。不仅个人需要权衡，国家制定公共政策和法律时也需要权衡。为什么没有免费的午餐呢？因为经济学假设人的行为是理性的，国家制定公共政策时必须在理性人假设的基础上进行，否则就会事与愿违。也许你会说，现实生活中免费的午餐也不是没有啊，比如商场总是运用各种手段降价销售产品，很多商家甚至还会为此特意提供各种各样的免费服务和产品，这些不都是免费的午餐吗？学完这一节，你便会明白它们是否真的如所说的那样是免费的午餐，商家又为什么会如此热衷于提供这种所谓的"免费的午餐"。

每一门学科都有自己的研究方法，经济学自然也不例外。经济学要运用一定的方法来研究资源配置与资源利用的问题。

一、边际分析（Marginal Analysis）

"边际"（Marginal）就是边缘的意思，是一个描述动态的词，即在一个连续增加的变量中，最后加入进来的一单位量就是边际量。在经济学上，边际的意思是"最后的"或者"新增加的"。边际是只考虑最后一个或者新增加一个单位所引起因变量的变化。例如，吃包子时吃的最后一个包子，喝水时喝的最后一杯水。

边际分析法是经济学基本研究方法之一，是进行经济决策的重要手段。经济中有很多边际量，例如边际成本、边际收益、边际效用、边际产量、边际替代率，这些术语在我们本书之后的章节中都会依次学习。现代经济学的产生与发展，是与边际分析法的广泛运用分不开的。

> **小案例**
>
> 假设一架有200个座位的飞机飞行一次，航空公司的成本是100万元。在这种情况下，每个座位的平均成本是100万元/200 = 5000元。可能

有人会据此得出结论：航空公司的票价绝不能低于5000元。其实，航空公司可以通过考虑边际量而增加利润。例如，这架飞机在即将起飞前却仍有10个空位。而这时有乘客愿意用3000元买一张票，航空公司应该卖票吗？

我们运用边际分析法进行分析：如果飞机有空位，多增加一位乘客的成本其实是很小的。即边际成本可能仅是这位乘客在飞机上消费的一包零食和一份饮料的成本。只要乘客所支付的票价大于边际成本，那么这时卖机票对航空公司来说就能尽量降低损失、增加收益。

人们通常在决定是否做某件事情的时候，不仅要看这件事有无好处，还要看过去是不是已经在这件事情上有过投入。经济学中，我们把已经发生并且不能用现在或未来的任何决策改变的成本称为"沉没成本"（Sunk Cost），例如已经投入无法收回的时间、金钱、精力等等。边际分析是一种只看现在和将来而不管过去的一种思维方式，因为过去的事情就过去了，对人们现在的决策没有影响。就像我们平时说的，"覆水难收"和"不要为打翻的牛奶哭泣"。我们不必总是记挂过去，那是没有用的，我们只需要考虑新增加的因素和它引起的结果就可以了。

小案例

你花40元钱订了一张电影票去看电影，但是进入电影院后，你发现片子很烂，这时候你可能有两种想法：（1）反正都花钱了，不看岂不是亏了，哪怕是烂片也要坚持到最后才划算；（2）开场后发现没意思，果断起身离开。

最理智的做法应该是一走了之，用剩下的时间做其他的事。选择继续坐下来看电影的机会成本是可以用该段时间做别的事情带来的收益或满足，例如去操场跑步。只要运动带来的满足感超过继续坐在这里看烂片的满足感，就应该起身离开。而不应该再考虑已经支付的40元电影票，因为此时的选择与买票和用餐用了多少钱根本没有关系，不管你看不看，钱都是回不来的，你当下的决定是不应该受到之前所支付的票价（沉没成本）的影响。如果继续坚持到底，看完一部糟糕的电影，就是在浪费时间。所以最好的选择就是不再纠结，起身离开。

小案例

沉没成本的运用：甘地的另一只鞋

甘地是印度解放运动的领导者，因带领印度摆脱了英国殖民统治而被后人尊称为"圣雄"。有一次，甘地要坐火车出远门，由于在车站与老友寒暄过久，直到火车启动离站的那一刻，甘地才匆忙跑着赶车，结果不慎将一只鞋子滑落车外。就在别人为他感到难过时，只见甘地迅速脱下另一只鞋，扔向刚才那只鞋子掉落的地方，这一举动令其他人疑惑不已。对此，甘地解释道："如果一个穷人正好从铁路旁经过，他可以捡到一双鞋而不是一只鞋，这对他来说是个收获，这双鞋的价值也能得到最大程度的体现。"

这个故事有很多解读。如果我们从经济学角度看，甘地对于丢鞋的豁达态度，启示了我们应该怎样面对已经失去的、不可挽回的成本，即沉没成本。

2001年诺贝尔经济学奖得主斯蒂格利茨教授也说过类似的话：一个理性的人在做决策时不应该考虑沉没成本，因为过去已经过去，盈亏都与今天无关。这也启示我们在生活中，要学会断舍离，不要被过去绑架，学会放下过去无法改变的事实，不要沉浸在后悔与纠结过程中，而应该展望未来，为明天努力。这才是生活的智慧。

二、均衡分析（Equilibrium Analysis）

在物理学中，均衡（Equilibrium）表示同一物体同时受到几个方向不同的外力作用而合力为零时，该物体所处的静止或匀速运动的状态。英国经济学家阿福瑞德·马歇尔（Alfred Marshall）把这一概念引入经济学中，主要指经济中各种对立的、变动的力量处于一种力量相当、相对静止、不再变动的暂时静止状态。均衡一旦形成后，如果有另外的力量使其离开原来的均衡位置，则会有其他力量使其恢复到均衡。

二维码1.3：
石油市场的局部均衡分析与一般均衡分析

例如，在市场机制下，消费者希望商品的价格越低越好，而商家当然希望商品的价格越高越好，这就是两种对立的力量。双方通过讨价还价，最后在某一种价格上达成协议，从而达到一种价格的均衡。

均衡分析分为局部均衡分析与一般均衡分析。局部均衡分析是假设其他条件都不变，分析单个商品、单个消费者、单个厂商或者单个市场的均衡状态，其研究方法是把所考虑的某个市场从相互联系的整个经济体系的市场全体中取出来单独加以研究。一般均衡分析研究的是在社会上各种产品的交易市场是相互联系、相互影响的背景下，所有商品和生产要素达到均衡时的市场均衡情况，是一种比较周到和全面的分析方法。

小案例

局部均衡和一般均衡分析

假设中东国家减少原油生产，导致国际原油市场的供给减少，在需求不变的情况下均衡数量将减少，均衡价格会提高。若是采用局部均衡分析法，问题的分析到此结束。但若采用一般均衡分析，分析过程才刚开始：（1）煤与原油是具有替代关系的商品，原油价格提高，会导致煤的相对价格发生变化，消费者会增加煤的需求量，导致煤市场的需求增加，进而煤的均衡价格将提高，均衡数量也增加。但煤市场价格提高又会导致原油市场需求增加，因此两个市场相互影响，相互作用。（2）而原油是汽油生产的投入要素，原油价格提高，相当于增加了汽油的生产成本，汽油的生产者根据利润最大化目标，调整自己的产量，供给会减少，均衡数量会减少，均衡价格会提高。汽油市场的价格变化又反向影响原油市场，然后两个市场相互作用、相互影响。（3）汽车和汽油必须同时消费，两者具有互补关系。汽油价格提高，必然影响汽车的消费量。随着汽油价格的提高，消费者会减少汽车的购买。因而，汽车的需求减少，均衡价格下降，均衡数量也减少。汽车市场价格和数量的变化又反向影响汽油市场，两个市场相互作用、相互影响。

若只考虑这四个市场，四个市场相互作用、相互影响，最后达到均衡。其实分析过程还不止于此。汽车销量的变化会影响钢铁、玻璃、轮胎、橡胶等市场，钢铁市场的变化又会影响煤、铝等市场，这些市场的变化又会影响生产要素市场，进而影响金融市场。

由上述案例可见，一般均衡分析需要考虑多重因素影响，分析过程十分复杂，因此，经济学家更多考虑的是局部均衡分析。

三、实证分析与规范分析（Positive Analysis & Normative Analysis）

经济学的描述分为两类：一类是描述性的，是描述世界是什么样的，例如"加重香烟税使吸烟的人数下降10%"，这类表述叫实证表述，是在描述世界是什么，是对现象进行解释，可以通过证据证明或否定；另一类是规范性的，是在描述世界应该是什么样的，如"政府应该进一步提高香烟税"，这不仅涉及科学问题，同时涉及价值观——对伦理、信仰和政治哲学的看法，仅仅根据数据不能判断其好坏。

实证分析（Positive Analysis）主要回答"是什么"的问题，讨论的是经济社会的事实，主要研究经济体系是怎样运行的，通过对经济行为做出相关假设，再根据假设分析和陈述经济行为及其后果，并试图对结论进行检验。实证分析是以事实为根据的，它的正确与否可以通过对事实的检验来判断。例如，假定其他条件不变，政府支出的增加或政府税收的减少将导致产值的增加。这就是实证分析，它是否正确，可以通过观察政府支出和税收对产值的影响来判断。

规范分析（Normative Analysis）主要回答"应该是什么"的问题，是以一定的价值判断为基础，对一个经济体系的运行进行评价，并进一步说明一个经济体系应当怎样运行，以及为此提出相应的经济政策。规范分析讨论的并非事实本身，而是在一定的哲学、文化、宗教、道德前提下，对什么是好的、什么是坏的进行社会价值的判断。由于各个流派的哲学、文化、宗教、道德观念不同，对同一个事物可以有不同的规范分析，他们之间的分歧要靠辩论和决策来解决，涉及是非善恶、应该与否、合理与否等问题，而不能仅仅靠经济分析或通过事实的检验来判断。显然，由于人们的立场观点、伦理道德标准不同，对同一经济事物会有完全不同的看法，因此，规范分析所得出的结论可能是千差万别的。规范分析具有两个特点：一是要回答的问题是应该是什么，而非实际是什么；二是所研究的内容没有客观性，所得出的结论无法通过经验事实进行验证。例如，"效率比平等更重要"就是一种规范分析，它带有主观价值观判断，无法用事实来检验。

实证分析描述的是世界是什么，规范分析描述的是世界应该是什么样子。二者的区别在于是否把社会价值判断考虑在内。实证经济学是不考虑社会价值判断的，它企图答复是什么或不是什么的问题。规范经济学则考虑社会价值判断，它企图答复应当是什么或不应当是什么的问题。

小案例

如何分析收入分配差距问题

当前人们议论较多的一个问题是收入分配差距还在不断地拉大。经济学家可以用实证分析或规范分析来研究这一问题。由于分析的角度不同，要解决的问题也不同。

收入分配包括两个不同问题：

一是引起收入分配差距拉大的原因是什么。这时，我们排除价值判断，即不管收入分配差距拉大是一件好事还是一件坏事，只研究收入分配差距拉大与引起这种现象的原因之间的关系，如研究受教育程度与收入之间的关系，所从事职业与收入之间的关系等。这就是实证分析法，分析所观察到的现象，从中得出结论，并加以验证。

二是对这种分配收入现状的看法和评价，即收入分配差距拉大是一件好事还是一件坏事，这时，我们要以一定的价值判断作为前提——是效率优先还是公平优先；是强调过程的公平，还是强调结果的公平，这就是规范分析法。由于所依据的价值判断不同，利用规范方法研究收入分配问题所得出的结论也不同。

四、静态分析与动态分析（Static Analysis & Dynamic Analysis）

静态分析（Static Analysis）是指对经济运行的一种短期分析，在经济分析中把注意力集中于均衡位置的研究，旨在说明在一定经济条件下，什么是经济变量的均衡状态以及经济变量达到均衡状态所具备的条件。动态分析（Dynamic Analysis）是指对经济运行的一种长期分析，旨在说明经济体系中各种变量的运动过程及变化动因。动态分析常常被用来研究经济增长与经济周期波动等方面的问题。

静态分析法与动态分析法的基本区别在于：前者不考虑时间因素，而后者考虑时间因素。换句话说，静态分析法考察的是一定时期内各种变量之间的相互关系，而动态分析法考察的是各种变量在不同时期的变动情况。

任务分析

这里我们用经济学的思维来看，怎么选择才是最理智的呢？有人说，自己买了票后去看的可能性比别人送票的更大些。也许你真的这样想，可是你这样做是不理性的。其实，这两种情况，对你今晚是否去看比赛的决策的影响是一样的，没有差别。也就是，在这两种情况下，你看比赛的可能性是一样大的。为什么？因为票不能退，买票的钱拿不回来了，在经济学上这叫"沉没成本"。你是不是去看比赛，仅仅取决于从现在开始将要发生的情况，所以必须进行边际考虑，看新增加的成本和增加的收益比较。在这两种情况下，增加的收益都是看比赛带来的愉悦感，新增加的成本都是淋雨带来的不舒服。如果你觉得淋雨不算什么，只要能看到比赛就高兴，则不管你是自己买票还是别人送的票，都会去看；反之，则不会去。这里的核心问题是，不要再考虑买票的钱，那些事情已经过去了。这样的例子生活中还有许多，例如在车站等公交车等了很久都没有来，眼看过去了好几辆出租车都没有招手让他们停下，哪怕时间有点紧却总感觉一定要等到公交车，毕竟前面等了那么长时间了。要是坐出租车很不划算。

分析一下，不管公交车什么时候来，过去的时间就是过去，与当下完全没关系，当下的决定就是你是打车还是（继续）等公交车，记住去掉"继续"等公交的"继续"两个字，这不是一个连续影响的过程。如果时间充裕，那你就等等；如果时间紧迫，那你就该马上打车。其实我们很多人就怕自己一打车结果公交车就来了，很大程度上这只是一个心理上的错觉。还有一个影响等车的原因就是价格，毕竟生活里离不开钱，打车肯定比坐公交车贵，但是时间短，这就是看价格与时间哪个更重要。放心，没有两者兼顾的选择，你每当做一个选择你就必须抛弃一些东西，鱼与熊掌不可兼得，这样你的选择才有价值，也就是机会成本的价值性。

所以，有时候你的决定并不是你想要的选择结果，抛开一些东西（沉没成本）后再分析也许就会让你的选择更可靠有效。

思考与练习

一、单项选择题

1. 资源的稀缺性是指（　　）。

A. 资源的绝对有限性　　　　　　B. 资源的充足性

C. 资源的稀少性　　　　　　　D. 资源的相对有限性

2. 经济学可以定义为（　　）。

A. 研究如何对市场机制进行干预的学科

B. 消费者如何获取收入并进行消费的学说

C. 研究如何最合理地配置和利用稀缺资源的社会科学

D. 企业如何取得最大化利润的活动

3. 以个别居民与厂商为研究对象的经济学是（　　）。

A. 微观经济学　　B. 宏观经济学

C. 规范经济学　　D. 实证经济学

4. 以整个国民经济为研究对象的经济学是（　　）。

A. 微观经济学　　B. 宏观经济学

C. 规范经济学　　D. 实证经济学

5. "富人的所得税税率比穷人高"是（　　）。

A. 规范的表述　　B. 实证的表述

C. 否定的表述　　D. 理论的表述

6. 解决"是什么"问题的经济学是（　　）。

A. 微观经济学　　B. 宏观经济学

C. 规范经济学　　D. 实证经济学

7. 下列（　　）属于边际分析。

A. 如果利润是正的，厂商将建立一个新工厂

B. 如果新工厂增加的收益超过增加的成本，厂商将建立一个新工厂

C. 如果在没有新工厂时，厂商正承受货币损失，那么它将建一个新工厂

D. 如果厂商能便宜地建立新工厂，它就会这样做

二、多项选择题

1. 经济学包含的基本问题有（　　）。

A. 生产什么和生产多少　B. 如何生产

C. 为谁生产　　D. 以上都是

E. 以上都不是

2. 下列属于规范分析经济问题的是（　　）。

A. 通货膨胀是由货币超发引起的

B. 利率上升有利于增加储蓄

C. 重庆市应大力发展智能产业

D. 非洲猪瘟疫会使猪肉价格下降

E. 以上都是

三、简答题

1. 简述机会成本的定义。

2. 简述"经济人"假设。
3. 简述微观经济学和宏观经济学的联系和区别。

四、思考分析

1. 经济学的研究对象是由什么经济问题引起的？如何看待这一问题？
2. 试举例说明实证分析法与规范分析法的区别与联系。
3. 阿水在大学毕业的时候，获得了一个出国深造的机会。与此同时，她暗恋多年的学长向她告白了，就在她沉浸于学业、爱情双丰收的喜悦时，学长却提出一个条件，希望她留在国内，如果她出国，他不会等她。阿水头脑一热，就把自己当成了为爱牺牲的祝英台，果断放弃了出国。这是一个美好故事的开头，却没有一个美好的结局。两年以后，他结婚了，新娘却不是她。深受打击的阿水在心痛的同时，最长叨念的一件事情就是，早知如此，当年我出国就好了。现在让时光倒流，我们一起同阿水回到那个她做出人生重要选择的日子，分析她当初进行选择的机会成本。

五、技能实训

1. 资料分析——了解资源稀缺性

网页资料浏览"中国环境资源网"http：//www.ce65.com

（1）认真研读网页资料。
（2）小组讨论：全球资源稀缺状况、资源发展趋势预测。
（3）小组派代表陈述小组讨论的主要观点，经济学需要解决的问题是什么？

2. 案例分析——读博士的机会成本

王小小今年29岁，硕士毕业后一个人在北京打拼，担任一家事业单位文员4年多了。最近，小小越来越觉得文员工作没有太大的发展前景，加上年龄逐渐增长，她对自己的职业发展方向产生了迷惑。她想回到学校读博士，提升自己的学历，以后成为一名大学教师。因为小小一直以来的职业理想就是成为一名大学教师，在美好单纯的校园里追求自己热爱的学术生活。然而真正面临博士报名时，小小又犹豫了："29岁才去读博士晚不晚呢？"读完博士最少要三年，如果论文达不到学校要求，可能要四年、五年甚至更长时间才能毕业，真需要下一番苦功。

实训要求：

（1）分析案例中小小读博士的机会成本的大小，思考自己上大学的机会成本。
（2）讨论自己面临的各种选择，你是如何进行选择的？如何考虑机会成本？
（3）运用所学的经济学相关知识，撰写一篇"如何面对人生选择"的短文。

3. 设计问卷调查——理性经济人的调查

结合教材内容,查阅经典的理性经济人行为实验,设计问卷,在学校进行问卷发放和回收,对问卷结果进行统计分析,检验现实中的人是否在每次做出选择时都是理性的,是否都运用经济学思维分析问题。

实训要求:

(1) 本调查以团队的形式完成,自行组建问卷调查团队,团队以 4~5 人为宜。

(2) 在实施问卷调查前,设计调查问卷并提交指导老师确认。

(3) 形成书面的问卷结果分析报告(见表 1-2)。

表 1-2　　　　　　　　　　调查问卷模板

问卷调查

此问卷是不记名问卷,问卷结果仅用于学术研究,不做他用,请真实作答。

1. 您的性别是:(　　)。

   A. 男　　B. 女

2. 您出生的年月是:(　　)年(　　)月。

3. 您所学的专业是:(　　)。

4. 您所在的年级是:(　　)。

   A. 大一　　B. 大二　　C. 大三

5. 您是否上过"经济学"这门课程或者自学过"经济学"?(　　)。

   A. 是　　B. 否

6. 假设以下情形:星期六晚上有一个你非常喜欢的话剧会在剧院演出,单位作为福利给你发了一张价值 1500 元的门票,你可以在黄金位置观赏。可是这天突然下起了鹅毛大雪,天气非常恶劣,去往剧院的路将变得寸步难行。而话剧票不能退也不能转手,在这种情况下,你会选择去看话剧吗?(　　)。

   A. 会继续去看　　B. 会放弃

7. 假设以下情形:星期六晚上有一个你非常喜欢的话剧会在剧院演出,你花了 1500 元购票,买了一个黄金观赏位置,其实这对你来说是笔不小的支出。可是这天突然下起了鹅毛大雪,天气非常恶劣,去往剧院的路将变得寸步难行。而话剧票不能退也不能转手,在这种情况下,你会选择去看话剧吗?(　　)。

   A. 会继续去看　　B. 会放弃

   ······

感谢您的配合

第二章
需求、供给与价格

本章知识点

1. 需求、供给的定义，需求变动和供给变动的因素，弹性的定义。
2. 需求函数、供给函数，均衡价格理论的应用，需求量的变动与需求的变动、供给量的变动与供给的变动。
3. 需求定理、供给定理，均衡价格的决定及变动。
4. 需求弹性和供给弹性的类型及影响因素。

知识导图

	知识结构	知识要点
第二章 需求、供给与价格	需求理论	需求、需求表与需求曲线，需求的影响因素及需求函数，需求定理，需求量的变动和需求的变动
	供给理论	供给、供给表与供给曲线，供给的影响因素及供给函数，供给定理，供给量的变动和供给的变动
	均衡价格	均衡价格的决定，均衡价格的变动，供求曲线运用事例
	弹性理论	需求弹性，供给弹性

引导案例

展览馆门票的定价

假如你是一个展览馆的负责人，遇到了资金瓶颈想通过门票价格的改变来增加收益，你是决定提高门票价格，还是降低门票价格？

回答这个问题的关键是需求弹性。如果参观展览馆的需求是缺乏弹性的，那么，提高门票价格会增加总收益；但如果需求是富有弹性的，那么，提高价格就会使参观者人数减少以至于总收益减少。在这种情况下，你应该降价，参观者人数会增加很多，总收益会增加。

那么怎样估算需求的价格弹性呢？这就需要专业人士用历史数据来研究门票价格变化时，参观展览馆人数的逐年变动情况，也可以用国内各种展览馆参观人数的数据来说明门票价格如何影响参观人数。当然还需要考虑影响参观人数的其他因素——天气、人口等等，最后，这种数据分析会提供一个需求价格弹性的估算，你可以用这种估算来决定对门票的价格做出什么反应。价格理论是经济学的核心。这一章我们来分析价格是怎样由市场供求关系决定从而配置资源的。

第一节 需求理论

本节重难点

1. 了解需求的定义，影响需求的因素。
2. 理解需求函数及其曲线，能区分需求的变动与需求量的变动。
3. 掌握需求定理。

任务导入

经济学中有一个著名的水和钻石的价格问题，那就是：水应当比钻石更值钱吗？根据常识，一个物品的价格决定于它给消费者带来的效用。水为消费者所必需，水的有无，生死攸关，效用极大，但水的价格却很低；而钻石是非必需品，效用有限，但价格却非常高，这是为什么呢？

内容精讲

一、需求、需求表与需求曲线

（一）需求的概念

需求是在一定的时期，在一既定的价格水平下，消费者愿意并且能够购买的商品数量。

经济学中的需求包含两层含义：首先，需求来自消费者的嗜好或偏好（Preference），是一种纯粹的主观上的需要。其次，需求应该是有支付能力的需求，即能够购买得起。假如一个人很有钱，买得起高档时装，但他对时装不感兴趣，也不打算买，他就构不成对时装的需求；另一个人，很喜欢时装，也想买,但又没有支付能力,他同样构不成对时装的需求。只有主观上有买时装的欲望,客观上又具有支付能力的人,才构成对时装的需求,即有效需求,有效需求＝购买欲望＋支付能力。

需求可以分为个人需求和市场需求。个人需求就是某个消费者对某种商品的需求;把个人需求加在一起就是整个社会对某种商品的需求,称为社会需求。

> **小案例**
>
> 英国商人的失算——消费欲望与需求
>
> 鸦片战争以后,英国商人为打开了中国这个广阔的市场而欣喜若狂。当时英国棉纺织业中心曼彻斯特的商人估计,中国有4亿人,假如有1亿人晚上戴睡帽,每人每年用两顶,整个曼彻斯特的棉纺厂日夜加班也不够,何况还要做衣服呢!于是他们把大量洋布运到中国。
>
> 结果与他们的梦想相反,中国人没有戴睡帽的习惯,衣服也用自产的丝绸或土布,洋布根本卖不出去。

(二)需求表与需求曲线

1. 需求表

商品的需求表是用来表示某种商品的各种价格水平和与各种价格水平相对应的该商品的需求数量之间关系的数字序列表。例如,某一时期某一市场某一时间内苹果的市场需求可用表2-1来表示,可以清楚地看到苹果的价格与需求量之间的函数关系。

表2-1　　　　　　　　　某家庭苹果的需求表

	价格（元/千克）	需求量（吨）
a	1.8	4
b	1.6	5
c	1.4	6
d	1.2	7
e	1.0	8

2. 需求曲线

商品的需求曲线是根据需求表绘出的用来表示需求量与商品价格之间对应关系的曲线。或者说需求曲线是以几何图来表示商品的价格和需求量之间的函数关系。

在图2-1中,横轴OQ代表需求量,纵轴OP代表商品的价格,D即为需求曲线。需求曲线是根据需求表画出来的,是表示某种商品的价格与需求量之间关系的曲线,向右下方倾斜。

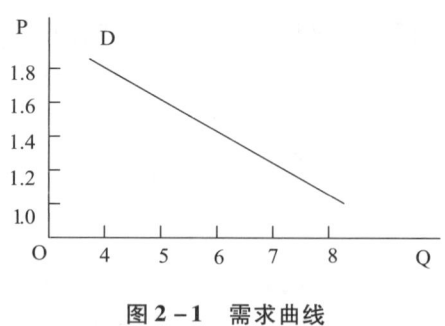

图 2-1 需求曲线

二、需求的影响因素及需求函数

(一) 需求的影响因素

1. 商品本身价格

一般而言,商品的价格与需求量成反方向变动,即价格越高,需求越少,反之则反。

2. 相关商品的价格

按照商品的消费功能,商品之间的关系有两种:替代关系和互补关系。互补品是指共同满足一种欲望的两种商品,它们之间是相互补充的。例如,汽车和汽油,如汽车价格提高,就会引起汽车的需求减少,从而引起汽油需求的减少;而汽车价格下降,则会引起汽车需求的增加,从而引起汽油需求的增加。两种互补商品之间价格与需求呈反方向变动。替代商品是指可以互相代替来满足同一种欲望的两种商品,它们之间是可以相互替代的。例如,牛肉与羊肉就有这种替代关系,如果牛肉的价格上升,羊肉的需求就会增加;而牛肉的价格下降,羊肉的需求就会减少。两种替代品之间价格与需求呈同方向变动。

> **想一想**
>
> ### 西蒙凭什么在10年赌约中获胜
>
> 20世纪80年代,斯坦福大学教授保罗·埃尔里奇认为:由于人口爆炸、食物短缺、不可再生性资源的消耗、环境污染等原因,人类的前途堪忧;而马里兰州立大学教授朱利安·西蒙认为:人类社会的技术进步和价格机制会解决人类社会发展中出现的各种问题,所以人类社会的前途还是光明的。这两位教授都有自己的支持者,分别形成了两个派别——悲观派和乐观派。
>
> 由于两个派别谁也说服不了谁,他们决定打赌,于是,他们选择了5种金属:铬、铜、镍、锡、钨,各自以假想的方式买入1000美元的等量物质,每种金属各200美元,以1980年9月29日的各种金属价格为准,假如到1990年9月29日,这5种金属的价格在剔除通货膨胀的因素后仍然上升了,西蒙就输了,他要付给埃尔里奇这些金属的总差价;反之,假如这5种金属的价格下降了,埃尔里奇就输了,他将把总差价支付给西蒙。

> 经过了漫长的 10 年，事情终于有了结果：西蒙赢了，5 种金属无一例外都降价了。
>
> 请思考：为什么这 5 种不可再生性资源的价格都下降了呢？

3. 消费者的收入水平

消费者的收入水平决定他的支付能力大小。一般来说，随着收入的增加，消费者对大多数正常商品的需求量会增加；随着收入的减少，消费者对大多数正常商品的需求量会减少。

4. 消费者的偏好

当消费者对某种商品的偏好程度增强时，该商品的需求量就会增加；相反，偏好程度减弱，需求量就会减少。偏好既与消费者的个人爱好和个性有关，也与整个社会风俗、消费时尚有关。影响消费时尚的主要是广告效应，生产者进行广告宣传的目的不仅在于告诉人们有什么商品，而且还在于通过改善人们的偏好而增加对某种商品的需求量。

5. 消费者对未来商品的价格预期

当消费者预期某种商品的价格即将上升时，社会增加对该商品的现期需求量，因为理性的人会在价格上升以前购买产品；反之，就会减少对该商品的预期需求量。例如，假设你正计划买房子，当听说房子的价格将在未来几个月内会下降，结果你会决定等几个月后再买房子；如果你听说价格预期在几个月内会上涨，那么你有可能现在就买房子。

6. 人口数量和结构的变动

一般来说，人口数量的增减会使需求发生同方向变动。人口结构的变动主要影响需求的结构，如人口老龄化的国家，时髦的服装、滑雪等刺激性项目的需求会减少，而保健品和老年人常用药的需求会增加。

除以上列举的因素之外，商品的需求量还受到其他因素的影响，如社会制度、风俗习惯等。

(二) 需求函数

表示一种商品的需求数量和影响该需求数量的各种因素之间相互关系的函数。如果把影响需求量的因素作为自变量，把需求量作为因变量，则需求函数可写为：

$$Q_d = f(a,b,c,\cdots,n) = f(P)$$

式中，Q_d 表示某种商品的需求量；a，b，c，$d\cdots$，n 表示影响需求量的因素。

在影响商品需求量的众多因素中，商品的价格是最重要的因素。所以，经济学家通常采用抽象分析法，假定其他条件不变，仅分析一种商品的价格变化对该商品需求量的影响，这样，需求函数可表示为：

$$Q_d = f(P)$$

式中，P 表示价格，即某种商品的需求量是其价格的函数。

> **注意**
>
> 自变量和因变量都是变量,关键是谁随着谁的变化而变化,先变化的就是自变量,后变化的就是因变量,如 d = 2/p。那么 p 就是自变量,d 就是因变量,p = 2/d 此时 d 就是自变量,p 就是因变量。

三、需求定理

二维码 2.1:养老护理一员难求,满足不了社会需求

需求定理是说明商品本身价格与需求量之间相互关系的理论。其基本内容为:在其他因素不变的情况下,商品的需求量与其价格之间成反方向变动,即需求量随商品本身价格的上升而减少,随商品本身价格的下降而增加。体现在需求曲线上就是需求曲线向右下方倾斜。因此,需求定理是在假定除商品本身价格外,其他影响商品需求量的因素保持不变的前提下来研究商品价格与其需求量之间的关系的。

> **注意**
>
> 需求定理只适用于一般商品即正常商品;在某些特殊的商品和经济形势下,与需求定理相矛盾的现象也是存在的,主要的例外情况有:
>
> 1. 低档商品或吉芬商品。消费者对低档商品或吉芬商品的需求量是随着商品价格的上升而增加的。
> 2. 奢侈品或炫耀性商品。奢侈品市场的扩大,也使部分奢侈品成为一种彰显身份地位的符号,从而价格降低反而需求量减少。如珠宝首饰、豪华轿车,价格上升需求量增加;价格下降需求量减少。
> 3. 投机性市场(如证券和期货市场),人们有一种"买涨不买跌"的心理,这与人们对未来价格的预期及投机需求有关。

> **知识窗**
>
> "吉芬之谜"
>
> "吉芬之谜"被经济学家看作是需求定理的一种例外。需求定理后面还掩盖着消费者对商品需求的差异。在经济学中,当一种商品的价格发生变化时,会对消费者产生两种影响,第一种是使消费者的实际收入水平发生变化,第二种则是使商品的相对价格发生变化,这两种变化都会改变消费者对某一种商品的需求量。
>
> 对于所有商品来说,替代效应都是与价格成反方向变动的,而且在大多数情况下,收入效应的作用小于替代效应的作用,需求定理一直有效。但是,在少数特定情况下,某些低档商品的收入效应作用要大于替代效应的作用,正是如此,经济学中将商品分为正常商品和低档商品两大类,正

常商品的需求量与消费者的收入水平成同方向变动；而低档商品则反之。这在现实生活中也不难理解。试想一下，爱尔兰1845年饥荒使大量的家庭因此陷入贫困，土豆这样的仅能维持生活和生命的低档品，无疑会在大多数贫困家庭的消费支出中占一个较大比重，土豆价格的上升更会导致贫困家庭实际收入水平大幅度下降。在这种情况下，变得更穷的人们为了生存下来，就不得不大量地增加对低档商品的购买而放弃正常商品，相比起土豆这种低档商品来说，已经没有比这更便宜的替代品了，这样发生在土豆需求上的收入效应作用大于替代作用，从而造成土豆的需求量随着土豆价格的上升而增加的特殊现象。一种商品只有同时具备"是低档品"和"收入效应大于替代效应"这两个条件时，才可以被称之为"吉芬商品"。

四、需求量的变动和需求的变动

（一）需求量的变动

在某一时期内，其他因素不变的情况下，商品本身价格的变动所引起的购买量的变动，我们称之为需求量的变动。在几何图形中，需求量的变动表现为商品的价格与需求数量的组合点沿着同一条既定的需求曲线的运动。

如图2-2所示，当商品价格为P_1时，需求量为Q_1，当价格下降为P_2时，需求量由Q_1增加到Q_2，在需求曲线上表现为从a点运动到c点。

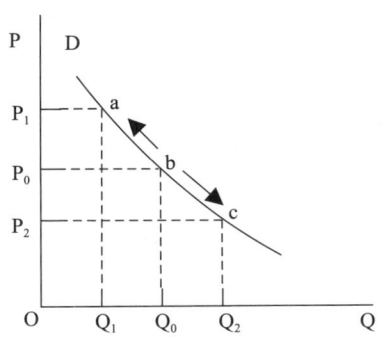

图2-2 需求量的变动

注意：需求量的变动 = 从同一条需求曲线上的一点移动到另一点，虽然表示需求数量的变化，但是并不表示整个需求情况的变化，因为这些变化的点都在同一条需求曲线上。

（二）需求的变动

需求是在一系列价格水平时的一组购买量，在商品价格不变的条件下，非价格因素的变动所引起了购买量变动（如收入变动等）称之为需求的变动。在几何图形中，需求的变动它表现为需求曲线的平行移动。

如图2-3所示，图中原有的需求曲线为D_0，在商品价格不变的前提下，如果其他因素的变化使得需求增加，则需求曲线向右移动，由图中的D_0曲线

向右移到 D_2 曲线的位置；如果其他因素的变化使得需求减少，则需求曲线向左移动，由图中 D_0 曲线移到 D_1 曲线的位置。

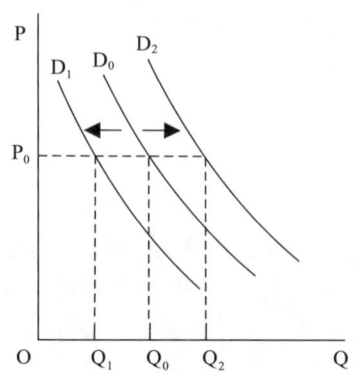

图 2-3　需求的变动

注意：需求的变动 = 需求曲线的移动，表示在每一个价格水平下，需求数量都增加或者都减少了，显然表示整个需求情况发生变化。

> **想一想**
>
> 需求量的变动与需求变动主要区别是什么？试举例说明。

任务分析

这里我们注意到需求定理的一个重要前提条件，即"影响需求量其他因素不变"。在实践中，我们则要经常考虑"其他条件"。如果大雨连天，雨伞的价格上升，而其需求量也增加了。从现象看，这显然是与需求定律不容，这是否意味着需求定律是错的？不是，因为我们还没有考虑"其他条件"。依次类推，股票价格上涨，买的人反而多了，是因为存在"其他条件"，如投资者预期该股票的价格还会上涨，有钱可赚。同理，在土豆价格上涨，需求量反而上升，是因为消费者收入较低，买不起其他食品，或者说，消费者因收入的限制而只好采购土豆，当土豆价格上涨时，他们预期价格还会涨，于是就去抢购了，这就是经济学所说的"吉芬商品"。

第二节　供给理论

本节重难点

1. 了解供给的定义，影响供给的因素。
2. 理解供给函数及其曲线，能区分供给的变动与供给量的变动。
3. 掌握供给定理。

任务导入

矿物资源价格的长期表现

20世纪70年代初期是一个公众关心地球自然资源的时期。类似罗马俱乐部的一个组织曾经预言，我们的能源和矿物资源将很快耗尽，所以这些产品价格会飞涨，并使经济停止增长。但是，这些预言忽略了基本的微观经济学。地球确实只有一定量的铜、铁、煤等矿物，但是，在20世纪，这些矿物以及其他绝大多数矿物资源的价格相对于总体价格来说是下降了或基本保持不变。尽管价格在短期内有些变动，但从长期来看没有显著上涨，即使现在的消费量大约是1880年的20倍。类似的格局也体现在其他矿物资源上，如铜、石油和煤。请用经济学供给理论来解释这一现象。

内容精讲

市场是由需求与供给构成的，需求构成市场的买方，供给构成市场的卖方，需求与供给一起构成经济学的基本前提。

一、供给、供给表与供给曲线

（一）供给的概念

供给是指生产者（厂商）在一定的时期内，对应于某一商品不同的价格水平愿意并且能够提供的商品数量。供给的定义说明了两层含义：

（1）供给是供给能力与供给欲望的统一。若生产者对某种商品只有出售的愿望，而没有出售的能力，则不能形成有效供给，也不能当作供给。供给能力中包括新生产的产品和过去的存货。

（2）供给这个概念涉及两个变量：商品的价格及与该价格相对应的供给量。因此，供给实际上反映了生产者的供给量与商品价格这两个变量之间的关系。

供给分为个人供给和市场供给。个人供给是指单个生产者对某种商品的供给；市场供给是指该商品市场所有个人供给的总和。

> **知识窗**
>
> 20世纪80年代初时，彩电相当紧俏，有人就是靠"倒彩电"发了财。尽管国家控制着价格，但与当时的收入水平相比，价格还相当高。买彩电凭票，据说有的彩电厂把彩电票作为奖金发给工人，每张票卖到好几百元。到了90年代之后，彩电供求趋于平衡，接着后面就是彩电卖不出去，爆发了降价风潮，拉开了彩电价格战的序幕。回顾这一段历史，我们可以看到决定价格的另一种因素——供给的规律。
>
> 供给要受供给能力的限制。生产者愿意多供给并不等于它能多供给。供给是供给愿望与能力的统一，仅有愿望而没有能力是不行的。当时中国

彩电行业正是这种情况。

(二) 供给表与供给曲线

1. 供给表

供给表是表示某种商品的各种价格水平和与各种价格水平相对应的该商品的供给数量之间关系的数字序列表。如表 2-2 所示。

表 2-2　　　　　　　　　　某种苹果的供给表

	价格（元/千克）	供给量（吨）
a	1.0	4
b	1.2	5
c	1.4	6
d	1.6	7
e	1.8	8

这个表示某种商品（苹果）的价格与供给量之间关系的表就是供给表。

2. 供给曲线

根据供给表可以在平面坐标图上绘制出商品的供给曲线。供给曲线是描述一种商品供给量与价格之间相互依存关系的图形。如图 2-4 所示。

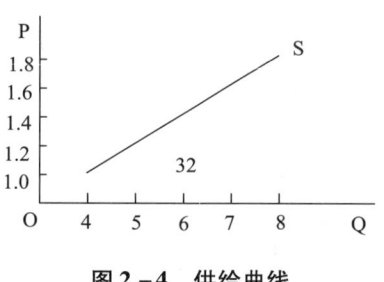

图 2-4　供给曲线

在图 2-4 中，横轴 OQ 代表供给量，纵轴 OP 代表价格，S 即为供给曲线。曲线 S 表示在不同价格水平下生产者愿意且能够提供商品的数量。供给曲线向右上方倾斜，是因为在其他条件相同的情况下，价格越高意味着供给量越多。

二、供给的影响因素及供给函数

(一) 供给的影响因素

一种商品的供给是由许多因素决定的。其中主要的因素有：

（1）商品的自身价格。由于生产者的目标是利润最大化，在其他条件不变的条件下，如果某种商品的价格上升，生产者会投入更多的生产资源用于该商品的生产，从而使其供给量增加；反之，生产者就会将生产资源转移于其他价格相对较高的商品生产，从而该商品的供给量减少。

(2) 生产要素的价格。生产要素的价格直接影响到商品的生产成本。在其他条件不变的条件下，生产要素的价格上升，生产者利润减少，供给也会减少，反之，则供给增加。

(3) 生产的技术水平。在一般情况下，生产技术水平提高可以降低生产成本，会增加利润，从而使商品的供给增加。相反，生产技术水平降低，使商品的供给减少。

(4) 其他商品的价格。如果生产者生产的商品价格不变，但其他商品的价格提高了，那么生产者就会转而生产其他商品，生产者原来生产的商品的供给量就会减少。反之，生产者原来生产的商品的供给量就会增加。

(5) 生产者对商品的价格预期。这主要是指生产者对未来价格的预期。如果生产者预期未来价格会上升，就会把已经生产出来的商品储存起来，或者现在减少生产，这样就会减少当前的供给，以便在未来价格上升时增加供给。

小案例

技术进步与电脑供给

在供给理论中，分析以供给量和价格的关系为中心。但现在决定供给的关键因素非技术莫属。电脑的供给说明了这一点。在20世纪80年代，个人电脑的价格按运算次数、速度和储存能力折算，每台为100万美元。尽管价格如此高昂，但供给量极少。如今同样功能的个人电脑已降至不到一千美元。价格只是当初价格的千分之一。电脑供给的这种增加不是由于价格的变动引起的，而是由于技术进步引起的。由于集成电路技术的发展，硬件与软件技术标准的统一、规模经济的实现与高度专业化分工使电脑的生产成本迅速下降，且质量日益提高。这种技术变化引起电脑供给曲线向右移动，而且，移动幅度相当大。这样，尽管价格下降，供给还是大大增加了。

技术是决定某种商品供给的决定性因素。正因为如此，经济学家越来越关注技术进步。

（二）供给函数

供给函数是用来表示一种商品的供给数量和影响该供给数量的各种因素之间的相互关系的函数式。将各影响因素作为自变量，供给量作为因变量，供给函数可记为：

$$Q_S = f(P, C_f, T, P_X, P_Y, P_e \cdots)$$

式中，Q_S表示供给量；P，C_f，T，P_X，P_Y，$P_e \cdots$表示影响供给量的因素。

在经济分析时，通常假设其他因素不变，只分析商品的供给量与该商品价格之间的关系，此时供给函数可表示为：

$$Q_S = f(P) \quad (P表示价格)$$

这个公式表明了某种商品的供给量 Q_S 是其价格 P 的函数。供给函数可以用代数表达法、表格或曲线来表示。

三、供给定理

在其他条件保持不变的情况下，一种商品的供给量的大小，取决于该商品价格的高低。如果商品价格上升，则生产者对该商品的供给量就相应增加；反之，如果该商品的价格下降，其供给量就减少。也就是说，生产者对一种商品的供给量随着该商品价格的上升而增加，随着商品价格的下降而减少，商品的供给量与价格呈同方向的变动关系。

应注意，供给规律只适用于一般商品。供给规律是在假定其他因素为常量的前提下对商品的价格及其供给量关系的揭示。

二维码2.2：什么是供给侧改革、去库存、去杠杆

知识窗

需求原理和供给原理是市场经济中的两个基本法则。一般情况下，买者和卖者分别根据这两个原则行事，形成了市场经济特有的秩序。

李汝珍所写的《镜花缘》一书中，描写了"好让不争"的君子国。在热闹喧哗的市场上，买者手中拿着货物，高叫价格太便宜了，非要卖者加价不可。卖者却觉得价格太高，已经很过意不去了。争执许久，卖者坚决不肯提高价格，买者只得按原价付钱，但只取走了一半货物。买者刚要举步，被卖者一把拉住，说是"价高货少"，死活不肯放手。路旁走过两个老翁主持公道，让买者照价拿了八折货物，方才使一场风波平息下来。显然，故事中的君子国，就处于这样的混乱局面。

注意

供给法则的例外情况：

第一，劳动供给，当工资增加到一定程度时，如果继续增加，则劳动的供给量不仅不会增加，反而会减少。

第二，某些特殊商品，如土地、文物等，由于受各种条件限制，其供给量是固定的，无论价格如何上升，其供给量也无法增加。

第三，生产者在大规模生产时平均成本锐减，这时商品价格虽有所下降，但生产者仍愿意提供更多的商品。此类商品往往是那些可以机械化大批量生产的高技术产品，如小汽车和电视机等，这类产品的供给曲线是向右下方倾斜的。

四、供给量的变动和供给的变动

(一) 供给量的变动

在某一时期内,在其他因素不变的情况下,商品本身价格的变动所引起的供给量的变动,它表现为该曲线上的点的变动,如图 2-5 所示。

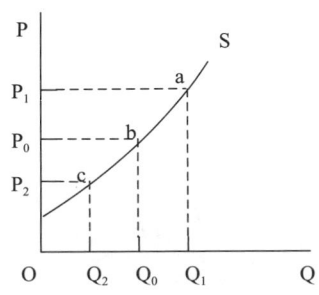

图 2-5 供给量的变动

在图 2-5 中,当价格 P_0 上升为 P_1 时,供给量从 Q_0 增加到 Q_1,在供给曲线 S 上则是从 b 点向右上方移动到 a 点。当价格由 P_0 下降到 P_2 时,供给量则从 Q_0 减少到 Q_2,在供给曲线 S 上则是从 b 点向左下方移动到 c 点。可见,在同一条供给曲线上,向右上方移动表示供给量增加,向左下方移动表示供给量减少。

(二) 供给的变动

供给是在一系列价格水平时的一组供给量,在商品价格不变的条件下,非价格因素的变动所引起的供给变动(如技术等因素变动)称之为供给的变动。它表现为供给曲线的平行移动。

供给是指在不同价格水平时的不同供给量的总称。在供给曲线图中,供给是指整个供给曲线。供给的变动是指在商品本身价格不变的情况下,由于其他因素变动所引起的供给的变动。如生产技术水平和管理水平、其他商品价格、生产要素的价格、生产者对未来价格的预期等因素发生变动,就会引起供给的变动。供给的变动表现为供给曲线的平行移动。可以用图 2-6 来说明这一点。

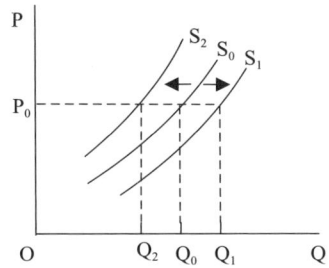

图 2-6 供给的变动

在图 2-6 中，价格是 P_0。由于其他因素变动（如生产要素价格变动而引起的供给曲线的移动是供给的变动），假设生产要素价格下降了，在同样的价格水平 P_0 时，企业所得到的利润增加，从而产量增加，供给从 Q_0 增加到 Q_1，则供给曲线由 S_0 移动到 S_1。生产要素价格上升了，在同样的价格水平 P_0 时，企业所得到的利润减少，从而产量减少，供给从 Q_0 减少到 Q_2，则供给曲线由 S_0 移动到 S_2。可见，供给曲线向左方移动是供给减少，供给曲线向右方移动是供给增加。

> **想一想**
>
> 供给量的变动与供给变动主要区别是什么？试举例说明。

任务分析

资源的需求是随着经济的发展而上升的。然而当需求上升时，生产成本却下降了。这首先是由于新的且更大规模的储藏资源被人发现了，而这些资源的开采成本更低廉；其次是因为技术上的进步，以及开采和提炼达到一定规模后所产生的经济上的优势。因此，随着时间的推移，供给曲线向右移动，经过了相当长的时间后，供给曲线的变动幅度比需求更大，所以导致价格经常性的下降。

这并不是说铜、铁和煤的价格将一直下降或一直保持不变，这些资源的确有限，但当其价格开始上涨时，消费很可能会有变化，至少会使用替代物。比如，铜在很多应用领域已被铝所替代，并且近来在电子应用方面被光纤所替代。

第三节 均衡价格

本节重难点

1. 了解均衡价格的定义及其形成。
2. 掌握均衡价格变动，供求定理。
3. 熟悉均衡价格理论的应用。

任务导入

雪天的杂货店

1967 年，一场大暴雪使得芝加哥市区的交通瘫痪，外面的生活必需品难以进入，当时还是大学生的詹姆斯在住所附近有两家杂货店，一家杂货店慈悲为怀，坚持在大雪天对店内商品不涨价，其店中的商品很快被抢购一空，因为如此低的价格难以使其以高价向外界继续采购新的商品，这家店很快就关门大吉。另外一家杂货店则将所有的商品和价格暂时提高到原来的两倍，同时这家杂货店的老板出高价请当地的孩子乘雪橇从外地运进当地市民需要的各种商品。涨价的杂货店因为能够支付较高的拉货成本，一直在雪暴过程中保证了对居民的基本供应，同时高的价格也自然促使居民根据新的价格状况理调整自己的需求，将自己采购的物品控制在自己能够承担的、确实也是必需的范围内。

请用均衡价格理论来分析以下问题：
1. 案例所揭示了市场经济的基本原理是什么？
2. "看不见的手"在调节供求关系中的作用。

内容精讲

在市场经济中，价格是由需求与供给这两种力量决定的。这种价格又称均衡价格。这里我们就来分析均衡价格是如何决定，又如何变动的。

一、均衡价格的决定

需求表和需求曲线只说明消费者对某种商品在每一个价格下的需求量是多少，同样，供给表和供给曲线也只说明了生产者对某种商品在每一个价格水平下的供给量是多少，他们都没有说明这种商品本身的价格究竟是多少。微观经济学中的商品价格是指商品的均衡价格。

> **小案例**
>
> ### "读书人"为什么要砍半价——均衡价格
>
> 冯梦龙的《笑府选》中有这样一个故事：
>
> 有个读书人要到苏州购买货物。同乡的人告诉他说："苏州人卖东西通常很贵，你要记得还个半价。不管他讨价多少，你还价一半，就对了。"
>
> 这个读书人听了，认为很有道理，便牢记于心。
>
> 果然，当他到一绸缎店买绸料时，凡是讨价六两银子的，他就还价为三两；讨价一两的，他就还价五钱。店老板见此人如此砍价，不高兴了，说："算了，干脆你也不要买了，小店就奉送两匹给你吧。"
>
> 这位读书人拱手致礼道："岂敢岂敢，学生（古时读书人的自谦）只要一匹就够了。"故事中读书人过于死板的还价方法，不禁惹人捧腹。但我们都知道，在购买物品时，讨价还价是很正常的。在物品销售的市场上，作为理性人，买卖双方都会追求自身利益的最大化。一方面，对于商家来说，追求的是收益的最大化，所以，通常会制订远远高于进货成本的

价格；另一方面，对于消费者来说，追求的商品效用的最大化，尽力压低价格。而买卖双方所能接受的价格即为均衡价格。

（资料来源：黄典波：《趣味经济学100问》，机械工业出版社2009年版）

二维码2.3：
"读书人"为什么
要砍半价——
均衡价格

1. 均衡价格的定义

一种商品的均衡价格是指该种商品的市场需求量和市场供给量相等时的价格。在均衡价格水平下的相等的供求数量被称为均衡数量。从几何意义上说，一种商品的市场的均衡出现在该商品的市场需求曲线和市场供给曲线相交的交点上，该交点被称为均衡点。均衡点上的价格和相应的供求量分别被称为均衡价格和均衡数量。市场上需求量和供给量相等的状态，被称为市场出清。

均衡价格可以用同一坐标图上所绘出的需求曲线和供给曲线的相交点来表示。可以用图2-7来说明均衡价格。

在图2-7中，横轴OX表示数量（需求量与供给量），纵轴OY表示价格（需求价格与供给价格）。D为需求曲线，S为供给曲线，D与S相交于E点。E是均衡点。这就决定了均衡价格为P，均衡数量为M。

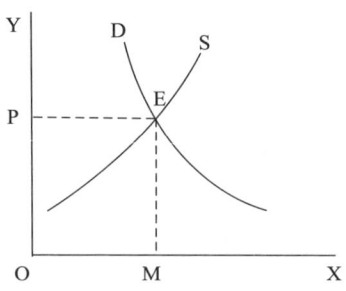

图2-7 均衡价格的决定

2. 均衡价格的决定

英国经济学家阿尔弗雷德·马歇尔把需求与供给比作一把剪刀的两个刀刃，我们很难说究竟是哪一个刀刃在裁剪时作用更大。同样的道理，我们很难说需求与供给究竟哪一方决定了市场价格。实际上均衡价格是由市场上的供给与需求共同决定的，是在市场上供求双方的竞争过程中自发地形成的。均衡价格的形成也就是价格决定的过程。因此，价格也就是由市场供求双方的竞争所决定的。需要强调的是，均衡价格形成，即价格的决定完全是自发的，如果有外力的干预（如垄断力量的存在或国家的干预），那么，这种价格就不是均衡价格。我们可以用表2-3来说明均衡价格形成的过程。

从表2-3中可以看出，当市场价格为1.8元/千克时，生产者认为这个价格最有利，他将提供8吨的商品，但消费者认为价格太高，需求量为4吨，于是供大于求，价格下跌。反之，当市场价格为1.0元/千克时，消费者认为价格最合适，需求量增大到8吨，但生产者认为价格太低，供给量减少到4

表 2-3　　　　　　　　　　均衡价格形成表

	供给量（吨）	价格（元/千克）	需求量（吨）
a	4	1.0	8
b	5	1.2	7
c	6	1.4	6
d	7	1.6	5
e	8	1.8	4

吨，于是供不应求，价格上升，供给量将增加，需求量将减少。通过市场价格的波动和供求的变化，在价格为 1.4 元/千克时，供给量与需求量相一致，这时，某商品的均衡价格为 1.4 元，均衡数量为 6 吨。

均衡价格的形成过程，也可以用图 2-8 来说明。

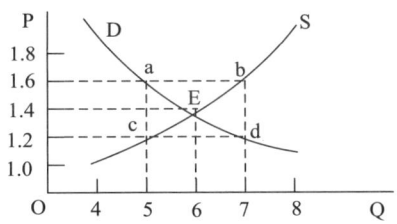

图 2-8　均衡价格的形成

> **想一想**
>
> ### 歌星的高收入合理吗？
>
> 某歌星一场演唱会的出场费是几十万元人民币，相当于普通人几年或几十年的收入，老百姓难免有不平衡之感。歌星的收入主要来源是门票的收入。我们分析演唱会门票的价格，如果想听演唱会的人增加了，而歌手的供给不变，则门票的价格就会上升，由于演唱会举办方与歌手都能从高价格的门票中得到更多的收益，他们还增加演唱会的场次；同理可以推出，如果没有那么多歌迷，需求减少，门票的价格必然下降，他们会减少演唱会的场次。如果歌手增加，门票的价格也会下降，演唱会的场次增加；同理可以推出，歌手减少，门票的价格也会上升，演唱会的场次会减少。这就是经济学分析的供求规律。
>
> 讨论：歌星的高收入合理吗？

二、均衡价格的变动

一种商品的均衡价格是由该商品的市场需求曲线和市场供给曲线的交点所决定的。因而，需求曲线和供给曲线的位置移动都会使均衡价格发生变动。

(一) 需求的变动对均衡价格的影响

需求变动对均衡价格的影响，表现为需求增加会使需求曲线向右平行移动，从而使均衡价格和均衡数量都增加；需求减少会使需求曲线向左平行移动，从而使均衡价格和均衡数量都减少。在供给不变的情况下，因需求条件发生变化使需求曲线移动的情况可以用图 2-9 说明。

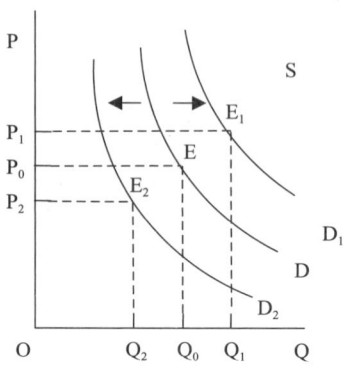

图 2-9 需求的变动对均衡价格的影响

在图 2-9 中，原来的需求曲线 D 与供给曲线 S 相交于 E 点，均衡价格为 P_0，均衡数量为 Q_0。现在因为需求条件变化使需求增加，需求曲线向右上方移动到 D_1，与供给曲线 S 相交于 E_1 点，这时的均衡价格为 P_1，均衡数量为 Q_1。因为需求增加会使价格上升，使供给增加，形成新的均衡。需求减少对均衡价格的影响正好相反。图中，需求曲线向左下方移动到 D_2，与 S 相交于 E_2 点，则均衡价格为 P_2，均衡数量为 Q_2。因为需求减少会使价格下降，供给减少，形成新的均衡。可见，需求变动引起均衡价格与均衡数量同方向变动。

(二) 供给变动对均衡价格的影响

供给变动对均衡价格的影响，表现为供给增加会使供给曲线向右平行移动，从而使均衡价格下降，均衡数量增加；供给减少会使供给曲线向左平行移动，从而使均衡价格上升，均衡数量减少。在需求不变的情况下，因供给条件发生变化使供给曲线移动的情况可以用图 2-10 来说明。

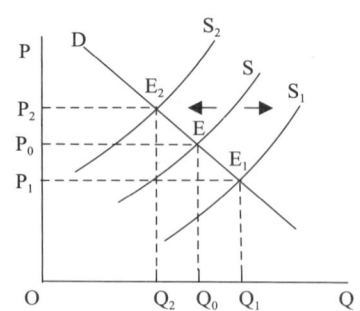

图 2-10 供给的变动对均衡价格的影响

图 2-10 中，原需求曲线 D 与供给曲线 S 相交于 E 点，均衡价格为 P_0，

均衡数量为 Q_0。现在因为供给条件发生变化，供给增加，供给曲线向右下方移动到 S_1，与 D 相交于 E_1 点，则均衡价格为 P_1，均衡数量为 Q_1。因为供给增加会使价格下降，使需求增加，形成新的均衡。供给减少对均衡价格的影响正好相反。供给曲线因供给条件的变化向左上方移动到 S_2，与需求曲线 D 相交于 E_2 点，均衡价格为 P_2，均衡数量为 Q_2。因为供给曲线上移，表示供给减少，会使价格上升，使需求减少，从而形成新的均衡。可见，当需求不变时，供给的变动引起均衡价格反方向变动，均衡数量同方向变动。

(三) 供求定理

通过以上的分析，可以得出以下的结论：

第一，需求的增加引起均衡价格上升，均衡数量增加；需求的减少引起均衡价格下降，均衡数量减少。

第二，供给的增加引起均衡价格下降，均衡数量增加；供给的减少引起均衡价格上升，均衡数量减少。

上述这种关于需求变动与供给变动对均衡价格和均衡数量影响的关系，被称为供求定理。

供求定理是经济学中最重要的定理之一，它具有广泛的使用价值。因为价格和产量取决于供给曲线和需求曲线的位置，而当发生某些事件时，就会使供给曲线和需求曲线发生移动，曲线移动了，市场就会改变。关于这种变动的分析被称为比较静态分析，即原均衡与新均衡的比较。

> **想一想**
>
> ### 收拥挤费到底有没有用？
>
> 据报道，某一线城市规划委近期组织相关部门针对城市发展进程中的交通问题进行研究，提出了解决旧城交通问题的十项策略。其中，"车辆进入旧城要交拥挤费"赫然在列。该城市的交通拥堵是出了名的，这些年来，人们为缓解交通拥堵问题想了很多招数。
>
> 在市中心地区收取拥挤费，这个办法早有人提过，但一直颇有争议，赞同者很多，反对者也不少。将收拥挤费由政策设想变成现实，确实需要几分勇气。那么收拥挤费到底有没有用？

三、供求曲线运用事例

(一) 易腐商品的售卖

有些商品，尤其是一些生鲜食品，由于具有容易腐烂的特点，必须在一定时间内销售出去，否则，会蒙受经济损失。对于这类商品的销售者来说，应该如何定价，才能保证全部数量的商品能在规定时间内卖完，又能使自己获得尽可能多的收入呢？用鲜鱼来做说明，如图 2-11 所示。

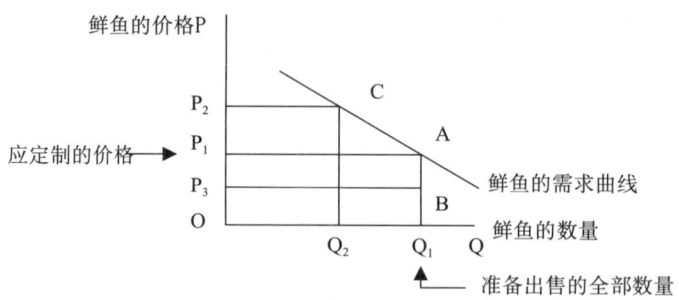

图 2-11　鲜鱼的定价

图 2-11 表示的是某鲜鱼销售者所面临的对他的鲜鱼的需求曲线。从图中的既定鲜鱼需求曲线上，可以了解在一天内在每一个价格水平上的鲜鱼需求数量，也可以反过来说，可以了解在一天内在一个鲜鱼的销售量上消费者所愿意支付的最高价格。假设销售者在一天内需要卖掉的鲜鱼数量是 Q_1，则他应该根据需求曲线将价格定在 P_1 的水平。这样，他就能使鲜鱼以消费者所愿意支付的最高价格全部卖掉，从而得到他能得到的最大收入。

（二）支持价格

支持价格又称最低限价，是政府为了支持某一行业的发展而规定的该行业的最低价格。支持价格总是高于市场均衡价格。由于价格高，需求就少；由于价格高，供给就多。因此，在实行支持价格时，市场上必然出现供给大于需求的过剩状况。如农产品支持价格和最低工资等。为此，政府需要增加库存和扩大外需，相应的也要增加财政支出。可以用图 2-12 来分析支持价格时的供给过剩。

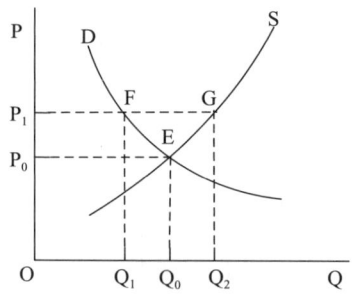

图 2-12　支持价格图

从图 2-12 中可以看出，该产品由供求所决定的均衡价格为 OP_0，均衡数量为 OQ_0，政府的支持价格为 OP_1，$OP_1 > OP_0$，即支持价格一定高于均衡价格。这时，需求量为 OQ_1，供给量为 OQ_2，$OQ_2 > OQ_1$，即供给量大于需求量，$OQ_2 - OQ_1 = Q_1Q_2$ 为供给过剩部分。这些过剩供给量由政府购买。

（三）限制价格

限制价格又称价格上限，是政府为了限制某种商品价格上升而规定的这种商品的最高价格。限制价格一定是低于该商品的市场均衡价格的。因此，实行限制价格时,市场上必然出现供给小于需求的供给不足状况。为此,政府往往需要配额、票证等辅助措施。限制价格常常造成抢购和黑市交易。可以用图 2-13 来分析限制价格时的供给不足。

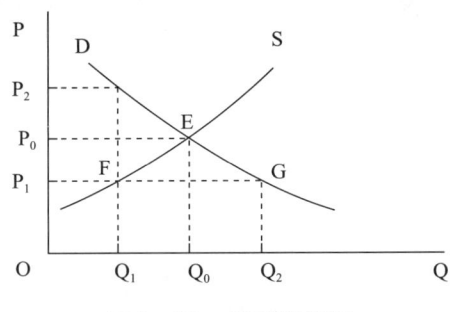

图 2-13　限制价格图

从图 2-13 中可以看出,该产品由供求所决定的均衡价格为 OP_0,均衡数量为 OQ_0;政府限制价格为 OP_1,$OP_1 < OP_0$ 即限制价格一定低于均衡价格。这时需求量为 OQ_2,供给量为 OQ_1,$OQ_2 > OQ_1$ 产品供给不足,$OQ_2 - OQ_1 = Q_1Q_2$,这就是供给不足的部分。

在实行限制价格时还必然出现抢购现象与黑市交易。

想一想

政府对鸡蛋的补贴弊端

有资料表明,1995 年天津市鸡蛋生产量减少 1 亿斤,这除了生产成本上升的冲击之外,与补贴制度的缺陷是不无关系的。一方面,价格补贴的存在使鸡蛋的实际收购价达到 3.5~3.80 元/斤的水平,当生产者手中不受管制的鸡蛋由非国营门市部收购时,生产者心目中已有了一个很高的心理价位,更希望通过此举弥补由于受到价格管制而遭受的损失(即使政府对生产者由于低价出售而遭到的损失进行了补贴,而且补贴额很高,名义收购价很低,也使生产者形成吃亏的错觉),于是市场价被拉动到很高的水平;另一方面,较低的价格刺激了需求,从而进一步加剧了供求双方的矛盾。解决这种矛盾的方法,在不受价格管制的情况下,就表现为价格的上涨。调查资料显示,当定点门市部被迫以 3.30 元/斤的价格出售鸡蛋时,农贸市场的鸡蛋价格却一度达到了 3.9~4.1 元/斤的水平。

讨论题:
1. 价格补贴属于什么价格政策?
2. 支持价格与限制价格的利与弊。

任务分析

这就是"看不见的手"调节暴雪期间的杂货店商品价格的一个小小案例。在市场供求决定价格水平的市场机制面前,不考虑均衡价格的波动而慈悲为怀，往往不会获得预期的效果，维持低价的杂货店必然会面对居民的抢购，因为不能以低价格补充新的商品而在雪灾之中不得不关门，好心的低价杂货店没有赚到合理的利润，居民也因为杂货店的低价而没有调整自己的商品需求，同时在低价杂货店关门之后，居民也就再也买不到所需的日用品了。倒是那位看起来发雪灾财的高价杂货店店主，始终维持了居民在雪灾期间的日用品的供应。也就是说，市场规则看起来无情，但是，正是因为它的充分作用，经济才能得到良好发展。

第四节 弹性理论

本节重难点

1. 了解弹性、需求弹性、供给弹性的定义。
2. 掌握需求弹性的计算方法、分类、影响因素，供给弹性的计算分类、影响因素。
3. 熟悉弹性理论的应用。

任务导入

对高档消费品征收消费税

1990 年美国国会通过法令对高档消费品（豪华汽车、游艇等）征收消费税，目的是通过这种税实现劫富济贫。但其结果是，富人纳税没增加多少，生产这些高档消费品的工人却受害了。于是不得不在 1993 年取消这种税。

请用经济学原理中的弹性理论来解释其原因。

内容精讲

"弹性"是一个物理学名词，指一物体对外部力量的反应程度。在经济学中，弹性是指在经济变量之间存在函数关系时，被用来表示作为因变量的经济变量的相对变化对于作为自变量的经济变量的相对变化的反应程度。弹性的一般公式为：

$$弹性系数 = \frac{因变量变动的百分比}{自变量变动的百分比}$$

注意：弹性概念是就自变量和因变量的相对变动而言，因此，弹性数值与自变量和因变量的度量单位无关。

一、需求弹性

（一）需求价格弹性

需求价格弹性通常被简称为需求弹性。需求弹性用来表示在一定时期内一种商品的需求量的相对变动对于该商品的价格的相对变动的反应程度。它是商品需求量的变动率与价格的变动率之比。

$$需求价格弹性 = \frac{需求量变动的百分比}{价格变动百分比}$$

如果用 Ed 代表需求弹性的弹性系数，以 $\Delta Q'/Q'$ 代表需求量变动的比率，以 $\Delta P/P$ 代表价格变动的比率，则需求弹性的弹性系数的公式是：

$$Ed = \frac{\Delta Q}{Q} \div \frac{\Delta P}{P} = \frac{\Delta Q}{\Delta P} \cdot \frac{P}{Q}$$

> **注意**
> 由于价格变动与需求量变动成反方向，因而需求弹性系数为负值。但在实际运用时，为了方便起见，一般取其绝对值。

（二）需求弹性的分类

需求弹性可以分为以下五种类型：

（1）需求无弹性，即 $E_d = 0$。在这种情况下，无论价格如何变动，需求量都不会变动。这时的需求曲线是一条与横轴垂直的线。

（2）需求无限弹性，即 $E_d \to \infty$。在这种情况下，价格既定，需求量无限。这时的需求曲线是一条与横轴平行的线。

（3）单位需求弹性，即 $E_d = 1$。在这种情况下，需求量变动的比率与价格变动的比率相等。这时的需求曲线是一条正双曲线。

（4）需求缺乏弹性，即 $1 > E_d > 0$。在这种情况下，需求量变动的比率小于价格变动的比率。这时的需求曲线是一条比较陡峭的线。

（5）需求富有弹性，即 $E_d > 1$。

我们可以用表 2-4 来概括需求弹性的分类。

表 2-4　　　　　　　　　　需求弹性分类简表

需求弹性类型	弹性系数	含义	图形	举例
需求无弹性	$E_d = 0$	无论价格如何变动，需求量不变		药品：胰岛素、救心丸
需求无限弹性	$E_d \to \infty$	价格既定，需求量无限		贵金属：黄金、白银

续表

需求弹性类型	弹性系数	含义	图形	举例
单位需求弹性	$E_d = 1$	价格变动百分比等于需求量变动百分比		纺织品：衣服
需求缺乏弹性	$1 > E_d > 0$	价格变动百分比大于需求量变动百分比		生活必需品：粮、油、盐
需求富有弹性	$E_d > 1$	价格变动百分比小于需求量变动百分比		奢侈品：汽车、保健品

（三）需求弹性与销售收入

生产者的销售收入等于商品的价格与商品销售量的乘积。假定商品销售量等于商品需求量，则 $R = PQ$。其中，R 表示销售收入，P 表示商品的价格，Q 表示商品需求量。

假设需求量就是销售量，不同的商品其需求弹性不同，价格变动引起销售量的变动不同，从而总收益的变动也就不同。下面主要分析富有弹性的商品和需求缺乏弹性的商品价格变动与总收益变动的关系。

1. 富有弹性的商品价格变动与总收益变动的关系

需求富有弹性的商品，如果该商品的价格下降，需求量从而销售量增加的幅度大于价格下降的幅度，其总收益会增加。——生产者实行薄利多销

富有弹性商品的价格与总收益成反方向变动，价格上升，总收益减少；价格下降，总收益增加。其需求曲线如图 2-14 所示。

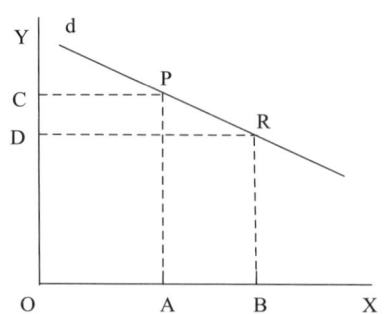

图 2-14　需求富有弹性与总收益

在图 2-14 中，当价格为 D 时，需求量为 B，总收益为 DRBO；当价格上升为 C 时，需求量为 A，总收益为 CPAO。价格上升，CPAO - DRBO < 0，表

示总收益减少。价格下降，DRBO－CPAO＞0，表示总收益增加。

> **小案例**
>
> ### 薄利多销的经济学分析
>
> 在市场上各商家之间"挥泪大甩卖""赔本跳楼价"的价格战，人们从未仔细考虑过究竟是为什么，只是觉得很开心，因为可以节省大量金钱。有一家安全帽专卖店打出这样的广告——"旧帽换新帽一律八折"。店家的意思是，如果你买安全帽时交一顶旧安全帽，当场退二成的价格；如果直接买新帽，对不起只能按原定价格买。这一种促销方式让人觉得好奇，是不是店家加入了什么基金会或是店家和供帽厂家有什么协定，收旧安全帽可以让店家回收一些成本，因此拿旧帽来才有二折的优惠呢？如果大家是这么想，那可就猜错了，实际上，店家拿到你那顶脏脏旧旧的安全帽，并没有什么好处，常常是在你走后往垃圾筒一丢了事。那究竟是怎么回事呢？怎样用需求弹性理论解释呢？
>
> 店家以顾客是否拿旧安全帽，来区别顾客的需求弹性。简单地说，没拿旧安全帽来的顾客说明他没有安全帽，由于法令规定：驾驶摩托车必须要戴安全帽，故而无论价格的高低，购买摩托车的人一定要买一顶安全帽，因此这种顾客的需求曲线较陡，弹性较小。相对地，拿旧安全帽来抵二折价款的顾客表明他本来就有一顶安全帽，如果安全帽的价格便宜他有以旧换新的需求，而如果价格太贵他也可以以后再买，因为已有了一顶安全帽，对该商品的需求没有迫切性。因此，这类的顾客需求曲线较平坦，弹性较大。
>
> 综上所述不难看出，该安全帽专卖店采用这种"旧帽换新帽八折"的促销活动，针对不同消费者的需求定价的方法，不仅不会使其减少营业收入，反而会吸引那些本不想购买新帽的消费者前来购买，增加了收益。因此，我认为：认真研究消费者心理，了解市场需求，针对本行业的特点，制定出适合自己的价格策略，一定会给单位、公司带来丰厚的利润。

2. 需求缺乏弹性的商品需求弹性与总收益的关系

需求缺乏弹性的商品，如果该商品的价格下降，需求量从而销售量增加的幅度小于价格下降的幅度，因而总收益会减少——"谷贱伤农"。

缺乏弹性的商品的价格与总收益成同方向变动，价格上升，总收益增加；价格下降，总收益减少。其需求曲线如图2－15所示。

图2－15中，当价格由C下降为D时，总收益为DRBO，DRBO－CPAO＜0，表示总收益减少；当价格上升为C时，总收益为CPAO，CPAO－DRBO＞0，表示总收益增加。

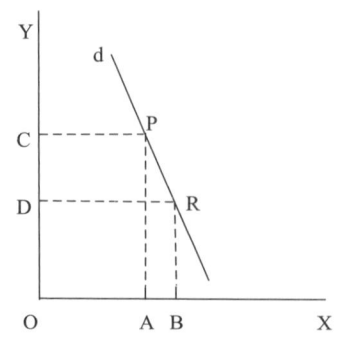

图 2-15 需求缺乏弹性与总收益

> **小案例**
>
> ### "谷贱伤农"的经济学分析
>
> "谷贱伤农"是我国民间流传已久的一句成语，它描述的是一种经济现象：在丰收的年份，农民的收入却反而减少了。这种似乎不太好理解的现象，可以用弹性原理加以解释。
>
> 造成这种现象的根本原因在于农产品往往是缺乏需求弹性的商品，以图 2-16 具体说明。图中的农产品的需求曲线 D 是缺乏弹性的。农产品的丰收使供给曲线由 S 的位置向右平行移动至 S_1 的位置，在缺乏弹性的需求曲线的作用下，农产品的均衡价格大幅度的由 P_1 下降为 P_2。由于农产品均衡价格的下降幅度大于农产品的均衡数量的增加幅度，最后致使农民总收入减少。总收入的减少量相当于图中矩形 $OP_1E_1Q_1$ 和 $OP_2E_2Q_2$ 之差。
>
>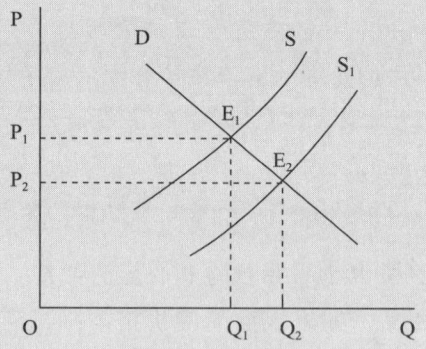
>
> 图 2-16 缺乏弹性的需求曲线和谷贱伤农

> **注意**
>
> 需求弹性对销售收入的影响还有三种特殊情况：
> $E_d=1$，价格变动对销售收入没有影响。
> $E_d\to\infty$，由于在既定价格下收益可以无限增加，生产者因而不会降

价，涨价会使销售收入减少为零。

$E_d=0$，价格变动会使销售收入同比例同向变动。

（四）需求弹性的影响因素

（1）商品本身被需要的程度。一般而言消费者对生活必需品的需求强度大，受价格变化的影响较小，因而需求弹性小；而消费者对奢侈品的需求强度小，受价格变化的影响较大，因而需求弹性大。

（2）商品的可替代的程度。一般来说，一种商品的替代品越多，可替代程度越高，其需求弹性越大，反之则需求弹性越小。

（3）商品本身用途的广泛性。一种商品的用途越多，其需求弹性越大，反之则需求弹性越小。

（4）商品使用时间的长短：越是耐用的消费品其需求弹性大，反之则需求弹性小。

（5）商品在家庭支出中所占的比例。在家庭支出中所占比例小的商品，价格变动对需求的影响小，其需求弹性较小，反之则需求弹性较大。

二、供给弹性

（一）供给价格弹性

供给价格弹性通常被简称为供给弹性。供给弹性表示在一定时期内一种商品的供给量的相对变动对于该商品的价格的相对变动的反应程度。它是商品供给量的变动率与价格的变动率之比。

$$供给弹性 = \frac{供给量变动百分比}{价格变动百分比}$$

用 E_s 表示供给弹性的弹性系数，$\Delta Q'/Q'$ 表示供给量变动的百分比，$\Delta P/P$ 表示价格变动的百分比，则供给弹性系数的计算公式是：

$$E_s = \frac{\Delta Q}{Q} \div \frac{\Delta P}{P} = \frac{\Delta Q}{\Delta P} \cdot \frac{P}{Q}$$

例如：假设每千克牛奶的价格从 3 元上升到 3.3 元，牧场主每月生产的牛奶量从 1 万千克增加到 1.15 万千克。在这种情况下，供给价格弹性是：

$$供给价格弹性 = \frac{15\%}{10\%} = 1.5$$

在这个例子中，弹性 1.5 大于 1，他反映了供给量变动比例大于价格这一事实。很容易看出供给价格弹性的定义与需求价格弹性的定义是相通的。唯一差别是：对于供给而言，数量对价格的反应是正的，而对于需求而言，反应是负的。

（二）供给价格弹性的分类

供给弹性也分为五种类型：

（1）供给无弹性，即 $E_s=0$。在这种情况下，无论价格如何变动，供给量都是不变的。这时的供给曲线是一条与横轴垂直的线。例如：一些无法复制的珍贵名画。

（2）供给有无限弹性，即 $E_s \to \infty$。在这种情况下，价格既定而供给量无限。这时的供给曲线是一条与横轴平行的线。

（3）单位供给弹性，即 $E_s = 1$。在这种情况下，价格变动的百分比与供给量变动的百分比相同。这时的供给曲线与横轴成 $45°$，并且是向右上方倾斜的线。

（4）供给富有弹性，即 $E_s > 1$。在这种情况下，价格变动的百分比大于供给量变动的百分比。这时的供给曲线是一条向右上方倾斜，且较为平坦的线。

（5）供给缺乏弹性，即 $1 > E_s > 0$。在这种情况下，价格变动的百分比小于供给量变动的百分比。这时的供给曲线是一条向右上方倾斜，且较为陡峭的线。

（三）供给价格弹性影响因素

（1）生产时期的长短。当产品的价格发生变化时，生产者对产量的调整需要一定的时间。在短期内，生产者要及时地增加产量或及时地减少产量，都存在不同程度的困难，如农业、石油的开采、规模巨大的企业等，相应的供给弹性是较小的。但是在长期内，生产规模的扩大与缩小，甚至转产都是可以实现的，供给量可以对价格变动做出较充分的反应。

（2）生产的难易程度。一般而言，在一定时期内，容易生产的产品，当价格变动时其生产量变动的速度快，因而供给价格弹性大；较难生产的产品则供给价格弹性小。

（3）成本的变化。如果随着产量的提高，只引起单位成本的轻微提高，则供给价格弹性大；而如果单位成本随着产量的提高而明显上升时，则供给价格弹性就小。

（4）生产规模及其变化的难易程度。一般而言，生产规模较大的资本技术密集型企业，其生产规模较难变动，调整的周期长，因而其产品的供给弹性小；而规模较小的劳动密集型企业，则应变能力能力强，其产品的供给价格弹性较大。

> **想一想**
>
> 供给弹性理论是如何影响企业决策的？

任务分析

根据经济学原理，对消费品征收的税可能由消费者承担，也可能由生产者承担。谁承担得多取决于这种物品的需求弹性与供给弹性。高档消费品需求富有弹性，即增加税收价格上升后，需求量会减少很多（改为消费其他不加税的消费品），但供给缺乏弹性，即生产者无法迅速地大量减少生产。这样,税收主要由生产者承担,生产这些物品的企业不堪重负,只好减少生产甚至关门,工人收入减少甚至失业。想帮助穷人的政策反而害了穷人,对高档消费品征收消费税正是不了解经济学中关于税收与需求弹性和供给弹性之间关系的结果。因此要搞清楚类似社会现象有必要学习弹性理论相关知识。

思考与练习

一、单项选择题

1. 价格是影响需求的最重要的因素,一般来说,价格和需求的变动(　　)。
   A. 成正方向变化　　　B. 成反方向变化
   C. 不相关　　　　　　D. 完全等价

2. 由于消费者收入或消费者偏好等因素的变化引起需求曲线的移动,称为(　　)。
   A. 需求量变动　　　　B. 需求变动
   C. 供给量变动　　　　D. 供给变动

3. 假定其他因素不变,价格上升,供给增长,价格下降,供给减少,这种变动表现为(　　)。
   A. 供给曲线发生位移　　B. 需求曲线发生位移
   C. 供给沿供给曲线变动　D. 需求沿需求曲线变动

4. 保护价格又叫作最低限价,在我国,保护价格属于政府对市场价格的(　　)。
   A. 平衡措施　　　　　B. 干预措施
   C. 紧急措施　　　　　D. 引导措施

5. 一般来说,(　　)的产品需求弹性较大。
   A. 用途少　　　　　　B. 垄断性
   C. 生活必需　　　　　D. 有许多相近的替代品

6. 企业实行薄利多销策略的理论基础是(　　)。
   A. 商品的需求价格弹性系数小于1时,降低价格使得销售收入增加
   B. 商品的需求价格弹性系数大于1时,降低价格使得销售收入增加
   C. 商品的需求价格弹性系数小于1时,提高价格使得销售收入减少
   D. 商品的需求价格弹性系数大于1时,提高价格使得销售收入增加

7. 决定供给弹性的首要因素是(　　)。
   A. 资金有机构成　　　B. 时间
   C. 产品价格　　　　　D. 投入品替代性大小和相似程度

二、多项选择题

1. 以下属于替代品的是(　　)。
   A. 煤气和电力　　　　B. 镜架和镜片

C. 汽车和汽油　　　　　D. 石油和煤炭

E. 公共交通和私人小汽车

2. 影响需求变动的主要因素有（　　）。

A. 消费者的个人收入

B. 互补品的价格

C. 生产技术

D. 产品自身的价格

E. 消费者偏好

3. 影响供给的因素主要有（　　）。

A. 预期

B. 生产成本

C. 消费者收入

D. 生产技术

E. 消费者偏好

4. 下列关于最低限价的说法，正确的是（　　）。

A. 实施最低限价，往往出现供不应求现象，造成短缺

B. 它属于政府对价格的干预措施

C. 最低限价又称保护价格或支持价格

D. 最低限价低于均衡价格

E. 主要应用于农产品上

5. 对于需求缺乏弹性的商品而言，下列（　　）说法是错误的。

A. 价格上升会使销售收入增加

B. 价格下降会使销售收入减少

C. 价格下降会使销售收入增加

D. 价格上升会使销售收入减少

E. 适合采用薄利多销策略

三、简答题

1. 影响需求量和供给量变动的因素各有哪些？

2. 均衡价格是如何形成的？需求与供给的变动对均衡价格由什么影响？

3. 收入增加和价格下降可以使电视机市场销售量增加。从经济分析的角度看，这两种不同因素引起的销售量增加有什么不同？

4. 某种商品的需求弹性系数为1.2，当它降价10%时，需求量会增加多少？

四、思考分析

1. 门票价格也是就是歌手劳务的价格。在经济学中，劳务是一种无形的物品，其定价规律与有形的物品是一样的。我们一定会注意到，在现实生活

中，美声唱法歌手的门票便宜，即使是大腕，也不过 180 元。但通俗唱法歌手演唱的门票昂贵。请用经济学中的需求理论来解释其原因。

2. 报纸上曾有报道：西南乳业老大——成都市华西乳业公司工人把成吨的鲜牛奶倒入下水道，以避免巨额的损失。很快和其有合同关系的奶牛养殖户也不得不把部分牛奶倒入下水道。这与 20 世纪 30 年代美国经济萧条时的一幕非常地相似：工人把成吨的鲜牛奶倒入下水道，以避免巨额的损失。牛奶为什么要倒掉？请用弹性理论解释。

五、技能实训

市场调查——某地区某产品的市场供需调查

实训要求：

1. 本调查以团队的形式完成，自行组建调查团队，团队以 4~5 人为宜。
2. 在实施实地调查前，填写调查进度计划表并提交指导老师确认。
3. 形成书面的调查报告（见表 2-5）。

表 2-5　　　　　　　　　调查进度表

团队成员：
调查地点：
调查时间：

工作与活动内容	时间	地点	参与人员	备注

第三章
消费者选择

本章知识点

1. 效用的定义与分类,基数效用与序数效用的定义及区别。
2. 总效用与边际效用间的关系,边际效用递减规律,消费者剩余的定义。
3. 无差异曲线、预算约束线的定义及特点。
4. 基数效用论和序数效用论中,实现消费者均衡需满足的条件。
5. 替代效应与收入效应的定义。

知识导图

	知识结构	知识要点
	认识效用	效用,基数效用与序数效用
第三章 消费者选择	基数效用论—— 边际效用分析	边际效用递减规律,消费者均衡,消费者剩余
	序数效用论—— 无差异曲线分析	无差异曲线,预算约束线,消费者均衡,边际替代率,替代效应与收入效应

引导案例

鲜鱼汤为什么也不喝

俄国作家克雷洛夫曾经写过这样一个寓言故事——《杰米扬的汤》。故事的主人公是一个名叫杰米扬的人,他很擅长烹饪鱼,尤其是做的鱼汤味道十分鲜美,得到很多人的赞扬。他的一个朋友福卡前来拜访他,为了招待朋友,他做了鱼汤。鱼汤表层漂着一层油,如同琥珀一般,里面都是"鲟鱼片和内脏",他的朋友爱喝极了,很快喝下一碗,刚刚放下碗,杰米扬又端来了第二碗,很快第二碗也喝完了。为了表示自己的诚意,杰米扬又为朋友盛了第三碗。此时朋友其实已经非常饱了，但是盛情难却，勉强将第三碗喝完。继而杰米扬又端出了第四碗，问客人"再来一碗又何妨？"朋友看到之后撒腿就跑，再也不敢来他家做客了。

列宁也把某些官员在台上作的冗长无味的八股报告称为"杰米扬的汤"。这说明好汤也不是多多益善，随着消费数量的增加，消费者的主观满足程度会逐渐减少，甚至产生负效应。这正是经济学"边际效用递减规律"的体现。

第一节 认识效用

本节重难点

1. 效用的定义以及特点。
2. 基数效用和序数效用的含义以及二者的区别。

任务导入

2018年7月《西虹市首富》在各大电影院首映后，观众的评价两极分化。有人认为，故事情节老套，剧情分裂严重，整部影片的节奏都透露着莫名其妙的氛围，令人难以接受；但也有人认为这部电影让他们开怀大笑，保持了开心麻花团队一贯的搞笑水准，有欢笑有讽刺也有感动，是一部优秀的喜剧电影。为什么对同一部电影的评价会有如此大的差异呢？

内容精讲

上一章介绍了需求曲线向右下方倾斜和供给曲线向右上方倾斜的基本特征，但形成这些特征的原因是什么？为了解答这个问题，本章将借助基数效用论和序数效用论分析需求曲线背后的消费者行为，并根据消费者行为推导出需求曲线，了解消费者在收入和商品价格一定的条件下，如何把每一分钱都用在刀刃上，达到个人的最大效用，从而实现理性消费。

一、效用的概念

为了说明消费者在不同的消费可能性之间进行选择的原因，经济学家从决策论中引进了"效用"这一概念。在经济学中，效用是指消费者在消费产品或劳务时主观上的享受程度、有用性或满足感，不能与物品本身具备的价值画上等号。

一件商品效用的大小没有客观标准，是消费者的一种主观心理评价，完全取决于消费者在消费某种物品时的主观感受。消费者在消费某商品时获得的满足程度高，就表明效用大；反之就是效用小。如果消费者在消费某商品时不仅得不到满足，反而感到痛苦，那么该商品对消费者而言就是负效用。例如噪音、空气污染令人不快，给人带来负效用。

二维码 3.1：
认识效用

> **知识窗**
>
> "子非鱼，安知鱼之乐"新解
>
> 　　中国古代哲学家庄子与惠子在一座桥上游玩，庄子看见鱼在水中自由地游来游去，感叹说："鯈鱼出游从容，是鱼之乐也。"惠子反驳说："子非鱼，安知鱼之乐？"这段对话讲庄子善辩。
>
> 　　如果我们用经济学原理对这个故事进行分析，可以这样理解：消费者行为理论强调的是从个人出发来判断效用，效用是主观的，没有客观标准。正如要鱼儿自己判断自由地游来游去是否快乐一样。
>
> 　　个人的感觉是研究消费者行为的出发点。当然，由于人的行为有共同之处，人对满足程度的判断表现为他的消费行为，所以，这种心理感觉仍是可以研究的，有共同的规律可探寻。这正是消费者行为理论的意义。

> **知识窗**
>
> 效用因人、因时、因地而异
>
> 　　同样的商品对不同消费者的效用可能差异很大。一盘菜肴有的人觉得美味无比，有的人可能觉得难以下咽。中国有句俗语"萝卜青菜，各有所爱"，说的就是这个道理，西方也有句类似的谚语"One man's meat is another man's poison"。这也启示我们在与人交往中，不要把自己所喜爱的强加于人，可能本来是好心却得不到别人的理解和认可。
>
> 　　同样的商品，在不同时间、不同环境中对同一个人的效用也有差异。例如，在炎炎夏日，一碗冰镇的南瓜绿豆汤沁人心脾，能让顶着烈日修路的口干舌燥的大叔冰爽一刻，此时这碗南瓜绿豆汤对大叔的效用很高；但是在寒冷的冬天，同样一碗冰镇的南瓜绿豆汤给修路的大叔带来的效用就会低很多，甚至带来的是负效用。又如，一件工作服，你在单位穿着觉得既耐脏又宽松舒适，很是满意；但是如果穿到商场逛街或是参加聚会等你更希望能展现自己个性的场合，可能这件工作服对你的满足感就不那么大了。
>
> 　　正因如此，同样的商品在不同场合售价差异可能很大。例如一瓶水在大型超市中只要1.5元一瓶，而在加油站、小区超市就要2元，电影院、KTV就可能要2.5元，在景区、山上可能就要5元甚至更高，尽管定价如此高，仍有消费者购买。从消费者心理的角度分析，就是因为这瓶水在不

同地点提供给消费者的效用是不同的。

由此可见，同一种物品的效用因人、因时、因地而不同。

小案例

《明史》记载了一个关于朱元璋的"珍珠翡翠白玉汤"的妙趣横生的故事。明朝开国皇帝朱元璋，从小家境贫寒，常年食不果腹，衣不济身。一年天闹大旱，赤地千里，饿殍横野。朱元璋一连三日粒米未进，饿得饥肠咕咕，举步艰难，目飞金花。路上一个好心老婆婆，见朱元璋瘦骨伶仃，已饿得奄奄一息，便把他接回家中，用一小块豆腐加点菠菜放在剩粥里，端给朱元璋吃。

朱元璋当时处于极度饥饿的状态，一阵狼吞虎咽之后，舌唇之上还残留着美味余香，回味无穷，连忙问老婆婆是什么菜如此好吃，老婆婆自知并不是什么好吃的，开玩笑说道"这叫珍珠翡翠白玉汤"（珍珠即剩米饭粒，翡翠即青菜叶，白玉即豆腐块）。就这样，这道菜的名字和味道被朱元璋记住了。

朱元璋做了皇帝后，吃遍山珍海味的他，却依旧思念着那位老婆婆做的"珍珠翡翠白玉汤"的美妙之味，把那位老婆婆请到京城，让她像之前那样再做给他吃。但是朱元璋吃后，觉得平淡无味，没有以前那么鲜美爽口，问："婆婆做的汤怎么没有从前那么美妙好吃了？"婆婆笑说："饥者食味美，如今你当了国君，食尽天下美味佳品，那汤只是普通百姓家的家常食品，怎抵皇家御膳美味……"朱元璋这才恍然大悟。但这道菜一直流传至今。

可见，同样一碗珍珠翡翠白玉汤对朱元璋不同人生阶段的效用差别很大。我们虽然没有在极度饥饿的情况下吃过珍珠翡翠白玉汤，但是类似朱元璋那样的感受或许许多人都有。很多东西，仍然是原来的配方，但我们长大后再吃，已经不是当初的味道了。这也再次说明，效用是一种主观心理评价，商品效用大小的衡量没有一个固定客观的标准。

想一想

是石头还是艺术品——效用的主观性

黎巴嫩文学家纪伯伦作品《价值》里有这样一个寓言：一个男子在自家地里挖出一尊绝美的大理石雕像，一位艺术品收藏家高价买下了这尊雕像。卖主摸着大把的钱感叹："这钱会带来多少荣华富贵，居然有人用这么多钱换一块在地下埋了几千年也无人要的石头。"收藏家端详着雕塑想："多么巧夺天工的艺术品，居然有人拿它换几个臭钱。"他们俩都感到满足，交易对他们是双赢的。

　　思考：为什么这个交易能让他们都感到满足呢？

二、效用的分类

效用是用来表示消费商品时所感受到的满足程度，是一种主观心理评价，那么我们应该如何衡量这种"满足程度"的大小呢？

不同的经济学家给出了不同答案。19世纪末20世纪初，西方经济学家针对此问题先后提出了基数效用（Cardinal Utility）和序数效用（Ordinal Utility）的概念，在此基础上，分别形成了分析消费者行为的两种方法：基数效用论的边际效用分析和序数效用论者的无差异曲线的分析方法。

二维码3.2：
效用的分类

（一）基数效用论

基数是指1、2、3…可以进行加减乘除运算。例如，基数3加9等于12，12是3的4倍等。温度和高度这类可以进行度量的变量都是基数量。

基数效用论认为，效用如同长度、重量、温度一样，可以用1、2、3这样的基数来度量，且可以加总求和。我们把表示效用大小的计量单位称作效用单位。例如，你吃一只鸡腿可给你提供10个效用单位的满足，喝一杯酸奶可多获得5个效用的满足，两种消费总共可获得15个效用单位。这样，理性的消费者能够计算、权衡、选择和比较各种商品的不同效用，并能使效用达到最大化。

（二）序数效用论

序数是指第一、第二、第三……只是表示顺序或等级，不能进行加减乘除。它所要标明的仅仅是第二大于第一，第三大于第二，至于第一、第二和第三本身各自的数量具体是多少，是没有意义的。序数效用论认为，效用不能衡量出具体的数值，也不能加总求和，效用之间的比较只能通过顺序或等级表示。例如，消费者消费了冰酸奶和冰淇淋，他从中得到的效用无法衡量，也无法加总求和，只能作出判断：冰酸奶带来的效用比冰淇淋带来的效用更大一些，因此在冰酸奶与冰淇淋之间选择时，消费者更偏好冰酸奶。

> **想一想**
>
> 　　大家在理解一个知识点的时候可以多学科贯通。比如理解基数和序数，还可以跟英语里的单词进行对应，比如one、two、three、four都属于基数，而first、second、third、fourth则属于序数。

基数效用论主要运用边际效用分析消费行为，序数效用论主要用无差异曲线分析消费行为。现代微观经济学通常使用序数效用的概念，因此本章重点介绍序数效用论如何运用无差异曲线的分析方法对消费者行为进行研究。

任务分析

不同的人对同一部电影有截然不同的评价,是因为这部电影给不同的人带来的效用不同。效用是人的主观感受,受多种因素影响,因人、因时、因地而异,没有统一的衡量标准。因此,对同一部电影不同的人有不同评价是正常的,就像莎士比亚的名言"一千个读者心中有一千个哈姆雷特"一样,每个人对同一件事物的感观是不一样的。

第二节 基数效用论—边际效用分析

本节重难点

1. 掌握总效用、边际效用的含义。
2. 理解边际效用递减规律。
3. 掌握在基数效用分析框架下,消费者实现均衡的条件。
4. 能用基数效用分析需求曲线向下倾斜的原因。

任务导入

水对人类生命的维系非常重要,一个人若不喝水,三天就要渴死。而人一辈子不戴钻石,对生命的存续几乎没有影响。但是为什么钻石的价格十分昂贵,而水却很便宜?如果不考虑在沙漠地区极度缺水这类特殊情境,请分析产生这种现象的原因。

内容精讲

一、总效用与边际效用

基数效用论者将效用区分为总效用(Total Utility,TU)和边际效用(Marginal Utility,MU)。

(一)总效用

总效用(TU)是指消费者在一定时间内从一定数量的商品或服务的消费中所得到的效用量的总和,或者说从一种商品的全部消费中获得的总满足程度。

我们可以把消费者消费时获得的总效用与消费量之间的数量关系表示成函数,即效用函数。我们用 TU 表示总效用,假定消费者消费某种商品或服务的数量为 Q,则效用函数可以表示为:

$TU = f(Q)$

如果消费者消费 n 种商品，每种商品或服务的消费量分别为 Q_1、Q_2、Q_3……Q_n，那么效用函数可以表示为：

$TU = f(Q_1, Q_2, Q_3 \cdots Q_n)$

（二）边际效用

"边际"是指"新增"或"额外"的意思，原本是一个数学概念，其含义是导数，即一个变量的变化对另一个变量变化的影响程度，也就是两个变量改变量的比。边际效用是指消费者在一定时间内增加一单位商品的消费所得到的效用量的增加。在边际效用中，自变量是某物品的消费量，而因变量则是指满足程度或效用。消费量变动所引起的效用的变动即为边际效用。边际效用与总效用的概念可以借助表 3-1 来理解。

表 3-1　　　　　　　　　　总效用和边际效用的关系

巧克力的消费量	总效用	边际效用
0	0	0
1	15	15
2	25	10
3	30	5
4	30	0
5	25	-5

表 3-1 给出了某消费者消费不同数量的巧克力时所获得的总效用和边际效用。根据表 3-1 可以做出总效用曲线和边际效用曲线。在图 3-1 中，横坐标 OQ 表示巧克力的数量，纵坐标 OU 表示效用，TU 为总效用曲线，MU 为边际效用曲线。

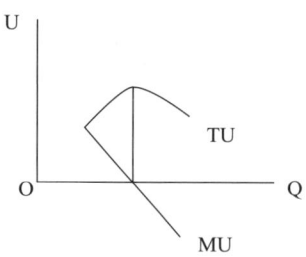

图 3-1　总效用和边际效用

从图中可以看出，总效用和边际效用之间的关系：当边际效用为正值时，总效用一直增加；当边际效用等于零时，总效用最大；当边际效用为负值时，总效用开始递减。即总效用曲线是一条先递增后递减凸向上方的曲线，而边际效用曲线则为一条从左上方向右下方倾斜的曲线。

随着商品消费量的增加，总效用不断增加，但边际效用却在逐渐减少，当边际效用降到零时，总效用达到最大。当总效用达到最大后，就随着边际效用的减少而呈下降趋势。当边际效用出现负数时，意味着消费者消费商品的数量过度。

> **想一想**
>
> 《百喻经》是佛教一部著名的经文,其中有这样一则寓言:有一个后生肚子饿了,便到街上买煎饼吃。他一口气连吃了六个都觉得没饱,就又买了一个,但他刚吃下去,就觉得已经饱了。这时,他心中十分懊悔,用手狠狠地打着自己的嘴巴说:"我怎么这么笨啊,太浪费了,早知道第七个煎饼就能够吃饱,我就只买第七个煎饼就行了,刚才吃的那六个煎饼岂不是白白浪费了吗?"
>
> 如果我们用经济学术语进行分析,故事里的后生显然没有正确区分总效用和边际效用,第七个煎饼之所以让他有饱腹感,是因为前面六个煎饼的积累作用,他的饱腹感并非第七个煎饼带来的边际效用,而是吃下去的七个煎饼带来的总效用。如果只吃第七个煎饼显然不能带来这么多的效用。

二、边际效用递减规律(Law of Diminishing Marginal Utility)

基数效用论认为,在其他条件不变的情况下,消费者在消费某种产品的时候,随着消费数量的增加,边际效用是趋于递减的,也就是说随着消费量的增加,总效用增加的速度会越来越慢。经济学家把这类普遍的现象总结为边际效用递减规律(Diminishing Rate of Marginal Utility)。所谓边际效用递减规律,是指在一定时间内,在其他商品的消费数量保持不变的情况下,随着对某种商品的消费越来越多,额外数量该商品的消费所带来的效用增加也越来越小,或者说,在一定时间内,随着消费者对某种商品消费量的增加,消费者从该商品的连续增加的每一单位中所得到的边际效用是递减的。

经济学家认为之所以会出现边际效用递减的现象,主要是由消费者的生理和心理特点决定的。人们从消费某种物品中得到的效用或满足从生理学的角度看是外部刺激引起的兴奋,但是人的生理或心理对某种连续刺激的反应强度会递减,即在同一时间、同一消费者消费同一物品的数量越多,消费者对这种连续反复刺激的新鲜感就会减少。

> **小案例**
>
> ### 当总统的感想
>
> 美国总统罗斯福连任三届后,有记者问他有何感想。总统一言不发,拿出一块三明治面包给记者吃。这位记者不明白总统的意思,又不便问,就吃了。接着总统拿出第二块,记者还是勉强吃了。接着总统拿出第三块,记者为了不撑破肚皮,只好婉言拒绝。这时罗斯福总统笑了笑,说:"现在你知道我连任三届总统的滋味了吧。"

在实际生活中，我们可以观察到大量与边际效用递减规律有关的现象。例如，生产者之所以要不断地改变产品的设计、外观和包装，实际上是因为消费者会因总使用同一种产品而感到厌烦，其边际效用会递减。当商品的供给增加时，其价格会下降，原因也在于商品供给增加，其边际效用会下降。

> **知识窗**
>
> 孔子有言"入芝兰之室，久而不闻其香"，意思是常和品行高尚的人在一起，就像沐浴在种植芝兰撒满香气的屋子里一样，时间长了便闻不到香味，但本身已经充满香气了。本意是指近朱者赤，但其中也蕴含着边际效用递减的规律：在充满芝兰花香的室内待久了，久而久之，就不觉得花香了。
>
> 清代词人纳兰性德的《木兰花令·拟古决绝词》"人生若只如初见"，也是边际效用递减在人与人交往中的一种体现。
>
> 当恋人分隔两地的时候，"玲珑骰子安红豆，入骨相思知不知"，万分的思念；当久别重逢、见面的那一刹那总是那么激动人心，"金风玉露一相逢，便胜却人间无数"，因此也有了"小别胜新婚"的至理名言。但随着见面时间的延长，这种感觉会慢慢递减，激情也在慢慢消耗，几天后可能就开始拌嘴吵架。

> **小案例**
>
> **边际效用递减规律的运用：办年卡真的划算吗**
>
> 周末，妈妈带七岁的小明去游乐场，小明玩了各种项目，非常兴奋开心。妈妈准备给小明办一张游乐场的年卡，因为算下来单次价格比较便宜。
>
> 但事实上，同一家游乐场去多了，带给孩子的边际效用就会递减甚至为零了，所以实际是不划算的，用办卡的钱带孩子去到不同类型的游乐场，虽然表面上单次的价格会贵一些，但每次的边际效用都会维持在一个比较高的水平。

> **小案例**
>
> **世界那么大，我想去看看**
>
> 所谓旅行，不过是从自己呆腻了的地方到别人呆腻了的地方。相同的环境和生活方式随着时间的推移给人的心理满足程度也就是边际效用在递减，到一个新的环境旅行，不一样的风景，不一样的人文都能给人带来足够的新鲜感和满足感。

很多人厌烦了一成不变的生活，向往去远方旅行，有些年轻人甚至因为"世界那么大，我想去看看"而辞去了工作，可是如果把旅行作为唯一的生活方式，相信同样过不了多久也会感到厌倦。

因此，一年安排一到三次的旅行，可以为平淡的生活增添一些色彩，但是不建议年轻人因为一时心情不好就冲动辞职去旅行，很多人辞职旅行一段时间后，对旅行的兴趣开始降低，想重新工作又因为迟迟找不到工作而生存压力骤增，结果好心情没保持多久反而更坏了。

小案例

父母：请克制你们的溺爱

现在的孩子大多被父母视为掌上明珠，对孩子多有溺爱，长此以往，孩子会认为父母的爱天经地义，以自我为中心，对父母给予的爱表现麻木，无动于衷，更有甚者，还会感到厌烦或怨恨，所以我们经常会听到有父母抱怨，为什么我们为孩子付出所有，却养出了一个不懂得感恩的"白眼狼"。那是因为人往往容易对于自己拥有很多、随时能获得的东西习以为常，当所有的感受成为习惯而变得"理所当然"的时候，边际效用自然而然开始递减。

因此，家庭教育中，父母不要对子女一味溺爱，正如古语所言"斗米养恩，担米养仇"，宠溺会让孩子无法无天。其实不论是亲情、爱情还是友情，没有节制的投入，必然会导致没有节制的索取。就像电影《后会无期》里的一句经典台词"喜欢就会放肆，但爱就是克制"。

小案例

为什么智能手机更新换代如此快

现在的智能手机更新换代时间差不多只有一年时间，甚至更快，想一想手机制造企业为什么要这样频繁地不断更新呢？

二维码3.3：
那些年我们追过的春晚

想一想

边际效用递减规律失灵了吗

有六颗龙珠的小悟空收集到第七颗龙珠，因而可以召唤神龙、满足任何异想天开的愿望，第七颗龙珠的效用是不是更大？

一个月薪万元的人已经有29万元的存款，终于在这个月发工资后凑够30万元而付得起婚房的首付，这个月的工资是不是比以前的积蓄效用更高？

> 上述两个案例中是不是违背了边际效用递减规律呢?
>
> 答案其实是否定的。因为边际效用递减规律需要满足的前提条件之一是消费商品的单位是完整的商品单位。七颗龙珠或每个月的积蓄都是合并在一起才能实现其效用的,每一颗龙珠或每个月的积蓄都是其必不可少的一部分。因此,得以实现的极大满足是这个整体单位的效用,而不是最后获得那一单位的效用。

三、消费者均衡(Consumer Equilibrium)

由于每个消费者的欲望都是无限的,但他所能支配的货币收入是有限的,如何把有限的货币收入分配到各种商品的购买中以获得最大效用?

经济学中,在一定收入和商品价格不变的情况下,当消费者选择商品组合获取了更大的效用满足,既不想增加也不想减少任何商品购买(消费)数量的一种相对静止状态,并将保持这种状态不变时,称消费者处于均衡状态,简称为消费者均衡。简单地说,消费者均衡就是消费者在收入和价格既定条件下,实现效用最大化的状态。

消费者在决策时,要受到一定条件的限制,这里的限制条件包括各种商品的价格与消费者自身的收入水平。商品的价格决定着消费者购买每单位商品所必须付出的货币量,价格越高,能用一定货币量购买的商品量就越少。而在现实中,人们的货币收入又是有限的,购买能力要受到收入的制约。以上两个因素构成了消费者决策的限制或约束条件。

> **小案例**
>
> **人生的消费者均衡**
>
> 小王攒了200元钱,周末去书店买书,他认真浏览书籍,寻找自己感兴趣的书籍。后来他看中了两本小说,一本散文,一本诗词集,但是价格合计要240元。所以小王看看价格,退了一本小说,剩余的书价格合计190元,小王想起自己马上要参加一个书法比赛,于是用剩余的10元购买了一本字帖。这样,钱也花完了,小王高兴地回学校了。
>
> 如果我们把有限的收入类比有限的时光和精力,生活中很多时候,我们都会像小王一样带着有限的人生时光走在充满无限选择的人生道路上,这时我们就需要冷静思考,在有限的时间和精力内,思考怎样抉择,舍弃那些人生中不需要的附属品,增加人生中的真正重要的必需品,权衡利弊得失,度过最有意义、效用最大化的人生,这就是人生中的消费者均衡。

基数效用论认为,在既定的收入与价格条件下,为了实现效用最大化,消费者应该使他花费在每一种商品上的最后一元钱所得到的边际效用相等。这是消费者购买商品时获得效用最大化的必要条件。因为消费者会用具有较高边际效用的商品代替具有较低边际效用的商品，直到每种商品与其他商品的价格之比等于其效用之比为止。

如果消费者消费两种商品 X 和 Y，MU_X 和 MU_Y 分别表示商品 X 和 Y 的边际效用，P_X 和 P_Y 分别表示商品 X 和 Y 的价格，那么消费者实现效用最大化的条件可以表示为：

$$\frac{MU_X}{P_X} = \frac{MU_Y}{P_Y}$$

如果有多种商品，P_X、P_Y……P_N 代表各商品的价格，以 MU_X、MU_Y……和 MU_N 代表各商品的边际效用，则消费者实现效用最大化的条件可以表示为：

$$\frac{MU_X}{P_X} = \frac{MU_Y}{P_Y} = \frac{MU_Z}{P_Z} = \cdots = \frac{MU_N}{P_N} = \lambda$$

式中，λ 表示单位货币的边际效用。上述等式表示消费者期望花在每种商品上的单位货币带来的边际效用相等。

试想，若 $\frac{MU_X}{P_X} > \frac{MU_Y}{P_Y}$，这表示用最后 1 元钱买到的 X 商品的边际效用大于 Y 商品的边际效用，此时消费者会增加 X 的消费，减少 Y 的消费。随着 X 消费量的增加，X 的边际效用递减，Y 的边际效用增加，直到 $\frac{MU_X}{P_X} = \frac{MU_Y}{P_Y}$ 为止。同理，如果 $\frac{MU_X}{P_X} < \frac{MU_Y}{P_Y}$，消费者一定会增加对 Y 的消费、减少 X 的消费，直到 $\frac{MU_X}{P_X} = \frac{MU_Y}{P_Y}$。

进一步地，我们将各商品的购买量表示为 Q_1、Q_2……Q_N，则消费者均衡的条件可以写成：

$$\begin{cases} P_1 Q_1 + P_2 Q_2 + \cdots + P_N Q_N = I & \text{①} \\ \frac{MU_1}{P_1} = \frac{MU_2}{P_2} = \cdots = \frac{MU_N}{P_N} = \lambda & \text{②} \end{cases}$$

消费者把他的收入在不同商品间的分配将使他在所有商品上支付的每一元的边际效用相等。这样才是理性消费，把每一分钱都用在刀刃上。

根据消费者均衡理论，我们可以解释需求曲线向下倾斜的原因。假设提高第一种物品的价格，在消费量不变的情况下，$\frac{MU_1}{P_1}$ 就会低于所有其他物品每一元的边际效用，因此消费者就会调整自己对第一种商品的消费。消费者通过减少对第一种物品的消费，提高第一种物品的边际效用 MU_1，直至在第一种物品在新的消费水平上满足 $\frac{MU_1}{P_1}$ 与消费其他物品时每一元的边际效用相等。总结起来，一种物品价格提高会降低消费者对该种物品所需求的消费量，这也就说明了为什么需求曲线向下倾斜。

> **注意**
>
> 花在每种商品上的单位货币所带来的边际效用相等,并不是说消费者在各种商品上花费的货币数量相等,而是指购买两种商品的边际效用与各自的价格之比相等。
>
> 另外,消费者达到了效用最大化也不是说其欲望得到完全满足,而是指在消费者收入和商品价格都既定的情况下,能够达到最大效用。

四、消费者剩余（Consumer Surplus）

消费者剩余,是消费者愿意支付的价格与消费者实际支付的价格之间的差异,其衡量了消费者自己感到所获得的额外利益。

> **小案例**
>
> **千金买邻的经济学解读**
>
> 在我国南北朝时期,流传着一个"千金买邻"的典故。当时有一个叫吕僧珍的人,为人正直,且非常有智谋和胆略,很受百姓爱戴,大家都愿意和他交往。当时还有一个叫宋季雅的官员,时任南郡太守,后来被朝廷罢了官职。他非常仰慕吕僧珍的名声,为此专门买下了吕僧珍房屋旁的一幢老房子。有一天,吕僧珍问宋季雅:"你买这幢房子花了多少钱?"宋季雅说:"一千一百金。"吕僧珍听了大吃一惊:"为什么这么贵啊?"宋季雅笑着说:"其实我只用了一百金买了这座房屋,另外一千金用来买个好邻居。"
>
> 宋季雅愿意多花一千金买这栋房子,是经过深思熟虑的,也可以说是非常理性的,因为他获得了他想要的消费者剩余。

我们之所以能享受消费者剩余,根源于递减的边际效用。由于我们所购买的某一物品的每一单位,从第一单位到最后一单位,我们支付的是相同的价格。对于每一杯水,我们都支付了相同的价格。同时我们所支付的每一单位的代价都是它最后一单位的价值。但是,根据边际效用递减这一规律,对于我们来说,前面的各单位都要比最后的一单位具有更高的价值。因此,我们就这样从前面的每一单位中享受到了效用剩余。当我们把消费者购买一定商品所获得的总剩余加总起来时,我们就得到了总的消费者剩余。因此,消费者剩余是消费者在购买一定数量的某种商品时愿意支付的最高总价格和实际支付的总价之间的差额。

只要消费者对他购买的所有商品支付固定价格,消费者剩余就总是存在的。需求曲线向下倾斜的事实意味着消费者购买的前面那些单位比边际单位的价值更大。

不同消费者对同一件商品的消费者剩余并不一定相同。例如，你和你的室友同时在商场看上了一件漂亮衣服，你很中意衣服的款式，最高可愿意为之付出 350 元，你室友则最多愿意花费 300 元。商场当时搞活动，只要 200 元。你和你室友都买了这件衣服，那么这件衣服对你来说就产生了 150 元（=350 元 – 200 元）的消费者剩余，而对你的室友则产生了 100 元（=300 元 – 200 元）的剩余。

> **小案例**
>
> ### 高价是不是都不合理
>
> 两位游客小米和小强相约爬山。中午时分，他俩终于爬到 2500 米的山顶。炎炎烈日下，小米口干舌燥，没有水感觉无法行走和呼吸了，所以愿意支付 100 元买一瓶水。而小强认为自己没那么口渴，最多只愿意按照 10 元的价格买水。
>
> 山顶每瓶水售价 10 元，小米的消费者剩余为 90 元（=100 元 – 10 元），小强的消费者剩余为 0 元（=10 元 – 10 元）。
>
> 可见，消费者剩余体现为一种心理上的剩余，取决于支付意愿。从这个角度看，有些景区依靠人工往山顶运输，形成高价水、高价饭现象，并不能与涉嫌欺诈的天价水、天价饭一概而论，因为这个价格体现了游客饥渴难耐又别无选择时很高的支付意愿。

消费者剩余也可以用几何图形来表示，即消费者需求曲线以下、市场价格线上的面积，如图 3–2 中的灰色部分面积所示。图 3–2 中，需求曲线 D 表示消费者对每一单位商品所愿意支付的最高价格。假定该商品的市场价格为 P_e，消费者的购买量为 Q_e。那么，根据消费者剩余的定义，我们可以推断，在产量 0 到 Q_e 的区间需求曲线以下的面积表示消费者为购买 Q_e 数量的商品所愿意支付的最高总金额（即总价格），即相当于图中的面积 $OHEQ_e$；而实际支付的总金额（即总价格）等于市场价格 P_e 乘以购买量 Q_e，即相当于图中的矩形面积 OP_eEQ_e。这两块面积的差额即图中的灰色部分面积 HP_eE，就是消费者剩余。

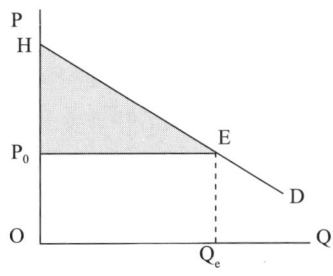

图 3–2 消费者剩余

消费者剩余是消费者的主观心理评价，它反映消费者通过购买和消费商品所感受到的心理状态的改善。因此，消费者剩余通常被用来度量和分析社会福利问题。经济学家利用消费者剩余作为分析工具，判断价格变化对消费者及整个社会的福利影响，讨论各种经济政策的效果及各种市场结构的相对效率，而且可以评价公共政策的事，而这些公共政策能够改变处于那些市场中的消费者和厂商的行为。

> **小案例**
>
> ### 理性应对"双十一"
>
> 2018年11月11日，"双十一"购物狂欢节走过了第十个年头。近年来，每年"双十一"的时候，许多网络商家都会进行大规模促销活动，全民都掀起了一股"买买买"的购物风潮，根据相关统计，2018年"双十一"期间，天猫交易额当天高达2135亿元，比2017年和2016年分别增长26.9%和76.9%。
>
> 消费者在购物节期间对以优惠价清空购物车的感觉感到"倍儿爽"，认为买到就是赚到。当然，不是所有人都喜欢买便宜的东西，但是几乎所有人都喜欢"占到便宜"的感觉。"赚到""占到便宜"的在经济学中被称为消费者剩余。
>
> 但俗话说，买的不如卖的精。有些商家，通过显著提高所谓的原定价格，再大力打折促销，让消费者感觉当前的折后价更划算，让消费者心理上获得满足感，造成消费者剩余提高的假象，进而刺激购买欲。
>
> 因此，比较聪明的办法是长期跟踪价格透明、标准化的商品，并在"双十一"优惠时囤货。

> **小案例**
>
> ### 消费者剩余的应用：买苹果的技巧
>
> 消费者剩余的概念经常在日常生活中被小商人利用。比如，我们去水果市场想买苹果时，当看见苹果又红又大、新鲜饱满时，就会情不自禁地想："这个苹果真好，我特别想吃"。此时，小贩察言观色一番，就会心想："这个人看中我的苹果，我可以卖贵点给他"。
>
> 其实，当我们表现出对苹果很满意时，表明我们愿意支付的心理价位较高。当我们问苹果多少钱时，小贩会说每6斤元，其实就是每斤5元的，因为我们表现出的心理价位很高，所以小贩故意抬高价格。虽然价格提高了，但是我们还是觉得划算的，仍有消费者剩余，但比正常价格购买时少了一些。
>
> 所以我们去消费时不要表现出对商品很感兴趣，要表现出冷漠和挑剔

一点，这样小贩以为你购买的欲望不高，愿意支付的心理价位较低，就不会轻易提高价格了。

任务分析

钻石对于一个人的生存来说，其价值确实远远不如水，人们从水的消费中所得到的总效用远远大于从钻石的使用中所得到的总效用。但事实上，一种商品的需求价格并非由商品的总效用决定而是由商品的边际效用决定的。钻石是一种稀缺的奢侈品，可以给人们带来炫耀的效用，它在自然界中存在的量很稀少，人们对钻石的消费也极少，所以每当增加一个单位的钻石消费，就会给消费者带来非常大的效用，也就是说钻石的边际效用很大，消费者愿意以较高的价格来购买。而相反的，水虽然对于人的生命至关重要，但是由于水的供应数量源源不断，因此每增加一个单位的水，给人们增加的效用就很低了，也就是说水的边际效用很低，那么水的价格自然也很低了。

这就是著名的"价值悖论"。我们常说的"物以稀为贵"的道理就在于"稀缺"物品的边际效用高，因此价格也高。

第三节　序数效用论—无差异曲线分析

本节重难点

1. 掌握消费者偏好、无差异曲线、预算约束线的定义及特点。
2. 掌握在序数效用分析框架下，消费者实现均衡的条件。
3. 理解替代效应、收入效应的概念。
4. 能用序数效用分析需求曲线向下倾斜的原因。

任务导入

20世纪30年代，美国经济大萧条，但经济学家发现美国口红的销量反而直线上升。无独有偶，2008年由美国次贷危机引发了全球金融危机，全球大宗商品和奢侈品的销售低迷，但口红、面膜的销量却上升，并且头发护理、按摩等"放松消费"也很有人气。全球几大化妆品巨头的销售额证实了这一观点，其中包括法国欧莱雅公司和日本资生堂公司等。欧莱雅公司2008年上半年销售额逆势增长5.3%。这种现象产生的原因是什么呢？请用消费者理论相关知识分析这个有趣消费现象。

内容精讲

一、消费者偏好

消费者行为的基本问题是在给定收入和价格的情况下，如何使自己的效用最大化，这也是消费者理论的一个中心问题。基数效用论假定效用是可以用基数来度量的，但实际上，效用作为一种主观心里感觉，很难用具体的数量来衡量。因此一些学者提出了序数效用论。序数效用论认为，效用虽然不能用技术来度量，但却可以用第一、第二、第三这样的序数来度量。序数效用论用无差异曲线分析方法来考察消费者行为，并在此基础上推导出消费者的需求曲线，深入地阐述需求曲线的经济含义。

序数效用论中，消费者要从消费行为中获得最大效用，首先必须根据自己对商品的偏好来对不同消费组合进行排序，然后才能决定自己最优的消费计划。因此，要研究消费者的最优选择行为，必须知道消费者的偏好。

效用是消费者的主观感觉，它取决于消费者对这种物品的喜欢程度，即偏好。所谓偏好（Preference），就是消费者对某种商品或服务的爱好或喜好的意思，是潜藏在人们内心的一种情感和倾向。消费者的偏好描述消费者对不同商品或商品组合喜好程度的判断，是消费者按照他们的愿望对消费组合的排序。

> **小案例**
>
> **爱东坡的什么**
>
> 有几个秀才在谈论苏东坡。一个说："我喜爱苏东坡的诗。"一个说："我喜爱苏东坡的赋。"这时来了一个屠夫，说："我也最爱东坡。"那两个秀才听了说："你一个杀猪的，爱上先生的那一点呢？"屠夫答道："我最爱东坡肉。"

> **小案例**
>
> **消费者偏好的差异性**
>
> 一个家庭里，爸爸可能喜欢看谍战片，妈妈可能喜欢看温情的家庭伦理剧或者古装穿越剧，小孩子可能喜欢看动画片，让小孩子看谍战片或者让爸爸看古装穿越剧可能对他们而言都觉得很无聊，就是因为每个人的偏好不同。飞机上，当空姐问你想要橙汁、椰汁、可乐、还是矿泉水的时候，每一位乘客都会给出自己的选择，这也是基于每位乘客自己的偏好。
>
> 消费者个人的偏好不是固定不变的。例如，随着年龄的增长，一个人的偏好会发生变化。比如小时候，闲暇时你很喜欢收集各种各样的车模型

或者洋娃娃，但慢慢地你长大了，你已经不再那么喜欢这些玩具了，在闲暇时间会更喜欢看书或者旅游。

又如，随着环境的改变，一个人的偏好也会发生变化。假如你是一个东北的同学，来到重庆求学并在这里工作生活。在来重庆之前，从来不吃辣椒，对很辣的食物非常排斥，但是来了之后，在周边朋友同学的影响下，你开始慢慢尝试，慢慢适应后，也喜欢吃辣了，甚至无辣不欢。这就说明你对食物的偏好因为环境的改变而发生了变化。

此外，随着个人经历、受教育程度的改变，一个人的偏好也都会发生变化。

消费者偏好除了有明显的个体差异，也呈现出群体特征。四川、重庆、贵州、湖南一带的居民都喜欢吃辣，广东、香港一带喜欢煲汤，上海、江浙一带喜欢吃甜，这也是偏好的不同。

群体的偏好也随时代变化而变化，可能受到社会整体消费时尚、广告、历史传统、政策引导、示范效应等多重影响。例如楚王爱细腰，唐代却以胖为美。以前人们喜欢穿的确良（涤纶面料），现在人们却偏爱纯棉制品。

消费者对某种物品的偏好越大，说明这种物品给他带来的效用就越大，他就越愿意购买，需求就越高。

消费者行为理论对"偏好"做了三个假设，这三个假设对于绝大多数人在绝大多数情况下都是成立的。

偏好的完备性（Completeness）。偏好的完备性是指消费者总是可以比较和排列所给出的不同商品组合。例如，消费组合 A 包括一杯酸奶和一包坚果，消费组合 B 包括一杯可乐和一只炸鸡翅，消费者可以很清楚地表达出他对消费组合 A 的偏好大于消费组合 B，或者对消费组合 B 的偏好大于消费组合 A，或者二者之间无差异。这就说明消费者在面对两个不同的消费组合时，总能够确定他喜欢哪一个消费组合，或者认为两者无差异。

这个假定不允许人们说"我就是无法决定""我真的不知道该怎么选择"，即使这种情况在现实中有时会发生。

偏好的可传递性（Transitivity）。偏好的可传递性是指，考虑任意三个组合 A、B 和 C，如果消费者在 A 和 B 中更偏好 A，记为 A > B；在偏好 B 和 C 中更偏好 B，记为 B > C，那么消费者在 A 和 C 中就更偏好 A，记为 A > C。简单地说，如果 A > B，B > C，那么 A > C 也成立。

多比少好（More is Better Than Less）。这个假设是指消费者对数量更多的同种商品组合的偏好一定大于数量较少的同种商品组合。消费者是永不满足的，多总是好的，哪怕只多一点点也好，所以这个假定也被称为"非饱和性"或"永不满足假设"，即"多多益善"。

例如，假设在上述消费组合 A、B、C 之外还存在一个消费组合 D 是一杯酸奶和两包坚果，比 A 组合多一包坚果，那么消费者对 D 组合的偏好一定是大于 A 的。

> **注意**
>
> 　　之所以"多比少好"这个假定成立，是因为我们首先假定商品都是令人愉悦的，即都是能够带来正效用的商品，因而消费者总是偏好任何一种商品多一点，而不是少一点。如果这些商品是不令人愉悦的物品，如垃圾、污染物 PM2.5、风险等，就不符合"多比少好"的特征，因此在我们讨论消费者选择的时候，我们并不考虑这些不能带来满足感的负效用商品。因为一般情况下，人们并不会去购买他们。

　　以上三个假设构成消费者理论的基础，它们使这些偏好具有一定的合理性。由此，我们在后面的章节就可以更深入地探讨消费者行为了。

二、无差异曲线（Indifference Curve）

（一）无差异曲线的定义

　　我们可以运用无差异曲线来描述消费者对各种不同商品的偏好，换句话说，无差异曲线的形状是由消费者的偏好决定的。无差异曲线表示的是：消费者偏好相同的两种商品的不同数量的所有组合。因为同一条无差异曲线上的每一点所代表的物品组合带给消费者的满足程度，即效用相等，所以无差异曲线也叫作等效用线。

　　为了简化分析，在消费者收入和商品价格既定的情况下，假定消费者只消费 X 和 Y 两种商品，这两种商品的不同数量的组合中能给消费者带来相同满足程度的组合有 A、B、C、D 四种，如表 3-2 所示。

表 3-2　　　　　　　　　某消费者的等效用组合

商品组合	X（衣服）	Y（食物）
A	1	10
B	2	6
C	3	4
D	4	2.5

　　据此，我们就可以在坐标轴中画出相应的无差异曲线，如图 3-3 所示。

　　图 3-3 中，横轴表示商品 X 的消费量，纵轴表示商品 Y 的消费量，X 和 Y 的不同数量组合有图形上的点 A、B、C、D 来表示，连接各点就可以得到一条无差异曲线、无差异曲线上的点均表示对消费者效用相同的消费组合。

　　无差异曲线（Indifference Curves）给出了个人感到无差异或得到相同的效用水平的各种商品组合。

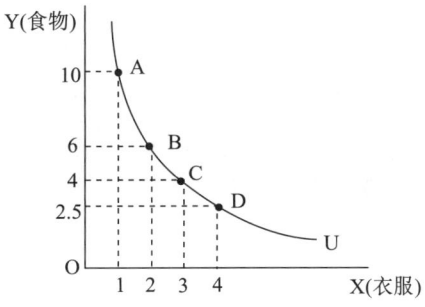

图3-3 无差异曲线

无差异曲线的数目是无限的，每一条都代表了可能的满足程度。事实上，每一个可能的商品组合（对应图上的每一个点）都有一条经过它的无差异曲线。

（二）无差异曲线的特征

（1）无差异曲线是一条向右下方倾斜的曲线，即斜率为负。

> **知识窗**
>
> 用反证法进行证明。
>
> 假设无差异曲线是向右上倾斜的，斜率为正。这表明在这条无差异曲线上的A点和B点拥有相同的效用；但是由于B点上的X、Y两种商品数量都比A点多，按照任何一种商品"多比少好"的假设，因而B点的效用应该比A点大，矛盾。故无差异曲线不会是向右上方倾斜的。按照这种思路，可以证明这种无差异曲线也不可能存在向右平行延伸，即斜率为零或向上平行延伸，即斜率为$+\infty$的情况。见图3-4。
>
>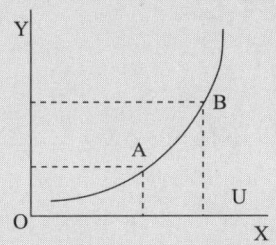
>
> **图3-4 向上倾斜的无差异曲线不存在**

（2）距离原点越远或位置越高的无差异曲线所代表的消费者的满足程度越高。

（3）任意两条无差异曲线不相交。

> **知识窗**
>
> 用反证法进行证明。假设两条无差异曲线U_1、U_2相交于A点，由于A和B都在无差异曲线U_1上，那么消费者对A和B的偏好相同。同时，

> 由于 A 和 C 同样处于无差异曲线 U_2 上，所以消费者对 A 和 C 的偏好也相同。根据偏好的可传递性假设，可以推知消费者对 B 和 C 有相同偏好。但从图 3-5 可知，C 比 B 包含了更多的 X 和 Y，按照消费者偏好"多比少好"的假设，C 比 B 必定更受偏好，这就与"B 和 C 有相同偏好"矛盾。因此无差异曲线不可能相交。

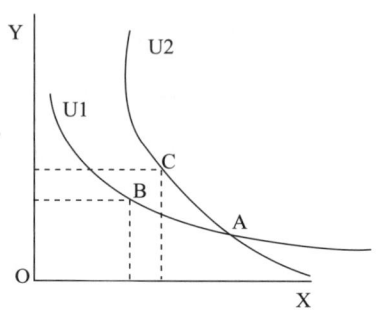

图 3-5　无差异曲线不可能相交

（4）无差异曲线是凸向原点的。凸的（Convex）即向内弯曲的。这说明无差异曲线的斜率是递减的。无差异曲线的斜率是两种物品的边际替代率。该曲线凸向原点，是由边际替代率递减决定的。

（三）边际替代率（Marginal Rate of Substitution，MRS）

边际替代率（MRS）是指为保持一定效用水平，消费者为增加 1 单位一种物品 X 而必须放弃的另一种物品 Y 的数量，一般表示为 MRS_{XY}。用数学公式来表示就是：

$$MRS_{XY} = -\frac{\Delta Y}{\Delta X}$$

由于效用保持不变，所以还有 $X \cdot \Delta X = Y \cdot \Delta Y$，推导可得：

$$MRS_{XY} = -\frac{\Delta Y}{\Delta X} = -\frac{MU_X}{MU_Y}$$

式中，MRS_{XY} 表示消费者用商品 X 代替 Y 的边际替代率；ΔX 和 ΔY 分别表示商品 X 的增加量和商品 Y 的减少量，如图 3-6 所示。由于 X 和 Y 的变化方向相反，所以 MRS_{XY} 的值为负，但我们通常取其绝对值，故在公式前标上负号。如果我们令 X 趋于无穷小，那么边际替代率就是无差异曲线的斜率。因此，无差异曲线上任何一点的边际替代率，就是过该点所作切线的斜率。

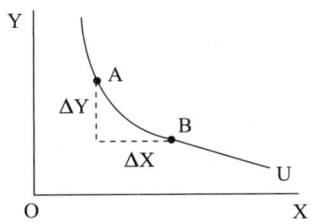

图 3-6　边际替代率的图示

注意

当我们阐述边际替代率时，必须明确我们要放弃哪种商品，要获得哪种商品。本书主要讨论消费者为了获得横轴上的商品 X，必须放弃的纵轴上商品 Y 的数量来定义边际替代率，即用 X 代替 Y 的边际替代率。因而在图 3-3 中，衣服是在横轴，食物是在纵轴，这里边际替代率指的是消费者为获得额外一单位衣服而愿意放弃的食物的数量。

在维持效用水平不变的前提下，随着一种商品的消费数量的连续增加，消费者为得到每一单位的这种商品所愿意放弃的另一种商品的消费数量是递减的，这被称为边际替代率递减原理（Diminishing Marginal Rate of Substitution）。由于边际替代率递减原理，当我们沿着无差异曲线从左移到右移动时，该曲线变得越来越平缓。

为什么边际替代率是递减的？原因在于边际效用递减规律。当一种商品的消费量越来越大时，消费者从中获得的边际效用越来越小；而当一种商品的消费量越来越小时，消费者所损失的边际效用就越来越大，正如俗话说"物依稀为贵"。例如，我们假设 X 和 Y 分别是面包和果汁，当消费者消费了较多果汁时，他这时较少干渴而较多饥饿，所以愿意用较多的果汁换取面包。但是，当他果汁消费量较少、面包消费量较多时，他会感到较少饥饿而较多干渴，所以他愿意用来换面包的果汁会较少。

在同一条无差异曲线上，如图 3-3 所示，从 A 点到 D 点，随着 X 商品消费量的增加，增加的边际效用越来越小，而随着 Y 商品消费量的减少，损失的边际效用越来越大，这样用 X 来代替 Y，能够替代的数量就会越来越少，所以边际替代率是递减的。因此，边际替代率递减实际上反映了边际效用递减。

两种极端的无差异曲线：对于绝大多数商品来说，其无差异曲线每一点的斜率都是不断变化的。然而市场中也确有例外，比如两种可完全替代的商品或两种完全互补的商品，他们的无差异曲线的斜率是固定的。

1. 完全替代品

完全替代品如 5 升的油漆桶和 2.5 升的油漆桶（见图 3-7）。

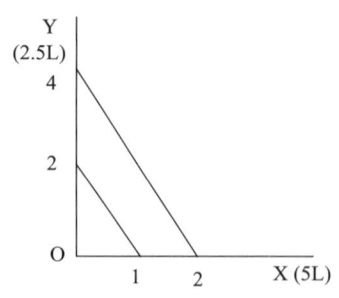

图 3-7 完全替代品的无差异曲线

2. 完全互补品

完全互补品如左鞋和右鞋（见图 3-8）。

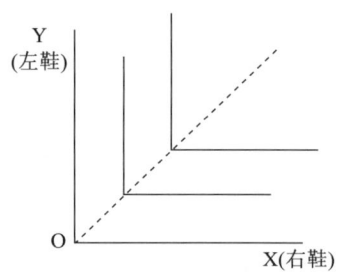

图 3-8 完全替代品的无差异曲线

三、预算约束线（Budget Line）

前面分析的消费者偏好是消费者个人的意愿，但是现实的需求是建立在消费者愿意并且能够支付的基础之上的，消费者的选择除了根据自己的偏好外，也面临预算约束，即收入和价格两方面的约束。

预算约束线（Budget Line）是指在消费者收入和商品价格既定的条件下，消费者用全部收入所能够买到的最大可能商品数量的组合，也叫消费可能曲线、预算约束线。

假定可购买的商品只有 X 和 Y 两种，价格分别为 P_X、P_Y，两种商品的消费量分别为 X 和 Y，消费者把所有收入 I 花费在两种商品上，则有：

$$P_X \cdot X + P_Y \cdot Y = I$$

此方程表示消费者面临的收入和价格约束，我们称为预算方程。

根据预算方程，我们可以绘制预算约束线。在一种极端情况下，消费者将全部收入 I 用于购买商品 Y，即 X=0，此时消费者可购买 Y 的数量为 I/P_Y，这即是预算约束线在纵轴上的截距；在另一种极端情况下，全部收入 I 用来购买 X，即 Y=0，可购买 X 的数量为 I/P_X，这即是预算约束线横轴上的截距。将两个截距连接起来的直线，即为预算约束线，如图 3-9 所示。其斜率为 $-P_X/P_Y$，这表示预算约束线的斜率的绝对值等于两种商品的价格之比。

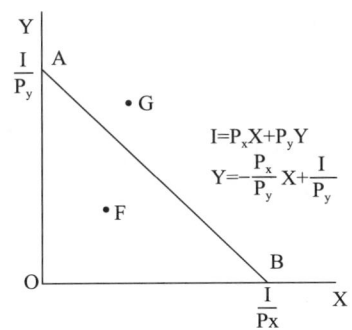

图 3-9 预算约束线

图 3-9 中,在预算约束线上的各点,表示全部收入所能购买的组合,如 A、B 两点;在预算约束线内部(左侧),表示收入尚未完全使用的购买组合,如 F 点;在预算约束线外部(右侧)各点,表示在现有收入、现有价格条件下无法实现的购买组合,如 G 点。

四、消费者均衡

消费者均衡是指在消费者收入和商品价格既定的条件下,当消费者选择某个商品组合获得了最大的效用并保持这种状态不变时,即消费者处于均衡状态。那么在什么条件下才会实现消费者均衡呢?

以上我们讨论了无差异曲线和预算约束线。无差异曲线从主观方面即消费者偏好的角度分析了消费者通过购买获得满足的种种组合,预算约束线则从客观方面即消费者收入限制的角度分析了消费者选择商品组合的最大可能性。现在我们把无差异曲线和预算约束线结合在一起来分析消费者均衡的实现。如果把无差异曲线与预算约束线放在同一坐标系中,预算约束线必定与无数条无差异曲线中的一条相切于一点,在这个切点上,就实现了消费者均衡。可以用图 3-10 来说明。

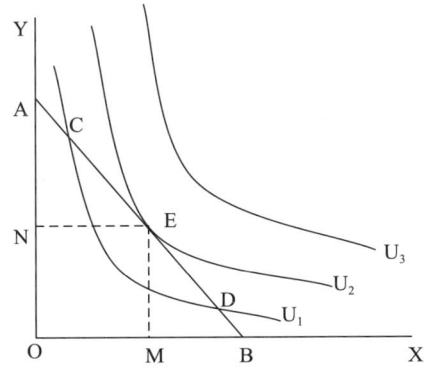

图 3-10 消费者均衡示意图

在图 3-10 中,U_1,U_2,U_3 为三条无差异曲线,它们效用大小的顺序为 $U_1 < U_2 < U_3$。AB 为预算约束线。AB 线与 U_2 相切于 E 点,这时实现了消费者

均衡。这就是说，在收入和价格既定的条件下，消费者购买 OM 单位 X 商品、ON 单位 Y 商品，就能获得最大的效用。

为什么只有在 E 点时才能实现消费者均衡呢？从图 3-10 可以看出，U_3 所代表的效用大于 U_2，但 U_3 与 AB 线既不相交又不相切，说明达到 U_3 效用水平的 X 商品与 Y 商品的数量组合在收入和价格既定的条件下，是无法实现的。AB 线与 U_1 相交于 C 点和 D 点，在 C 点和 D 点上所购买的 X 商品与 Y 商品的数量也是收入和价格既定的条件下最大的组合，但 $U_1 < U_2$，C 点和 D 点上 X 商品与 Y 商品的数量组合不能达到最大效用。此外，U_2 上除 E 点之外的其他各点在 AB 线之外，即所要求的 X 商品与 Y 商品的数量组合也是收入和价格既定的条件下无法实现的。由此看来，只有在 E 点时才能实现消费者均衡。

在消费者均衡点 E 点上，预算约束线的斜率正好等于无差异曲线的斜率。我们知道，前者等于 X 和 Y 两种商品的价格之比，后者等于这两种商品的边际替代率。因此，消费者均衡的条件是：两种商品的边际替代率等于两种商品的价格之比，即：$MRS_{XY} = \dfrac{P_X}{P_Y}$，如果把两种商品的边际替代率解释为它们的边际效用之比，序数效用论的消费者均衡就与基数效用论的消费者均衡完全一致，其公式为

$$\dfrac{MU_X}{MU_Y} = \dfrac{P_X}{P_Y} \text{ 或 } \dfrac{MU_X}{P_X} = \dfrac{MU_Y}{P_Y}$$

在消费者收入和商品价格不变的情况下，消费者均衡点将保持不变，如果其中一个条件发生变化，消费者均衡点将会移动。

五、替代效应与收入效应

一种商品价格的变化会引起该商品的需求量发生变化，这种变化可以分解为替代效应（Substitution Effect）和收入效应（Income Effect）两个部分，即总效应 = 替代效应 + 收入效应。

二维码 3.4：
生活中的替代效应与收入效应

> **想一想**
>
> ### 替代效应就在身边
>
> 生活中，替代效应随处可见，就在身边。生活用品大多是可以相互替代的，我们从经济实惠的原则出发安排生活。萝卜贵了多吃白菜，大米贵了多吃面粉。但是汽油价格涨了一次又一次，能不加吗？哪怕是满腹牢骚抱怨也要排着长队等待加油，你能不加吗？这就是替代效应蕴含的生活哲理。
>
> 在职场工作中，如何避免被"炒鱿鱼"的危机呢？关键是要使自己在岗位上成为不可替代。在企业里面，你所处的岗位是不是像生活用品一样？你所处的职位的价值发挥是不是已经到尽头了？或者是企业里还有比

你更好的人可以替换这个岗位？你是否能做到想那些拿高薪酬的人一样无可替代？有替代就有危机，无可替代才是价值所在。即使你提高你劳动力的价格，别人也不会减少对你劳动力的购买。

替代效应和收入效应也可以解释需求曲线为什么通常都是向下倾斜的。当某一物品的价格下降时，消费者倾向于用此类物品来替代其他相对变得较为昂贵的物品，从而更便宜地获得满足，这是替代效应；而当商品价格下降时，消费者好的实际购买力提升，会有一种变富有的感觉，会增加消费，这是收入效应。因此，收入效应常常会强化替代效应，使得需求曲线更向下倾斜。

第一，对于正常商品而言，当商品价格下降时，替代效应和收入效应都会使消费者增加对这一商品的购买。当正常商品的价格上升时，替代效应和收入效应都会使消费者减少对这一商品的购买。

第二，对于低档商品而言，当商品价格下降时，替代效应会使消费者增加对这一商品的购买，但收入效应则会减少对这一商品的购买。这是因为低档商品降价后，消费者有一种变富有的感觉，他就会减少对低档商品的购买而追求更高层次的商品。当低档商品的价格上升时，替代效应会使消费者减少对这一商品的购买，但收入效应则会增加对这一商品的购买。这也是因为消费者在商品价格上升后有一种变穷的感觉，他就会增加对低档商品的消费而放弃对相对高层次商品的消费。

通常情况下，替代效应都强于收入效应，即商品价格下降时，消费者最后决策都是增加购买；商品价格增加时，消费者最后的决策都是减少购买。只有极少数的商品，替代效应弱于收入效应，我们把这类特殊的低档品称为"吉芬商品"。

> **想一想**
>
> ### 工作还是闲暇
>
> 时间也是一种稀缺资源，工资逐渐增高时，人们是愿意多工作，还是愿意多闲暇？
>
> 劳动者工资增加，同样会形成收入效应与替代效应。工作与闲暇时劳动者面临的两个选择，替代效应是指当工资增加时，劳动者认为用工作代替闲暇可获得更大满足，从而劳动供给会减少。收入效应是指劳动者认为自己的收入提高，可以享受更多的闲暇。一般来说，工资较低时，替代效应大于收入效应；当工资达到某个较高水平是，收入效应会大于替代效应。

> **知识窗**
>
> 　　我们在本章讨论消费者行为时，先对消费者的行为进行了一些假设，但这些假设是否合乎现实呢？消费者对各种各样可获得的商品存在偏好，同时也面临预算约束，这是毋庸置疑的。但是，消费者选择一定的商品和服务组合以最大化地满足程度这一主张可能有问题。消费者真的如经济学家们通常所理解的那样理性和富有见识吗？
>
> 　　我们知道消费者常常非理性地做出购买决策。比如有些时候冲动购买，忽视或者没有充分考虑到自己的预算约束，甚至陷入欠债境地。比如房奴、车奴。打折的时候，总有一种占便宜的感觉，即使商品本身对自己效用不大，也会买回家，然后从来不用。这就是典型的冲动消费。
>
> 　　有时候消费者对自己的偏好不自信，或因朋友和邻居们的消费决策而改变，有时甚至因为自己情绪的变化而变化，比如有些人一遇到不开心的事情就会疯狂购物。而且即使消费者真的理性地行事，充分考虑每天自己面对的纷繁复杂的价格和选择对他们来说常常也是不可行的。
>
> 　　经济学家近来已经提出了一些采用更符合现实的有关理性决策的假定消费者行为模型。这个领域的研究被称为行为经济学，行为经济学是作为使用的经济学，将行为分离理论与经济运行规律、心理学与经济科学有机结合起来，从而使经济学研究更贴近现实生活。

任务分析

　　当经济不好时，人们通常放弃了买房、买车等大宗消费计划，手中反而出现了一些闲钱，可以去消费口红这样的"廉价非必要之物"。一些商品会因为人们的这种消费心理而受益，成为经济寒冬中的热行业。护肤品、化妆品、电影产业都被认为是"口红效应"的受益者，在经济大萧条时期，人们纷纷涌进电影院，逃避现实的痛苦，寻求心灵的慰藉与快乐。

思考与练习

一、单项选择题

1. 以下哪一项指的是边际效用（　　）？

A. 张某吃了第二个面包，满足程度从 10 个效用单位增加到 15 个单位，增加了 5 个效用单位

B. 张某吃了两个面包，共获得满足 15 个效用单位

C. 张某吃了四个面包后再也不想吃了

D. 张某吃了两个面包，平均每个面包带给张某的满足程度为 7.5 个效用单位

2. 序数效用论认为，商品的效用大小（　　）。

A. 取决于它的使用价值　　　B. 取决于它的价格

C. 不能比较 D. 能够比较

3. 总效用增加时,边际效用（　　）。

A. 为正,且不断增加

B. 为正,且不断减少

C. 为负,且不断增加

D. 为负,且不断减少

4. 小兰购买价格为10元的红糖糍粑和价格为2元的醪糟汤圆。他的收入为100元。以下哪一个事件出现,他的预算约束线就会平行向外移动?（　　）。

A. 红糖糍粑的价格下降到5元,醪糟汤圆的价格下降到1元,而他的收入减少为50元

B. 红糖糍粑的价格上升到20元,醪糟汤圆的价格下降到4元,而他的收入保持不变

C. 红糖糍粑的价格下降到8元,醪糟汤圆的价格下降到1元,而他的收入增加为400元

D. 红糖糍粑的价格下降到20元,醪糟汤圆的价格上升到4元,而他的收入增加到400元

5. 同一无差异曲线上的不同点表示（　　）。

A. 效用水平相同,但两种商品的数量组合不同

B. 效用水平不同,但两种商品的数量组合相同

C. 效用水平相同,两种商品的数量组合也相同

D. 效用水平不同,两种商品的数量组合也不同

6. 预算约束线的位置和斜率取决于（　　）。

A. 消费者的收入

B. 商品的价格

C. 消费者的收入和商品的价格

D. 消费者的偏好、收入和商品的价格

7. 商品 X 和 Y 价格按相同比例下降,而收入不变,预算约束线（　　）。

A. 向右上方平行移动

B. 向左下方平行移动

C. 不移动

D. 会移动,但不是平行移动

8. 过去,某些人在收入较低时购买黑白电视机,在收入提高时,购买彩色电视机,黑白电视机对这些人来说是（　　）。

A. 生活必需品 B. 奢侈品

C. 劣质商品 D. 吉芬商品

9. 消费者剩余可理解为（　　）。

A. 消费过剩的商品

B. 消费者得到的总效用

C. 支出货币的总效用

D. 消费者购买商品所得到的总效用减去支出货币的总效用

10. 无差异曲线上任一点商品 X 和 Y 的边际替代率等于它们的（　　）

A. 价格之比　　　　　　　B. 数量之比

C. 边际成本之比　　　　　D. 总效用之比

二、多项选择题

1. 以下属于无差异曲线特征的是（　　）。

A. 具有负斜率

B. 离远点越远的无差异曲线的效用水平越高

C. 其斜率的绝对值递增

D. 任意两条无差异曲线不能相交

2. 消费者均衡是指（　　）。

A. 在既定收入下消费者的效用达到最大并维持不变的一种状态

B. 在既定收入下消费者实现效用最大化时既不想增加也不想减少任何商品购买的一种相对静止状态

C. 消费者在这种状态下若为了达到更高的满足水平需要更多的收入

D. 以上都不正确

三、简答题

1. 简述边际效用的定义和边际效用递减规律。

2. 简述无差异曲线的定义。

四、思考分析

1. 谈谈生活中边际效用递减的现象。

2. 运用消费者剩余理论解释生活中的经济现象。

3. 如果你有一副只有左眼镜片没有右眼镜片的眼镜，当你拥有右眼镜片时，就可以正常使用了，右眼镜片带来的效用似乎超过左眼镜片的边际效用，这是不是违反了边际效用递减规律呢？

五、计算题

1. 设效用函数为 $U = X_1^{\frac{1}{2}} X_2^{\frac{1}{2}}$，其中 X1 和 X2 是两种商品的消费数量，两种商品价格分别是 $P_1 = 4$ 元，$P_2 = 5$ 元，消费者收入为 1000 元，试求消费者均衡时的商品组合。

2. 小思的收入为 540 元，他在商品 X 和 Y 的无差异曲线上的斜率为 dY/dX = 20/Y 的点上实现均衡。已知商品 X 和 Y 的价格分别为 PX = 2，Py = 5，那么，此时小思将消费 X 和 Y 各多少？

六、技能实训

1. 一名中学生即将参加三门课程的期末考试，他能够用来复习功课的时间只有 6 周。设每门功课占用的复习时间和相应会有的成绩，如表 3-3 所示。

表 3-3　　　　　　　　　　复习时间与相应的成绩

复习时间（周）	0	1	2	3	4	5	6
物理学分数	30	44	65	75	83	88	90
数学分数	40	52	62	70	77	83	88
化学分数	70	80	88	90	91	92	93

请根据所学经济学原理，分析他应如何分配时间才是最有效率的。

2. 趣味竞赛——喝饮料竞赛

（1）准备橙汁若干瓶，选出 3 位同学参加喝饮料竞赛。
（2）事前由教师宣布竞赛规则和奖励办法。
（3）完成竞赛记录表 3-4。
（4）请参加竞赛的 3 位同学谈谈喝饮料的感受。

表 3-4　　　　　　　　　　竞赛记录表

成员	所喝饮料（瓶）						
	0	1	2	3	4	5	6
甲							
乙							
丙							

第四章 探知企业生产

本章知识点

1. 厂商、生产函数的定义,生产的短期和长期的概念。
2. 总产量、平均产量和边际产量的概念及其区别,边际报酬递减规律及形成的原因。
3. 等产量线和等成本线的定义、特征和生产要素的最佳投入组合,边际技术替代率递减规律。
4. 规模报酬的定义与规模报酬划分的三种情况。

知识导图

	知识结构	知识要点
第四章 探知企业生产	生产函数	厂商与生产要素;生产函数
	短期生产函数	短期与长期,短期生产函数;总产量、平均产量与边际产量;边际报酬递减规律
	长期生产函数	等产量线,边际技术替代率与边际技术替代率递减规律
	最优生产要素组合	等成本线,生产者均衡
	规模报酬	规模报酬,规模报酬的三种情形

引导案例

大众创业 万众创新

李克强总理在2014年9月的夏季达沃斯论坛上发出"大众创业、万众创新"的号召,随后在2015年政府工作报告中指出,推动大众创业、万众创新,"既可以扩大就业、增加居民收入,又有利于促进社会纵向流动和公平正义"。于是，在中国960万平方公里土地上掀起了"大众创业""草根创业"的新浪潮，形成"万众创新""人人创新"的新氛围。

小李在大学所学专业是软件工程，毕业后，准备利用自身的专业优势进行创业，经过一系列准备，"鸿程软件公司"正式成立，并如愿从政府相关部门取得了"创业补贴"等政策性支持。企业成立之后如何进行生产，这正是本章需要学习的内容。

第一节 厂商与生产函数

本节重难点

1. 了解厂商的定义，企业的组织形式。
2. 理解生产要素的定义及其分类。
3. 理解生产函数的含义。

任务导入

在现实生活中，我们无时不在享受企业提供的产品和服务，如电脑、手机和出行乘坐的飞机、高铁、餐饮服务等等。企业的规模业有大有小，大到跨国公司如华为，小到路边的小摊小贩，他们均以不同的产品和劳务提供给社会，那不同企业在进行生产活动有没有共同的特点呢？这就是本节需要关注的重点。

内容精讲

一、厂商

（一）厂商的概念

厂商，也称作生产者或企业，它是指能够进行统一的生产决策，利用各种生产要素提供产品和服务并追求利润最大化的经济单位。

（二）厂商的组织形式

厂商主要可以采取三种组织形式：个人独资企业、合伙制企业和公司制企业。

（1）个人企业，是由一个自然人投资，财产为投资人个人所有，投资人以其个人财产对企业债务承担无限责任的营利性组织。个人独资企业具有利润动机明确、决策灵活自由、管理简便直接和不需要缴纳企业所得税等优点；

二维码4.1：
厂商与生产函数

但其缺点也明显,由于受到个人资金的限制,个人企业的规模通常较小,且抵御和承受风险的能力弱。

(2) 合伙制企业,是指由两人或两人以上按照协议投资,共同经营、共负盈亏的企业。合伙制企业财产由全体合伙人共有,共同经营,合伙人对企业债务承担连带无限清偿责任。相对于个人企业,合伙制企业的资金较多、规模较大,抵御市场风险的能力也较强;但由于多人所有和共同参加经营管理,不利于协调和统一。

(3) 公司制企业,是指按照法律规定,由法定人数以上的投资者(或股东)出资建立、自主经营、自负盈亏、具有法人资格的经济组织。我国《公司法》只规定了两类公司:有限责任公司与股份有限公司。有限责任公司指不通过发行股票,而由为数不多的股东集资组建的公司(一般由 2 人以上 50 人以下股东共同出资设立),其资本无须划分为等额股份,股东在出让股权时受到一定的限制,有限责任公司的财务状况不必向社会披露,公司的设立和解散程序比较简单,比较适合中小型企业;股份有限公司是把全部资本划分为等额股份,通过发行股票筹集资本的公司,又分为在证券市场上市的公司和非上市公司。股东一旦认购股票,就不能向公司退股,但可以通过证券市场转让其股票。这种组织形式适合大中型企业。与前两种组织形式相比,公司制能比较方便地筹集到大量的资金,有利于实现规模生产、强化分工与专业化。同时,公司的组织形式相对稳定,有利于生产的长期发展。但公司制企业也存在双重课税、公司组建成本高和代理问题等不足之处。

知识窗

"注册公司需要多少钱"

根据我国 2014 年版《公司法》规定,除对公司注册资本最低限额有另行规定的以外,取消了原来对有限责任公司、一人有限责任公司、股份有限公司最低注册资本分别应达 3 万元、10 万元、500 万元的限制。公司设立时,股东(发起人)也没有首次出资比例以及货币出资比例的限制,公司股东(发起人)自主约定认缴出资额、出资方式、出资期限等,并记载于公司章程。公司在成立进行登记时,公司实收资本不再作为登记事项,并且也不需要提交验资报告。

小案例

企业追求的最高目标——利润最大化

有一家皮鞋厂,在一个销售期结束后进行盘点。它的总收益便是卖出皮鞋后的全部收入,它的平均收益便是每卖出一双皮鞋所增加的收入。规范地说，就是"出卖每单位产品所得到的收入"。不难看出，平均收益其实就是每双皮鞋的价格。假设该鞋厂生产一单位产品，也就是生产一双皮鞋增加的收益为 20 元（边际收益），而每多生产一双皮鞋的边际成本为 15 元。那么，企业一定要增加生产，以实现利润最大化，把能赚的钱尽量都赚到。

但是，如果一双皮鞋的边际收益为 20 元，而边际成本却变为 25 元时，鞋厂每生产一单位产品就会赔 5 元。那么，企业就一定要减少生产，因为它正在"贴钱卖货"。只有当边际收益等于边际成本（都是 20 元）时，企业既不会增加产量，也不会减少产量，这时就说明企业实现了利润最大化。

二、生产函数

（一）生产与生产要素

1. 生产

所谓生产是指对各种资源投入进行组合以制成产品的行为。在生产中要投入各种资源并生产出产品，所以，生产也就是把投入变为产出的过程。

生产是能够创造或增加效用的人类活动，生产活动不仅包括物质资料的生产，也包括劳务如理发、看病、音乐演奏等等。而生产过程就是各种投入资源进行组合、共同协作、生产出产品的过程。从物质技术的角度来分析，生产过程可以分解为两个方面：一是投入（Input），即生产过程所使用的各种生产要素如劳动、土地、资本和企业家才能等；二是产出（Output），即生产出来的各种物质产品的数量。

小案例

钻石所有权的"战争"——生产要素

在一次世界珠宝拍卖会上，有一颗名为"月光爱人"的钻石吸引了顾客的眼球。它最后卖出了 8000 万元的天价。这颗钻石是谁生产的呢？很多人都在抢功劳。这颗钻石是由梦幻珠宝公司在位于南非的一座矿山中挖掘出来的。

梦幻公司的老板托尼扬扬得意地说："我当初决定购买这座矿山开采权的时候，就觉得这里面一定有宝藏，现在果然应验了"。

挖掘队长鲍勃不服气了，说"为了挖到这颗钻石，我和同事们付出了艰辛的劳动，我们夜以继日地工作，几乎找遍了矿山的每个角落，好不容易才发现了它。"

向梦幻公司提供挖掘设备的厂商却说："我们公司的机器设备是世界一流的，如果没有我们提供的挖掘机，他们不可能在 50 米深的矿井中挖到这颗钻石。"

最后，南非政府的官员说："只有在我们国家的土地上才能找到如此珍贵的钻石。在我们的国土下面还埋藏着数不尽的矿藏资源，欢迎各国企业家来投资开采。"

在这个故事中，大家都认为自己对生产钻石的功劳最大，其实离开了哪一方都不能成功。他们都是生产要素的提供者，理所当然地获得相应的报酬：提供劳动的获得工资，提供资本的获得利息，提供土地的获得地租，提供企业家才能的获得利润。工资、利息、地租和企业利润就分别是生产要素劳动、资本、土地和企业家才能的价格。

2. 生产要素

生产要素是指生产中所使用的各种资源。这些资源可以分为劳动、资本、土地与企业家才能等四种类型。一般地，我们在经济学中提及的生产要素都是稀缺的。

劳动是指生产中劳动力所提供的服务，包含体力和智力的消耗，向劳动者支付的工资是劳动获得的报酬。

资本是为保证生产的正常运转而支付的抽象意义上的可以以资金计算的各种生产设备，包括厂房、设备、原料等等，对资本的报酬则是取得的利息。

土地指生产中所使用的各种自然资源，包括土地、水源、自然中的矿藏等。土地的报酬是租金，即土地使用者向土地拥有者支付的租金。

> **注意**
>
> 土地供给数量是固定的，所以地租量完全取决于土地需求者之间的竞争。并且，地租有绝对地租和相对地租之分。绝对地租是由于土地私有权的垄断产生的、租种任何土地都必须一样缴纳的地租形式。它与土地的好坏和劳动生产率的差别无关。级差地租是等量资本投资于等面积的不同等级的土地上所产生的利润不相同，因而所支付地租也就不同，这样的差别地租就是级差地租。级差地租又可分为因土地肥力和位置不同而产生的级差地租Ⅰ和因投资的生产率不同而产生的级差地租Ⅱ。

企业家才能指企业家经营企业的组织能力、管理能力与创新能力。企业家是企业创新的主体，而企业家创新则是企业转型发展的推动力。微观经济学认为，在生产相同数量的产品时，可以多用资本少用劳动，也可以多用劳动少用资本。但是，劳动、土地和资本三要素必须予以合理组织，才能有较高的生产效率。因此，为了进行生产，还要有企业家将这三种生产要素组织起来，企业家才能和前三个要素的关系不是互相替代的关系，而是互相补充的关系。

> **小案例**
>
> ### 海尔的"砸冰箱"
>
> 1984年,海尔从德国利勃海尔引进电冰箱生产技术及先进的生产设备,当时人们都认为只要设备来了,生产肯定会很好,产品肯定也会很好。但是,在1985年,张瑞敏却收到一封用户来信反映厂里生产的电冰箱质量有问题。张瑞敏突击检查了仓库,发现仓库里400多台冰箱竟然有76台不合格。当时跟干部商量如何处置,有人说,冰箱只是外部划伤,便宜点儿卖给工人。那时候,一块钱能买十斤白菜,一斤多花生油,六两猪肉。一台冰箱两千多元,是一个工人三年多的工资。就算这样,冰箱依然供不应求,抢都抢不上,"纸糊的冰箱都有人买"。张瑞敏却在全体员工大会上宣布,要把这76台不合格的冰箱全部砸掉,而且要生产冰箱的人亲自砸。
>
> 张瑞敏说:"过去大家没有质量意识,所以出了这起质量事故。这是我的责任。这次我的工资全部扣掉,一分不拿。今后再出现质量问题就是你们的责任,谁出质量问题就扣谁的工资"。张瑞敏清楚,并不是把冰箱砸掉了质量马上就好了,但通过这个事情更重要的是提高员工质量意识,传递一种理念,那就是所有的有缺陷的产品都不能出厂。
>
> 1988年12月,海尔获中国电冰箱史上的第一枚质量金牌,从此奠定了海尔冰箱在中国电冰箱行业的领军地位。

(二) 生产函数

生产函数是指在一定时期内,在技术水平不变的情况下,生产中所使用的各种生产要素的数量与最大产品数量之间的关系。任何生产函数都以一定时期内的生产技术水平作为前提条件,一旦生产技术水平发生变化,原有的生产函数就会发生变化,从而形成新的生产函数。新的生产函数可能是以相同的生产要素投入量生产出更多或更少的产品,也可能是以变化了的生产要素的投入量进行生产。

为了使问题简化,我们这里只讨论厂商生产单一产品的情况,假定X_1,X_2,…,X_n依次表示某产品生产过程中所使用的n种生产要素的投入量,Q表示所能生产的最大产量,则生产函数可以写成以下形式:

$$Q = f(X_1, X_2, \cdots X_n) \tag{4.1}$$

该生产函数表示在既定的生产技术水平下,生产要素组合X_1,X_2,…,X_n在每一时期所能生产的最大产出量为Q。

在经济学的分析中,为了简化分析,通常假定生产中只使用劳动和资本这两种生产要素。若以L表示劳动投入数量,以K表示资本投入数量,则生产函数写为:

$$Q = f(L, K) \tag{4.2}$$

二维码4.2:
双11快递高峰生产要素投入量的变化

生产函数表示生产中的投入量和产出量之间的依存关系，这种关系普遍存在于各种生产过程之中。一家工厂必然具有一个生产函数，一家饭店也是如此，甚至一所学校或医院同样会存在着各自的生产函数。估算和研究生产函数，对于经济理论研究和生产实践都具有一定意义。

知识窗

固定比例生产函数

生产函数所表示的投入量和产出量之间的依存关系虽然具有普遍性，但不同厂商生产函数的具体形式却可能差别很大。在经验研究中，经济学家发现了许多在经济分析中有意义的函数形式，下面我们来认识一个重要的生产函数形式：固定比例生产函数。

固定比例生产函数也称为里昂惕夫生产函数，指在每一个产量水平上任何一对要素投入量之间的比例都是固定的生产函数。假定生产过程中只使用劳动和资本两种要素，则固定投入比例生产函数的通常形式为：

$$Q = \text{Min}\left(\frac{L}{u}, \frac{K}{v}\right)$$

其中，Q 表示一种产品的产量；L 和 K 分别表示劳动和资本的投入量；u 和 v 分别表示固定的劳动和资本的生产技术系数，也分别表示生产一单位产品所需要的固定的劳动投入量和资本投入量。该生产函数表示产量 Q 取决于两个比值中较小的那一个，即使其中的一个比例数值较大，也不会提高产量。也就是说，Q 的生产被假定为必须按照 L 和 K 之间的固定比例，当一种生产要素的数量不能变动时，另一种生产要素的数量再多，也不能增加产量。一般通常假定生产要素投入量 L, K 都满足最小的要素投入组合的要求，所以有：

$$Q = \frac{L}{u} = \frac{K}{v}, \quad 即 \quad \frac{K}{L} = \frac{v}{u}$$

从上式可清楚地看到，固定比例生产函数的固定投入比例的性质，在这里，它等于两种要素的固定的生产技术系数之比。对于一个固定投入比例生产函数来说，当产量发生变化时，各要素的投入量以相同的比例发生变化，所以，各要素的投入量之间的比例维持不变。

想一想

如何理解生产函数？

任务分析

企业无论大小，企业的生产活动都是将稀缺的各种生产要素投入，从而生产出产品的过程。企业在生产过程中，所使用的生产要素的数量和最大产出之间的关系可以用生产函数来表示。

第二节 短期生产及其函数

本节重难点

1. 理解短期生产函数的概念。
2. 理解总产量、平均产量和边际产量的概念及其区别。
3. 掌握供边际报酬递减规律及其形成原因。

任务导入

"大勺哥"的生产函数

一个人、10个炉灶、10个大勺，最快的时候一分钟内能同时炒出5份炒面，最多的时候能14把大勺同时炒，一中午别人能炒50份，他能炒200份。这就是卖炒面的郑大哥独具特色、也是最吸引人的一项绝活！"大勺哥"本名郑建安，沈阳市和平区露天美食城老板兼厨师。20多年里他不断地研究和总结，从起初的1把大勺，到至今的12把大勺得心应手。大勺哥一人操持十多把大勺，节奏均匀，忙而不乱，出神入化，令人叹为观止。

"大勺哥"说："我这样用多个炉灶同时炒面主要有两大好处，第一当然是出菜快！而且同时能出来好几份，这样那些一次买几份炒面的人就不用等那么长时间了。第二是由于每一份炒面都要通过轮流翻炒，使得每一份的加热和入味时间延长了，味道自然也就好多了！"的确，每天来"大勺哥"这里买炒面的人很多。有时候也要排队，但是由于"大勺哥"炒面的速度很快，所以等待的时间一般不会很长。

请用经济学原理中的短期生产理论来解释"大勺哥"的最优化生产。

内容精讲

微观经济学为了从经济分析中得出具有普遍规律性的结论，常常需要对所研究的对象进行一定的约束和限制。短期生产函数和长期生产函数的划分不是以时间的绝对长短来划分的，而是以生产者是否能够变动全部要素投入数量作为划分标准的。

一、短期和长期的概念

生产有短期和长期之分，在经济学中，短期和长期的划分不是看时间的长短，而是以生产者能否变动全部要素投入数量为标准。短期指生产者来

二维码4.3：
短期生产函数

不及调整全部生产要素投入数量，至少有一种生产要素投入数量是固定不变的时间周期。在短期内，生产要素投入分为不变要素投入（例如厂房、机器设备等）和可变要素投入（例如劳动、原材料等）。长期指生产者可以调整全部生产要素投入数量的时间周期。在长期内，所有生产要素投入都是可变要素投入。

> **注意**
>
> 长期和短期的划分是相对的，并且短期和长期的划分并非按照具体的时间长短。对于不同的产品生产，短期和长期的具体时间的规定是不同的。例如，变动一个大型炼油厂的规模可能需要五年，则其短期和长期的划分以五年为界，而变动一个小食店的规模可能只需要一个月，则其短期和长期的划分仅为一个月。

二、短期生产函数的定义

一般来说，厂商的机器设备、厂房等投入是相对稳定的、难以迅速改变的投入，而劳动、原材料等是相对较容易改变的投入。假定资本投入量不变，劳动投入量可变，用 L 表示，则短期生产函数通常表示为：$Q = f(L)$。

三、总产量、平均产量和边际产量

短期生产函数 $Q = f(L)$ 表示，在资本投入量固定时，由劳动投入量变化所带来的最大产量的变化。从主要的方面来看，我们应该考察三个重要的产量概念：总产量、平均产量和边际产量。

劳动的总产量是指与一定的可变要素劳动 L 的投入量相对应的最大产量，用 TP_L 表示，用公式表示为：

$$TP_L = Q = f(L)$$

劳动的平均产量 AP_L 指平均每一单位可变要素劳动的投入量所生产的产量，等于总产量 Q 除以劳动量 L，用公式表示为：

$$AP_L = \frac{TP_L}{L} = \frac{f(L)}{L}$$

劳动的边际产量 MP_L 是指增加一单位的劳动投入量所带来的总产量的增量，用公式表示为：

$$MP_L = \frac{\Delta TP}{\Delta L} = \frac{df(L)}{dL}$$

> **知识窗**
>
> **半个煎饼的价值为何大于六个煎饼的价值——边际**
>
> 有一个寓言：譬如有人，因其饥故，食七枚煎饼。食六枚半已，便得

饱满。其人悲悔，以手自打，而作是言："我今饱足，由此半饼。然前六饼，唐自捐弃，设知半饼能充足者，应先食之。"

这个故事虽然是笑谈，但却揭示了现代经济学的重要概念：边际。"边际"是经济学上的常用术语，一般是指新增的意思。19世纪70年代初出现的边际概念，是西方经济学自亚当·斯密以来的一个极为重要的变化。经济学家把它作为一种理论分析工具，可以应用于经济中的任何可以衡量的事物上。正因为这一分析工具在一定程度上背离了传统的分析方法，故有人称为"边际革命"。

为了更加形象地说明总产量、平均产量和边际产量，下面以某一制鞋厂一个车间的生产为例，如表4-1所示，观察在资本投入保持在一单位投入不变的情况下，劳动投入的变化所引起的总产量、平均产量和边际产量的变化。

表4-1　　　　　　　　　　一种可变投入（劳动）的生产

劳动力数量（L）	资本数量（K）	总产量（Q）	平均产量（Q/L）	边际产量 $\frac{\Delta Q}{\Delta L}$
0	1	0	—	—
1	1	18	18	18
2	1	38	19	20
3	1	60	20	22
4	1	80	20	20
5	1	95	19	15
6	1	108	18	13
7	1	112	16	4
8	1	112	14	0
9	1	108	12	-4
10	1	100	10	-8

在表4-1中，资本K的投入量始终不变，为一单位，劳动L的投入量连续发生变化。随着劳动投入的变化，总产量随之变化。直到劳动投入为7个单位之前，总产量一直上升。当劳动的投入量从7个单位增加到8个单位时，总产量保持不变。当劳动投入量增加到8个单位之后，若再增加劳动投入，总产量不仅不会增加，反而会下降。例如，当劳动投入从8单位增加到9个单位时，总产量从112个单位下降到108个单位。由此可以看出，在其他生产要素数量保持不变的情况下，当某种可变要素投入增加到一定点之后，不能再继续增加该要素的投入，否则，不仅不会使总产量增加，反而使总产量减少。我们还可以看出，尽管在劳动投入量为7个单位之前，总产量一直是增加的，但是在劳动投入的不同阶段，总产量增加的速度是不同的。在劳动投入的初期，总产量以递增的速度增加；在劳动投入的后期，总产量以递减的速度增加。

从表4-1中的第五列和第六列可知，当资本K投入数量不变时，随着劳动L投入的增加，平均产量先上升，后下降；边际产量同样先上升后下降，达到某一特定点后，边际产量甚至出现负值。

图4-1是根据表4-1绘制的产量曲线图。

图中的横轴表示可变要素劳动的投入量L，纵轴表示产量Q；TP_L、AP_L和MP_L三条曲线依次表示劳动的总产量曲线、劳动的平均产量曲线和劳动的边际产量曲线。这三条曲线都是先呈现上升趋势，而后达到各自的最高点以后，再呈下降趋势。

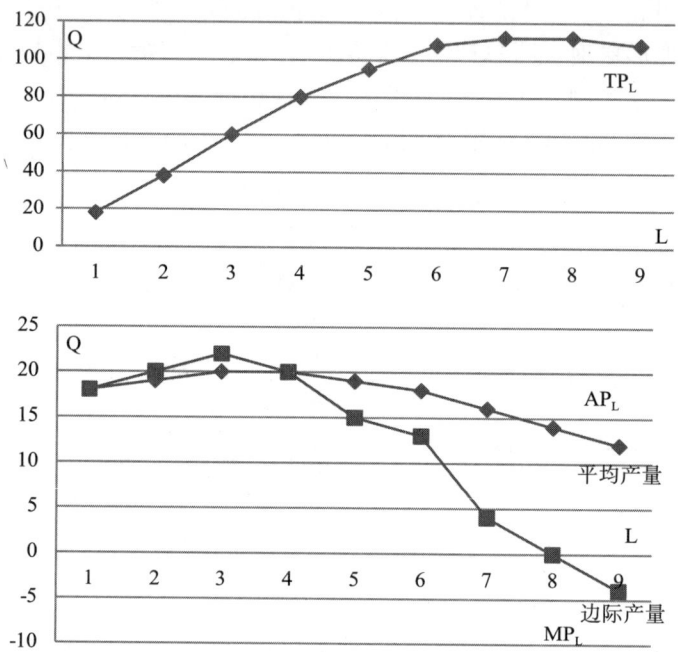

图4-1 一种可变投入要素的产量曲线

四、总产量、平均产量和边际产量相互之间的关系

假设生产函数为$TP_L = Q = f(L)$，L代表可变生产要素劳动，图4-2反映了总产量、平均产量和边际产量三者之间的相互关系。

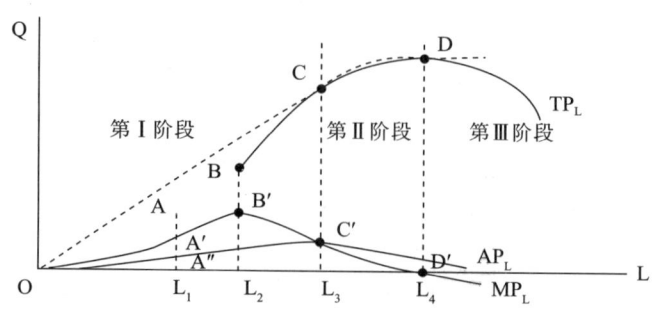

图4-2 一种可变投入要素的产量曲线

第一，总产量和平均产量的关系。根据平均产量的定义公式 $AP_L = \dfrac{TP_L}{L}$ 可以推知，连接 TP_L 曲线上任何一点和坐标原点的线段的斜率，就是相应的 AP_L 值。由此可以得出：当 AP 曲线达到最高点时，在 TP 曲线上必然存在相应的一点，改点与原点的连线在 TP 曲线上所有的点与原点连线中最陡。所以，在图 4-2 中，当 AP_L 曲线在 C' 点达最大值时，TP_L 曲线必然有一条从原点出发的最陡的切线，其切点为 C 点。

第二，总产量曲线和边际产量曲线的关系。根据边际产量的定义公式 $MP_L = \dfrac{\Delta TP}{\Delta L}$ 可知，过 TP_L 曲线任何一点的切线的斜率就是相应 MP_L 值。

正是由于每一个劳动投入量上的边际产量 MP_L 值就是相应的总产量 TP_L 曲线的斜率，所以，在图中 MP_L 曲线和 TP_L 曲线之间存在着这样的对应关系：在劳动投入量小于 L4 的区域，MP_L 均为正值，则相应的 TP_L 曲线的斜率为正，即 TP_L 曲线是上升的；在劳动投入量大于 L4 的区域，MP_L 均为负值，则相应的 TP_L 曲线的斜率为负，即 TP_L 曲线是下降的。当劳动投入量恰好为 L4 时，MP_L 为零值，则相应的 TP_L 曲线的斜率为零，即 TP_L 曲线达极大值点。也就是说，MP_L 曲线的零值点 D' 和 TP_L 曲线的最大值点 D 是相互对应的。以上这种关系可以简单地表述为：只要边际产量是正的，总产量总是增加的；只要边际产量是负的，总产量总是减少的；当边际产量为零时，总产量达最大值点。

由于在边际报酬递减规律作用下的边际产量 MP_L 曲线先上升，在 B' 点达到最大值，然后再下降，所以，相应的总产量 TP_L 曲线的斜率先是递增的，在 B 点为拐点，然后再是递减的。也就是说，MP_L 曲线的最大值点 B'，和 TP_L 曲线的拐点 B 是相互对应的。

> **注意**
>
> 在边际收益的递增阶段，TP 曲线的斜率随着 MP 曲线的上升而递增；在边际收益的递减阶段，TP 曲线的斜率随着 MP 曲线的下降而递减。当 MP 曲线达到最大值时，TP 曲线相应地存在一个拐点。

第三，平均产量曲线和边际产量曲线的关系。在图 4-2 中，我们可以看到 MP_L 曲线和 AP_L 曲线之间存在着这样的关系：两条曲线相交于 AP_L 曲线的最高点 C'。在 C' 点以前，MP_L 曲线高于 AP_L 曲线，MP_L 曲线将 AP_L 曲线拉上；在 C' 点以后，MP_L 曲线低于 AP_L 曲线，MP_L 曲线将 AP_L 曲线拉下。不管是上升还是下降，MP_L 曲线的变动都快于 AP_L 曲线的变动。

> **知识窗**
>
> 对于任何产品的短期生产来说，可变要素投入和固定要素投入之间都

> 存在着一个最佳的数量组合比例。在开始时，由于不变要素投入量既定，而可变要素投入量为零，因此，生产要素的投入量远远没有达到最佳的组合比例。随着可变要素投入量的逐渐增加，生产要素的投入量逐步接近最佳的组合比例，相应的可变要素的边际产量呈现出递增的趋势。一旦生产要素的投入量达到最佳的组合比例时，可变要素的边际产量达到最大值。在这一点之后，随着可变要素投入量的继续增加，生产要素的投入量越来越偏离最佳的组合比例，相应的可变要素的边际产量便呈现出递减的趋势了。

> **想一想**
>
> 总产量、平均产量和边际产量之间有哪些关系？

五、边际收益递减规律

生产理论研究的是生产过程中基本生产规律，即研究生产要素投入量的变动所引起的产量变动的规律。在生产理论中，将这些生产规律分成边际收益递减规律和规模经济规律分别进行研究。

二维码4.4：
边际报酬递减
规律

边际收益递减规律也称生产要素报酬递减法则，是微观经济学的基本规律之一。它的基本内容是：在技术水平不变的条件下，当把一种可变生产要素投入到一种或几种不变的生产要素中时，最初这种生产要素的增加会使产量增加，但是当他们的增加超过一定的限度时，增加的产量就会递减，最终还会使产量绝对减少。

边际报酬递减规律是短期生产的一条基本规律。边际报酬递减规律所强调的是：在任何一种产品的短期生产中，随着一种可变生产要素投入量的增加，边际产量最终必然会呈现出递减的特征。

> **小案例**
>
> 从"和尚挑水"到"边际产量递减定律"
>
> "边际产量递减定律"导致总产量先升后降，也可以用一个著名的中国谚语来解释：一个和尚挑水吃，两个和尚抬水吃，三个和尚没水吃。在"运水"的生产中，投入的生产要素是劳力（和尚）、水桶与扁担。当和尚只有一个时，他用一根扁担挑两个水桶，桶里的水只能大半满，他只能走一个来回。
>
> 当和尚的数量增加到两个（劳力这种生产要素的数量增加），他们可以改变生产方式，从一人用一根扁担挑两个水桶变成两人一前一后抬着一根扁担上的两个水桶，由于这样力气比较大，他们就能将桶里的水装得更

满，而且可以走两个来回，从而使得总产量（运水量）上升。也就是说，生产要素的增加，使得生产者可以选择采用一些效率更高的生产方式（改变或创新技术），从而提升了产量。

然而，当和尚的数量进一步增加到三个，姑且不论这谚语里说的是三个和尚互相推诿导致无人去运水，就算他们三人都去运水，情况又会怎样？

扁担就一条，三个人一起挑，不仅不会比两个人能挑更多的水，反而会互相妨碍；如果是换成其中两个人先抬两桶回来，第三个再与其中另一个合作再去抬两桶，后者已经走了一趟，气力损耗，抬水量肯定不如之前。

而即使可以走上三个来回，但不管怎么样，总有一个人会闲置在那里，对增加总产量不起作用。这就导致总产量虽然有所增加，但增加量（即边际产量）会比从一个和尚增加到两个和尚时少了，也就是边际产量递减定律起了作用。

再把这谚语的含义也考虑进来，多了一个和尚就多了人与人之间协调合作的困难，这意味着交易费用的上升。从两个和尚增加到三个和尚，交易费用增加到甚至大家无法达成合作，都赖在庙里不肯去运水，总产量暴跌为零！是的，"边际产量递减定律"是只考虑纯技术的因素，但如果加进交易费用的考虑，它的作用会更为明显、得到进一步的加强。

（资料来源：索哈斯图文备忘录（转文于经济学家张五常））

想一想

手机款式为何变化这样快？

在通讯市场上，各商家为了在竞争中取胜，以获取市场的占有率，不断变换手机的功能、款式和型号。很多赶时尚的人经常换手机。从经济学的理论看，消费者连续消费某一款式的手机所带来的边际效用是递减的。如果企业连续只生产一种型号的手机，它带给消费者的边际效用就在递减，消费者愿意支付的价格就低了。因此，企业的产品要不断创造出多样化的产品，即使是同类产品，只要不相同，就不会引起边际效用递减。

讨论题：
1. 如何理解边际效用递减规律？
2. 企业如何阻碍边际效用递减规律对消费者的影响？

任务分析

在完全竞争条件下，因为商品和要素价格是既定的，厂商则可以通过对生产要素投入量不断调整来得到最优的生产要素组合，以实现最大利润。"大勺哥"的最优化生产正是如此。为实现短期既定劳动投入下的最大产量，大勺哥把加底油、加酱油、翻炒、装盘等程序在不同的生产要素（锅）之间通过精巧的手艺进行精准的切换，从而达到产量的最大化。

第三节　长期生产及其函数

本节重难点

1. 掌握长期与短期的区分。
2. 掌握等产量曲线的定义、特征。
3. 掌握边际技术替代率递减规律。

任务导入

麦当劳和肯德基"比邻"之谜

麦当劳和肯德基是世界餐饮业的两大巨头，分别在快餐业占据第一和第二的位置。其中麦当劳有 30000 多家店面，肯德基有 11000 家分店。但你发现没有，任何地方，只要有肯德基就会有麦当劳，他们常常是门对门，面对面，唱的是对台戏，一家两家是偶然，但是经过观察，中国的店面都是这样，好像他们是兄弟俩，一起出来打天下。

若论常理，这样的竞争会造成更剧烈的市场争夺，以至于各个商家的利润下降，但为什么两家偏偏还要凑着一堆？

请用经济学的原理进行分析。

内容精讲

一、长期生产函数

在长期中，厂商的生产要素不再分为不变投入和可变投入，所有生产要素的投入都是可变的。长期生产函数是表示全部要素都可变的情况下要素投入量与最大产出之间关系的函数。

在生产理论中，为了简化分析，通常以两种可变生产要素的生产函数来考察长期生产问题。假定生产者使用劳动和资本两种可变生产要素来生产一种产品，则两种可变生产要素的长期生产函数可以写为：

$$Q = f(L, K)$$

式中，L 表示可变要素劳动的投入量，K 表示可变要素资本的投入数量，Q 表示产量。

二维码 4.5：
长期生产函数

二、等产量曲线

在可变技术系数的生产函数中,生产要素可以相互替代而维持同等产量,即当总产量保持不变时,增加某一生产要素的投入量,就必须要减少另外一种生产要素的投入量。等产量曲线这一概念就是经济学中用来说明这一情况的。

等产量曲线是指在技术水平不变的条件下为生产一定量的某种产品所需投入的两种生产要素之间的各种可能组合的轨迹。生产理论中的等产量曲线和效用论中的无差异曲线很相似,所以它又被称作"生产的无差异曲线"。但是二者之间也是存在差别的,等产量表示产量,无差异曲线表示效用,等产量线是客观的,无差异曲线是主观的。

例如,假定有劳动(L)和资本(K)两种生产要素投入某种产品的生产,其生产函数为:$Q = \frac{1}{8}KL$,当产量 $Q_1 = 100$ 单位时,可采用的生产方法如表 4-2 所示。

表 4-2　　　　　　　　　生产要素的各种组合

组合方式	L	K	Q
A	10	80	100
B	20	40	100
C	40	20	100
D	60	13.33	100
E	80	10	100
F	100	8	100

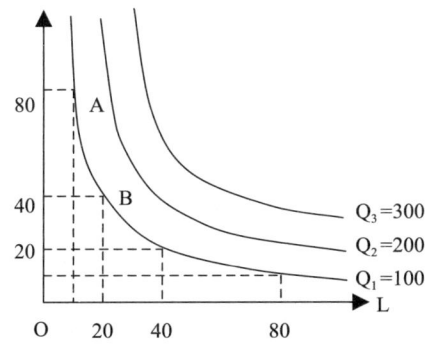

图 4-3　等产量曲线

知识窗

等产量曲线的特征

第一,等产量线是一条向右下方倾斜的线,其斜率为负值。这就表明，在生产者的资源与生产要素价格既定的条件下，为了达到相同的产量，在增加一种生产要素时，必须减少另一种生产要素。两种生产要素的同时增加，是资源既定时无法实现的；两种生产要素的同时减少，不能保持相等的产量水平。

第二，在同一平面图上，可以有无数条等产量线。同一条等产量线代表相同的产量，不同的等产量线代表不同的产量水平。离原点越远的等产量线所代表的产量水平越高，离原点越近的等产量线所代表的产量水平越低。

第三，在同一平面图上，任意两条等产量线不能相交。因为在交点上两条等产量线代表了相同的产量水平，与第二个特征相矛盾。

第四，等产量线是一条凸向原点的线。这是由边际技术替代率递减所决定的。

想一想

等产量曲线与无差异曲线有什么异同？

三、边际技术替代率

1. 边际技术替代率的含义

边际技术替代率是指在维持产量水平不变的条件下，增加一单位的某种要素投入量时所减少的另一种要素的投入量，其英文缩写是 MRTS。

以 $MRTS_{LK}$ 表示劳动对资本的边际技术替代率，ΔK 和 ΔL 分别代表资本投入量和劳动投入量的变化量，则有：

$$MRTS_{LK} = -\frac{\Delta K}{\Delta L}$$

上式中加一负号是为了使 MRTS 值在一般情况下为正值，以便于比较。

假定等产量曲线是连续的且生产要素的变化量趋于无穷小时，即 $\Delta L \to 0$ 时，则有：

$$MRTS_{LK} = \lim_{\Delta L}(-\frac{\Delta K}{\Delta L}) = -\frac{dK}{dL}$$

边际技术替代率 $MRTS_{LK}$ 也可以表示为两要素的边际产量之比，即：

$$MRTS_{LK} = \frac{MP_L}{MP_K}$$

2. 边际技术替代率递减规律

边际技术替代率递减规律是指在维持产量不变的前提下，当一种生产要素的投入量不断增加时，每一单位的这种生产要素所能替代的另一种生产要素的数量是递减的。

以图 4-4 为例，在两种生产要素的投入组合沿着既定的等产量曲线 Q_1 由

a 点移动到 b 点的过程中，劳动投入量相应的由 L_1 增加到 L_2，再增加到 L_3 和 L_4，即有：

$OL_1 = OL_3 - OL_2 = OL_4 - OL_3$

而相应的资本投入量相应的减少为：

$OK_1 - OK_2 > OK_2 - OK_3 > OK_3 - OK_4$

这表示：在产量不变的条件下，在劳动投入量不断增加和资本投入量不断减少的替代过程中，边际技术替代率是递减的。

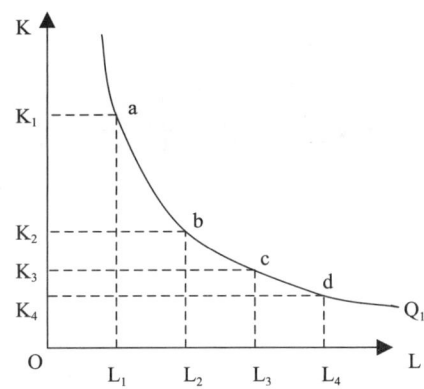

图 4-4　边际技术替代率递减规律

知识窗

边际技术替代率递减的原因

任何一种产品的生产技术都要求各要素投入之间有适当的比例，这表明要素之间的替代是有限制的。以劳动和资本两种要素投入为例，在劳动投入量很少和资本投入量很多的情况下，减少一些资本投入量可以很容易地通过增加劳动投入量来弥补，以维持原有的产量水平，即劳动对资本的替代是很容易的，但是，在劳动投入增加到相当多的数量和资本投入量减少到相当少的数量情况下，再用劳动去替代资本就将是很困难的了。

想一想

边际技术替代率递减的条件有哪些？

任务分析

麦当劳和肯德基爱扎堆现象的背后其实蕴含着有深刻的经济学原理。平常人往往想象不到，不仅消费者愿意扎堆凑热闹，商家也愿意扎堆。扎堆的原因就在于有集聚效应。

麦当劳和肯德基就是基于店面集聚形成的规模经济，为的是形成商业圈规模，吸引客户流动量。而流动量对于店面生存发展来说是至关重要的资源。

此外，对于相互竞争的对手来说，规模经济也有利于获取对方的信息，学习对方的技术。例如，以前，麦当劳以牛肉为主要原料，经营的食品主要是汉堡包系列；肯德基则以鸡肉为主要原料，炸鸡系列是它的经营重点。在中国扎堆后，麦当劳推出了麦辣鸡翅和麦乐鸡，肯德基则推出了鸡腿汉堡。在近距离的观察中，两者相互借鉴，搜集竞争信息，从而推动两者各自开发新的产品，省去了不少创新研发的成本，对手的存在是有积极意义的。

麦当劳和肯德基的"比邻"对消费者也是有利的。因为，丰富的商品种类满足了消费者降低购物成本的需求，而且两家的聚集实现了区域最小差异化，给消费者购买快餐提供了更多的选择余地。

俗话说：冤家路窄，人们往往以为相互竞争的冤家对头是不宜见面的，但通过分析麦当劳和肯德基的实例，我们却也能看到，原来只要形成的规模效应对自己有益——"对头也可以扎堆，敌人也可以比邻"。

第四节　最优的生产要素组合

本节重难点

1. 掌握等成本线的概念、特征。
2. 掌握生产要素的最佳投入组合。

任务导入

引进自动分拣机是好事还是坏事

近年来，我国邮政行业实行信件分拣自动化，引进自动分拣机代替工人分拣信件，也就是多用资本而少用劳动。假设某邮局引进一台自动分拣机，只需一人管理，每日可以处理10万封信件。如果用人工分拣，处理10万封信件需要50个工人。在这两种情况下都实现了技术效率。

请用经济学原理中的最优生产要素组合理论来解释引进自动分拣机是好事还是坏事？

内容精讲

一、等成本线

在现实中，企业需要到市场上去购买生产要素，企业为购买生产要素而形成的支出就构成了它的生产成本。成本是追求利润最大化的企业必须要考虑的一个经济问题。

等成本线是在既定的成本和生产要素价格条件下,生产者可以购买到的两种生产要素的各种不同数量组合的轨迹。

如图 4-5 所示,假定既定的总成本为 C,已知劳动的价格即工资为 P_L,已知的资本品的价格为 P_K,则成本方程为:

$$C = P_L \times L + P_K \times K$$

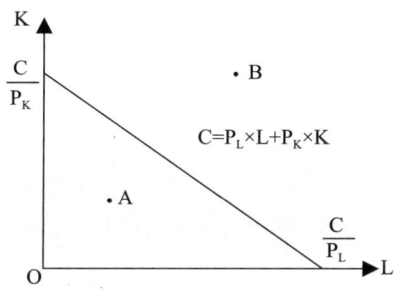

图 4-5 等成本线

根据以上式子可以得到等成本线,如图 4-5 所示。由于成本方程是线性的,所以等成本线必定是一条直线。图中,横轴上的点 $\dfrac{C}{P_L}$ 表示既定的成本全部都购买劳动这种生产要素时可以买到的数量,纵轴上的 $\dfrac{C}{P_K}$ 则表示既定的成本全部都购买资本这种生产要素是可以购买到的数量,连接这两点的线段就是等成本线。等成本线的斜率为 $-\dfrac{P_L}{P_K}$,即为两种生产要素的价格之比的负值。

在图 4-5 中,等成本线以内的区域中的任何一点,如 A 点,表示既定的全部成本都用来购买该点的劳动和资本的组合以后还有剩余。等成本线以外的区域中的任何一点,如 B 点,表示既定的全部成本都用来购买该点的劳动和资本的组合是不够的。唯有等成本线上的任何一点,才表示用既定的全部成本能刚好购买到的劳动和资本的生产要素组合。

二、最优生产要素组合

生产均衡是研究厂商如何选择最优的生产组合,从而实现既定成本条件下的最大产量,或者实现既定产量下的最小成本。其前提条件是,假定企业用两种可变生产要素劳动和资本生产一种产品,而且劳动和资本的价格 w 和 r 已知。

1. 既定成本条件下的最大产量

把厂商的等产量曲线和相应的等成本曲线画在同一个平面坐标系中,就可以确定厂商在既定成本下实现最大产量的最优要素组合点,即生产均衡点,如图 4-6 所示。

二维码 4.6:
化解产能过剩

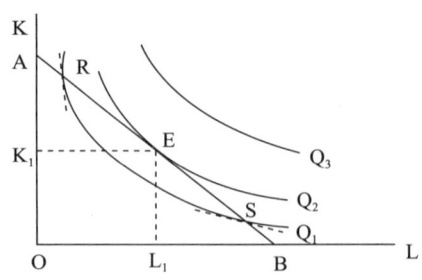

图 4-6　成本不变时的最大产量组合

从图 4-6 中可以看出，唯一的等成本线 AB 与其中一条等产量曲线 Q_2 相切于 E 点，该点就是生产的均衡点。它表示：在既定成本条件下，厂商应该按照 E 点的生产要素组合进行生产，即劳动投入量和资本投入量分别为 L_1 和 K_1，这样，厂商就能够获得最大的产量。任何更高的产量，如 Q_3 因为超出了厂商的预算，是厂商在既定成本条件下是无法实现的。等产量线 Q_1 虽然与唯一的等成本线 AB 相交于 R、S 两点，但是等产量线 Q_1 所代表的产量低于切点 E 点所在的 Q_2 所代表的产出水平。此时，厂商在不增加成本的情况下，只需由 R 点出发向右或由 S 点向左沿着等成本线 AB 改变要素组合，就可以增加产量。所以，只有在唯一的等成本线 AB 和等产量线 Q_2 相切点 E，才是实现既定成本条件下的最大产量的生产要素组合。任何更高的产量，在既定成本条件下都是无法实现的，任何更低的产量都是低效率的。在切点 E 上，等产量曲线的的斜率和等成本线的斜率相等。于是在均衡点 E 有：

$$\text{MRTS}_{LK} = \frac{P_L}{P_K}$$

它表示：为了实现既定成本条件下的最大产量，厂商必须选择最优的生产要素组合，使得两种生产要素的边际技术替代率等于两种要素的价格比例。这就是实现两种生产要素最优组合的原则。

> **想一想**
>
> 　　两位考古工作者想穿过一片沙漠到另一边的小镇去考古。这片沙漠虽不大，但要穿过也需要 10 天时间。但是，每人随身只能携带 8 斤粮食和 8 斤水，而每人每天起码要消费 1 斤粮食和 1 斤水。由于当地没有骆驼可租用，使他们在路途中因无法得到粮食和水的补充而不能抵达沙漠的另一边。当然，当地的民工是有的，但他们每个人也只能携带 8 斤粮食和 8 斤水，而且每天也要消耗 1 斤粮食和 1 斤水。
> 　　请思考：考古工作者该怎样穿过这片沙漠？

2. 既定产量下的最小成本

和厂商在既定成本下力求产量最大化一样，生产者在既定的产量条件下也要寻求成本的最小化。这可以用图4-7来说明。

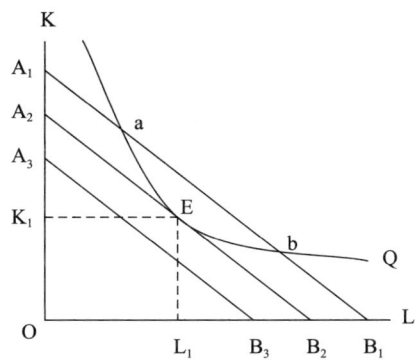

图4-7 产量不变时的成本最小化组合

图中有一条等产量线 Q 和三条等成本曲线 A_1B_1、A_2B_2 和 A_3B_3。唯一的等产量线 Q 代表既定的产量水平。三条等成本曲线具有相同的斜率（这表示两种生产要素的价格是既定不变的），但分别表示三个不同的成本水平，其中等成本曲线 A_1B_1 离原点最远，所代表的成本水平是最高的，A_2B_2 次之，A_3B_3 离原点的距离最近所代表的成本水平最低。在图中，唯一的等产量曲线 Q 与其中一条等成本曲线 A_2B_2 相切于 E 点，这就是生产均衡点或最优生产要素组合点。它表示：在既定的产量条件下，生产者应该选择 E 点的要素组合（OL_1，OK_1），才能够实现最小的成本投入。

> **想一想**
>
> **排污费对企业投入的影响**
>
> 企业经常将生产过程中所产生的"三废"向自然界排放，以降低生产成本。然而，这种做法对生态环境造成了极大破坏。为了保护环境，政府可以征收企业排污费来影响企业行为。以钢铁企业为例，在没有征收排污费的情况下，企业每月生产 2000 吨钢材，使用 2000 小时机器和 10000 加仑的水。企业使用 1 小时机器的成本为 200 元，每向河中排放 1 加仑废水的成本为 50 元。如果政府对企业排放的废水每加仑征收 50 元排污费，请思考，这样做将会对企业的行为产生什么影响？

任务分析

分拣的信封 10 万件是产出量，在两种情况都实现了技术效率的前提下，就是一个成本最小化的问题。当然，如果仅仅从企业利润最大化的角度看，可以只考虑技术效率和经济效率。这两种效率的同时实现也就是实现了资源配置效率。但是，如果从社会角度看问题，使用哪种方法还要考虑每种方法对技术进步或就业等问题的影响。

第五节　规模报酬

本节重难点

1. 掌握规模报酬的含义。
2. 掌握规模报酬划分的三种情况。

任务导入

全球每四个微波炉就有一台格兰仕

面临着越来越广阔的市场，每个企业都有两种战略选择：一是多产业、小规模，低市场占有率；二是少产业，大规模，高市场占有率。格兰仕选择的是后者。格兰仕的微波炉，在国内已达到 70% 的市场占有率；在国外已达到 35% 的市场占有率。

请用经济学原理中的规模报酬理论来解释格兰仕的选择。

内容精讲

二维码 4.7：
规模报酬

一、规模报酬的含义

一般来说，生产要素的投入量发生变化，即企业生产规模的变化会引起生产量的变化。在特殊情形下，如果全部的生产要素都以相同的比例发生变化，那么生产量会如何变化，这就是规模报酬分析。

规模报酬（Returns to Scale）是指在其他条件不变的情况下，企业内部各种生产要素按相同比例变化时所带来的产量变化。

二、规模报酬的三种情形

根据产量变动与投入量变动之间的关系可以将规模报酬变化分为规模报酬递增、规模报酬不变和规模报酬递减三种情况。

1. 规模报酬递增

所谓规模报酬递增是指产量增加的比例大于各种生产要素增加的比例。如图 4-8（a）中所示，当全部的生产要素劳动和资本都增加 100% 时，产量的增加大于 100%。由 A 点到 B 点，两种生产要素投入的增加比例为 $\frac{L_1 L_2}{O L_1}$ = $\frac{K_1 K_2}{O K_1}$ < 1，而产量增加的比例为 100%，产量的增加比例要大于两要素增加的

比例。

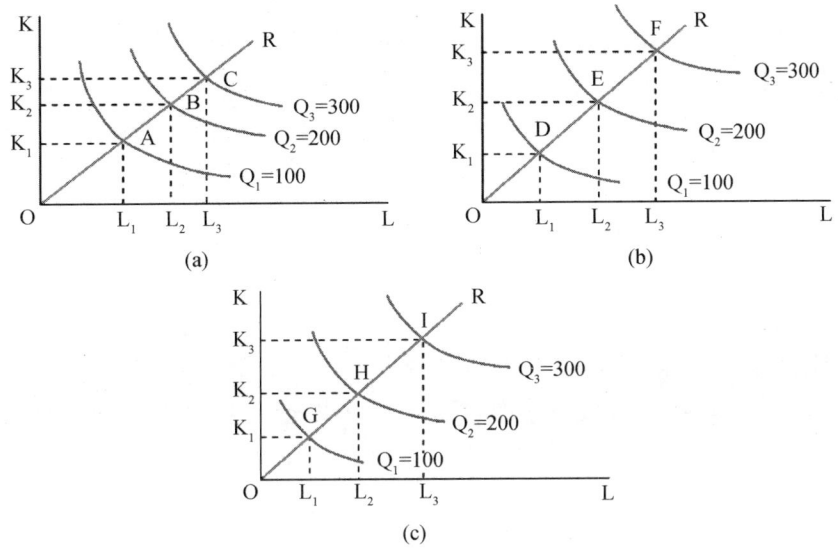

图 4-8 规模报酬

> **知识窗**
>
> ### 规模经济产生的原因
>
> 产生规模经济的原因主要有如下四点：
>
> 第一，随着生产规模的扩大，厂商可以使用更加先进的生产技术。在实际生活中，机器、设备往往具有不可分割性，有些设备只有在较大的生产规模下才能得到使用。
>
> 第二，规模扩大有利于专业分工。
>
> 第三，随着规模的扩大，厂商可以更为充分地开发和利用各种生产要素，包括一些副产品。
>
> 第四，随着规模的扩大，厂商生产要素的购买和产品的销售方面就拥有更多的优势，随着产量的增加，这些优势逐渐显现出来。

2. 规模报酬不变

规模报酬不变是指产量增加的比例等于各种生产要素增加的比例。如图 4-8（b）中所示，当全部的生产要素劳动和资本都增加 100% 时，产量的增加等于 100%。由 D 点到 E 点，两种生产要素投入的增加比例为 $\frac{L_1 L_2}{O L_1} = \frac{K_1 K_2}{O K_1}$ =1，而产量增加的比例也是 100%，产量的增加比例等于两要素增加的比例。

3. 规模报酬递减

规模报酬递减是指产量增加的比例小于各种生产要素增加的比例。如图 4-8（c）中所示，当全部的生产要素劳动和资本都增加 100% 时，产量的增加小于100%。由 G 点到 H 点，两种生产要素投入的增加比例为 $\frac{L_1L_2}{OL_1} = \frac{K_1K_2}{OK_1}$ >1，而产量增加的比例是100%，产量的增加比例小于两要素增加的比例。

> **小案例**
>
> **寡不敌众——规模经济**
>
> 公元383年8月，苻坚亲率步兵60万、骑兵27万、羽林郎（禁卫军）3万，共90万大军从长安南下，同时，苻坚又命梓潼太守裴元略率水师7万从巴蜀顺流东下，向建康进军。近百万大军"前后千里，旗鼓相望。东西万里，水陆并进"。
>
> 东晋王朝面临生死存亡的危机关头，以丞相谢安为首的主战派决意奋起抵御。谢安之弟谢石为征讨大都督，谢安之侄谢玄为先锋，率领经过7年训练、有较强战斗力的8万"北府兵"沿淮河西上，迎击秦军主力。派胡彬率领水军5000增援战略要地寿阳（今安徽寿县），又任命桓冲为江州刺史，率10万晋军控制长江中游，阻止前秦军从巴蜀一带顺江东下。
>
> 双方在淝水展开激战。结果前秦军大败，被歼和逃散的共有70多万。苻坚统一南北的希望彻底破灭。2年后，前秦灭亡。
>
> 前秦的军队规模不可谓不大，但最终还是吃了败仗。看来，规模不一定能产生必然的正面效果。

三、内在经济与内在不经济

企业自身生产规模扩大所引起的产量和收益的不同变化，可以用内在经济与内在不经济来解释。规模报酬递增的原因是内在经济，规模报酬递减的原因是内在不经济。

1. 内在经济

内在经济是指企业本身规模扩大所引起的规模报酬递增。引起内在经济的原因主要有：

（1）劳动分工使生产的专业化程度提高，从而提高劳动生产率。

（2）资源的集约化使用。同时集中使用数量较多且性能相似的机器设备，可以使厂商提高机器的使用效率，如因故障停工的概率降低，相同工种的劳动力集中在一起使统一的培训成本降低等等。

（3）生产要素的不可分性。不可分性意味着某些生产要素只有在一定的限度和范围内才能发挥最大的生产能力，生产规模较大的生产者比之小规模的生产者能更有效地利用这些生产要素。

（4）大规模厂商具有较强的讨价还价能力。生产规模大的厂商往往在原材料采购、分销渠道、产品运输等方面有着较强的讨价还价能力，可以以较低的价格购买原材料，建立分销渠道能力较强，单位分销成本也较低。

小案例

吉利为何并购沃尔沃

受金融危机的打击,全球汽车业深陷有史以来最严重的衰退中。而2009年3月中国浙江吉利控股有限公司与美国福特汽车公司在瑞典正式签署协议是中国汽车业的战略机遇。

沃尔沃轿车销售额在过去数年来一直下滑,2008年以来,沃尔沃轿车出现巨额亏损,成为福特汽车的巨大包袱。与此同时,中国豪华车市场却以超过40%的高速增长,其中,沃尔沃轿车2009年在中国的销量增长了80%以上。在这样的背景下,吉利收购沃尔沃的历程展开了。

吉利收购沃尔沃的价值所在:

(1) 沃尔沃知识产权:吉利收购沃尔沃获得了若干可贵的知识产权专利。由于沃尔沃过去在安全性能、汽车平台、发动机、车型设计等方面的积累,吉利会获得很大一部分知识产权财富。

(2) 境外工厂和员工:沃尔沃当时在全球有数万名员工,其中约1.6万人在瑞典。吉利集团将保留沃尔沃轿车在瑞典和比利时的工厂,同时也将适时在中国建设新的工厂,使得生产更贴近中国市场。

(3) 研发人才:研发人才是决定沃尔沃能否重生的重要因素。吉利承诺沃尔沃瑞典总部和研发不变,工厂不裁员。并为沃尔沃制定了全新的复兴计划,每年都会有新产品在瑞典工厂下线,并加大中国元素。

(4) 经销商网络:吉利还将拥有沃尔沃分布在全球100多个国家的2500家经销商,其中60%和30%的经销商分别在欧洲和北美市场。这样的经销商网络不仅是沃尔沃的财富,也将可能有利于实现吉利汽车海外梦想。

规模经济对于汽车产业的发展尤其重要,汽车产业属于资本密集型产业,而我国汽车产业整体资产规模与跨国汽车制造商相比仍有较大差距,不具备与之正面对抗的竞争力。一般汽车产业的规模达到年产量为10万辆以上才可以谈得上规模和发展。适宜的经营规模对提高品牌竞争力是不可缺少的。这是由于:其一,规模经营是维持较高的市场占有率的手段。一种产品打开市场后,能否满足所有期望购买该产品的消费者的需求,从而维持一个较高的市场占有率,则主要取决于企业的生产规模。其二,规模经营是保持竞争优势的手段。据统计,汽车企业经营规模每扩大一倍,经营成本至少下降15%。

2009年,吉利总营业收入为42.89亿元,而沃尔沃轿车的总收入约合人民币1000亿元。并购可以实现经营协同效应,可以充分利用资源,实现人力资源、技术等的整合和优化配置,实现规模经济和利润最大化的目标,同时还可以协调企业内部的合作与生产,减少交易费用,分散经营

> 风险。
>
> 另外从技术上看，吉利在发展中急需先进的技术来支撑其品牌发展战略，没有成熟的技术，一切都是空谈。吉利收购沃尔沃是现实的迫切需要，只要有了技术，吉利在低成本制造的优势将越加明显，其在国内的竞争力也将明显增强，也便于突破技术重围。

2. 内在不经济

任何事情有它有利的一面，也可能存在不利的一面。生产规模扩大也有可能造成规模报酬递减，即内在不经济。造成内在不经济的主要原因：一是生产要素可得性的限制。随着厂商生产规模的逐渐扩大，由于地理位置、原材料供应、劳动力市场等多种因素的限制，可能会使厂商在生产中需要的要素投入不能得到满足；二是生产规模较大的厂商在管理上效率会下降，如内部的监督控制机制、信息传递等，容易错过有利的决策时机，使生产效率下降。

四、外在经济与外在不经济

一般所讲的规模变动，是指一个企业内部各种生产要素的同比例变化。有时规模变动还有另外一层含义，即指整个产业规模的变动。一个行业通常是由若干个生产同类产品的企业所组成的。若行业内的企业数量变化了，即行业规模变化了，也会对行业内的每一个企业的产量和收益产生影响，这也属于规模经济讨论的范畴。

1. 外在经济

外在经济是指整个行业生产规模扩大（如产业集群）以后使厂商产量的增加或收益的增加。

引起外在经济变化的因素包括：单个企业可以从整个行业规模扩大中获得行业专业分工所带来的更多的市场信息与技术信息，更好的专业人才及专业化的设备维修、运输、原材料采购、产品销售、金融保险、"三废"处理等服务。这些产前、产中及产后的社会化服务都会使企业的成本降低，产生规模经济效益。

> **知识窗**
>
> ### 集聚效应
>
> 集聚效应是指产业和经济活动在空间上集中产生的经济效果，以及吸引经济活动向一定地区靠近的向心力。集聚效应是一种常见的经济现象，如产业的集聚效应，最典型的例子当数美国纽约的曼哈顿银行区、加州的硅谷和意大利米兰市北方的纺织区，国内的例子也不少见，在浙江，诸如

小家电、制鞋、制衣、打火机等行业都各自聚集在特定的地区，形成一种地区集中化的制造业格局。类似的效应也出现在其他领域，如北京、上海就具有多种集聚效应，包括经济、文化、人才、交通乃至政治等。从世界市场的竞争来看，那些具有国际竞争优势的产品，其产业内的企业往往是群居在一起而不是分居的。

2. 外在不经济

若一个行业的规模过大也有可能是单个厂商的行业环境恶化，称为外在不经济。引起外在不经济的主要原因有：整个行业的生产规模扩大加剧同行业各厂商之间的激烈竞争，各厂商往往要在扩大市场份额、争夺生产要素市场等方面付出更高的代价。此外，整个行业的扩大，也会使环境污染问题严重，造成交通紧张，因此个别厂商为此也需要承担更高代价。

五、适度规模

无论是单个企业还是整个行业的规模既不能过小，也不能过大，即要实现适度规模。适度规模是指企业得到生产规模扩大带来的产量或收益递增的全部好处之后，将规模保持在规模收益不变的阶段，而绝不应将规模扩大到规模收益递减的阶段。

小案例

"家庭农场"成致富新平台

2013年中央一号文件提出，鼓励和支持承包土地向专业大户、家庭农场、农民合作社流转。其中，"家庭农场"的概念是首次在中央一号文件中出现。家庭农场是指以家庭成员为主要劳动力，从事农业规模化、集约化、商品化生产经营，并以农业收入为家庭主要收入来源的新型农业经营主体。

一些农业领域的专家认为，"家庭农场"是实现农业适度规模经营的一种有效方式，有利于解决目前农业家庭承包经营低、小、散的问题，激发农业生产活力。

对于不同行业的厂商来说，适度规模的大小是不相同的，确定适度规模时应主要考虑如下因素：

（1）行业的技术特点。一般而言，资本集约型行业适度规模较大，而劳动集约型行业适度规模较小；需要的投资量大的行业，适度规模也就大。

（2）市场条件。一般来说，行业容量的大小也制约着企业规模。有些行业，由于产品的标准化程度较高，市场容量较大，则大规模生产有利。反之，标准化程度较低、市场容量较小的行业，适度规模就应该小一些，"船小好调头"。

（3）生产力水平。随着技术进步，生产力水平提高，适度规模的标准也是在变化的。例如，20世纪50年代汽车行业的适度规模是年产30万辆，70年代已达到200万辆。因而对适度规模的认识应该是动态的。同时，也应注意到，产业集中是扩大规模的方式，但却不是唯一方式。现代商业中的连锁经营也可以降低成本、扩大收益，它也是规模经济的一种形式。

> **小案例**
>
> ### 高回报率吸引各投资者 汽车产业应追求"适度规模"
>
> 当前汽车产业的高回报率强烈吸引着各方投资者。外资企业、民营企业和一些投资公司投资我国汽车产业，地方政府也纷纷尽力扶持本地汽车产业，不少地方把汽车产业列为支柱产业。众多汽车业界专家认为，目前我国正处在新一轮经济增长周期的启动阶段。汽车产业的高速增长将是启动的主要动力之一，如果匆忙认定汽车产业过热，对其实施逆向调控，将不利于经济持续发展。
>
> 专家认为，中国汽车工业还需要大量投资，只是国家应退出投资领域，而对其他经济成分的投资不必设限，按照"谁投资、谁受益、谁承担风险"的原则鼓励投资多元化，由此发展壮大中国汽车产业。
>
> 究竟什么是中国汽车产业科学合理的发展规模呢？专家提出，中国汽车产业应尽早选择不求最大但求最强的发展思路，实现"适度规模"。过去我们一直认为，只有年产百万辆以上的汽车企业集团，才有可能立足于国际竞争潮流中，现在看来也未必尽然。规模大有大的优势，但家大业大也有人员多、结构层次多、负担重、利润薄的问题。汽车工业需要一定的规模才有经济效益，但随着技术的进步，市场需求的个性化凸显，全球采购网络的日趋完善，原来所强调的"经济规模"已基本失去意义，现在应该提倡紧贴市场需求不断变化的"规模经济"，即"适度规模"。

任务分析

格兰仕的成功就在于很好地运用了规模经济理论，即某种产品的生产，只有达到一定的规模时，才能取得较好的效益。微波炉生产的最小经济规模为100万台。早在1996—1997年，格兰仕就达到了这一规模。随后，规模每上一个台阶，由于存在规模报酬递增，生产成本就下降一个台阶。这就为企业的产品降价并占领市场提供了条件。

思考与练习

一、单项选择题

1. 当边际产量大于平均产量时（　　）。

A. 平均产量增加　　　　B. 平均产量减少
C. 平均产量增加　　　　D. 平均产量达到最低点

2. 劳动（L）的总产量下降时（　　）。
A. AP_L 是递减的　　　B. AP_L 为零
C. MP_L 为零　　　　　D. MP_L 为负

3. 如果是连续地增加某种生产要素，在总产量达到最大时，边际产量曲线（　　）。
A. 与纵轴相交　　　　　B. 经过原点
C. 与平均产量曲线相交　D. 与横轴相交

4. 下列说法中正确的是（　　）。
A. 生产要素的边际技术替代率递减是规模报酬递减规律造成的
B. 生产要素的边际技术替代率递减是边际报酬递减规律造成的
C. 规模报酬递减是边际报酬规律造成的
D. 边际报酬递减是规模报酬递减造成的

5. 在边际产量发生递减时，如果要增加同样数量的产品，应该（　　）。
A. 增加变动生产要素的投入量
B. 减少变动生产要素的投入量
C. 停止增加变动生产要素
D. 同比例增加各种生产要素

6. 规模报酬递减是在下述情况下发生的（　　）。
A. 按比例连续增加各种生产要素
B. 不按比例连续增加各种生产要素
C. 连续地投入某种生产要素而保持其他要素不变
D. 上述都正确

二、多项选择题

1. 边际收益递减规律成立的条件是（　　）。
A. 生产技术保持不变
B. 保持其他生产要素投入数量不变
C. 边际产量递减发生在可变投入量增加到一定程度之后
D. 扩大固定资本的存量

2. 生产要素是指生产过程中能帮助生产的各种手段，它包括（　　）。
A. 资本　　　　　　　　B. 劳动
C. 土地　　　　　　　　D. 企业家的才能

3. 平均产量是（　　）的函数。
A. 总产量　　　　　　　B. 各种生产要素的数量
C. 边际产量　　　　　　D. 可变要素的数量

4. 等产量曲线具有如下性质（　　）。

A. 凸向原点

B. 斜率为负

C. 任何两条等产量曲线不能相交

D. 离原点越远的等产量曲线表示产量越大

5. 关于生产函数 $Q = f(L, \bar{K})$ 的生产的第二阶段应该是（　　）。

A. 开始于 AP_L 开始递减处，终止于 MP_L 为零处

B. 开始于 MP_L 开始递减处，终止于 AP_L 为零处

C. 开始于 AP_L 曲线和 MP_L 曲线相交处，终止于 MP_L 曲线和水平轴的相交处

D. 开始于 AP_L 的最高点，终止于 TP_L 的最高点

三、判断题

1. 只要边际产量为正，总产量总是增加的。

2. 只要边际产量为负，总产量总是减少的。

3. 只要边际产量大于平均产量，边际产量就把平均产量拉上。

4. 只要边际产量小于平均产量，边际产量就把平均产量拉下。

5. 边际技术替代率等于两要素的边际产量之比。

6. 微观经济学的生产理论分为短期生产理论和长期生产理论。短期和长期的划分是以时间为标准的。

7. 连结总产量曲线上任何一点和坐标原点的线段的斜率都可以表示为该点上的劳动的平均产量的值。

8. 过总产量曲线上任何一点的切线的斜率都可以表示为该点上的劳动的边际产量的值。

9. 当总产量在开始时随着劳动投入量的增加而增加时，总产量曲线的斜率为负。当总产量在以后随着劳动投入量的增加而减少时，总产量曲线的斜率为正。

10. 只要边际产量为正，总产量总是增加的；只要边际产量是负的，总产量总是减少的。

四、计算题

1. 已知生产函数 $Q = f(L, K) = 2KL - 0.5L^2 - 0.5K^2$，假定厂商目前处于短期生产，且 $K = 10$，求：

（1）写出在短期生产中该厂商关于劳动的总产量 TP_L 函数、劳动的平均产量 AP_L 函数和劳动的边际产量 MP_L 函数。

（2）分别计算当总产量 TP_L、劳动平均产量 AP_L 和劳动边际产量 MP_L 各自达到极大值时的厂商劳动的投入量。

（3）什么时候 $APL = MPL$？它的值又是多少？

2. 已知某企业的生产函数为 $Q = 5L + 12K - 2L^2 - K^2$，其中，$P_L = 3$，$P_K = 6$，总成本 $TC = 160$，试求：该企业的最优要素组合。

五、思考分析

泛美国际航空公司的倒闭

1991年12月4日，世界著名的泛美国际航空公司关门倒闭。这家公司自1927年投入运营以来，曾经创造了辉煌的历史，其公司的白底蓝字标志是世界上最广为人知的企业标志之一。然而，对于熟悉内情的人来说，这家公司的倒闭是意料之中的事情，奇怪的是什么支撑了这个航空业巨子这么多年？因为整个20世纪80年代中，除了一年以外，这家公司年年都在亏损，亏损总额将近20亿美元。1991年1月，该公司正式宣布破产，然而这个日子距离公司关闭的日子又将近一年。究竟是什么力量支持垂死的巨人又多活了一段时间，而且，在1980年出现首次亏损后，为什么不会马上停止该公司的业务？又是什么因素使得这家公司得以连续亏损经营12年之久？

请运用经济学理论加以分析。

六、技能实训

生产调查：某地区某企业的生产组织情况调查。

实训要求：

1. 本调查以团队的形式完成，自行组建调查团队，团队以4~5人为宜。
2. 在实施实地调查前，填写调查进度计划表并提交指导老师确认。
3. 形成书面的调查报告（见表4-3）。

表4-3　　　　　　　　　调查进度表

团队成员：
调查地点：
调查时间：

工作与活动内容	时间	地点	参与人员	备注

第五章 成本与收益

本章知识点

1. 机会成本与会计成本、经济利润与会计利润的概念；运用机会成本的知识分析厂商的经营决策。

2. 短期成本及其分类；各种短期成本变动规律；短期中平均成本与边际成本的关系；短期成本与停止营业点的确定。

3. 短期与长期；长期总成本与短期总成本的区别，长期总成本与长期边际成本的含义；长期平均成本函数与曲线；规模经济与长期平均成本的关系。

4. 总收益、平均收益与边际收益的关系；利润最大化原则；根据利润最大化原则进行企业规模决策。

知识导图

	知识结构	知识要点
第五章 成本与收益	成本与成本函数	机会成本，显性成本、隐性成本，短期成本、长期成本，沉没成本
	短期成本	总成本、固定成本、可变成本，平均成本、平均固定成本、平均可变成本，边际成本，各种短期成本变动规律
	长期成本	长期总成本、长期平均成本、长期边际成本，长期平均成本函数与曲线，规模经济
	收益分析	总收益、平均收益与边际收益，利润最大化原则

引导案例

为什么牛奶装在方盒子里，可乐却装在圆瓶子里卖？

几乎所有软饮料的包装瓶，不管是玻璃瓶还是铝罐子，都是圆柱形的，但牛奶盒子却似乎都是方的。方形容器能比圆柱形容器更经济地利用货架空间。那么，为什么软饮料生产商坚持使用圆柱形容器呢？

原因之一可能是：软饮料大多是直接就着容器喝的，所以，由于圆柱形容器更趁手，抵消了它所带来的额外存蓄成本。而牛奶却不是这样，人们大多不会直接就着盒子喝牛奶。如果牛奶容器是圆柱形的，装同样体积的牛奶，我们就需要更大的冰箱。

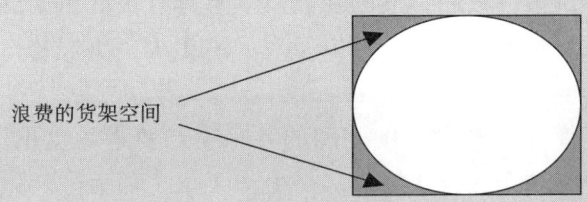

原因之二是成本效益原则决定了牛奶装在方盒子里，可乐却装在圆瓶子里卖。这是因为，超市里大多数软饮料都是放在开放式货架上的，这种架子便宜，平常也不存在运营成本。但是牛奶则需要专门放在冰柜里，冰柜很贵，运营成本也高。所以，冰柜里面的存续空间相当宝贵，从而提高了用方形容器装牛奶的效益。

（资料来源：王金彪自编案例）

厂商的生产过程既是产品产出的过程，同时也是要素投入的过程。生产理论从技术角度研究投入与产出的关系及规律，厂商为了实现利润最大化，除了考察成本与收益之间的关系，还要讨论产量的变动对生产成本的影响。

第一节　成本与分类

本节重难点

1. 重点掌握机会成本与会计成本的不同；经济利润与会计利润的不同。
2. 运用机会成本的知识分析厂商的经营决策。

任务导入

小王最近在学校创业的激情鼓舞下，承包了学校的一家便利店，他觉得做这个传统的行业技术简单，而且店铺卖的食品、日用品对同学们来说是刚需，肯定旱涝保收。其实开便利店虽然看似简单，经营管理也不复杂，但其实成本并不少。那么经营一家便利店到底有哪些成本呢？

内容精讲

成本是厂商为生产一定数量的某种产品所发生的各种支出，是投入生产要素所必须支付的代价。经济分析中所使用的经济成本比财务分析中所使用的成本概念内涵更加广泛和丰富。

一、成本的概念

成本是企业决策的核心，成本在经济学上具有极其重要的地位。产品成本的高低，往往决定着厂商的产量以及利润的多少，决定着厂商在商品经济中竞争能力。

成本是指厂商在生产过程中使用的各种生产要素的支出。经济学认为，劳动、资本、土地和企业家才能，都是生产要素，都为生产做出贡献，因而这些生产要素不仅要得到补偿，而且还应得到相应的报酬。所以，生产成本除了包括我们通常所说的工资、材料费、折旧费之外，还包括支付给资本的利息和土地的地租，以及支付给企业家才能的正常利润。由此可见，在经济学中成本的内涵很广。

在进行具体的成本分析之前，需要明确经济学中短期和长期的概念。在经济学中短期和长期并不单纯指时间的长与短，而主要是看在这个时期中，随着产量的变化，是否所有的投入要素都可以调整。

二维码5.1：
从经济成本
角度做出企
业经营决策

二、成本的分类

在微观经济学中，依据各种不同的标准，将成本划分为许多种类。

1. 固定成本和变动成本

按照其总额与产量的关系不同，成本可分为固定成本和变动成本。

固定成本是指在一定限度内不随产量变动而变动的费用，是厂商在短期内不能随意调整的固定生产要素投入的费用，比如管理人员的工资、办公费、借入资金的利息、租用厂房和设备的租金、设备的折旧费、保险费、职工培训经费，等等。

可变成本是指随着产量变动而变动的费用，是厂家在短期内可以随意调整的可变生产要素投入的费用，如原材料费、直接工人工资、销售佣金，等等。

需要注意的是，只有在短期内，厂商的生产成本才有固定成本和变动成本之分，总成本等于固定成本和变动成本之和；而从长期来看，厂商全部投入都是可变的，所以厂商的全部成本都是变动成本。

小案例

旅行社在旅游淡季如何经营

某旅行社在旅游淡季打出从天津到北京世界公园一日游38元（包括

汽车和门票）的活动。真的会这么便宜吗？38元连世界公园的门票都不够。这是真的，因为旅行社在淡季游客不足，而旅行社的大客车、旅行社的工作人员这些生产要素是不变的，一个游客都没有，汽车的折旧费、工作人员的工资等固定费用也要支出。任何一个企业的生产经营都有长期与短期之分，从长期看如果收益大于成本就可以生产。更何况就是38元票价旅行社也还是有钱赚的，我们来算一笔账：一个旅行社的大客车载客50人，共1900元，高速公路费和汽油费假定是500元，门票价格10元共500，旅行社净赚900元。在短期不经营也要损失固定成本的支出，因此只要收益弥补可变成本，就可以维持下去，换个说法，每位乘客支付费用等于平均可变成本，就可以经营。另外，公园在淡季门票也打折，团体票也会打折也是这个道理。

2. 显性成本与隐性成本

按照其收回后的归属的不同，成本可分为显性成本和隐性成本。

显性成本，也称为明显成本，企业在生产要素市场上购买或租用所需要的生产要素的实际支出。例如任务导入里面小王承包经营学校提供的便利店中店员的人工成本、进货费用、水电费、损耗、商店联网费等等都是显性成本。

隐性成本也称为隐含成本，是指企业生产过程中使用本身自己拥有的生产要素，不以货币形式支付的费用。这些费用不在会计账目上反映，同时在形式上没有契约规定要支付，但是在实际生产中隐含于耗费之中，所以，在分析决策时往往容易被忽略。例如：为了进行生产，企业除了雇佣一定数量的工人，从银行取得一定数量贷款和租用一定数量的土地（这些均属显性成本支出）之外，还要动用自己的资金和土地，并亲自管理企业。经济学家指出，既然借用了他人的资本需要支付利息，租用了他人的土地需要支付地租，聘用他人来管理企业，就必须向别人支付工资，那么，同样道理，在这个例子中，当厂商使用了自有生产要素时，也应该得到报酬。所不同的是，厂商是自己向自己支付利息、地租和工资。所以，这笔支付就应该计入成本之中。由于这笔成本支出不如显性成本明显，故被称为隐性成本。例如任务导入里面小王承包经营学校提供的便利店中办理营业执照、税务执照、烟酒销售许可证、食品卫生许可证、健康证、店租、装修费、各种设备（冰箱、冰柜、收银机、货架等）、软件系统费用、保证金、税收等。

小案例

购房者不仅要考虑显性成本，隐性成本也不可忽视

许多买房者常把注意力放在购房一次性成本上，如房屋总价、税收、交通费用等这些显性成本，但许多隐性成本常常被忽视。这些隐性成本在入住以后会变成显性成本。

上海嘉定有个楼盘距离地铁11号线300米，精装修房，2012年交房，属于典型的地铁上盖房，单价1.4万—1.6万元，环顾四周难见比这更便宜的房子。李小姐心动，准备取款付首付。记者提醒她不要冲动，注意看看周围的配套：菜市、医院、银行、学校、卖场、邮局、饭店等。

李小姐去楼盘实地察看，结果发现该楼盘就是"孤岛"，周围除了一个公交车站和几个像大排档一样的饮食店以外，什么也没有。这套房子除了显性成本之外，隐性成本相当高：买菜要步行20分钟左右；孩子读书要步行15分钟左右；去医院坐车要走十几分钟，附近没有卖场，生活相当不方便。楼盘周围停着许多小三轮，还有摩的，起步价5元、10元不等，这些就是购房者今后主要的出行工具。如果有自备车，小区离市区约40公里，汽油费加停车费每天至少120元，每月需要3000元。她这才意识到，楼盘的性价比并非如广告宣传的那么好，放弃了购房计划。隐性成本包含在许多方面。开门"七件事"一件也少不了，买房时一定要把日常生活考虑进去：附近有没有卖场、商店、饭店等。许多购房者往往会考虑到偏远地方去买房，认为那里有价格优势，其实这往往是认识误区。购房者在付款前不仅要考虑显性成本，还要考虑隐性成本。

（资料来源：[美]曼昆著，梁小民，梁砾译：《经济学原理·微观经济学分册》（第7版）．北京大学出版社2015年版）

3. 会计成本与机会成本

会计成本是指厂商进行生产与经营活动各种实际支出。因为这种支出在实际发生后会逐笔在会计账簿中记录，是显而易见的。所以，也把会计成本称为历史成本，它包括支付给员工的工资以及购买原料、燃料等的各项支出。

机会成本是指做出一项决策时所放弃的其他可供选择的最好用途。对于厂商而言，机会成本是指为了生产一定数量的产品而放弃的使用相同的生产要素在其他生产用途中所得到的最高收入。例如，某人拥有100万元资金，他可以把这100万元资金用于三种不同的用途：开商店获利20万元，开饭店获利25万元，投资房地产业获利30万元。他决定把100万元投资房地产业，在所放弃的用途中，最好的用途是开饭店获利25万元，这就是他选择投资房地产业的机会成本。经济学之所以要从机会成本的概念来分析厂商的生产成本，是因为，经济学是从稀缺资源配置的代价而不是会计学的意义上来考察成本的概念的。

选择有时很容易，有时很难，难就难在一种资源可能有多种用途，由于有多种选择，用于某种用途就得放弃其他用途。

小案例

比尔·盖茨于 1973 年进入哈佛大学法律系学习。他不喜欢法律，但对计算机十分感兴趣。19 岁时的他，面临两种选择：是继续学习直至毕业，还是辍学创办软件公司？继续学习会失去创业的最佳时机，而辍学办公司又拿不到多少人向往的哈佛大学毕业文凭。盖茨义无反顾地放弃了学业，创办了自己的软件公司，他终于成功了。1999 年 3 月 27 日，盖茨应邀回母校哈佛大学参加募捐会，当记者问他是否愿意继续学习以拿到哈佛大学的毕业证时，他向那位记者笑了笑，没有回答。看来比尔·盖茨是不愿意回到哈佛大学继续学习了，因为那样的话，机会成本太大——失去世界首富的地位。

中国也有一个不愿上大学的例子，那就是姚明，因为他有到美国 NBA 打球的机会。姚明同休斯顿火箭队签了 5 年 7000 万美元的工作合同，加上做广告，据说年收入早突破 1 亿美元。如果他上了大学，这些收入都将失去。

知识窗

不同情况下机会成本的计算：

1. 自有资金（或建筑物）的机会成本等于把它租借给别人可以得到的利息（或租金）收入。
2. 自己兼任经理的机会成本，等于自己到别处工作可以得到的收入。
3. 闲置的机器设备的机会成本为零。
4. 机器如果原来生产产品 A，可得一笔贡献利润（等于收入减去变动成本），现在用来生产产品 B 的机会成本等于它生产产品 A 的贡献利润。
5. 使用过去买进的原材料，现在行情变了，其机会成本按现价计算。
6. 使用按目前行情买入、租入或雇佣的原材料、资金、建筑物、机器设备、劳动力等，其机会成本等于会计成本。
7. 折旧的机会成本等于会计成本（假设期末变卖价值等于残值）。

想一想

"低价诉求"促销策略有效吗

我们在大卖场经常看到商家使用"低价诉求"促销策略，例如"为您节约了 100 美元""比我们的主要竞争对手便宜 20%"或"使用本产品的消费者可以节省额外的几万元开支"，学了机会成本理论后，你认为低价诉求是最灵的吗？还有更有效的方法吗？

4. 增量成本与沉没成本

增量成本是指某项决策带来的总成本的变化，在低成本扩张战略时考虑；沉没成本是指已经发生而无法收回的成本，经济学家认为在进行决策时，必须忽略那些与决策无关的成本。

沉没成本是与不可更改的过去决策有关的历史成本，即当成本一经发生，就无法通过当前的决策予以改变并且无法收回时，这种成本就是沉没成本。沉没成本提供了与现在决策相关的信息，但是与具体成本本身无关。

在短期中，企业的固定成本就是沉没成本，厂商决定生产多少产品时可以不考虑这些成本，即固定成本的大小对供给决策无关紧要。

> **小案例**
>
> ### 甘地为什么要扔掉另一只鞋——沉没成本
>
> 一次，"圣雄"甘地乘坐火车出行，当他刚刚踏上车门时，火车正好启动，他的一只鞋子不慎掉到了车门外。就在这时，甘地麻利地脱下了另一只鞋子，朝第一只鞋子掉下的方向扔去。有人奇怪地问他为什么，甘地说："如果一个穷人正好从铁路旁经过，他就可以拾到一双鞋，这或许对他是个收获。"
>
> 无独有偶。阿根廷著名高尔夫球运动员罗伯特·德·温森在面对失去时，表现得更加令人钦佩。一次，温森赢得了一场球赛，拿到奖金的支票后，正准备驱车回俱乐部，就在这时，一位年轻女士走到他面前，悲痛地向温森表示，她自己的孩子不幸得了重病，因为无钱医治正面临死亡。温森二话没说，在支票上签上自己的名字，将它送给了年轻女士，并祝福她的孩子早日康复。一周后，温森的朋友告诉温森，那个向他要钱的女子是个骗子，不要说她没有病重的孩子，甚至都没结婚呢！温森听后惊奇地说："你敢肯定根本没有一个孩子病得快要死了这回事？"朋友作了肯定的回答。温森长长出了一口气，微笑着说："这真是我一个星期以来听到的最好的消息。"
>
> 无论是甘地的鞋子还是温森的支票，对于他们而言都如同泼出去的水，但他们都以博大的胸襟坦然面对自己的"失"。"覆水难收"常比喻一切都已成为定局，不能更改。其实，"覆水难收"就是一种沉没成本。无疑，甘地的一只鞋子和温森的支票都已经成为"沉没成本"。经济学家们认为，如果你是理性的，那就不该在决策时考虑沉没成本。

> **想一想**
>
> ### 要在自助餐厅吃回本钱吗？
>
> 许多朋友都有过类似的经历：花388元去吃自助餐，但还没有吃回200元就已经饱了，可一看见新端上来的菜肴，还是不由自主地去拿了又

拿。结果因为贪吃，第二天早上起来胃部非常不舒服。

5. 经济利润

经济利润是指厂商的总收益与总成本之间的差额。厂商所追求的最大利润，指的就是最大的经济利润。经济利润也称超额利润。正常利润是指厂商对自己所提供的企业家才能的报酬的支付。会计利润是指企业的总收益与企业的会计成本之间的差距。它们之间的关系如下例所描述：一个拥有硕士学位的人，投资50万元开办一家工厂，并由自己来管理，某一年度的损益表如下：

销售收入	100万元
减：会计成本（显性成本）	95万元
原材料	60万元
工人工资	10万元
折旧	10万元
水、电、杂费	10万元
税收	5万元
会计利润	5万元

假定，上述例子中的硕士去别的公司工作，每年可得到10万元的薪水，当前的银行利率为5%。这样，这一工厂的年度损益表就要进行以下调整：

销售收入	100万元
减：会计成本（显性成本）	95万元
减：会计成本（隐性成本）	12.5万元
放弃的薪水	10万元
放弃的利息	2.5万元
经济利润	-7.5万元

想一想

各利润之间的关系

经济利润 = 会计利润 - 正常利润 = 超额利润；

会计利润 = 正常利润时，经济利润为零，厂商不亏不盈；

会计利润 > 正常利润时，经济利润为正，厂商获得超额利润；

会计利润 < 正常利润时，经济利润为负，厂商是亏损的。

任务分析

任务导入里面小王承包经营学校提供的便利店到底有哪些成本呢？经营一家便利店成本包括办理营业执照、税务执照、烟酒销售许可证、食品卫生许可证、健康证、店租、装修费、各种设备（冰箱、冰柜、收银机、货架等）、软件系统费用、进货费用、保证金、店员的人工成本、水电费、损耗、税收、老板小王的工资、商店联网费等。

第二节 短期成本

本节重难点

1. 短期成本及其分类；短期中平均成本与边际成本的关系。
2. 掌握各种短期成本变动规律。
3. 短期成本与停止营业点的确定。

任务导入

该抛股票吗？

米拉女士是某航空公司的股东，她坐本公司的飞机时发现120个座的机舱内也就40人左右。这段时期，她碰到了好几次这样的情况，对公司前途颇为忧虑。

请你从经济学的角度帮助米拉分析是否应该抛出股票？

内容精讲

二维码5.2：
短期成本——
做中学

一、短期成本的分类

1. 短期总成本

短期总成本（STC）是短期内生产一定量产品所需要的成本总和。它是由总固定成本（TFC）和总变动成本（TVC）构成的。

总固定成本是指企业在短期内必须支付的不能调整的生产要素的费用。

总变动成本是指企业在短期内必须支付的可以调整的生产要素的费用。

如果以 STC 代表短期总成本，以 TFC 代表总固定成本，以 TVC 代表总可变成本，则有：

$$STC = TFC + TVC$$

2. 短期平均成本

短期平均成本（SAC）是指短期内生产每一单位产品平均所需要的成本。短期平均成本分为平均固定成本（AFC）与平均可变成本（AVC）。平均固定成本是平均每单位产品所消耗的固定成本。平均可变成本是平均每单位产品所消耗的可变成本。

如果以 SAC 代表短期平均成本，以 Q 代表产量，则有：

$$SAC = \frac{STC}{Q} = AFC + AVC$$

3. 短期边际成本

短期边际成本（SMC）是指厂商在短期内企业每增加一单位产量所增加的成本，是短期总成本增量除以总产量的增量所得的商。

如果以 SMC 代表短期边际成本，以 △Q 代表总产量的增量，以 △STC 代表短期总成本的增量，则有：

$$SMC = \frac{\Delta STC}{\Delta Q}$$

这里要注意的是，短期中固定成本并不随产量的变动而变动，所以，短期边际成本实际是指可变成本而言的。

二、各类短期成本的变动规律及其关系

为了分析各类短期成本的变动规律及其关系，我们先列出表 5-1。

表 5-1　　　　　　　　　各类短期成本表

产量 (Q) (1)	总固定成本 (TFC) (2)	总可变成本 (TVC) (3)	总成本 (STC) (4) = (2) + (3)	边际成本 (SMC) (5)	平均固定成本 (AFC) (6) = (2) ÷ (1)	平均变动成本 (AVC) (7) = (3) ÷ (1)	平均成本 (SAC) (8) = (6) + (7)
0	60	0	60	——	——	——	——
1	60	30	90	30	60	30	90
2	60	49	109	19	30	24.5	54.5
3	60	65	125	16	20	21.7	41.7
4	60	80	140	15	15	20	35
5	60	100	160	20	12	20	32
6	60	124	184	24	10	20.7	30.7
7	60	150	210	26	8.6	21.4	30
8	60	180	240	30	7.5	22.5	30
9	60	215	275	35	6.7	23.9	30.6
10	60	255	315	40	6	25.5	31.5

1. 短期总成本、固定成本、可变成本

总固定成本（TFC）曲线为一条平行于横轴的水平线。它表示总固定成本不随产量的变化而变化。总变动成本（TVC）曲线是一条从原点向右上方不断上升的曲线。它表明当产量为零时，不发生变动成本，随产量增加，变动成本不断提高。从 TVC 曲线的形状可以看出总变动成本的变化过程，即总变动成本的增加速度是先递减后增加。这种变化过程同边际收益递减规律及

固定要素和可变要素之间的配合比例有密切关系。最初增加产量时，使固定要素得到更充分利用，固定要素与可变要素的配合趋于合理，因而成本的递减速度随产量的增加而下降；随产量的增加，由于边际收益递减，固定要素与可变要素之间的配合比例失调，成本的增加速度随之加快。

短期总成本（STC）曲线是 TVC 曲线向上平移一个 TFC 数额。所以 STC 曲线的变化过程同 TVC 曲线的变化过程相同（见图 5-2）。

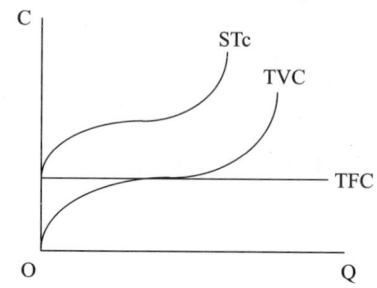

图 5-1　短期总成本、固定成本与变动成本的关系示意图

2. 短期平均成本、平均固定成本、平均可变成本

平均固定成本（AFC）是一条随产量不断增加而不断下降的双曲线。平均固定成本变动的规律是起初减少的幅度很大，以后减少的幅度越来越小。因此平均固定成本曲线起先比较陡峭，说明在产量开始增加时，它下降的幅度很大，以后越来越平坦，说明随着产量的增加，它下降的幅度越来越小。

平均变动成本（AVC）是一条先下降而后上升的"U"形曲线。它表明，起初随着产量的增加，生产要素的效率得到充分发挥，平均可变成本不断下降，但下降到一定程度后，由于边际产量递减规律的作用，AVC 随产量的增加而增加。AVC 曲线的最低点与平均产量曲线的最高点相对应。可以用图 5-2 来说明。

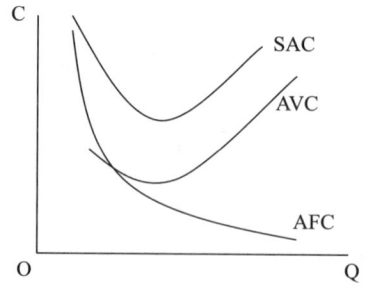

图 5-2　短期平均成本、平均可变成本与平均固定成本变动规律示意图

短期平均成本（SAC）也是一条先下降而后上升的 U 形曲线。表明随着产量增加先下降而后上升的变动规律。短期平均成本的变动规律是由平均固定成本与平均可变成本决定的。当产量增加时，平均固定成本迅速下降，加之平均可变成本也在下降，因此短期平均成本迅速下降。以后，随着平均固

定成本越来越小，它在平均成本中也越来越不重要，这时平均成本随产量的增加而下降，产量增加到一定程度之后，又随着产量的增加而增加。

3. 短期边际成本、短期平均成本

可以用图 5-3 来说明短期边际成本与短期平均成本之间的关系。

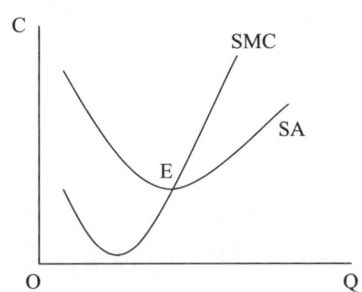

图 5-3　短期平均成本和短期边际成本关系图

在图 5-3 中，SMC 为短期边际成本曲线，它先降而后上升，表明短期边际成本随产量的增加先减少后增加的变动规律，其曲线成 U 形。SAC 为平均成本曲线。如图 5-3 所示，边际成本曲线与平均成本曲线相交点是平均成本的最低点。这时，边际成本等于平均成本。相交之前，边际成本小于平均成本；相交之后，边际成本大于平均成本。

> **小案例**
>
> **餐厅为饮料提供免费续杯的原因**
>
> 薇薇走在街上，正为晚饭吃什么而发愁时，这时有两家餐厅映入眼帘。这两家餐厅从表面上看档次不相上下，环境都很好，唯一不同的是第一家餐厅的招牌上标示着：本店饮料免费续杯，而第二家店的招牌上什么也没有。这时，薇薇毫不犹豫地进了第一家店。
>
> 当薇薇走进提供饮料免费续杯的餐厅时，她不禁在想，为什么这家餐厅会提供饮料免费续杯的服务呢？它提供这种服务的目的真的是为消费者着想，将消费者视为上帝吗？
>
> "民以食为天"，没有人可以不吃饭过日子，所以，不可能有哪一家餐厅能垄断整个餐饮业。为了在激烈的竞争中取胜，餐厅老板们只有绞尽脑汁想对策以保证自己在存活下来的同时还能够获得更多的利润。餐厅提供免费续杯就是在市场竞争日益激烈的情况下餐厅决策者所推出的一种策略。那么，在这个策略中，谁是最大的赢家呢？
>
> 一般情况下，餐厅里冰茶和苏打水的成本和价格与市场价相差很大，若为顾客提供冰茶和苏打水的免费续杯，经营者其实不会损失什么，然而在消费者眼里，自己已经是占了大便宜。
>
> 餐厅提供免费续杯还涉及商品的价值，商品的需求弹性，商品在消费

者中边际成本问题。如：一杯"雪碧"的价值由原料、服务、品牌等组成。如果其中的原料的价格比重小于服务和品牌，那么餐厅续杯的可能性就很大；如果顾客对雪碧的需求弹性小，也就是说雪碧从每瓶 5 元降到每瓶 3 元，售出的价格变化也不是很大，那么续杯的可能性就更大。顾客对雪碧的边际成本也可以这样理解，为顾客设置一个满足的标准。若设置满足的标准为一杯，也就是说顾客喝一杯基本上满足了；若设置标准为两倍，那么餐厅续杯的可能性就会很大。

随着人们生活水平的不断提高，就餐顾客的人数也在逐渐增长，餐厅为顾客提供服务的平均成本就会下降，而且餐厅为顾客所提供的每一顿膳食所收取的费用都会远远高于这顿饭的边际成本。在经济学中，边际成本就是在任何销售量的水平上所增加的，就像一个单位的销售量所需要增加的员工工资、原材料和燃料等可变成本。所以，只要能吸引来额外的顾客，餐厅的利润就会有所增加。提供免费续杯吸引到的顾客不在少数，因此，无论从哪个角度来说，餐厅都是最后的赢家。

其实，像饮料这一类的商品，不仅需求弹性大，而且边际效用也很高，所以很多餐厅都会为顾客提供免费续杯的服务，在赢得顾客的同时赚取更多的利润。

注意

经济学提醒你：作为商家，追求的都是利润最大化，提供"免费的午餐"一定是为了从其他方面获取更大的利润。每个人都是经济人，也追求自身利益的最大化，但是，理性人的理性是有限的，在能轻易获得的利益面前容易失去理性。因此应该经常提醒自己"天下没有免费的午餐"。

知识窗

边际效应是经济学上的概念，意思是一样的东西的价值同它满足的需要成正比，这就是"雪中送炭"之所以比"锦上添花"更令人感动的原因所在。

例如：你是公司管理层，要给员工涨工资，给 3K 月薪的人增加 1K 带来的效应一般来说是比 6K 月薪增加 1K 大的，可能和 6K 月薪的人增加 2K 的相当，所以似乎给低收入的人增加月薪更对公司有利；另外，经常靠增加薪水来维持员工的工作热情看来也是不行的，第一次涨薪 1K 后，员工非常激动，大大增加了工作热情；第二次涨薪 1K，很激动，增加了一些工作热情；第三次涨薪 2K，有点激动，可能增加工作热情；第四次……，直至涨薪已经带来不了任何效果。如果想避免这种情况，每次涨薪都想达到和第一次涨薪 1K 相同的效果，则第二次涨薪可能需要

2K，第三次需要 3K……，或者使用其他激励措施，例如第二次可以安排其参加职业发展培训，第三次可以对其进行职位提升，虽然花费可能相当，但由于手段不同，达到了更好的效果。

三、短期成本曲线

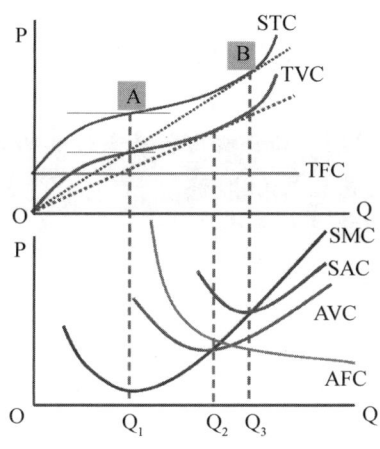

图 5-4　短期成本曲线

从图 5-4 中可以看出：

（1）AFC 曲线一直向右下方倾斜，表明随产量的增加，分摊到每件产品中的固定费用减少。

（2）AVC、SAC、SMC 曲线都呈"U"形，表明这三种成本最初随着产量的增加而增加，当下降到一定程度后，又随产量的增加而上升。这是边际收益递减规律的结果。

（3）SMC 曲线与 SAC 曲线一定相交于 SAC 曲线的最低点。在相交之间，边际成本低于平均成本，平均成本下降；在相交之后，边际成本高于平均成本，平均成本上升。

（4）SMC 曲线与 AVC 曲线相交于 AVC 曲线的最低点。在图中，SMC 曲线与 SAC 曲线的交点称为盈亏平衡点。在短期内若厂商的产量小于该点所对应的产量，或市场价格低于平均成本，则厂商将会亏损；若厂商的产量大于该点所对应的产量，或市场价格高于平均成本，则厂商将会盈利；而在 E 点，厂商盈亏平衡。

在图 5-4 中，SMC 曲线与 AVC 曲线的交点称为停止营业点或生产关闭点。当厂商在短期内其生产经营处于亏损状态，是否停产就由停止营业点来决定。停止营业点表明，若厂商的产量小于该点对应的产量，或市场价格低于平均变动成本，则厂商应该停止生产或交易；若厂商的产量大于该点对应的产量，或市场价格高于平均变动成本，虽然亏损，但厂商应该继续生产或接受交易；而在停止营业点上，生产与停产厂商所遭受的亏损额一样。

> **想一想**
>
> **毒胶囊里的秘密**
>
> 2012年4月15日,央视《每周质量报告》节目《胶囊里的秘密》,对"非法厂商用皮革下脚料造药用胶囊"曝光。河北一些企业,用生石灰处理皮革废料,熬制成工业明胶,卖给绍兴新昌一些企业制成药用胶囊,最终流入药品企业,进入患者腹中。由于皮革在工业加工时,要使用含铬的鞣制剂,因此这样制成的胶囊,往往重金属铬超标。经检测,修正药业等9家药厂13个批次药品,所用胶囊重金属铬含量超标。
>
> 请用经济学中短期成本理论分析:
> 1. 毒胶囊问题的缘由是什么?
> 2. 为什么要用工业明胶呢?

任务分析

米拉的公司仍在经营说明票价≥AVC。公司买的飞机短期内无法卖出去,雇用的工作人员也不能解雇。即使不飞行,飞机折旧费和工资仍然是要付的。尽管乘客不多,但这些乘客带来的收益大于(或等于)飞行时汽油及其他支出,就可以继续营业。如果顾客再多几个还可以弥补一些固定成本,那么,经营更有利了。

由此可见,乘客少是因为在淡季,在旺季乘客多时就可以赚钱了。所以,米拉还是不要抛出公司股票,因为这个公司长期中平均来看业绩还是不错的。

第三节 长期成本

本节重难点

1. 熟悉长期总成本、长期平均成本和长期边际成本的概念。
2. 掌握长期中平均成本函数与曲线。

任务导入

格兰仕做大微波炉市场的奥秘:格兰仕的成功就在于合理运用了规模经济的理论。当生产规模达到100万台时,将出厂价定在规模80万台企业的成本价以下;当规模达到400万台时,将出厂价又调到规模为200万台的企业的成本价以下;而现在规模达到1000万台以上时,又把出厂价降到规模为500万台企业的成本价以下。就这样大规模淘汰成本价高的企业,使行业的集中度不断提高。通过这样方式格兰仕的微波炉在国内已达到 70% 的市场占有率，在国外已达到 35% 的市场占有率。

请用长期成本理论分析格兰仕做大微波炉市场的奥秘。

内容精讲

一、长期总成本函数及曲线

长期总成本（Long-run Total Cost，LTC）是长期中生产一定量产品所需要的成本总和，长期总成本随产量的变动而变动，没有产量时就没有总成本。

长期总成本函数是指长期总成本是产量的函数。写成函数形式为 LTC = f(Q)。

在图 5-5 中，长期总成本 LTC 曲线是一条由原点出发向右上方倾斜的曲线，表示随着产量的增加，长期总成本在增加。在开始生产时（产量在 O 和 Q_1 之间），要投入大量生产要素，而产量减少时，这些生产要素无法得到充分利用，因此，成本增加的比率大于产量增加的比率。当产量增加到一定程度后（产量在 Q_1 和 Q_2 之间），生产要素开始得到充分利用，这时成本增加的比率小于产量增加的比率，这时规模经济的效益。最后（产量超过 Q_2 之后），由于规模效益递减，成本增加的比率又大于产量增加的比率。

二维码 5.4：
长期成本

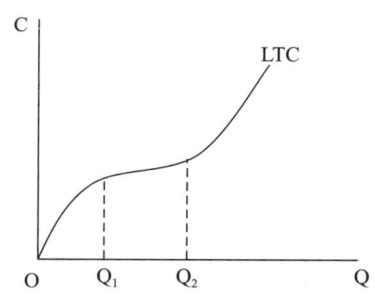

图 5-5 长期总成本曲线

如图 5-5 所示，以 Q 表示产量，C 表示成本，长期总成本曲线 LTC 是各个短期总成本曲线的包络线，长期总成本曲线从短期总成本曲线的下方包络众多短期总成本曲线。长期总成本曲线从原点开始，表示长期总成本是完全随产量的变化而变化的。每一条短期总成本曲线都不是从原点开始，表示一旦从短期的角度看待成本，总会存在一些规定成本，这一部分成本不随产量的变化而变化。

> **注意**
> 在连续变化的每一个产量水平上，都存在着长期总成本曲线与一条短期成本曲线的相切点。这条短期总成本曲线所代表的生产规模就是生产该

> 产量的最优生产规模。该切点所对应的总成本就是生产该产量的最低总成本。

二、长期平均成本函数及曲线

（一）长期平均成本曲线

长期平均成本是指厂商长期内平均每一单位产品所消耗的成本，它是厂商长期中在每一产量水平上通过选择最优生产规模所能达到的最低平均成本。长期平均成本曲线表明了当资本和劳动力都可以变动时可达到的最低平均总成本与产量之间的关系。它随着产量的增加而变动，开始时呈递减趋势，达到最低点后转而递增，是一条先下降然后缓缓上升的"U"形曲线。在长期中，生产者按这条曲线做出计划，确定生产规模，因此，这条长期平均成本曲线又称为计划曲线或包络线，如图 5-6 所示。

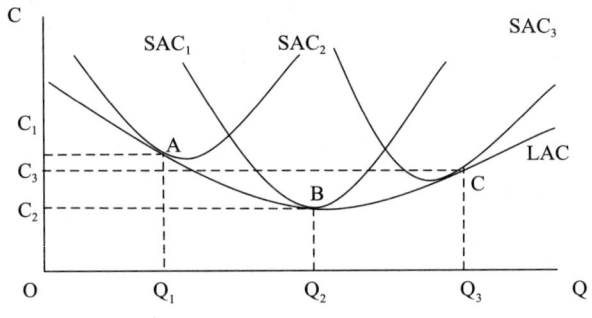

图 5-6　长期平均成本曲线

图 5-6 中，横坐标代表产量 Q，纵坐标代表成本 C，SAC 代表短期平均成本曲线，LAC 代表长期平均成本曲线。SAC_1、SAC_2、SAC_3 是三种规模的短期平均成本曲线。如果企业的产量为 Q_1，则要选用 SAC_1 这一规模，因为，这时平均成本为 AQ_1，小于选用 SAC_2 这一规模的 BQ_1。同理，当产量为 Q_2 时，要选用 SAC_2 这一规模，产量为 Q_3 时，要选用 SAC_3 这一规模。在长期中，厂商要根据它所能达到的产量来调整生产规模，以使平均成本达到最低。如果放弃厂商只有三种规模选择的简化假设，则可以有许多规模选择，这样厂商就会有许多短期平均成本曲线。如果对应于每一产量，都能找到一个平均成本最低的生产规模，那么这个规模就是最优的生产状态，这个点就是最优的生产决策点。长期中把这些最优点连接起来，就形成了长期平均成本曲线。因此，长期平均成本曲线是把许多短期平均成本曲线 SAC_1、SAC_2、SAC_3 等的最优点连接起来所构成的曲线，是许多短期平均成本曲线的包络线，即长期平均成本曲线和许多短期平均成本相切，把许多短期平均成本曲线包在其中。各条短期成本曲线与长期平均成本曲线都有一个切点。在长期平均成本曲线的最低点时，短期平均成本曲线的最低点与这一点相切，在长期平均成本曲

线最低点的左侧，短期平均成本曲线最低点的左侧与其相切；在长期平均成本线最低点的右侧，双方相切于最低点右侧。

（二）影响长期平均成本曲线变化的因素

（1）规模经济与规模不经济。规模经济是指由于生产规模扩大而导致长期平均成本下降的情况。规模不经济是指由于企业规模扩大使得管理无效而导致长期成本上升的情况。

（2）外在经济与外在不经济。外在经济是由于厂商的生产活动所依赖的外界环境改善而产生的。外在不经济是指厂商生产所依赖的外界环境日益恶化。

（3）学习效应。学习效应是指在长期的生产过程中，企业的工人、技术人员、经理人员等可以积累起产品生产、产品的技术设计、管理人员方面的经验，从而导致长期平均成本的下降。

（4）范围经济。范围经济是指在相同的投入下，由一个单一的企业生产联产品比多个不同企业分别生产这些联产品中每个单一产品的产出水平要高。因为这种方式可通过使多个产品共同分享生产设备或其他投入物而获得产出或成本优势。

（三）不同行业的长期平均成本

在长期中，厂商按照这条曲线做出生产计划，确定生产规模。因此，这条长期平均成本曲线又称为计划曲线。

一般可以根据长期成本变动的情况把不同的行业分为三种情况，即成本不变的行业、成本递增的行业、成本递减的行业。

1. 成本不变的行业

在成本不变的行业中，企业的长期平均成本不受整个行业产量变化的影响，无论产量如何变化，长期平均成本基本不变，这就是所谓的成本不变行业。导致这种情况出现的主要原因如下：一是这个行业在整个经济中所占比例很小，产量变动对生产要素的需求和整个生产要素市场的影响也很小，以致对生产要素的价格不发生影响；二是该行业使用生产要素的各类与数量与其他大多数的行业不同，甚至是反其道而行之。从而保持长期成本不变。在现实经济领域中，具有这种特性的行业不多，一般都是一些小商品生产或特殊行业。

2. 成本递增行业

在成本递增的行业中，各企业的长期平均成本随整个行业产量的增加而增加。这种情况在经济领域是普遍存在的，尤其是以自然资源为主要生产要素的行业，如农业、渔业、矿业等特别明显。形成的原因是，由于生产要素有限，整个行业产量增加就会使投入的生产要素价格上升，从而引起各企业的长期平均成本增加。一个行业扩大给某企业带来"外在不经济"。例如猪肉价格上涨，会吸引更多的人从事生猪养殖，这个行业规模越大，推动猪饲料的价格上涨，使某个养猪企业的长期生产成本上涨。

3. 成本递减的行业

在成本递减的行业中各企业的长期平均成本随着整个行业产量的增加而减少。也就是说整个行业存在外在经济现象。例如，在经济开发区里，一个政府倡导发展的行业企业越来越多，会促使政府在基础设施、辅助服务、信息等领域做更多投入和建设，市场形成更完备的产业集群，使得企业的长期平均成本不断下降，但是应该注意，这种外在的经济现象可能只在一段时间内存在，行业内企业越多，竞争越激烈，生产要素的竞争会导致长期成本上升。

三、长期边际成本函数及曲线

长期边际成本（Long-run Marginal Cost，LMC）是指长期中每增加一个单位的产品所引起的长期总成本的增加量。如果以 ΔLTC 为长期成本的增加量，ΔQ 为产量的增加量，则有：

$$LMC = \frac{\Delta LTC}{\Delta Q}$$

长期边际成本与长期平均成本的关系和短期边际成本与短期平均成本的关系一样，即在长期平均成本下降时，长期边际成本小于长期平均成本，在长期平均成本上升时，长期边际成本大于长期平均成本，在长期平均成本的最低点，长期边际成本等于长期平均成本。这一点可以用图5-7来说明。

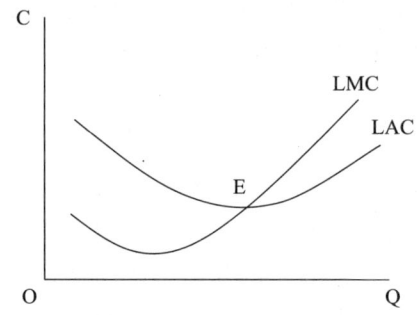

图5-7 长期边际成本、长期平均成本关系示意图

在图5-7中，LMC为长期边际成本曲线，LAC为长期平均成本曲线，两者相交于E点。E点是长期平均成本的最低点。相交之前，LAC在LMC之上，说明长期边际成本小于长期平均成本；在相交之后，LAC在LMC之下，说明长期边际成本大于长期平均成本。

> **小案例**
>
> 台塑是王永庆成功经营的第一个大企业，这个企业生产聚氯乙烯（PVC）塑胶粉。开始时，该企业规模仅为月产量100吨。尽管产量低，仍供大于求，我国台湾的需求量仅为每月20吨。产量低，平均成本无法

降下来，价格就降不下来，我国台湾仅有的20吨的市场需求也被日本产品占领；但扩大产量，产品销路成问题，王永庆处于两难境地。这时，台塑的股东纷纷要求退股，王永庆毅然卖掉了自己其他的大部分企业，买断了台塑的产权，独资经营。

王永庆知道，企业困难的关键在于产量上不去，平均成本降不下来。如果只考虑需求，减少产量平均成本更高，更缺乏市场竞争力。因此，扩大产量，使平均成本降到最低是转败为胜的关键。于是，他决定把产量扩大到平均成本最低的月产1200吨。这时平均成本达到最低，而且，由于当时台湾是世界烧碱的主要生产基地之一，生产烧碱中被弃置不用的氯气可用于生产PVC，这样，在实现了最低成本时，其成本还低于世界其他厂家。有了这种优势就可以打入世界市场。最终王永庆成功了。

问题：试分析王永庆成功的原因。

分析结果：长期平均成本曲线表明了长期中平均成本随产量变动的规律。从其"U"形曲线可以看出，只有产量增加到一定量才能实现平均成本最低，平均成本最低才能使企业提高经济效率。因此，企业平均成本最低时的产量就是企业的适度规模。企业只有根据这一原则确定产量才能成功。王永庆经营台塑的成功经验证明了这一点。

想一想

大企业的低价

在现实经济中，有许多大大小小的企业生机勃勃地存活在市场经济的沃土里，而且每一天都有无数小企业像雨后春笋一样诞生。但是小企业并不是适合于任何行业和任何门类的。在市场中大企业具有绝对的价格优势。比如，湖南有一家"老百姓大药房"，开业的时候对外宣称，5000多种药品的价格，将比原来国家核定的零售价降低45%，有的降价竟然达到了60%以上。一般的小药店能和他们比吗？同样，在很多大型超市里，它们的商品价格的确很低，它们出售的商品甚至比其他一些商家的进货价格还要低。

小企业在价格上为什么竞争不过大企业呢？请加以解释。

知识窗

福特公司产量的安排——企业如何调整产量与投入，使长期成本最低？

对于许多企业来说，总成本分为固定和可变成本取决于时间。例如，考虑一个全机车公司，比如福特汽车公司。在只有几个月的时间内，公司不能调整汽车工厂的数量与规模。它生产额外一辆汽车的唯一方法是，在已有的工厂中多雇佣工人。因此，这些工厂的成本在短期中是固定成本。与此相比，在几年的时期中，福特公司可以扩大其工厂规模，建立新工厂和关闭旧工厂。因此，其工厂的成本在长期中是可变成本。

由于许多成本在短期中是固定的，但在长期中是可变的，所以，企业的长期成本曲线不同于其短期成本曲线。长期平均总成本曲线是比短期平均总成本曲线平坦得多的"U"形曲线。此外，所有短期曲线在长期成本曲线上和以上。这些特点的产生，是因为企业在长期中又更大的灵活性。实际上，在长期中，企业可以选择它想用的哪一条短期成本曲线。但在短期中，它不得不用它过去选择的任何一条短期曲线。

当福特公司想把每天的产量从1000辆汽车增加到1200辆时，在短期中除了在现有的中等规模工厂中多雇工人之外别无选择。由于边际产量递减，每辆汽车的平均总成本从1万美元增加到1.2万美元。但是，在长期中，福特公司可以扩大工厂和车间的规模，而平均总成本仍保持在1万美元的水平上。

对一个企业来说，进入长期要多长时间呢？回答取决于企业。对一个大型制造企业，例如，汽车公司，这可能需要一年或更长。与此相比，一个人经营的柠檬水店可以在一小时甚至更短的时间内去买一个水罐。

任务分析

当格兰仕的生产规模达到100万台时，相当于图5-5中的短期平均成本曲线SAC1，自身单位产品的平均成本是OC1，将出厂价定在规模80万台企业的成本OC4以下；公司有成本优势，并且将单位产品成本高于OC4以上的企业（亏损企业）淘汰出局，进而占领淘汰出局这些公司原先占有的市场，提高公司的市场占有率。这样通过薄利多销来实现盈利。

当规模达到400万台时，相当于图5-5中的短期平均成本曲线SAC2，自身单位产品的平均成本是OC2，将出厂价定在规模200万台企业的成本OC1以下；公司虽然降价了，但仍有成本优势，因为通过扩大规模，单位产品生产成本降低了，并且将单位产品成本高于OC1以上的即为亏损企业淘汰出局，进而占领淘汰出局这些公司原先占有的市场，这样通过低价战略不断抢占市场，通过规模化来实现盈利。

同理，现在规模达到1000万台以上时，相当于图5-5中的短期平均成本曲线SAC3，自身单位产品的平均成本是OC3，这时达到了规模经济，此时的平均成本最低，也是长期成本曲线的最低成本。将出厂价定在规模500万台企业的成本OC2以下；公司仍然有成本优势，并且将单位产品成本高于OC2以上的即为亏损企业淘汰出局，通过这种不断降低产品价格的战略，不断大规模淘汰成本价高的企业，提高公司的市场占有率。通过这样方式格兰仕的微波炉在国内已达到 70% 的市场占有率，在国外已达到 35% 的市场占有率。这就是格兰仕做大微波炉市场的奥秘。

第四节　收益与利润最大化

本节重难点

1. 了解总收益、平均收益与边际收益的关系。
2. 掌握利润最大化原则。
3. 根据利润最大化原则进行企业规模决策。

任务导入

　　从杭州开往南京的长途客车即将出发。无论哪个公司的车，票价均为 50 元。一个匆匆赶来的乘客见一家国营公司的车上尚有空位，要求以 30 元上车，被拒绝了。他又找到一家也有空位的私人公司的车，售票员二话没说，收了 30 元允许他上车了。哪家公司的行为更理性呢？乍一看，私人公司允许这名乘客用 30 元享受 50 元的运输服务，当然亏了。但如果用边际分析法分析，私人公司的确比国营公司精明。

　　请解释为什么私人公司要精明些。

内容精讲

一、总收益、平均收益与边际收益

　　收益是指厂商出卖产品得到的全部收入，即价格与销售量的乘积。收益 − 成本 = 利润。收益可分为总收益、平均收益和边际收益。

　　总收益（Total Revenue，TR），是指厂商出售产品后所得到的总销售收入，即出售商品的总价。如价格为 5 元，销售量为 40 件，则总收益 = 价格 × 销售量 = 5 元 × 40 件 = 200 元。用公式表示为：$TR = P \times Q$。

　　平均收益（Average Revenue，AR），是厂商销售每一单位产品平均所得到的收入。它等于商品总收益与销售量之比。如总收益为 200 元，销售量为 40 件，则平均收益为 200 元 ÷ 40 件 = 5 元。用公式表示为：平均收益 = 总收益/销售量，即 $AR = TR/Q$。

　　边际收益（Marginal Revenue，MR），是指厂商每多销售一单位产品，增加的总收益的值。它等于总收益的增量与销售量的增量之比。如销售量从 100 件增加到 101 件，总收益从 400 元增加到 403 元，则边际收益为（403 − 400）

二维码 5.4：
利润最大化经营
决策——边际收
益边际成本法

÷（101－100）＝3元。用公式表示为：边际收益＝总收益的增量÷销售量的增量，即 MR ＝ ΔTR／ΔQ。

二、利润

利润是指超额利润或经济利润，是总收益与总成本之间的差额。如果以 π 代表利润，TR 代表总收益，TC 代表总成本，则公式表示为：利润＝总收益－总成本，即 π ＝ TR － TC。

如果 TR ＞ TC，则 π ＞ 0，厂商获得超额利润；如果 TR ＝ TC，则 π ＝ 0，则厂商获得正常利润，各项生产要素都获得了各自应得的报酬；如果 TR ＜ TC，则 π ＜ 0，厂商发生亏损。由于总收益（TR）和总成本（TC）都是产销量的函数，利润（π）自然也是产销量的函数，则上式可写为：π ＝ π（Q）＝ TR（Q）－ TC（Q）。

要想实现最大利润，就必须使 TR（Q）与 TC（Q）之差最大，也就是利润函数达到极大值。

知识窗

盈亏平衡点

TR ＝ P × Q，总收益等于价格乘以销售量

TC ＝ F ＋（V × Q），总成本等于固定成本加单位可变成本乘以销售量

TR ＝ TC，使总收益等于总成本

P × Q ＝ F ＋（V × Q）

解得：Q ＝ F／（P － V）

假设某公司制造一种产品，以每件300元出售，可变成本为每件200元，该厂商的固定成本为1 000 000元，试求盈亏平衡点。

则代入上述公式可得 Q ＝ 1 000 000／（300 － 200）＝ 10 000（件），即公司产量规模要达到10 000件才能够达到盈亏平衡。

小案例

网店盈利金手指

网店要想占有市场，取得成功，它就必须以较普通商店便宜的价格来销售商品。这一部分既依赖于互联网技术的费用，还取决于向家庭运送货物的成本。只要向家庭运送货物的成本将远远低于百货店为装修华丽的店铺和支付售货员的工资所花费的成本，那么就值得开网店，取得成功的可能性就更高。

三、利润最大化原则

在经济分析中，企业实现最大利润所要遵循的原则可以表述为：在其他

条件不变的情况下，企业应该选择最优的产量，使最后一单位产品所带来的边际收益等于所付出的边际成本。或者简单说，企业实现最大利润的均衡条件是边际收益等于边际成本，即 MR = MC。

为什么在边际收益等于边际成本时能实现利润最大化呢？

假设某商品价格不变。如图 5-8 所示，MR = AR，它是一条水平线，MC 曲线先下降后上升，两线交点 E，为厂商利润最大化的均衡点。

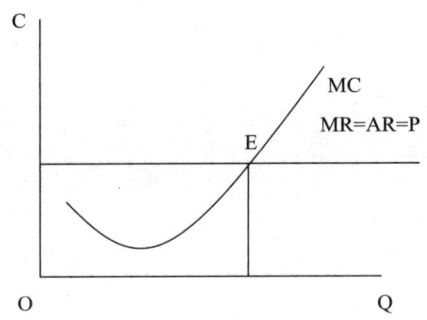

图 5-8　利润最大化

情形一：如果边际收益大于边际成本，表明企业每多生产一单位产品所增加的收益大于生产一单位产品所增加的成本。这时，对企业来说，还有潜在的利润没有得到，企业增加产量是有利的，也就是说没有达到利润最大化。

情形二：如果边际收益小于边际成本，表明企业每多生产一单位产品所增加的收益小于生产一单位产品所增加的成本。这时，对企业来说，就会造成亏损，更谈不上利润最大化了，因此企业必然要减少产量。

无论是边际收益大于边际成本还是边际收益小于边际成本，企业都要调整其产量。说明这两种情况下都没有实现利润最大化。只有在边际收益等于边际成本时企业才不会调整产量，表明已把该赚的利润都赚到了，即实现了利润最大化。当然企业对利润的追求要受到市场条件的限制，不可能实现无限大的利润。这样，利润最大化的条件就是边际收益等于边际成本。企业要根据这一原则来确定自己的产量。

小案例

为什么民航公司愿意向顾客提供折扣机票

经常坐飞机的人可以发现，有的航班满员，而另外一些航班空座很多。当航班有空座时，民航公司总是以向乘客提供折扣机票作为竞争的基本手段。

问题：民航公司的行为是理性的吗？

分析结果：可以用边际分析理论来回答这一问题。从理论上说，短期内民航公司的成本分为固定成本和可变成本，固定成本包括飞机购置费、乘务员工资、检修费用及机场设施和地勤人员费用等。可变成本主要由燃料和服务费（安检、饮食费、清洁）构成。就航空业而言，它的成本大部分是由固定成本构成的。

当航班空座很多时，民航公司决策不应当考虑全部成本，而应当考虑每增加一位乘客而额外增加的成本，这种额外增加的成本叫作边际成本。此时，每增加一位乘客而引起的边际成本是很小的，他只包括乘客的餐饮费和飞机因增加载荷而增加的燃料支出。而航空公司每多卖出一张票而增加的收入叫作边际收益。如果航空公司机票打折后每多卖一张票所增加的边际收益大于边际成本，那么多卖出的票就能增加公司的总利润。因此民航公司的行为是理性的。

小案例

大型零售商店为什么平时不延长营业时间

春节期间许多大型零售商店都延长了营业时间，为什么平时不延长时间呢？从理论上说延长一小时时间就要支付一小时所耗费的成本，这种成本包括售货员的加班费、电、水等，这种增加的成本就是边际成本。假设延长一小时的成本是5000元，那么延长一小时里他们由于卖出商品而增加收益大于5000元。则作为精明的企业家是如何进行决策的呢？他会再将营业时间延长一小时，因为这时他还有一部分该赚的钱还没有赚到手。相反，则会取消延长一小时的经营决定。春节期间的假日消费，人们有更多时间和精力去旅游购物，使商场的收益增加，而平时工作紧张、家务繁忙，人们没有更多时间和精力去购物，就是延时也没有更多人光顾，增加的销售额不足以弥补延时所增加的成本。这就解析了在春节期间延长营业时间而在平时不延长营业时间的经济学的道理。

任务分析

我们可以用最后一名乘客的票价这个例子来说明边际分析法的用处。当我们考虑是否让这名乘客以30元的票价上车时，实际上我们应该考虑的是边际成本和边际收益这两个概念。边际成本是增加一名乘客（自变量）所增加的收入（因变量）。在我们这个例子中，增加这一名乘客，所需磨损的汽车、汽油费、工作人员工资和过路费等都无须增加，对汽车来说多拉一个人少拉一个人都一样，所增加的成本仅仅是发给这个乘客的食物和饮料，假设这些东西值10元，边际成本也就是10元。边际收益是增加一名乘客（自变量）所增加的收入（因变量）。在这个例子中，增加这一名乘客增加收入30元，边际收益就是30元。

在根据边际分析法做出决策时就是要对比边际成本与边际收益。如果边际收益大于边际成本，即增加这一名乘客所增加的收入大于所增加的成本，让这名乘客上车就是合适的，这是理性决策。如果边际收益小于边际成本，让这名乘客上车就要亏损，是非理性决策。从理论上说，乘客可以增加到边际收益与边际成本相等时为止。在我们的例子中，私人公司让这名乘客上车是理性的，无论售票员是否懂得边际的概念与边际分析法，他实际上是按边际收益大于边际成本这一原则做出决策的。国营公司的售票员不让这名乘客上车，或者是受严格制度的制约（例如，售票员无权降价），或者是缺"边际"这根弦。我们常说国营企业经营机制不如私人企业灵活，这大概可以算一个例子。

思考与练习

一、单项选择题

1. 使用自有资金也应计算，从成本会计角度来看，这种利息是（　　）。
   A. 显性成本　　　　B. 隐性成本
   C. 会计成本　　　　D. 经济利润

2. 假定某机器生产产品 A，利润收入为 200 元，现在改为生产产品 B，所花的人工、材料费用为 1000 元，则生产产品 B 的机会成本是（　　）。
   A. 200 元　　　　　B. 1200 元
   C. 1000 元　　　　 D. 无法确认

3. 随着产量的增加，短期平均固定成本（　　）。
   A. 增加　　　　　　B. 不变
   C. 减少　　　　　　D. 不能确定

4. 随着产量的增加，固定成本 FC（　　）。
   A. 增加　　　　　　B. 不变
   C. 减少　　　　　　D. 不能确定

5. 短期边际成本曲线 SMC 与短期平均成本曲线 SAC 的交点称为（　　）。
   A. 收支相抵点　　　B. 停止营业点
   C. 利润最大点　　　D. 以上答案都正确

6. 长期平均成本曲线呈 U 形，是因为（　　）。
   A. 边际效用递减　　B. 内在经济
   C. 规模经济　　　　D. 边际产量递减规律

7. 随着产量的增加，长期平均成本的变动规律是（　　）。
   A. 先增加而后减少　B. 先减少而后增加
   C. 按一定比例减少　D. 按一固定比率增加

8. 利润最大化的原则是（　　）。
   A. 边际成本小于边际收益

B. 边际成本等于边际收益

C. 边际成本大于边际收益

D. 边际成本等于平均成本

二、多项选择题

1. 下面是一个企业的成本项目，属于机会成本的项目是（   ）。

    A. 企业支付的原料费用共计 10 万元

    B. 企业使用自己拥有的厂房，如出租可得租金 10 万

    C. 公司投资 100 万，其中向银行借贷 50 万，自筹资金 50 万元，利率5%

    D. 企业所有者兼任总经理，他并不为自己支付工资，若外出工作可获得 10 万元

    E. 企业支付税金 10 万元

    F. 企业自主开发一项新技术，企业为这项技术开发支出 50 万元。如果委托科研机构开发需支付 100 万元。

2. 在收支相抵点的左侧，（   ）。

    A. SAC > SMC

    B. SAC < SMC

    C. SAC 递减

    D. SAC 递增

    E. SMC 递减

3. 下面有关停止营业点的说法正确的有（   ）。

    A. 当价格等于 AVC 时，应该停止营业

    B. 当价格等于 AVC 时，可以经营

    C. 当价格低于停止营业点的 AVC 时，应该经营

    D. 当价格低于停止营业点的 AVC 时，应该停止营业

    E. 当价格高于停止营业点的 AVC 时，应该经营

4. 在我们学习的成本曲线里，呈"U"形曲线的有（   ）。

    A. FC   B. SAC

    C. AVC   D. AFC

    E. SMC

5. 短期中，企业的可变生产要素有（   ）。

    A. 厂房

    B. 原材料

    C. 管理人员工资

    D. 生产工人的工资

    E. 燃料

三、计算题

1. 某企业投资 100 万元建一条新生产线，如果不建这条生产线，这 100 万元有三种用途，分别有三种不同收益。该企业建这条生产线的机会成本是多少？

　（1）用于建职工宿舍，每年可收房租 5 万元。

　（2）出借这笔资金给一家企业，每年可获利息 10 万元。

　（3）建一个销售网络，每年可以增加收入 15 万元。

2. 下面是企业产量、边际成本、边际收益的情况：

边际成本（元）	产量	边际收益（元）
2	2	10
4	4	8
6	6	6
8	8	4
10	10	2

这个企业利润最大化的产量是多少？为什么？

四、思考分析

小王大学毕业之后进入一家中型广告公司工作，两年后在业务方面能够独当一面，在业界积累一定的人脉关系。在这段时间，领导器重她的工作能力，得到了很多晋升机会。而平时她也善于处理与同事之间的关系，因此在同事间的口碑不错。但公司为了控制成本，小王的工资虽然稳定但是从没有增长，估计未来一段时间工资也不会有变化。因此小王决定跳槽，她很快在一家银行信用卡推广中心得到经理职位。工资水平如她心愿，只要完成任务，工资是原来工资的 3 倍。

办理辞职手续时，由于与原公司签订的劳动合同并未到期，需要支付 1 万元的违约金，想到跳槽后的光明前景，咬牙自掏腰包做了了断。

在新的工作环境，面对的一切都是新的，因此她要花费精力来适应。而金融方面，她毫无经验可谈，所以只好加班加点地干。除此之外，由于新公司距离自己的住址更远，她花费在上下班方面的时间、金钱也多出不少；为了尽快与新同事建立良好关系，她还破费请过几次客。但是 3 个月时间过去了，工作上没起色，收入远达不到原来预想水平。

事后，小王估算了一下，她的跳槽直接付出将近 2 万元代价，其中包括违约金、放弃年终奖等。然而，在半年内，因没完成任务，收入不增反减。当然以前积累的人脉流失等损失无法用金钱来确定。

请根据以上资料分析小王离职的显性成本和隐性成本。

五、技能实训

企业调查——走访一家企业,找企业的财务部成本中心的负责人进行深度访谈。

实训内容:

(1) 公司目前的产品有哪些?

(2) 每件产品的总成本由哪些成本构成的?其中固定成本多少?可变成本多少?

(3) 产量变化成本有哪些变动?

(4) 理想化的最低成本是多少?有哪些措施能降低产品成本?

(5) 产量的决策的依据是什么?

实训要求:

(1) 本调查以团队的形式完成,自行组建调查团队,团队以4~5人为宜。

(2) 上网查询(或电话或实地)了解公司的基本情况。

(3) 上网查询公司产品有哪些成本总成本由哪些成本构成的?

(4) 在实施实地调查前,写好访谈提纲,同学之间进行测试,然后修改访谈提纲,最后提交指导老师确认。

(5) 调查过程拍照或录像,作为做过调研的证明。

(6) 形成书面的调查报告,提交报告,评出最优企业调研报告。

第六章
产品价格的决定

本章知识点

1. 市场的定义,市场的结构组成,市场结构的分类,四种市场结构的主要特征。

2. 完全竞争市场形成的条件,完全竞争市场的作用,完全竞争市场的缺陷,完全竞争市场的供给需求曲线。

3. 完全垄断市场形成的原因,完全垄断市场的特点,完全垄断市场的缺点,完全垄断市场的供求曲线。

4. 垄断竞争市场的条件,垄断竞争市场的特征,垄断竞争市场的均衡。

5. 寡头垄断市场的形成原因,寡头垄断市场的特点,寡头垄断市场的主要模式,寡头垄断市场的经济效益。

知识导图

	知识结构	知识要点
第六章 产品价格的决定	市场及其结构	市场的概念,市场的结构组成;市场结构和四种市场结构的特征
	完全竞争市场	完全市场的作用和缺陷、需求曲线、供给曲线,短期均衡和长期均衡
	完全垄断市场	完全垄断市场的特点和缺点、供求曲线和均衡,完全垄断厂商的差别定价
	垄断竞争市场	垄断竞争市场的条件和特征、需求曲线和均衡,垄断竞争市场的评价
	寡头垄断市场	寡头垄断市场的特点、主要的模式和经济效益

> **引导案例**
>
> ### 钻石恒久远 一颗永流传——德比尔斯的钻石垄断
>
> 产生于一种关键资源所有权垄断的典型例子是南非的德比尔斯钻石公司。德比尔斯控制了世界钻石生产的80%左右。德比尔斯拥有多大的市场势力呢？答案部分取决于有没有这种产品的相近替代品。如果人们认为翡翠、红宝石和蓝宝石都是钻石的良好替代品，那么，德比尔斯的市场势力就较小了。在这种情况下，德比尔斯任何一种想提高钻石价格的努力都会使人们转向其他宝石。但是，如果人们认为这些其他石头都与钻石非常不同，那么，德比尔斯就可以在相当大程度上影响自己产品的价格。
>
> 德比尔斯支付了大量广告费。乍一看，这种决策似乎有点奇怪。如果垄断者是一种产品的唯一卖者，为什么它还需要广告呢？德比尔斯广告的一个目的是在消费者心目中把钻石与其他宝石区分开来。当德比尔斯的口号告诉你"钻石恒久远，一颗永流传"时，你马上会想到翡翠、红宝石和蓝宝石并不是这样。如果广告是成功的，消费者就将认为钻石是独特的，不是许多宝石中的一种，而且，这种感觉就使德比尔斯有更大的市场势力。这样，即使在时势艰难时，变卖一种能滋润持久情怀的商品可能性也很小，这使公司得到了丰厚的回报，但消费者却要支付比竞争性钻石市场条件下更高的价格。
>
> （资料来源：王平：《经济学》，北京大学出版社2013年版。）

消费者容易受广告的影响形成自己的偏好。无论广告说的是对还是不对，狂轰乱炸、持之以恒的广告还是能左右消费者的偏好的。德比尔斯公司做广告的目的正是让消费者认识到，宝石不能替代钻石。如果消费者接受了这种宣传，宝石不能替代钻石，德比尔斯公司的垄断就有保障了。

第一节 市场及其结构

本节重难点

1. 了解市场结构的定义，市场结构的机构组成。
2. 理解市场结构的分类和类型。
3. 掌握四种市场结构的特征。

任务导入

联达公司主要业务是组装电脑并销售。现在它正在面试大学毕业生，计划将员工扩大一倍。但是现在三星电子和现代电子都计划缩减生产内存芯片，二者市场占有率是世界的30%。如果你是人事主管，会做出什么建议？请根据市场特点及其结构回答。

内容精讲

一、市场

市场是从事某一特定商品买卖的场所或接触点。市场有大有小，种类甚多，比如零售商店、加油站、大排档、职业介绍所、证券交易所等。市场可以是一个有形的场所，如农贸市场，也可以是一个通过现代化通信工具进行商品交易的接触点，如期货市场。

市场和行业是有所区别的，行业是指为同一商品市场生产和提供产品的所有厂商的总体。

> **知识窗**
>
> **市场是组织经济活动的好方法**
>
> 经济学是研究稀缺资源如何有效配置的一个学科。市场和计划是资源配置的两种基本方式。市场机制发挥作用依靠的是竞争、价格、供求。实践表明，市场机制作为配置稀缺资源的方式，确实给世界带来了翻天覆地的变化。改革开放四十多年来，市场机制与社会主义体制的结合造就了今天强大的中国。在市场经济中，个人及企业作为市场经济主体，独立自主地进行经济决策。市场经济中的主体充分发挥自主性，追求最大化的经济利益，这也促进了整个社会福利的增加。

二、市场结构

市场结构有狭义和广义之分，狭义指买方构成市场，卖方构成行业。广义是指一个行业内部买方和卖方的数量及其规模分布、产品差别的程度和新企业进入该行业的难易程度的综合状态，也可以说是某一市场中各种要素之间的内在联系及其特征，包括市场供给者之间（包括替代品）、需求者之间、供给和需求者之间以及市场上现有的供给者、需求者与正在进入该市场的供给者、需求者之间的关系。

> **知识窗**
>
> **亚当·斯密与《国富论》**
>
> 亚当·斯密是资产阶级古典政治经济学的主要创立者，1776年发表了伟大著作《国民财富的性质和原因研究》（以下简称《国富论》）。该书

一举成功，使他在余生中享受到巨大的荣誉。亚当·斯密并不是经济学说的最早开拓者，他最著名的思想中有许多也并非新颖独特，但是他首次提出了全面系统的经济学说，为该领域的发展打下了良好的基础。因此，完全可以说《国富论》是现代政治经济学研究的起点。该书的伟大成就之一是摒弃了许多过去的错误概念：亚当·斯密驳斥了旧的重商学说，这种学说片面强调国家贮备大量金币的重要性；否决了重农主义者的土地是价值的主要来源的观点，提出了劳动要素的重要性；重点强调劳动分工会引起生产的大量增长，抨击了阻碍工业发展的一整套腐朽的、武断的政治限制。

《国富论》的中心思想是看起来似乎杂乱无章的自由市场实际上是个自行调整机制，自动倾向于生产社会最迫切需要的货品种类的数量。例如，如果某种需要的产品供应短缺，其价格自然上升，价格上升会使生产商获得较高的利润，由于利润高，其他生产商也想要生产这种产品。生产增加会缓和原来的供应短缺，而且随着各个生产商之间的竞争，供应增长会使商品的价格降到"自然价格"，即生产成本。谁都不是有目的地通过消除短缺来帮助社会，但是问题却解决了。用亚当·斯密的话来说，每个人"只想得到自己的利益"，但是又好像"被一只无形的手牵着去实现一种他根本无意要实现的目的……他们促进社会的利益，其效果往往比他们真正想要实现的还要好。"

除了亚当·斯密的观点的正确性及对后来理论家的影响之外，就是他对立法和政府政策的影响。亚当·斯密反对政府干预商业事务，赞成低关税和自由贸易的观点在整个19世纪对政府政策都有决定性的影响。事实上，他对这些政策的影响今天人们仍能感觉出来。自从亚当·斯密以来，经济学有了突飞猛进的发展，以致他的一些思想已被搁置一边，因而人们容易低估他的重要性。但实际上，正是他才使经济学说成为一门系统科学，他也成为人类思想史上的重要人物之一。

三、市场结构的机构组成

1. 市场主体

市场主体是指在市场上从事经济活动、享有权利和承担义务的个人和组织。任何市场主体参与经济活动都带有明确的目的，以在满足社会需要中追求自身利益最大化为目标。市场主体具有营利性，这是其最本质最重要的特征。市场主体还具有独立性，主要表现为产权的独立和经营权的独立。灵活性，市场主体遵循市场规律对经营战略和策略进行调整，是其存在于市场的基本功能。此外，市场主体还具有相互间的关联性、平等性、合法性。

2. 市场格局

市场格局是指在市场经济条件下，市场上买卖双方在交换活动中所处的地位和相互关系。这种地位和关系的出现，取决于市场上商品的供给与需求状况。

3. 市场集中度

市场集中度，就是某产业市场前几名企业占整个市场份额的比例。（1）绝对集中度分析，是以该产业市场中最大的 N 个企业所占市场份额的累计数占整个产业市场的比例来表示；（2）相对集中度分析，一般以洛伦茨曲线及基尼系数表示。

> **小案例**
>
> **市场的需求和供给**
>
> 一个美国鞋业公司要把自己的产品卖给非洲的土著居民，该公司首先派去了自己的财务经理，几天后，该经理拍回电报："这里的人根本不穿鞋，此地不是我们的市场。"该公司又把自己最好的推销员派去核实，一周后，推销员回报："这里的居民没有一个有鞋，这里是市场潜力巨大。"该公司最后又把自己的市场营销副经理派去考察。两周以后，他回报说："这里的居民不穿鞋。但他们的脚上有许多伤，可以从穿鞋中得到益处。他们的脚普遍较小，必须重新设计我们的鞋。我们要教给他们穿鞋的方法并告诉他们穿鞋的好处。我们还必须取得部落首长的支持和合作。他们没有钱，但这里盛产菠萝。我预算了三年内的销售收入以及我们的成本，包括把菠萝卖给欧洲的超级市场连锁集团的费用，得出的结论是我们的资金回报率可达 30%。因而建议公司开拓这个市场。

四、市场结构的分类

市场结构是构成市场的各因素之间的相互关系。按构成市场的基本要素划分，市场结构具体可分为市场主体结构、市场客体结构、市场空间结构和市场时间结构。

1. 市场主体结构

市场主体是在市场上从事交易活动的组织或个人，它既包括自然人，也包括以一定组织形式出现的法人；既包括营利性机构，也包括非营利性机构。在通常情况下，市场主体包括企业、居民、政府和其他非营利性机构。企业是最重要的市场主体。此外，市场主体也包括一些中介机构，如律师事务所、会计师事务所等。

2. 市场客体结构

市场客体是指提供到市场上的各种商品和劳务。因而，市场客体结构就包括市场商品结构和市场劳务结构。提供到市场上的商品可以分为生产资料和消费资料。合理的市场商品结构既要有利于生产的发展，又要适应消费需求的变化。市场劳务结构包括生产性劳务结构和消费性劳务结构。生产性劳务是直接为生产过程提供服务的劳务，消费性劳务是直接服务于居民生活的劳务。

3. 市场空间结构

市场空间结构是按市场空间扩散和吸收作用的大小划分的市场结构。它可以分为区域性市场、全国性市场和世界性市场。区域性市场是商品交换以地区为活动空间的市场。它是根据各经济区域的自然、经济和社会条件，随着商品经济的发展而自然形成的；全国性市场是商品交换以全国为活动空间的市场。全国性市场由若干个互相联系、互相辐射的区域性市场所构成，是区域性市场相互联系的一体化表现。全国性市场的形成是商品经济进入发达阶段的标志；世界性市场是商品交换以全世界为活动空间的市场。世界市场是国际分工的产物，是世界范围内各国之间通过对外贸易联结而成的市场总体，是国内市场的扩大和延伸。

4. 市场时间结构

市场时间结构是按市场交易活动所经历的时间长短和交易方式而划分的市场结构。一般由现货交易、期货交易和信用交易构成。现货交易是"当面成交、银货两清"，买和卖在时间上具有同步性，现货交易对经济活动具有灵活的调节作用，但它主要适应于小额消费品和劳务交易；期货交易是在商品交易所内先达成交易契约，然后在将来某个时期进行银货结算的交易，"成交在先，交割在后"，期货交易是一种较为复杂的交易方式，有保值和分散风险的功能，有利于促进生产的发展和市场的稳定；信用交易即贷款交易，主要有两种基本形式：一是延期付款，二是预付款交易，，二者的共同点都在于交换当事人和交换对象的活动有时间上的分离性，信用交易有利于协调供求关系，但也易于产生连锁性信用危机。

> **想一想**
>
> **买方市场的优点有哪些**
>
> 买方市场是指交易主要由买方左右，市场是在买方占优势的情况下运行的。卖方市场是交易主要由卖方左右，市场是在卖方占优势的情况下运行的。市场经济发达的国家，买方市场比较普遍。
>
> 买方市场有哪些优点？

五、市场结构类型

1. 四类市场结构的特征

上述四种类型的市场和厂商的特征见表 6-1。

2. 四种市场的利弊比较

完全竞争市场的优点：（1）可以实现社会的供给与需求的大体均衡；（2）通过完全竞争和资源的自由流动，生产要素能够得到比较有效的利用；

表 6-1　　　　　　　四种市场和厂商的基本特征比较

市场类型	厂商的数目	产品的差别程度	对价格控制的程度	进出一个行业的难易程度	接近的市场
完全竞争	很多	同质	没有	很容易	一些农产品
垄断竞争	很多	有差别	有一些	较容易	香烟、糖果
寡头垄断	几个	同质或有区别	相当程度	较困难	钢铁、汽车
完全垄断	一个	产品唯一，无替代品	很大程度，但经常受到管制	封锁	公用事业，如水、电

（3）消费者在既定收入下能够得到较多的消费者剩余。缺点：（1）各个厂商的平均成本最低并不一定就是最低的社会成本；（2）产品没有差别这一假设是不现实的。

垄断竞争市场的优点：（1）在平均成本上，垄断竞争市场的平均成本高于完全竞争市场低于垄断市场；（2）在价格上，垄断竞争市场的价格水平高于完全竞争市场低于垄断市场；（3）在产量上，垄断竞争市场的产量水平高于垄断市场低于完全竞争市场；（4）垄断竞争有利于刺激厂商的创新；（5）垄断竞争条件下会使销售成本增加，从而使总成本和平均成本增加。

垄断市场的优点：垄断厂商的经济实力雄厚，可以促进技术的进步。尤其是政府对某些公用事业的垄断，并不是追求垄断利润。缺点：（1）垄断场上可以通过高价销售获得超额利润，但其销量较少，会使资源无法得到充分利用；（2）垄断厂商完全左右市场价格，使消费者剩余减少；（3）垄断利润是垄断厂商对整个社会的剥削，会引起社会居民收入分配不公。

寡头垄断市场的优点：（1）可以实现规模经济，降低成本，提高经济效益；（2）可以促进科技的进步。缺点：寡头之间往往达成价格协议，共同抬高价格，使消费者利益和整个社会的经济福利受损。

注意

完全竞争是指竞争不受任何阻碍和干扰的市场结构。完全垄断是指整个行业中只有一个生产者的市场结构。垄断竞争是指许多厂商生产和销售有差别的同类产品，市场中既有竞争因素又有垄断因素存在的市场结构。寡头垄断是指少数几个厂商控制着整个市场中的生产和销售的市场结构。不完全竞争是指某些行业因具有经营规模越大，经济效益越好，边际成本不断下降，规模报酬递增的特点，而可能为少数企业所控制，从而产生垄断现象。

想一想

四种市场结构的区别有哪些？试举例说明。

任务分析

首先电脑产品市场是完全竞争的，而他在要素市场（芯片）面对的应该算是一群多头寡头的非竞争市场的厂商。在未来，芯片的供给将会下降，所以生产要素的价格是上升的，而产品市场是完全竞争的，联达公司只是一个价格的接受者，没有办法控制价格，提高边际收益，因此，当要素的价格上升，引发边际成本上升时，生产的平均成本已经处于平均成本曲线的右半部分，规模报酬是递减的，这时扩招员工，进而提高生产规模会导致边际成本高于边际收益，不合理。

所以人事主管应该提出不扩招的建议。

第二节　完全竞争市场

本节重难点

1. 了解完全市场竞争的形成。
2. 掌握完全市场竞争的供需曲线和应用。
3. 熟悉完全市场竞争的均衡曲线。

任务导入

民间的春联市场

贴春联是中国民间的一大传统，临近春节时，春联市场红红火火，而在农村，此种传统风味更浓。春联市场是一个特殊的市场，时间性很强，仅在年前存在10天左右，供应商只有一次批发购进货物的机会。供应商对于该年购入货物的数量主要基于上年销售量和对新进入者的预期分析。如果供应商总体预期正确，则该春联市场总体商品供应量与需求量大致相同，则价格相对稳定。一旦出现供应商总体预期偏差，价格机制就会发挥巨大的作用，将会出现暴利或者亏损。

试分析农村的春联市场是否是完全竞争市场？

内容精讲

完全竞争市场又称纯粹竞争市场或自由竞争市场，是指一个行业中有非常多的生产或销售企业，它们都以同样的方式向市场提供同类的、标准化的产品，如粮食、棉花等农产品，卖者和买者对于商品或劳务的价格均不能控制。在这种竞争环境中，由于买卖双方对价格都无影响力，只能是价格的接受者，企业的任何提价或降价行为都会招致对本企业产品需求的骤减或利润的流失。因此，产品价格只能随供求关系而定。

一、完全竞争市场形成的条件

1. 大量买者和卖者

市场上有众多的生产者和消费者，任何一个生产者或消费者都不能影响市场价格。由于存在着大量的生产者和消费者，与整个市场的生产量（即销售量）和购买量相比较，任何一个生产者的生产量（即销售量）和任何一个消费者的购买量所占的比例都很小，因而，他们都没有能力影响市场的产量（即销售量）和价格，所以，任何生产者和消费者的单独市场行为都不会引起市场产量（即销售量）和价格的变化。美国经济学家乔治·斯蒂格勒认为，任何单独的购买者和销售者都不能依凭其购买和销售来影响价格。用另一种方式来表达，就是：任何购买者面对的供给弹性是无穷大，而销售者面临的需求弹性也是无穷大。

2. 产品同质性

市场上有许多企业，每个企业在生产某种产品时不仅是同质的产品，而且在产品的质量、性能、外形、包装等方面也是无差别的，以致于任何一个企业都无法通过自己的产品与他人产品的特异之处来影响价格而形成垄断，从而享受垄断利益。对于消费者来说，无论购买哪一个企业的产品都是同质无差别产品，以致众多消费者无法根据产品的差别而形成偏好，从而不会使生产这些产品的生产者形成一定的垄断性而影响市场价格。也就是说，只要生产同质产品，各种商品互相之间就具有完全的替代性，这很容易接近完全竞争市场。

3. 资源流动性

这意味着厂商进入或退出一个行业是完全自由和毫无困难的。任何一个生产者，既可以自由进入某个市场，也可以自由退出某个市场，即进入市场或退出市场完全由生产者自己自由决定，不受任何社会法令和其他社会力量的限制。由于无任何进出市场的社会障碍，生产者能自由进入或退出市场，因此，当某个行业市场上有利润时，就会吸引许多新的生产者进入这个行业市场，从而引起利润的下降，以致利润逐渐消失。而当行业市场出现亏损时，许多生产者又会退出这个市场，从而又会引起行业市场利润的出现和增长。这样，在一个较长的时期内，生产者只能获得正常的利润，而不能获得垄断利益。

4. 信息完全性

即市场上的每一个买者和卖者都掌握着与自己的经济决策有关的一切信息。这样每一个消费者和每一个厂商都可以根据自己掌握的完全的信息，做出自己的最优的经济决策，从而获得最大的经济效益。而且，由于每一个买者和卖者都知道既定的市场价格，都按照这一既定的市场价格进行交易，这也就排除了由于信息不通畅而可能导致的一个市场同时按照不同的价格进行交易的情况。所以，任何市场主体都不能通过权力、关税、补贴、配给或其他任何人为的手段来控制市场供需和市场价格。

小案例

政府办的大型养鸡场为什么赔钱

在 20 世纪 80 年代，一些城市为了保证居民的菜篮子，由政府出资办了大型养鸡场。但成功者少，许多养鸡场最后以破产告终。这其中的原因是多方面的，重要的一点则在于鸡蛋市场是一个完全竞争市场。

鸡蛋市场上有许多买者和卖者，其中任何一个生产者，即使是大型养鸡场，在市场总供给量中占的比例都是微不足道，难以改变产量来影响价格，只能接受市场决定的价格。

鸡蛋市场没有任何进入限制，谁想进入都可以，且投资很小。鸡蛋是无差别产品，生产者无法以产品差别建立自己的垄断地位。

所以，鸡蛋市场是典型的完全竞争市场。政府出资办养鸡场没有任何特色。在一些垄断性行业，也许国有企业可以靠垄断优势存活下来，但在完全竞争行业就不行了。

知识窗

企业在完全竞争市场中的竞争策略

在大多数行业中，都有强大的竞争力量促使经济利润的减少。这些竞争力量意味着许多战略优势都不会持续长久。如果市场条件近似于完全竞争模式，迅速调整以争取短暂的竞争优势是很重要的。另外，潜在的进入者还应当认识到，随着时间的流逝，目前行业中可观的经济利润很有可能会消失。这种考虑会影响企业长期资本投资和进入决策。在竞争性市场中，企业还必须力争提高效率和控制成本。那些低效率的企业会亏损，并强迫退出市场。

二维码 6.1：
完全竞争
市场

二、完全竞争市场的价格与需求曲线

在完全竞争市场上，对整个行业来说，需求曲线 D 是一条向下倾斜的曲线，供给曲线是一条向上倾斜的曲线，在完全竞争的市场上卖者和买者众多，没有任何一方能够操纵市场价格，所以厂商是既定市场价格的接受者，完全竞争厂商的需求曲线是一条由既定市场价格出发的水平线。市场需求曲线 D 和供给曲线 S 相交的均衡点决定了市场的均衡价格为 E，如图 6-1 所示。

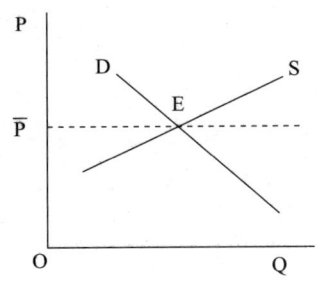

图 6–1　市场供需与均衡

但是，对于单独一个厂商来说，情况会有很大不同。由于完全竞争市场还有众多的生产者，单独一个厂商无法左右市场的几个和供求关系，所有的生产者和消费者的共同作用决定了一个市场价格，个别的厂商只能被动接受这个价格。不管它选择什么样的产量，这个产量相对于整个市场来说都是微不足道的，不足以影响市场价格。因此，在完全竞争市场中，单个厂商的需求曲线 D 是一条市场价格水平与横轴平行的直线，如图 6–2 所示。

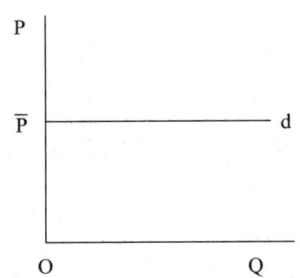

图 6–2　个别厂商的需求曲线

另外，厂商的需求曲线 D 同时也是它的边际收益曲线 MR 和平均收益曲线 AR。在完全竞争的市场上，个别厂商的需求曲线（销售价格）与平均收益曲线和边际收益曲线是同一条曲线，即：$P = AR = MR$。

> **知识窗**
>
> 完全竞争厂商的需求曲线随着完全竞争市场的供求变动而变动。但不管怎么变化，它们总是呈水平线状况。

> **小案例**
>
> 房屋油漆工的成本，包括油漆、刷子的成本支出和对自己时间的评价。即油漆工接受这份工作的最低价格。每个油漆工都渴望以高于成本的价格出售劳务。
>
> 假设你是房屋所有者，需要油漆你的房子，让甲、乙、丙、丁四个油漆工来竞价。
>
> 刚开始的报价可能很高，但是由于竞争的存在，价格很快会下降。一

旦丁报出了550美元的价格以后，甲、乙、丙都不愿意以低于550美元从事此工作，所以退出竞争。于是，工作属于能以最低成本从事此工作的生产者。丁愿意以500美元从事这项工作，然而得到了550美元的价格。所以说，丁得到了50美元的生产者剩余。

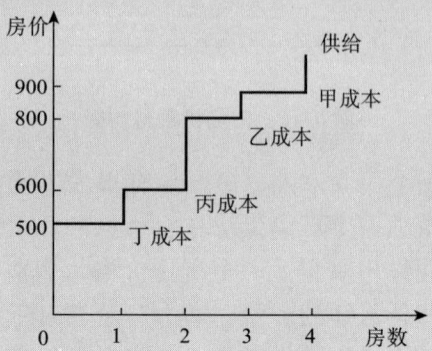

完全竞争，只要P高于MC，厂商就可得到生产者剩余。厂商实际接受的总价格是价格线以下；厂商愿意接受的最小总价格是边际成本线以下的总边际成本。

三、完全竞争市场的短期均衡

在完全竞争市场中的短期生产中，不仅产品的市场价格是既定的，生产中的不变要素的投入量也是无法改变的。所以，从整个行业看，有可能出现供小于求或供大于求的情况。如果供小于求，则产品的价格就高；反之价格就低，短期均衡就是分析在这两种情况下，个别厂商如何决定其产量和盈利状况。

短期中，个别厂商只有通过调整可变要素的投入量来调整其产量，在价格既定的情况下，以求实现边际收益等于边际成本，即 $MR = MC$ 的利润最大化或损失最小化的均衡条件。

完全竞争厂商是在给定的生产规模下，通过对产量的调整来实现 $MR = SMC$。当厂商实现短期均衡时，究竟是盈利还是亏损，只能比较均衡产量了，即整个行业的供求状况产生的价格和厂商的平均成本。如果行业的供小于求，价格高于平均成本，厂商就盈利；如果供大于求，价格低于平均成本，厂商就亏损。具体而言，可能有以下几种情况：

（1）供不应求状况下的短期均衡——厂商获得超额利润。平均收益大于平均总成本，即 $AR > SAC$，厂商盈利。

（2）供求平衡状况下的短期均衡——厂商获得正常利润。平均收益等于平均总成本，即 $AR = SAC$，厂商的利润为零。SMC曲线与SAC曲线的交点（即SAC曲线的最低点）被称为厂商的收支相抵点（盈亏平衡点）。厂商的利润为零，但实现了全部正常利润。

（3）供过于求状况下的短期均衡——厂商遭受亏损。平均收益小于平均总成本，但仍大于平均可变成本，即 AVC < AR < SAC，厂商亏损，但继续生产。厂商在用全部收益弥补全部可变成本后，还能弥补在短期内存在的一部分不变成本，生产比停产好。

（4）停止营业点。平均收益等于平均可变成本，即 AR = AVC，厂商亏损，处于生产与停产的临界点。SMC 曲线与 AVC 曲线的交点（即 AVC 曲线的最低点）被称为停止营业点（关闭点）。生产与停产的结果对厂商是一样的。

（5）平均收益小于平均可变成本，即 AR < AVC，厂商亏损，停产。若厂商继续生产，其全部收益还不能弥补全部可变成本，只要停产，可变成本就降为零，停产比生产好。

如图 6-3 所示，成本曲线 SMC、SAC 和 AVC 共同代表厂商既定的短期生产规模，厂商的需求曲线 d1、d2、d3、d4、d5 分别代表在五个不同市场价格水平下的厂商的收益状况。

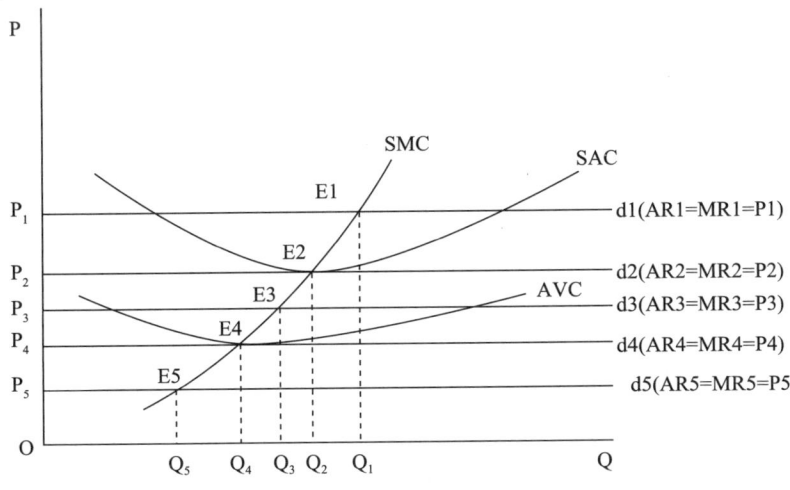

图 6-3 完全竞争市场的厂商均衡

小案例

你是否曾经走进一家餐馆吃午饭，发现里面几乎没人？你会问为什么这种餐馆还要营业呢？看来几个顾客的收入不可能弥补餐馆的经营成本。

在做出是否经营的决策时，餐馆老板必须记住固定成本与可变成本的区分。餐馆的许多成本——租金、厨房设备、桌子、盘子、餐具等等——都是固定的。在午餐时停止营业并不能减少这些成本。当老板决定是否提供午餐时，只有可变成本——增加的食物价格和额外的侍者工资等——是相关的。只有在午餐时从顾客得到的收入少到不能弥补餐馆的可变成本，老板才在午餐时间关门。也就是说，当老板决定是否提供午餐时，已经不可能设法挽回的固定成本应当被看作沉没成本，只有可变成本才是影响老板是否开门营业决策的机会成本。

夏季度假区小型高尔夫球场的经营者也面临着类似的决策。由于不同的季节收入变动很大,企业必须决定什么时候开门和什么时候关门。固定成本——购买土地和建球场的成本——又是无关的。只要在一年的这些时间,收入大于可变成本,小型高尔夫球场就要开业经营。

(资料来源:曼昆著,梁小民译:《经济学原理》第二版,北京大学出版社2002年版。)

四、完全竞争市场长期均衡

在完全竞争市场上,短期内厂商来不及调整固定要素投入,只要市场价格大于或等于平均可变成本就会继续生产,因而可能出现获得超额利润或亏损的情况。而在长期中,所有的生产要素投入量都是可以调整的,各个厂商都可以根据市场价格来调整全部生产要素和生产,并自由进入或退出所属行业的均衡生产状态。这样,整个行业供给的变动就会影响市场价格,从而影响各个厂商的均衡。

在完全竞争市场结构中,各个厂商的长期均衡实现过程是动态性质的。其机理作用过程如下:(1)当行业存在着超额利润时,新资本大量进入→行业规模扩大→供给增加→市场价格下降→AR = MR = P 随之下降→超额利润逐渐消失;(2)当行业出现亏损时,部分资本退出→行业规模减少→供给减少→市场价格上升→AR = MR = P 随之上升→亏损消除;(3)当行业既无超额利润,又无亏损时,整个行业的供求均衡,各个厂商的产量也不再调整,于是就实现了长期均衡。如图6-4所示。

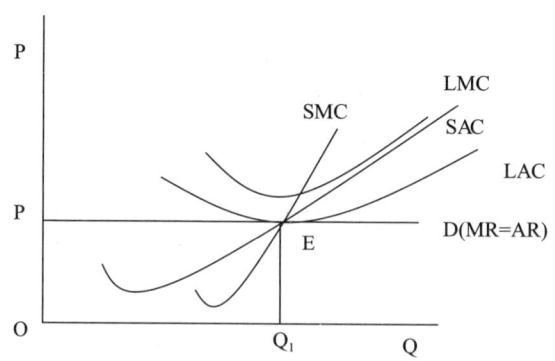

图 6-4 完全竞争市场长期均衡

在图6-4中,完全竞争企业将长期均衡于E点。均衡价格为OP,均衡产量为OQ_1。厂商的需求曲线D与四条成本曲线(两条短期、两条长期)相切(或相交)于E点。所以,完全竞争市场的长期均衡条件是:P = MR = SMC = SAC = LMC = LAC。

在完全竞争市场上,厂商在短期可能获得超额利润,也可能遭受亏损;

但在长期，厂商只能得到正常利润。短期均衡与长期均衡的区别在于：短期均衡不要求价格等于平均成本，但长期要求它们相等。

> **想一想**
>
> 棉花属于完全竞争市场，假如由于棉纺织业的技术有了新的突破，市场对棉花的需求增加了，又假定棉花属于成本不变行业，问：
> (1) 从短期看，技术的突破对棉花的价格和产量有什么影响？
> (2) 从长期看，技术的突破对棉花的价格和产量有什么影响？

任务分析

就案例中所提到农村春联市场来看，从春联产品的同质性、厂商进入与退出市场没有障碍、买卖双方的数量很多以及信息的充分说明春联市场接近于一个完全竞争的市场。这种竞争的充分性主要来源于产品的同质性即产品之间的完全替代，单个厂商不能控制产品的价格，他们的经济行为对价格没有影响。

第三节 完全垄断市场

本节重难点

1. 了解完全垄断市场形成的原因、特点。
2. 掌握完全垄断市场的需求曲线和均衡。
3. 熟悉垄断价格的差别定价策略。

任务导入

中国制造的能力——高科技卖成"白菜价"

以前，石墨烯是高端材料，国际市场上价格是一克5000元。2013年，宁波建成了年生产能力300万吨的生产线，石墨烯价格降为一克3元；通信行业中交换机的一块关键部件，以前国外卖20万元，后来国内企业开始生产，5年后价格降到一万元；水泥厂的磨机用减速机，在国外曾卖到1000万元一台，国产化之后价格只要300万元；新能源市场，2010年，中国进口烷烃类气体，国际市场报价45000美元/千克，当我们努力培养出一个国内供应商，烷烃类气体价格降到了28000美元/千克；2004年，15英寸面板市场价260美元，我国在液晶面板行业投入了1000亿元进行自主研发，现在50英寸超大面板价格只要 180 美元，15 寸的更是只要 60 美元。

思考：为什么会有如此巨大的价格差距？

内容精讲

完全垄断市场指在市场上只存在一个供给者和众多需求者的市场结构。完全垄断市场的假设条件有三个：第一，市场上只有唯一一个厂商生产和销售商品；第二，该厂商生产的商品没有任何接近的替代品；第三，其他厂商进入该行业都极为困难或不可能，所以垄断厂商可以控制和操纵市场价格。

> **注意**
>
> 完全垄断市场是没有相近替代品的某种产品的唯一生产者。是否存在相近替代品，替代作用的大小是判断厂商垄断力量大小的重要因素。生活中常见的垄断厂商有地方电力公司，用电来照明，具有强大的垄断力量，因为替代品如蜡烛、电筒等替代效果很次；用电来加热，具有较弱的垄断力量，因为存在大量物美价廉的替代品，诸如煤气、天然气、煤、柴火、沼气、太阳能……

二维码 6.2：
中国互联网
或被二马完
全垄断

一、完全垄断市场形成的原因

1. 资源独占。即垄断厂商控制了生产某种商品的全部资源或关键资源。如第二次世界大战前的美国铝业公司长期独占美国制铝行业，因为它控制了所有铝土矿资源，铝土矿是生产铝的关键和基本的资源。

2. 专利持有。即厂商持有生产某种商品的知识产权、工艺技术或专利权。这是专利法为了保护发明者对其发明的成果拥有权的一种有期限的保护，使它在一定期限内其他人不能无偿使用这项成果。因此，厂商在这个期限内具有对这种商品的垄断。如在一定时期内某电视台具有独家播放《新红楼梦》的权利，某企业具有生产节能汽车电池的专利等。

3. 政府特许。即政府往往在某些行业进行垄断性政策而特许一些部门独立经营某个行业，如城市的自来水和天然气的供应、中国邮政公司对邮政业务的垄断、铁路总公司对铁路运输业务的垄断等。

4. 自然垄断。有一些行业的生产具有规模经济的特点，即生产的前期需要投入大量的资本和设备，要想获得利润就得大量的生产和销售，以至于整个行业的产量只有由一个企业来生产就能满足整个市场或绝大部分市场的需求。这种行业在规模经济的带动下，市场竞争的自然结果就是垄断，总会有某个厂商凭借雄厚的经济实力和其他优势最先占领市场，垄断整个行业或绝大部分行业的生产和销售，这就是自然垄断。

小案例

孟山都对 GE 种子的垄断

孟山都公司创建于 1901 年，专注于农业生物技术领域，是世界四大粮商之一，著名的经济海盗。它也是全球转基因（GE）种子的领先生产商，占据了多种农作物种子 70%~100% 的市场份额。现在阿根廷国内种植的大豆 99% 以上都已经是孟山都公司的转基因大豆，孟山都公司已经实际上垄断了阿根廷的大豆市场和大豆种子的销售，从中获取了巨额利润。

二、完全垄断市场的特点

（1）厂商数目唯一，一家厂商控制了某种产品的全部供给。完全垄断市场上垄断企业排斥其他竞争对手，独自控制了一个行业的供给。由于整个行业仅存在唯一的供给者，企业就是行业。

（2）完全垄断企业是市场价格的制定者。由于垄断企业控制了整个行业的供给，也就控制了整个行业的价格，成为产品定价者。完全垄断企业可以有两种经营决策：以较高价格出售较少产量，或以较低价格出售较多产量。

（3）完全垄断企业的产品不存在任何相近的替代品。否则，其他企业可以生产替代品来代替垄断企业的产品，完全垄断企业就不可能成为市场上唯一的供给者。因此消费者无其他选择。

（4）其他任何厂商进入该行业都极为困难或不可能，要素资源难以流动。完全垄断市场上存在进入障碍，其他厂商难以参与生产。

（5）完全垄断市场和完全竞争市场一样，都只是一种理论假定，是对实际中某些产品市场情况的一种抽象，现实中绝大多数产品都具有不同程度的替代性。

二维码 6.3：
垄断市场

小案例

减价与提价

保罗和彼得在同一条河上经营航运。他们各自拥有一个航运公司，整日在河上运送货物和旅客。保罗想，如果河上只有我一家航运公司，生意该更红火了。保罗共有 20 条大船，彼得只有 10 条，保罗比彼得的资本雄厚得多。而且，彼得还欠下银行的大笔债务。于是，保罗降低了票价，打起了价格战。彼得没有办法，只得跟着降价。保罗再次降价，彼得再次跟上。如此反复交锋，乘客大占便宜，两位大老板都受到重大损失。保罗亏损巨大，彼得更是欠债累累、行将破产。最后彼得不得不将所有的船都出售给保罗。保罗获胜了，成了河上唯一的航运公司。保罗逐步提高了票价，很快成为当地首富。来往的乘客一面抱怨着票价太贵，一面却只得坐他的船，让自己的血汗钱填满了保罗的口袋。

小案例

苏联的极端制度性垄断

苏联的制度性垄断模式在20世纪最具典型意义。片面强调经济主体大而全、大而公、公而好的指导思想，令公有制经济成分在工农业以及零售业中几乎占100%。

能源、军工、外贸这样的高度垄断部门，福利待遇比其他行业高出2～4倍，拥有油田的区域同样待遇较高，垄断造成的阶层分化和区域差距，导致经济低效率，人与人之间关系扭曲。

经济高度垄断和结构扭曲的加剧导致资源配置效率降低，并反过来导致整个经济增长速度不可逆转地下降，与发达国家的差距逐步拉大。苏联在世界经济大国中的地位从1960年的第2位下降到1990年的第12位。

二维码6.4：
垄断市场分析

三、完全垄断市场的需求曲线

在完全垄断市场上，一个行业只有一家厂商，垄断厂商是独家卖主，他面对的需求也就是整个市场的需求。完全垄断厂商是价格的制定者，他可以制定高价，也可以制定低价，但他也要受市场需求规律的限制。因为，如果他制定高价，销售量就必然下降，要扩大销售量，就必须降低价格，这意味着完全垄断市场上需求量与价格成反方向变动，垄断厂商所面临的需求曲线是一条向右下方倾斜的曲线。如图6-5所示。

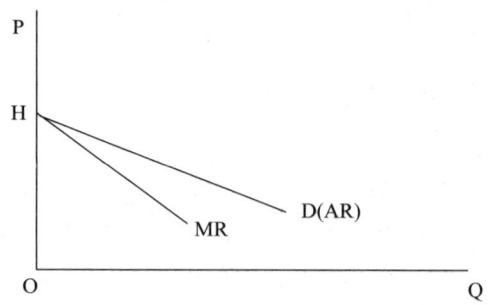

图6-5 完全垄断市场需求曲线

1. 完全垄断厂商的短期均衡

在完全垄断生产上，厂商仍然根据边际收益与边际成本相等的原则来决定产量，这个产量决定后，在短期内，完全垄断厂商无法改变不变要素的投入量，它们是在既定的生产规模下调整产量和价格来实现MR＝MC的利润最大化原则的。

厂商对产量的调整也要受到限制，因为在短期内，产量的调整同样要受到固定生产要素（厂房、设备等）无法调整的限制。这样，也可能出现供大于求或供小于求的情况，当然也可能是供求相等。在供小于求的情况下，会有超额利润；供求相等时，则只有正常利润；供大于求的情况下，会有亏损。

（1）供小于求，完全垄断厂商获得超额利润，在供不应求的情况下，边际收益曲线 MR 与边际成本曲线 SMC 的交点 E 决定了厂商的产量为 OQ_1，从 Q_1 点向上的垂线与需求曲线 D 相交于 H 点，从而决定了价格水平为 OP_1。这时该厂商的总收益 TR = AR × OQ_1，即图中的 OQ_1HP_1；总成本 TC = SAC × OQ_1，即图中的 OQ_1FG。由于 TR > TC，这时，该厂商可获得超额利润 $GFHP_1$（TR - TC = $GFHP_1$）。如图 6 - 6 所示。

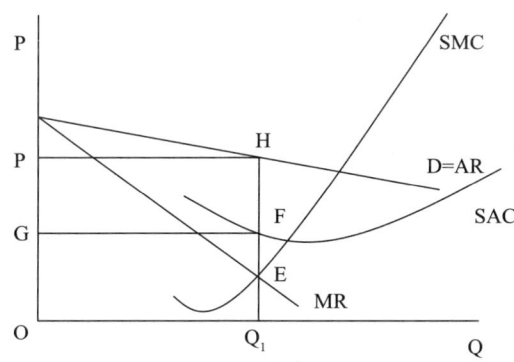

图 6 - 6 厂商获得超额利润时的短期均衡

（2）供等于求，完全垄断厂商只获得正常利润。在供求平衡状况下，总收益与总成本相等，都为 OQ_1FP_1，所以收支相抵，只有正常利润。如图 6 - 7 所示。

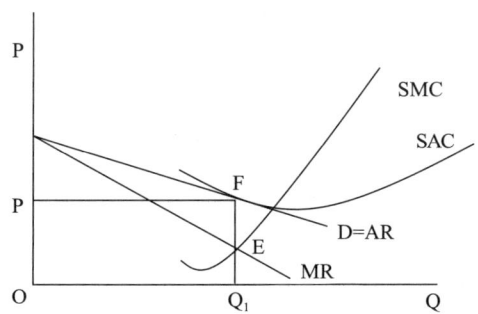

图 6 - 7 厂商获得正常利润时的短期均衡

（3）供大于求，完全垄断厂商产生亏损。此时的价格低于平均成本，在供过于求的情况下，厂商的总收益 TR 为 OQ_1HP_1，总成本 TC 为 OQ_1FG。由于 TR < TC，这时，该厂商的亏损额为 $GFHP_1$。由于平均可变成本曲线 AVC 与 H 点相切，可以维持产量 OQ_1。H 点为停止营业点，如果价格再低，就无

法生产了。如图6-8所示。

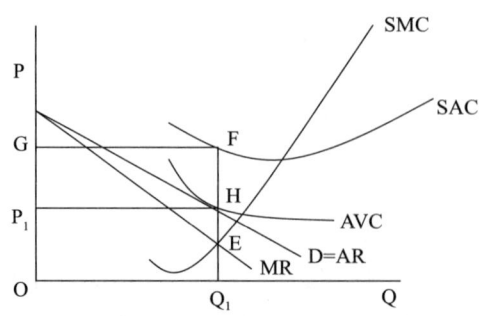

图6-8 厂商遭受亏损时的短期均衡

2. 完全垄断厂商的长期均衡

垄断厂商的长期均衡是指厂商根据市场需求的变化，不断调整生产规模，在长期内实现利润最大化的均衡生产状态。在长期生产过程中，由于垄断市场上只有一家厂商，没有对手，垄断厂商有能力、也有条件把价格和产量调整到对自己最有利的位置上，从而实现利润最大化。所以，完全垄断市场的长期均衡条件是：MR = LMC = SMC。

在图6-9中，短期边际成本曲线SMC、LMC和MR三线相交于E点，E点确定的均衡产量为OQ_1，此时，垄断厂商可以在长期内获得最大利润，其垄断利润为$GFHP_1$。

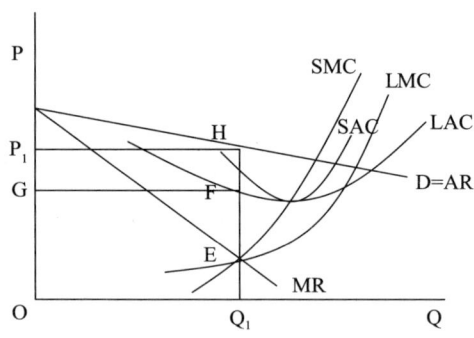

图6-9 垄断市场长期均衡

垄断厂商在长期均衡中，如果要达到最优生产规模，不但要求MR = LMC = SMC，还要求LAC最低，这就要求均衡产量Q_1位于MR通过LAC的最低点。由于LMC一定在LAC的最低点与LAC相交，所以，当MR = LMC = LAC时，垄断厂商在长期均衡中达到最优生产规模。如果MR曲线与LMC的交点位于LAC曲线最低点的左边，说明垄断厂商处于长期均衡时使用的是小于最优的生产规模。如果MR与LMC的交点位于LAC最低点的右边，说明垄断厂商处于长期均衡时使用的是大于最优的生产规模。

在图6-9中，短期边际成本曲线SMC、LMC和MR三线相交于E点，E点确定的均衡产量为OQ_1，此时，垄断厂商可以在长期内获得最大利润，其

垄断利润为 $GFHP_1$。

四、完全垄断厂商的差别定价

1. 价格歧视

价格歧视实质上是一种价格差异，通常指商品或服务的提供者在向不同的接受者提供相同等级、相同质量的商品或服务时，在接受者之间实行不同的销售价格或收费标准。经营者没有正当理由，就同一种商品或者服务，对条件相同的若干买主实行不同的售价，则构成价格歧视行为。

价格歧视是一种严重的垄断定价行为，是垄断企业通过差别价格来获取超额利润的一种定价策略。它不仅有利于垄断企业获取更多垄断利润，而且使条件相同的若干买主处于不公平的地位，妨碍了它们之间的正当竞争，具有限制竞争的危害。因而，世界各国的反垄断法规基本上都对它做出了限制。西方经济学中将价格歧视定义为：在同一时间对同一种商品向不同的购买者索取不同的价格。

二维码6.5：
垄断者利润
最大化

2. 价格歧视实行的三个条件

实行价格歧视是厂商获取超额利润的手段，要使价格歧视得以实行，一般要具备三个条件。

（1）市场存在不完善性。当市场不存在竞争，信息不畅通，或者由于种种原因被分割时，垄断者就可以利用这一点实行价格歧视。

（2）各个市场对同种商品的需求弹性不同。这时垄断者可以对需求弹性小的市场实行高价格，以获得垄断利润。

（3）有效地把不同市场或市场的各部分分开。地区封锁和限制贸易自由往往有利于垄断者实行其价格歧视，因此，反垄断限制价格歧视应该尽力消除其实现的环境条件。

3. 价格歧视的类型

（1）一级价格歧视又称完全价格歧视，是指垄断厂商对每个消费者购买每单位商品都按照消费者愿意支付的最高价格来确定不同的售价，因而获得每个消费者的全部消费剩余。

> **小案例**
>
> **口渴难耐时的买水故事**
>
> 　　2003年夏天是半个多世纪以来最热的夏天。这年暑假，华东师范大学的两位大学生从上海出发，骑自行车去杭州旅游。气温近40℃的中午，两位大学生进了马路边农民搭的一个凉棚中稍作休息。由于随身携带的少量饮用水已经喝光，一个多小时没喝水的大学生见到凉棚中有白开水买，兴奋异常。
>
> 　　农民是将白开水装在一种不大的玻璃杯中出售的，看到两位大学生口

> 渴难耐的样子，农民对每杯水的开价是6元。大学生大呼太贵，但由于实在太渴，经讨价还价，还是以每杯水5元成交。一杯水显然不解渴，大学生提出每人再买一杯，讨价还价的结果是每杯4.5元成交。大学生要每人再买第3杯，农民开始坚持每杯仍是4.5元。但大学生说，第3杯还卖这个价的话，我们就不买了，就继续上路，有已经喝下的两杯水垫底，我们骑上几十分钟，前面肯定有商店或城镇可以买到水。在大学生的"威胁"下，农民最后以每杯2元的价格出售了第3杯水。与平时超市里的水比起来，凉棚中的3杯水都太贵，但两位大学生却都是心满意足地离开凉棚的。

（2）二级价格歧视，是指垄断厂商根据消费者购买商品数量的多少而收取不同的价格。垄断厂商了解消费的需求曲线，把这种需求曲线分为不同段，根据不同购买量，确定不同价格，垄断者获得一部分而不是全部买者的消费剩余。公用事业中的差别价格就是典型的二级价格歧视。

（3）三级价格歧视，指垄断厂商对同一商品在不同的市场上向不同的消费者收取不同的价格。例如，对同种产品，在富人区的价格高于在贫民区的价格；同样的学术刊物，图书馆购买的价格高于学生购买的价格。更一般地，对于同种产品，国内市场和国外市场的价格不一样；城市市场和乡村市场的价格不一样；"黄金时间"和非"黄金时间"的价格不一样，等等。

二维码6.6：
你愿意为
"情人节"
三个字
买单吗？

> **小案例**
>
> **价格歧视在日常中的体现**
>
> （1）**价格歧视在电子商务中的体现**。与实物市场相比较，电子商务市场的价格歧视无论是表现形式还是适用程度都呈现出不同的特点。其具体表现为：一是个人定价，对应于实物市场的一级价格歧视，即以不同的价格向不同用户出售，而销售商可以获得用户的全部详细资料；二是版本划分，对应于实物市场的二级价格歧视，即提供一个产品系列，让用户选择适合自己的版本；三是群体定价，对应于实物市场的三级价格歧视，即对不同群体的消费者设置不同的价格，网络外部效应、数字产品的锁定效应和共享效应使得在电子商务市场上实行三级价格歧视更加具有优势。
>
> （2）**价格歧视在民航业中的体现**。航空公司通过严格地运用一些限制条件，把具有不同支付意愿的旅客划分为不同的群体，达到了三级价格歧视的目的。在上述分类的基础上，再根据提供的服务等级不同，在质量维度上对消费者实行二级价格歧视。航空公司实施价格歧视的主要措施有：针对低价格机票设定提前购买或最短停留期限，规定不能退换或不能完全退换；针对非经停航班、经停航班、衔接航班，在某些具体时刻实行折扣；采用吸引旅客购买经济舱的全价票，如提供头等舱及公务舱的服

务，对经济舱全票价旅客提供附加服务等。航空公司通过以上方法，使市场上的旅客更加明确地分化为不同的群体，使群体之间的差异更加明显，从而在不同市场对基本相同的服务实行更有效的价格歧视。

(3) 价格歧视在优惠券中的体现。厂商经常通过报纸杂志和其他途径散发其产品或劳务的优惠券。凡持该券的消费者在消费时享受一定的优惠，没有该券的消费者不享受或很少享受优惠，这对于低收入阶层吸引力较大。通过优惠券折扣，需求价格弹性高的消费者付较低的价格，而弹性低的消费者付较高的价格。这里，厂商不用区分高收入或低收入的顾客，而是让顾客进行自我选择，这大大降低了价格歧视的信息要求。

想一想

差别定价主要有利于垄断者，可以使垄断者获得更多的利润。但它对于消费者却是有利有弊。因为差别定价具有歧视性，它对不同消费者采取不同的待遇，即收取不同的价格，这对消费者是不利的。然而，它对于消费者也有好处。由于它的差别定价，会使一部分消费群体获得利益。想一想生活中有哪些差别定价的例子呢？

任务分析

垄断的毁灭者——中国制造

垄断利润，让欧洲人一天工作 5 小时，一周工作四天！欧美人的生活不是凭空出来了，当中国人不能造东西的时候，他们能把五元的东西卖成五十元。大家看出问题了吧，中国人不会做之前，这些东西都是天价，一旦我们能够生产后，这些东西都成了白菜价。

唯一的原因就是中国制造打破了垄断！

第四节 垄断竞争市场

本节重难点

1. 了解垄断竞争市场的定义。
2. 理解垄断竞争市场的特点。
3. 掌握垄断竞争市场的需求曲线和均衡。

任务导入

手机市场

现在手机生产商为争取更多的消费者，在功能、外形等方面展开了激烈的差异化竞争。如在竞争中，手机的功能日趋多样化，可玩游戏、拍照，可记事、计算等，甚至已具有掌上电脑的功能。手机的式样也日趋时装化，丰富、别致的式样不断地激发消费者的购买欲望，从而为消费者提供了更多的消费选择空间，较好地满足了消费者的消费心理需求。许多消费者弃用旧手机、改买新手机并非冲着新手机的通话功能，而是冲着它的其他功能甚至主要是手机的式样、颜色。试分析中国现在的手机市场究竟是怎样的市场？面对该市场企业应有哪些竞争策略？

内容精讲

垄断竞争市场，完全竞争和完全垄断是市场结构的两个极端，但在现实中，我们更常遇到的是各种中间状态的市场类型。垄断竞争和寡头市场就是主要的两种中间市场结构，也称为不完全竞争市场。前者更靠近完全竞争市场，而后者则更靠近完全垄断市场。

一、垄断竞争市场的特征

垄断竞争市场竞争程度较大，垄断程度较小，比较接近完全竞争，而且要现实得多，在大城市的零售业、手工业、印刷业中普遍存在。从总体上说，这种市场具有以下特点：

1. 厂商众多

市场上厂商数目众多，每个厂商都要在一定程度上接受市场价格，但每个厂商又都可对市场施加一定程度的影响，不完全接受市场价格。另外，厂商之间无法相互勾结来控制市场。对于消费者，情况是类似的。这样垄断竞争市场上的经济人是市场价格的影响者。

2. 互不依存

市场上的每个经济人都自以为可以彼此相互独立行动，互不依存。一个人的决策对其他人的影响不大，不易被察觉，可以不考虑其他人的对抗行动。

3. 产品差别

同行业中不同厂商的产品互有差别，要么是质量差别，要么是功能差别，要么是非实质性差别，如包装、商标、广告等引起的印象差别，要么是销售条件差别，如地理位置、服务态度与方式的不同。产品差别是造成厂商垄断的根源，但由于同行业产品之间的差别不是大到产品完全不能相互替代，一定程度的可相互替代性又让厂商之间相互竞争，因而相互替代是厂商竞争的根源。如果要准确说出产品差别的含义，则可这样来说，在同样的价格下，如果购买者对某家厂商的产品表现出特殊的爱好时，就说该厂商的产品与同行业内其他厂商的产品具有差别。

4. 进出容易

厂商进、出一个行业比较容易。这一点同完全竞争类似，厂商的规模不算很大，所需资本不是太多，进入和退出一个行业障碍不大，比较容易。

5. 可以形成产品集团

行业内部可以形成多个产品集团（Productgroup），即行业内生产类似商品的厂商可以形成团体，这些团体之间的产品差别程度较大，团体内部的产品之间差别程度较小。

> **小案例**
>
> **"平成酒"**
>
> 1989年1月，日本裕仁天皇逝世，皇太子明仁继位，改年号为"平成"。一家酒商灵机一动，于明仁继位的第二天推出"平成酒"。日本消费者一见酒名，立即产生了浓厚的兴趣。加之该酒限量1008瓶，更煽动了消费者的购买欲。尽管酒价昂贵，每瓶2500多日元，却是买者踊跃，一上市就抢购一空。其实，该酒原名"多满多漫"，用米酿成，十分寻常。而名称一变，却立刻身价百倍。

> **小案例**
>
> **书的市场**
>
> 书的市场看来是极富竞争性的。当你观察书店的书架时，你发现了许多吸引你的作者和书籍。这个市场上的买者都有可供选择的成千上万种竞争的产品。而且，因为任何一个人都可以通过写作和出版一本书而进入这个行业，所以经营书并没有太多的利润。对高收入的小说家来说，总有数以百计的人在争夺这一地位。但书的市场也是极有垄断性的。因为每本书都是独一无二的，出版商在某种程度上可以选择所收取的价格。这个市场上的卖者是价格决定者，而不是价格接受者。而且实际上，书的价格大大超过了书的边际成本。

二、垄断竞争市场的需求曲线

由于垄断竞争厂商产品是有差别的，因此其需求曲线是一条由右下方倾斜的曲线；同时，其产品之间又具有很强的替代性，因此其需求曲线是一条向下倾斜、相对平坦的曲线。垄断竞争厂商所面临的需求曲线有两种：d 和 D 需求线。d 曲线表示在垄断竞争中的单个厂商改变产品价格，而其他厂商的产品价格保持不变时，该厂商的产品价格与销售量之间的对应关系。D 曲线表示在垄断竞争中的单个厂商改变产品价格,而其他所有厂商也使产品价格发生相同变化时,该厂商的产品价格和销售量之间的关系。如图6-10所示。

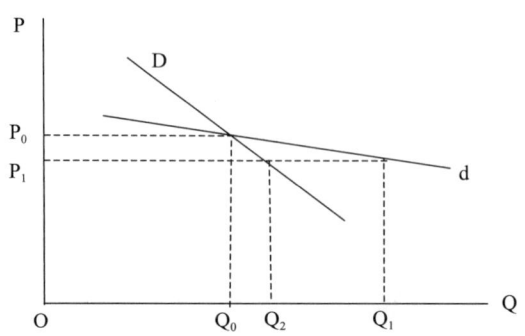

图 6-10 垄断竞争市场的需求曲线

当某厂商对产品降价时,它设想其他厂商都不会采取降价措施,这样,该厂商不仅可能增加对原有顾客的销售量,而且还能把较多的顾客从其他厂商那里吸引过来,厂商的销售量有较大增幅的可能性,用曲线d表示,曲线d较为平坦,表示需求曲线弹性较大,厂商一旦降价,可以增加很大的销售量。如果把价格从P_0降至P_1时,销售量从Q_0增至Q_1,由于d曲线出现的情况仅存在厂商的设想中,称为"想象"需求曲线。

当某厂商对产品降价时,其他厂商也会做出同样的反应。这样,该厂商就无法从其他厂商那里吸引新的顾客,而只可能增加原有顾客的销售量,因此增加的销售量是十分有限的,反映在图中就是曲线D,曲线D较为陡峭,表示需求弹性小,厂商一旦降价,可以增加的销售量有限,在同样的降价幅度下,厂商只能使销售量由Q_0增加到Q_2,由于假定所有厂商的销售量都以同样幅度增加,因此,每个厂商所占有的市场份额将不会改变,所以曲线D也会被称为"市场份额"需求曲线。

三、垄断竞争市场的均衡

1. 垄断竞争市场的短期均衡

垄断竞争厂商的短期均衡条件为:MR=SMC。在短期均衡的产量上,必定存在d曲线和D曲线相交,表示市场上的供求相等;垄断竞争厂商在短期均衡点上可以盈利最大、利润为零和亏损最小。

在短期内,垄断竞争厂商是在现有生产规模下通过对产量和价格的同时调整,来实现MR=SMC的均衡条件。如图6-11H点。H点所决定的产量为OQ_1,价格为OP_1。由于此时的短期平均成本为OG,所以,垄断竞争厂商是有利润的,其利润为GFHP。

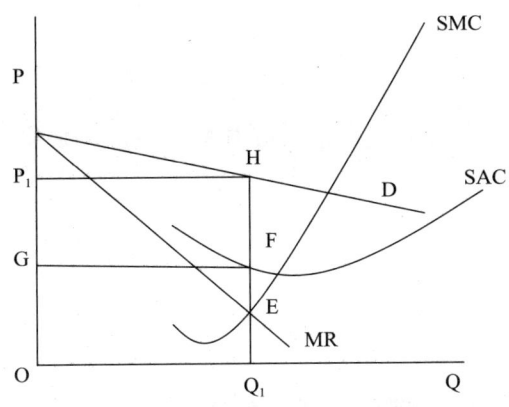

图 6-11 垄断竞争市场短期均衡

垄断竞争厂商在决定产量和价格的方式时与垄断厂商完全相同。另外，垄断竞争厂商也可能会有损失出现。在图 6-11 量 OQ_1 下，如果短期平均收益低于短期平均成本，垄断厂商就会亏损。但无论是有利润还是亏损，在短期内都不会吸引其他厂商加入或使原有厂商退出。

2. 垄断竞争市场的长期均衡

垄断竞争厂商的长期均衡条件为：MR = LMC = SMC，AR = LAC = SAC。在长期均衡的产量上，垄断竞争厂商的利润为零，由于其他厂商进入相对容易，故垄断竞争厂商的垄断利润很容易消失。在图 6-12 中长期垄断竞争厂商仍然会维持在 MR = MC 条件下生产，即图 6-12 的 F 点。F 点所决定的产量为 OQ_1，价格为 OP_1。在长期均衡时，平均收益等于平均成本，因此，利润为零。此时，不会有新的厂商加入，也不会有旧的厂商退出，市场达到长期均衡。

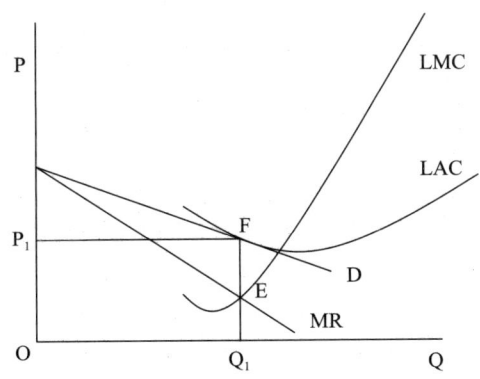

图 6-12 垄断竞争市场长期均衡

想一想

在垄断竞争之下，企业在短期与长期是否可以获得经济利润？

任务分析

手机市场是属于垄断竞争市场，该市场的竞争策略主要是三种：

（1）价格竞争，也即数量竞争，根据 MR = MC 的原则，通过调整价格从而调整销量以实现利润最大化。

（2）品质竞争，品质差异是除价格、数量、广告以外的所有差异，包括品牌差异、包装差异、售前售后服务差异等。当提高产品品质的边际收益等于提高产品品质的边际成本时，达到最佳产品品质。

（3）广告与服务竞争，通过对产品的广告宣传来促进产品销售，以实现利润最大化。当广告的边际收益等于广告的边际成本时，达到最适广告费用。

实际中，垄断竞争厂商同时采用三种竞争方式。

第五节 寡头垄断市场

本节重难点

1. 了解寡头垄断市场形成的原因。
2. 理解寡头垄断市场的特点和主要模式。
3. 掌握寡头垄断市场的经济效益。

任务导入

"老板，来瓶可乐！"

"可口可乐还是百事可乐？"

"都可以！"

大多数人在购买饮料时都会碰到这样的情况，可能你会喜欢特定的可乐品牌，但一定是这两个牌子之一，对吧？那么为什么会用这样的现象呢？在这种没有其他竞争对手的前提下，可口可乐和百事可乐又是怎样共存，并分享着全球市场的巨额利润呢？

内容精讲

寡头垄断市场是介于完全垄断和垄断竞争之间的一种市场模式，是指某种产品的绝大部分由少数几家大企业控制的市场。每个大企业在相应的市场中占有相当大的份额，对市场的影响举足轻重。如美国的芯片、中国的高铁等规模庞大的行业。在这种市场条件下，商品市场价格不是通过市场供求决定的，而是由几家大企业通过协议或默契形成的。这种联盟价格形成后，一般在相当长的时间内不会变动。这是因为某一个厂商单独降低了价格，会引起竞争企业竞相降价的报复，结果只能是两败俱伤，大家都降低收入，如果提高价格，则意味着降低了市场占有率，也得不偿失。

一、寡头垄断市场的形成原因

1. 市场自然形成

厂商由于追求规模经济，不断扩大生产规模，而市场又是相对狭小的。打个比方，如果某行业市场总规模是100，而对于该行业的生产厂商来说，规模经济为30，那么该市场仅能满足3个厂商在规模经济条件下生产。这就形成了寡头垄断市场。进一步，如果市场总规模仅能满足1家厂商在规模经济条件下生产，则市场可能进一步形成垄断市场。

2. 人为（制度）形成

厂商或国家对资源、专利、市场等的控制，也是一些寡头垄断市场形成的原因。

二维码6.7：
董明珠与格力关于芯片的博弈

> **注意**
>
> 寡头垄断市场结构有一点与垄断竞争相类似，即它既包含垄断因素，也包含竞争因素。但相对而言，它更接近于垄断的市场结构，因为少数几个企业在市场中占有很大的份额，使这些企业具有相当强的垄断势力。寡头垄断企业的产品可以是同质的，也可以是有差别的。前者有时被称为纯粹寡头垄断，后者则被称为有差别的寡头垄断。

二、寡头垄断市场的特点

1. 厂商极少

市场上的厂商只有一个以上的少数几个（当厂商为两个时，叫双头垄断），每个厂商在市场中都具有举足轻重的地位，对其产品价格具有相当的影响力。

2. 相互依存

任一厂商进行决策时，必须把竞争者的反应考虑在内，因而既不是价格的制定者，更不是价格的接受者，而是价格的寻求者。

3. 产品同质或异质

产品没有差别，彼此依存的程度很高，叫纯粹寡头，存在于钢铁、尼龙、水泥等产业；产品有差别，彼此依存关系较低，叫差别寡头，存在于汽车、重型机械、石油产品、电气用具、香烟等产业。

4. 进出不易

其他厂商进入相当困难，甚至极其困难。因为不仅在规模、资金、信誉、市场、原料、专利等方面，其他厂商难以与原有厂商匹敌，而且由于原有厂商相互依存，休戚相关，其他厂商不仅难以进入，也难以退出。

寡头垄断的市场存在明显的进入障碍。这是少数企业能够占据绝大部分市场份额的必要条件，也可以说是寡头垄断市场结构存在的原因。最重要也是最基本的因素是这些行业存在较明显的规模经济性。如果这些行业中要容纳大量企业，则每家企业都将因生产规模过小而造成很高的平均成本。规模经济性使得大规模生产占有强大的优势，大公司不断壮大，小公司无法生存，最终形成少数企业激烈竞争的局面。对试图进入这些行业的企业来说，除非一开始就能形成较大的生产规模，并能占据比较可观的市场份额，否则过高的平均成本将使其无法与原有的企业相竞争。

> **小案例**
>
> **为什么电影院老板在门票上给学生打折，而爆米花却不打折？**
>
> 影院老板之所以能给学生门票打折扣是因为一个人不可能在以较低价格看完电影后，再以较高价格将他的所见卖给别人。同样，律师和医生也可以对不同的客户收取不同的价格，因为他们的需求价格弹性不同。但对爆米花这样的产品来说，市场分割却是很难做到的。如果影院老板将爆米花以5元的价格出售给学生，而以8元的价格出售给成人，一些聪明的学生便会抓住这个套利的机会，以7元的价格将爆米花出售给不服气的成年人。在套利者相互之间的竞争压力下，价格的差异最终会降至仅足以弥补学生们的交易成本。

二维码6.8：寡头市场

三、寡头垄断市场的主要模式

1. 突点需求曲线

寡头垄断中有一个模型名为突点需求曲线。突点的需求曲线是指一个寡头垄断企业提价时，它的对手并不提价；当其降低价格时，它的对手也降价。理解寡头的需求曲线突点的关键在于理解寡头价格变动的相互影响。因为寡头市场为若干寡头分割，一家寡头涨价，别的寡头价格不变，这家寡头的消费者都去购买别的寡头的商品，其需求量就会大幅度减少；反过来，一家寡头降价，别的寡头则要跟着降价，然后部分抵消这个寡头降价的效应，使得这个寡头的需求量增加有限。需求曲线的突点折断了边际收益曲线，这是需求曲线作为平均收益线与边际收益线的关系决定的。边际成本线与此折断处相交，既不影响价格也不影响产出。

2. 市场份额模式

理解市场份额的关键就是遵循 MR = MC 的规则，确定市场份额的分配。在成本不同，而需求曲线和边际收益线相同的情况下，边际成本低的企业市场份额大，价格也低；而边际成本高的企业市场份额小，价格高。

3. 价格领头模式

上述两种情况是寡头企业各自决定自己的价格，实际上，在很多情况下，都是一家寡头定价,其他寡头只是价格的接受者。

4. 博弈论模式

寡头垄断企业间的竞争实际上是种博弈,也就是竞争各方都充分考虑各方在现有条件下可能做出的选择,然后做出对自己最为有利的决策。

四、寡头垄断市场的经济效益

第一,由于几个厂商供应整个市场的全部需求量,生产规模一般是较大的,可以获得规模经济的好处。

第二,寡头垄断市场上的厂商规模很大,也说明厂商有较为雄厚的技术力量和财政力量从事技术革新和产品革新。

第三,大型厂商具有抵御风险的能力。

第四,大型厂商具有先进的管理技术,许多大型厂商可以拥有管理复杂生产过程的先进技术和经验,实际上,也只有大型厂商有条件使用有专门管理技术的人才和先进的装备。

二维码6.9:
寡头均衡

> **小案例**
>
> 寡头垄断可避免完全垄断的"唯我独尊"
>
> 日本铁路从组建初期至20世纪70年代末,就一直是国铁"一统天下"的局面,由于在陆地运输上的垄断地位,使其集中统一的管理和垂直"金字塔"式的组织结构在进行决策时还比较有效。
>
> 但面对七八十年代日趋激烈的市场竞争,而且公司在各地区的经营状况不相同,又决定其管理就必须平衡各方利益,不能专注于衡量经营状况的效益目标,加上缺乏一个强有力的把公司运营实绩与利益补偿相结合的激励机制,原有全国大一统的管理模式被证明越来越不适应新的要求。
>
> 20世纪80年代,日本政府开始对国铁进行改革,先后拆分成七家公司,并通过租借、出售、上市等一系列的步骤,使改组后的各铁路公司仅在十年时间里其经济效益、效率和服务质量上有大幅度提高。寡头垄断的市场结构正好避免了完全垄断所带来的不利因素,使行业发展乃至于经济发展走上健康道路。

> **想一想**
>
> 囚徒困境
>
> 刘刚和苏生合谋盗窃,在作案过程中被警察抓住了。但是警察的证据不足,对于两者的量刑取决于两者对于犯罪事实的供认情况。于是,警察将他们分别关押,防止他们互通消息。并且向两个人说明了量刑的政策,即如果两人都坦白,将各自判刑5年;如果两人都抗拒,将会以较轻的妨

碍公务罪各自判刑1年；如果一个坦白，一个抗拒，那么坦白的会宽大处理，立即释放，抗拒的则从严，要判刑8年。结果，刘刚和苏生最终都选择了坦白。然而，他们两个都面临着5年的监狱生涯。两个罪犯为什么会做出看似有些傻的行为呢？其中的经济学原理是什么？

二维码6.10：
博弈论案例

任务分析

在可乐市场上的可口可乐和百事可乐就是双寡头。它的显著特点是两家供应商垄断了某一行业的市场，这些厂商的产量占全行业总产量中很高的比例，从而控制着该行业的产品供给。

目前的可乐市场是双寡头市场。在寡头垄断企业之间存在很强的相互依存性，使其在经营上有着与其他类型的企业不同的重要特点，即寡头垄断者的某项决策会产生什么结果完全取决于其对手的反应。因此，可口可乐与百事可乐可能在长期竞争中形成了一个固定的意识、一致的价格、相近的质量保证、类似的售后服务。即使在激烈的竞争下也会因口味不一样，价格相近，消费者各取所需。没有一方能用简单的办法将另一方挤出市场。

当然这种双寡头的和谐也有可能依赖于某种内部商业协议，协议中达成厂址选择、市场占有、产品情况、价格涨幅等内容以实现双方的互利共赢，平等互利。长期的共存与发展产生集聚效应，双方都已知对方的产量、技术以及单价而相应的制定自己的市场战略，相互促进，以保证可乐市场的产品供应和双寡头地位。

思考与练习

一、单项选择题

1. 在完全竞争市场上（　　）。
   A. 产品有差别　　　　　　　B. 产品无差别
   C. 有的有差别，有的无差别　D. 以上说法都对
2. 在完全竞争条件下，平均收益与边际收益的关系是（　　）。
   A. 大于　　　　　　　　　　B. 小于
   C. 等于　　　　　　　　　　D. 没有关系
3. 完全竞争条件下，个别厂商的需求曲线是一条（　　）。
   A. 与横轴平行的线　　　　　B. 向右下方倾斜的曲线
   C. 向右上方倾斜的曲线　　　D. 与横轴垂直的线
4. 当价格大于平均成本时，此时存在（　　）。
   A. 正常利润　　　　　　　　B. 超额利润
   C. 贡献利润　　　　　　　　D. 亏损

5. 在完全竞争市场上，厂商短期均衡的条件是（   ）。
   A. MR = SAC
   B. MR = STC
   C. MR = SMC
   D. AR = MC
6. 一个市场只有一个厂商，这样的市场结构称为（   ）。
   A. 垄断竞争
   B. 完全竞争
   C. 寡头垄断
   D. 完全垄断
7. 在完全垄断市场上，厂商的边际收益与平均收益之间的关系是（   ）。
   A. 边际收益小于平均收益
   B. 边际收益大于平均收益
   C. 边际收益等于平均收益
   D. 边际收益曲线交于平均收益曲线的最低点
8. 完全垄断厂商定价的原则是（   ）。
   A. 利润最大化
   B. 社会福利最大化
   C. 消费者均衡
   D. 随心所欲
9. 最需要进行广告宣传的市场是（   ）。
   A. 完全竞争市场
   B. 完全垄断市场
   C. 垄断竞争市场
   D. 寡头垄断市场
10. 寡头垄断市场和完全垄断市场的主要区别是（   ）。
    A. 企业数目不同
    B. 竞争策略不同
    C. 成本结构不同
    D. 从事开发和研究的力度不同

二、多项选择题

1. 在完全竞争条件下，与平均收益曲线重叠的是（   ）。
   A. 价格曲线
   B. 需求曲线
   C. 边际收益曲线
   D. 总收益曲线
   E. 边际成本曲线
2. 在亏损状态下，厂商继续生产的条件是（   ）。
   A. P = SAFC
   B. P > SAVC
   C. P < SAVC
   D. P = SAVC
   E. P < SAFC
3. 在完全竞争市场上，厂商短期均衡的条件是（   ）。
   A. MR = MC
   B. P = MC
   C. AR = MC
   D. AR = AC
   E. TR = TC
4. 按竞争与垄断的程度，我们将市场分为（   ）。
   A. 完全垄断市场
   B. 垄断竞争市场

C. 寡头垄断市场 D. 完全竞争市场

E. 营销市场

5. 在完全竞争市场上，厂商处于长期均衡时（　　）。

　A. SMC = SMR = SAC = SAR　　B. MR = LMC = SMC

　C. MR = AR = MC = AC　　D. MR = LMC = SMC = LAC = SAC

　E. P = LMC = LAC = SMC = SAC

6. 厂商的停止生产点是（　　）。

　A. P = AVC　　B. TR = TVC

　C. TR = TC　　D. 企业总亏损等于 TFC

　E. P = AFC

7. 厂商要获得经济利润，一定是（　　）。

　A. TR > TC　　B. P > AC

　C. TR > TVC　　D. P > AVC

　E. TR = TC

8. 在短期，完全垄断厂商（　　）。

　A. 有可能获得正常利润　　B. 也有可能发生亏损

　C. 永远获得超额利润　　D. 永远处于亏损状态

　E. 也可能获得超额利润

三、简答题

1. 实现完全竞争的条件是什么？
2. 如何比较四种市场结构？

四、思考分析

1. 在完全竞争市场上，为什么厂商的需求曲线是一条和横轴平行的线，而行业需求曲线是一条自左上方向右下方倾斜的曲线？
2. "垄断厂商可以任意定价"这种说法对吗？试述理由。

五、技能实训

根据下面表格做出总产量曲线、平均产量曲线和边际产量曲线。

劳动投入（L）	资本投入（K）	总产量（TP_L）	平均产量（AP_L）	边际产量（MP_L）
0	10	0	0	0
1	10	6	6	6
2	10	13	6.5	7
3	10	21	7	8
4	10	28	7	7
5	10	34	6.8	6
6	10	38	6.3	4
7	10	38	5.4	0
8	10	37	4.6	−1

1. 总产量曲线

2. 平均产量曲线

3. 边际产量曲线

第七章
生产要素价格的决定

本章知识点

1. 生产要素的需求、需求曲线、供给曲线、价格。
2. 劳动力市场的需求与供给以及工资，资本市场的需求与供给以及利息，土地市场的需求与供给以及地租。
3. 洛伦茨曲线和基尼系数。

知识导图

	知识结构	知识要点
第七章 生产要素价格的决定	生产要素的 需求与供给	生产要素的需求，生产要素的需求曲线、供给曲线，生产要素的价格
	劳动力市场	劳动力市场的需求、供给，工资的差别及其原因
	资本市场	资本的需求、供给，资本市场的均衡，利息的决定
	土地市场	土地的需求、供给，准地租和经济租
	洛伦兹曲线与 基尼系数	社会收入分配标准和分配方式，洛伦茨曲线和基尼系数

引导案例

漂亮的收益

美国经济学家丹尼尔·哈莫米斯与杰文·比德尔在1994年第4期《美国经济评论》上发表了一份调查报告。根据这份调查报告，漂亮的人收入比长相一般的人高5%左右，长相一般的人又比丑陋一点的人收入高

5%~10%。为什么漂亮的人收入高?经济学家认为,人的收入差别取决于人的个体差异,即能力、勤奋程度和机遇的不同。漂亮程度正是这种差别的表现。

个人能力包括先天的禀赋和后天培养的能力,长相与人在体育、文艺、科学方面的天才一样是一种先天的禀赋。漂亮属于天生能力的一个方面,它可以使漂亮的人从事其他人难以从事的职业(如当演员或模特)。漂亮的人少,供给有限,自然市场价格高,收入高。

漂亮不仅仅是脸蛋和身材,还包括一个人的气质。在调查中,漂亮由调查者打分,实际是包括外形与内在气质的一种综合。这种气质是人内在修养与文化的表现。因此,在漂亮程度上得分高的人实际往往是文化高、受教育程度高的人。两个长相接近的人,也会由于受教育不同表现出来的漂亮程度不同。所以,漂亮是反映人受教育水平的标志之一,而受教育是个人能力的来源,受教育多、文化高,收入水平高就是正常的。

漂亮也可以反映人的勤奋和努力程度。一个工作勤奋、勇于上进的人,自然会打扮得体,举止文雅,有一种朝气。这些都会提高一个人的漂亮得分。漂亮在某种程度上反映了人的勤奋,与收入相关也就不奇怪了。

漂亮的人机遇更多。有些工作,只有漂亮的人才能从事,漂亮往往是许多高收入工作的条件之一。就是在所有的人都能从事的工作中,漂亮的人也更有利。漂亮的人从事推销更易于被客户接受,当老师会更受到学生热爱,当医生会使病人觉得可亲,所以,在劳动市场上,漂亮的人机遇更多,雇主总爱优先雇用漂亮的人。有些人把漂亮的人机遇更多,更易于受雇称为一种歧视,这也不无道理。但有哪一条法律能禁止这种歧视?这是一种无法克服的社会习俗。

漂亮的人的收入高于一般人。两个各方面条件大致相同的人,由于漂亮程度不同而得到的收入不同。

(资料来源:梁小民:《西方经济学》,中央广播电视大学出版社2003年版。)

第一节 生产要素的需求与供给

本节重难点

1. 了解引致需求、联合需求。
2. 理解厂商的生产要素需求曲线和厂商的生产要素供给曲线。
3. 熟悉不同情况下生产要素市场的均衡。

任务导入

小张与小王在某大学分别学习计算机专业和农业机械专业，两人学习都很努力，成绩也很优秀。毕业后，小张成为一名计算机维护员，小王在一家农机厂工作，同样是优秀的员工，他们的收入水平却有不小的差别。小李与小孙都是名牌大学毕业的博士研究生，小李是电子工程博士，小孙是文学博士，毕业后，两人分别在不同的岗位就职，可小李的工资比小孙的工资高出4倍多。

为什么不同专业的人收入有如此大的差异呢？

内容精讲

一、生产要素的需求

（一）生产要素

生产要素指进行物质生产所必需的一切要素及其环境条件。生产要素包括劳动、资本、土地和企业家才能四大类，但长期以来我们只强调劳动在价值创造和财富生产中的作用，而其他生产要素的作用及其对国民收入的分割则要么被忽视了，要么重视不够，因而一直只强调劳动参与收入分配的问题。

（二）生产要素需求的特点

生产要素的需求是指厂商在一定的时间内、一定的价格水平下，愿意并且能够购买的生产要素的数量。生产要素市场与产品市场相似，由生产要素的供给方和生产要素的需求方共同决定价格，并以此来实现对稀缺资源的有效配置。但是与产品的需求不同，生产要素的需求有自己的特点。

1. 生产要素的需求是一种引致需求

在产品市场上，需求来自消费者。消费者为了满足自己的消费需求而购买产品，因此对产品的需求是直接需求。在要素需求市场上，需求来自厂商。厂商购买生产要素并不是直接用来消费的，而只是增加生产能力，从而生产出更多的产品用来出售给消费者，以便获得利润。因此，厂商对生产要素的需求是一种间接需求，或者叫作派生需求，这种需求被称为引致需求。比如，消费者为了填饱肚子，需要的是面包，而厂商为了获得利润，需要的是面粉，从而制作出面包，再卖给消费者赚取利润，正是由于消费者对面包的需求才导致了厂商对面粉的需求，因此，经济学家就把对生产要素的需求称为引致需求。

2. 生产要素的需求是一种联合需求

任何生产行为所需要的都不只是一种生产要素，而是将多种生产要素进行组合运用，即对生产要素的需求是共同的、相互依赖的需求。这个特点往往是生产要素不能单独发生作用的技术因素决定的。比如，蛋糕厂商不能只雇佣工人，还要准备原材料，还要租用厂房、机器，雇佣有经验的企业家等，只有将人与机器、原材料等结合起来才能发挥作用。

(三) 生产要素的边际生产力

消费者购买产品是因为产品具有效用，能满足其需要，同样，厂商购买生产要素是因为生产要素具有生产力。如同消费者对产品的需求取决于产品的边际效用，厂商对生产要素的需求取决于要素的边际生产力。

1. 生产要素的边际生产力

边际生产力是指在其他生产要素数量不变的条件下，追加一个单位某种生产要素所带来的生产率。

生产要素的边际生产力有两种表现形式：

(1) 实物形式，表现为生产技术以及其他生产要素数量不变的情况下，每追加一单位要素时总产量增加的数量，被称为边际物质产品（Marginal Physical Product，MPP，也可以被简称为边际产品，即 MP）。

(2) 货币形式，表现为每增加一单位要素投入所增加的实物产量带来的收益，被称为边际收益产品（Marginal Revenue Product，MRP）。

2. 边际收益产品

厂商的收益取决于产量，产量又取决于要素。厂商使用要素的边际收益等于产品的边际收益 MR 和要素的边际产品 MP 的乘积 MR·MP。这个乘积即被称作要素的边际收益产品，并用 MRP 来表示，即：

$$MRP = MR \cdot MP \tag{7-1}$$

> **注意**
>
> MRP 是厂商（包括完全竞争和不完全竞争厂商）使用要素的边际收益。
>
> 边际收益产品 MRP 与产品的边际收益 MR 的区别：产品的边际收益或简称为边际收益通常是对产量而言，故称为产品的边际收益；边际收益产品则是对要素而言的，是要素的边际收益产品。

3. 边际产品价值

与边际生产力相关的另一概念是边际产品价值（Value of Marginal Product，即 VMP），它是边际产品与价格的乘积，即 VMP = MP·P。

> **注意**
>
> 当厂商面对的产品市场是完全竞争的市场结构时，厂商的边际收益 MR 与其价格 P 相等，即 MP = P，由于 VMP = MP·P，MRP = MR·MP，所以 MRP = VMP。
>
> 当产品市场是非完全竞争的市场结构时，厂商的产品价格大于其边际收益，即 P > MR，所以可推出 VMP = MP·P > MRP = MR·MP。

4. 边际生产力递减规律

由于要素的边际产品 MP 是产量对要素的导数，故它也是要素的函数。为了表示这层意思，有时也把它写成 MP（L）。我们已知生产要素的边际报酬是递减的，可以得出该函数曲线向右下方倾斜，即在其他生产要素数量不变的条件下，如果连续地追加一种生产要素的量，经过一段时间后，每一追加单位的生产要素所增加的边际产品会呈递减状态，其边际收益产品、边际产品价值也是递减的，这就是边际生产力递减规律。

5. VMP 曲线、MRP 曲线

（1）VMP 曲线。表 7-1 给出某个只使用劳动要素的厂商的边际产品价值的部分数据。

表 7-1　　　　　　　　厂商的边际产品和边际产品价值

要素数量（L）	边际产品（MP）	产品价格（P）	边际产品价值（VMP = MP × P）
1	10	2	20
2	9	2	18
3	8	2	16
4	7	2	14
5	6	2	12
6	5	2	10
7	4	2	8
8	3	2	6
9	2	2	4
10	1	2	2

根据边际生产力递降规律，即随着要素使用量的增加，边际产品不断下降，价格 P 为常数，所以 VMP 曲线和边际产品曲线一样向右下方倾斜。

它们之间的相对位置关系取决于产品价格是大于 1，还是小于或等于 1，如图 7-1 所示。图中横轴表示劳动要素的数量 L，纵轴表示表示边际产品 MP 和边际产品价值 VMP。

如果 P > 1，则 VMP > MP，即 VMP 曲线高于 MP 曲线；

如果 P < 1，则 VMP < MP，即 VMP 曲线位于 MP 曲线下方；

如果 P = 1，则 VMP = MP，即 VMP 曲线与 MP 曲线重合。

（2）MRP 曲线。在不完全竞争市场中，产品的边际收益随着产量的增加而递减，那么对于 MRP，即除了由于要素的边际产品原因之外，还由于产品的边际收益是递减的，所以它随着要素数量增加而下降。因此，一般而言，边际收益产品曲线要比边际产品价值曲线更加陡峭一些，如图 7-2 所示。图中横轴表示劳动要素的数量 L，纵轴表示表示边际收益产品 MRP。

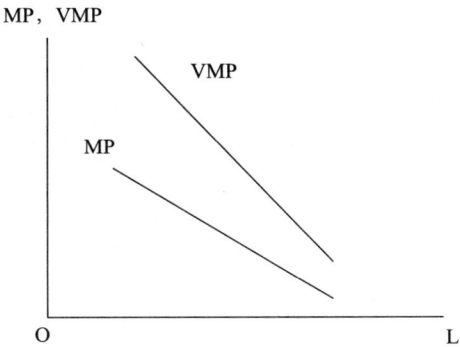

图 7-1　厂商的边际产品 MP 和边际产品价值 VMP

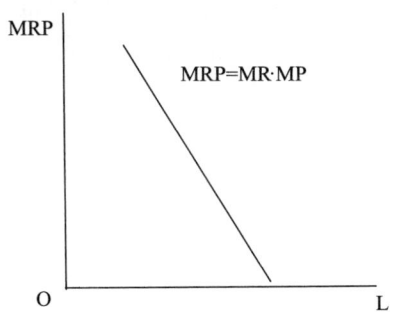

图 7-2　边际收益产品曲线

二、生产要素的需求曲线

厂商购买生产要素进行生产是为了获取利润,而厂商的利润是总收益与总成本的差额,总收益是产品销售量与产品价格的乘积,总成本则是要素使用量与要素价格的乘积。这样,厂商要获取最大利润,除了要考虑产品市场上产品的数量和价格外,还必须考虑要素市场上要素的使用量及其价格。

厂商的要素需求曲线讨论的是厂商对应于不同的生产要素的数量愿意支付的价格。厂商为了实现利润最大化,依然要让使用要素的"边际成本"和相应的"边际收益"相等。

以下是完全竞争产品市场的情况。

1. 厂商使用要素(L)的原则

完全竞争厂商使用要素的原则可以表示为:$VMP = W$,即 $MP \cdot P = W$。其中 VMP 为完全竞争产品市场中厂商的边际收益,W 为完全竞争要素市场中的边际成本。如果两者不等,假设 $VMP > W$,那么增加使用一单位生产要素所带来的收益大于成本(工资),厂商将会增加要素的使用量以提高利润,直至相等;反之如果 $VMP < W$,减少使用一单位生产要素所损失的收益小于所节省的成本,厂商将会减少要素的使用以提高利润,直至两者相等。

2. 完全竞争产品市场中厂商对生产要素的需求曲线

完全竞争厂商对生产要素 L 的需求函数指的是:在其他条件不变时,完全竞争厂商对要素的 L 的需求量与要素价格 W 之间的关系。这个关系可以用要素需求表来表示。如表 7-2 所示，其中，要素价格是不变的常数。为了保证利润最大化，厂商使用的要素量必须使要素价格与要素的边际产品价值相等。表中的第一栏和最后一栏合起来就表示厂商的要素需求曲线。完全竞争厂商的要素需求曲线与其边际产品价值曲线一样，是向右下方倾斜的。并且两条曲线完全重合。

表 7-2　　　　　　　　　完全竞争厂商的要素需求表

要素数量 L	边际产品 MP	产品价格 P	边际产品价值 VMP = MP × P	要素价格 W
1	10	10	100	100
2	9	10	90	90
3	8	10	80	80
4	7	10	70	70
5	6	10	60	60
6	5	10	50	50
7	4	10	40	40
8	3	10	30	30
9	2	10	20	20
10	1	10	10	10

在完全竞争的市场条件下，VMP = MRP，因此，生产要素的需求曲线 dd、MRP 曲线以及 VMP 曲线是同一条向右下方倾斜的曲线，表明随着生产要素数量的增加，要素的边际收益产品及边际产品价值递减，厂商对其愿意支付的价格也随之下降（见图 7-3）。

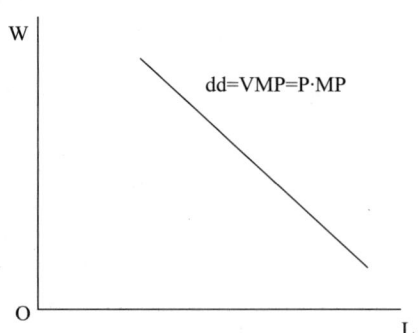

图 7-3　完全竞争厂商要素需求曲线

三、生产要素的供给曲线

同完全竞争产品市场一样，完全竞争要素市场的基本特征可以描述为：要素的供求双方人数都很多；要素没有任何区别；要素供求双方都具有完全的信息；要素可以充分自由的流动，等等。

在完全竞争条件下，要素买卖双方数量很多，任何一家厂商和居民户都不会影响到要素价格，厂商和居民户都是既定市场价格的接受者，所以，完全竞争要素市场的要素供给曲线是一条由既定市场价格出发的水平线。假设生产要素为劳动，劳动的市场价格为 W_0，那么成本函数为：

$$C = W_0 \cdot L \tag{7-2}$$

式中，W_0 为常数。那么使用要素的"边际成本"MFC，即成本函数对要素的导数恰好等于劳动价格：

$$MFC = \frac{dC(L)}{dL} = W_0 \tag{7-3}$$

所以，劳动的边际成本曲线和供给曲线为同一条水平直线，如图 7-4 所示。

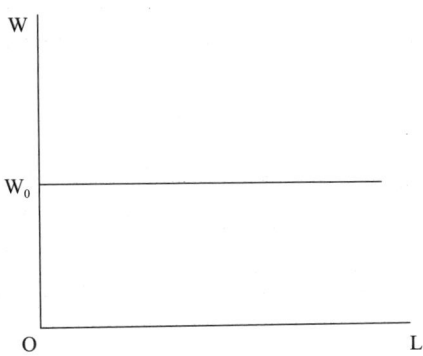

图 7-4 完全竞争要素市场的供给曲线

四、生产要素价格的决定

1. 两种要素定价理论

（1）克拉克的以边际生产力为基础的收入分配理论：由美国经济学家克拉克提出。其基本观点是要素的价格由要素的边际生产力决定，要素的边际生产力是指每增加或最后增加一单位生产要素所增加的生产力，它有不同的表现形式：一是边际物质产品，指每增加或最后增加一单位生产要素所增加的产量；二是边际收益产品，指每增加或最后增加一单位生产要素所增加的收益；三是边际产品价值，指每增加或最后增加一单位生产要素所增加的价值。

（2）以均衡价格理论为基础的收入分配理论：由英国经济学家马歇尔提出。其基本观点是要素的价格由要素的供求决定，要素的需求是一种派生的需求，要素的供给由要素的边际成本决定。

2. 完全竞争条件下要素价格的决定

（1）完全竞争条件下要素价格决定的基本原则是：要素的边际生产力等于要素的边际成本，即 MRP = MFC。如果 MRP > MFC 则意味着厂商增加一单

二维码7.1：
"三变"改革：以"股份"为纽带 激活农村生产要素

位要素的需求所增加的收益大于增加该单位要素所花费的成本，因此厂商必然增加对要素的需求直至 MRP = MFC；如果 MRP < MFC 则意味着厂商增加一单位要素的需求所增加的收益小于增加该单位要素所花费的成本，因此厂商必然减少对要素的需求直至 MRP = MFC；只有当 MRP = MFC 时，厂商对要素的需求才达于均衡状态，此时要素的价格便得以确定。

（2）完全竞争条件下厂商的需求线就是厂商的边际生产力曲线，它是一条从左上方向右下方倾斜的负斜率的曲线。完全竞争条件下厂商的供给线就是其边际要素成本线，因为在完全竞争市场上要素供给者不能影响要素市场价格，所以在完全竞争市场上要素供给曲线是一条以市场价格为高度的平行于横轴的直线（如图 7-5 所示）。

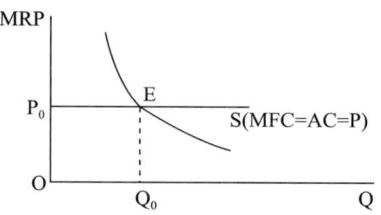

图 7-5　完全竞争市场要素市场均衡

小案例

近年来，随着经济改革的深入，对国企经营者收入管理办法已不能适应形势发展的需要，在实践中产生不少问题：有的经营者业绩很好，却不敢领取应得收入，只拿基本工资（国家规定的档案工资或企业内部确定的基本工资）和企业的平均奖金；而有的经营者者并没有付出相应的劳动，收入却高出职工几倍甚至十几倍。

针对现行国有企业经营者收入制度存在的问题，借鉴国外企业的通行做法，很多国有企业中实行经营者收入年薪制，以年度为单位确定经营者的报酬，并视其经营成果发放风险收入。经营者年薪一般由基薪和风险收入两部分组成，基薪是经营者的"基本身价"，是经营者的劳动报酬，风险收入则是经营者的人力资本收益，要根据经营者在经营期间企业上缴利税、国有资产保值增值等经济指标的完成情况、风险程度等因素来确定。风险收入在年薪收入中所占份额往往大于基薪收入，是年薪制激励作用的主要体现。

有人认为，年薪制的实施有利于克服国有企业短期行为和腐败现象，实现国有资产保值增值的有效措施，是造就企业经营者队伍的必由之路。

结合实际谈谈你对年薪制的看法。

> **想一想**
>
> 你到镇上最好的餐馆吃饭,点了一只价格为 300 元钱的龙虾。龙虾吃了一半,你就感到饱了。你的朋友想劝你吃完,因为你无法把它拿回家,而且也因为"你已经买了单"。那么你应该吃完吗?

任务分析

一个人收入高低在相当大程度上取决于他从事哪一类行业。在市场经济下,这一事实也许并不让人吃惊,但是它的原因并不总是显而易见的。例如,并没有法律规定,计算机维护人员的收入一定要比农机修理员的高,工学博士一定比文学博士挣得多。相反,从某些可能获得广泛赞同的观点来看,小王的工作与农业这一基础产业相联系,小孙的职业有助于提高人们的精神修养,这类工作也许更加重要,因而应得到更多收入。

在一个成熟的市场经济中,劳动、土地、资本的供给和需求决定了支付给工人、土地所有者和资本所有者的价格;在劳动力市场内部,人们的收入水平主要取决于不同工种或行业劳动力供给和需求力量的平衡。当然,这并不是说,由市场力量决定的收入分配状态是理想状态。相反,正是由于市场供求关系决定收入分配与现代社会某些目标或价值判断不一致,才需要通过政府职能介入二次分配来弥补市场分配的局限性。然而,在国民收入一次分配范围内,不同种类要素的价格必然由它们各自的供求关系和相对稀缺程度所决定。因而,小张和小李工资高于他们的同学小王与小孙,正是由他们所在劳动力市场的供求关系和他们所提供的劳动的相对稀缺程度所决定。

第二节 劳动市场与工资

本节重难点

1. 了解劳动市场的需求、劳动的市场供给。
2. 理解劳动市场均衡与工资的决定。

任务导入

在中国盛行了 20 多年的"民工潮"现象却在 2004 年的东南沿海海发生了意想不到的变化,出现了大量农民工返乡引发了"民工荒",从原先的劳动力可以无限供给突然转变成劳动力的短缺,进而演变成"民工荒"。2010 年以后,新一轮"民工荒"再次在沿海地区和部分内地出现,"民工荒"又一次成为人们热议的话题。那么,究竟是什么原因导致了中国由"民工潮"向"民工荒"的转变呢?

内容精讲

一、劳动市场的需求

厂商对劳动的需求取决于劳动的边际生产力,劳动的边际收益产品 MRP 曲线就是厂商对劳动的需求曲线。由于劳动的边际生产力递减,所以劳动市场的需求曲线向右下方倾斜。将所有厂商的劳动需求曲线加总,就得到了市场的劳动需求曲线。劳动市场的需求曲线如图 7-6 所示。

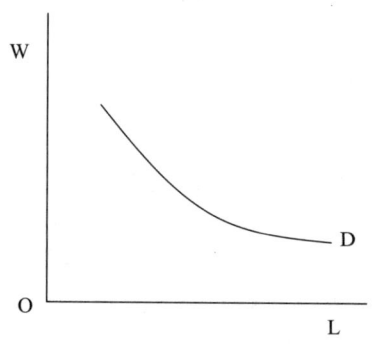

图 7-6 劳动的需求曲线

在图 7-6 中,横轴 OL 表示劳动的需求量,纵轴 OW 表示工资水平,D 表示劳动的需求曲线。

> **想一想**
> 举出两例可以变动劳动需求的事件。

二、劳动的市场供给

劳动的供给取决于居民户对时间的分配。居民户拥有的全部时间通常可以分为两部分:一部分是工作时间,在这段时间里人们从事生产活动,并获取相应的报酬即工资;另一部分是闲暇时间,一天中除工作之外的其他时间均可归为此类,主要用于睡眠、娱乐、旅游等非生产活动。闲暇时间虽然不能带来收入,但可以使人获得满足感,因而具有效用。居民户将时间在工作和闲暇之间进行分配,同一时间,选择闲暇就必然放弃工作,同时也放弃了相应的工资收入,因此,工资率即为闲暇的机会成本,相当于闲暇的"价格"。这样居民时间的分配主要取决于工资水平。

不同于其他要素的供给,居民户的劳动供给曲线是一条向后倒弯的曲线,如图 7-7 所示。

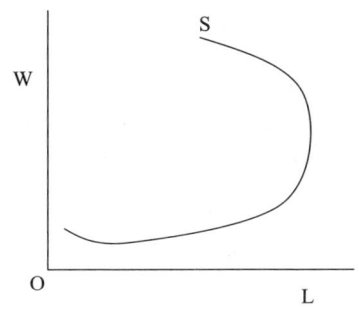

图 7-7 劳动的供给曲线

在图 7-7 中，横轴 OL 表示劳动的供给量，纵轴 OW 表示工资水平，S 表示劳动的供给曲线。

注意

劳动供给量的这种变化是由工资变动所引起的替代效应和收入效应造成的。替代效应是指工资率上升后，闲暇的代价增加，劳动者会用劳动来替代相对昂贵的闲暇，导致闲暇减少，劳动供给增加。收入效应是指工资率上升后，劳动者由于收入增加而更加富裕，相应地增加了对闲暇的需求，导致劳动供给减少。一般来说，当工资率处于较低水平时，替代效应大于收入效应，因此，劳动供给量随工资率的上升而增加，二者正相关；当工资率处于中等水平时，替代效应与收入效应相等，这时，劳动供给量不随工资率的变化而变化；当工资率处于较高水平时，替代效应小于收入效应，劳动供给量随工资率的上升反而减少。在替代效应和收入效应的作用下，居民户的劳动供给曲线向后倒弯。

小案例

加班还是补休？——劳动与休闲

35 岁的浩文已经有了自己的公司，现在正是"黄金积累期"，每天工作超过 15 个小时。浩文最近的日子很难过，因为他一直失眠。即使凌晨回到家累得虚脱，还是睡不着，经常睁着眼睛到早晨 6 点再爬起来开车上班。

除此之外，浩文还发现胃不大对劲，经常闷痛，心脏也不舒服，有一次居然还在家里昏倒了，医生让他做 24 小时心电图，结论是严重早搏。浩文开始吃中药，天天喝枫斗（一种中药），太太每周用虫草炖鸡汤给他喝，但是他的症状完全没有好转。他签字或者端酒杯时，手都会明显颤抖。

直到公司旅游，浩文带员工去了趟日本，没了工作电话的骚扰，居然在旅游车上睡了 3 天，回来后人人都说他气色好了不少。

其实像浩文这样拼命工作而导致身体处于亚健康的人很多。人们更好地均衡自己的工作和休闲时间，在关注自己收入的同时，必须也要关注自己的健康，因为"身体是革命的本钱"。

三、劳动市场均衡与工资的决定

工资作为劳动要素的价格，是由劳动的供给和需求决定的。在完全竞争的劳动市场上，当劳动的供给和需求相等时，劳动市场就处于均衡状态，此时的工资即为均衡工资。劳动市场的均衡如图 7-8 所示。

二维码 7.2：
入行之前先
算一笔账——
择业与跳槽

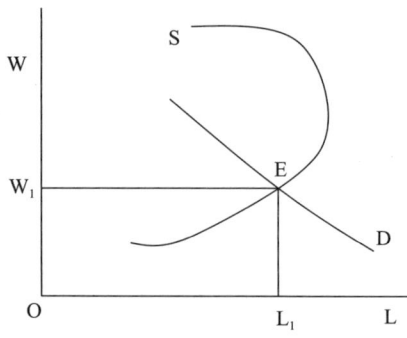

图 7-8　劳动市场的均衡

在图 7-8 中，纵横两轴分别代表工资水平和劳动数量。劳动需求曲线 D 向右下方倾斜，劳动供给曲线 S 开始向右上方倾斜，而过一定点后，转而向左上方弯曲。曲线 D 和曲线 S 的交点 E，决定了劳动要素的均衡数量为 L_1，劳动的均衡价格为 W_1。

注意

需要注意的是，在完全竞争的市场条件下，劳动市场的均衡在价格机制的作用下可以自发实现，而无须外在力量的干预，但这并不意味着该均衡是稳定不变的，实际上，随着时间的推移，劳动的供给曲线和需求曲线均会移动，相应地，劳动市场的均衡工资和均衡就业量都会发生变化。

知识窗

工资的来历

蜜蜂的社会也由大量的蜜蜂的个体组成。它们一只一只地离开蜂房去采集蜂蜜。虽然蜂蜜是每个蜜蜂的劳动成果，但是当他们将蜂蜜放入公共的仓库以后，他们并没有获得什么工资。这是为什么呢？

这是因为同一个蜂房的蜜蜂虽然有许多的个体，但是他们都是一家的。他们将蜂蜜放在公共的仓库中就是放在自己家的仓库中。他们可以随时取用，就像人到自己家的仓库中取用食品一样。所以蜜蜂不需要获得工资。否则就是多此一举。难道左手给右手东西也要付钱吗？

而人就不同了。人是分成许多家庭的，人的财产也是分开的，分成你的财产和我的财产。工人在工厂中上班，使工厂得以运行。而工厂却是别人家的，不是工人的。所以工厂主必须付给工人工钱，以便工人可以养活自己和家庭。这样工资也就出现了。

所以，如果要工人也像蜜蜂一样的不拿工资，那么人类也就必须像蜜蜂一样的只有一个家庭。相应的财产也是属于整个社会的。这样整个社会也就成了一个工厂，工厂也就是工人自己的工厂。工人们需要什么，也就可以从社会中随时取用，工人们自然也就不再需要什么工资了。

那么，是不是仅仅生产资料属于工人们就可以了呢？不可以。因为只要工人们是分成家庭的，那么就只有工人们自己家的财产才是工人自己的。工人也就不会认为工厂的财产是工人自己的。所以工人与工厂之间，工人与工人之间就会有隔阂。这样工人们也根本不可能像蜜蜂那样的无私奉献，社会也就根本不可能成为工人们不挣工资的社会。

四、工资的差别及其原因

在现实中，劳动报酬的差别是广泛存在的，我们称之为差别性工资。引起工资差别的原因主要有以下几种：

1. **劳动质量的工资差别**

这是由于劳动者天生的能力差别，再加上在学校和工作中积累起来的技术和训练成果的差别所造成的。例如社会对高级经济分析师、注册会计师的需求大，但是供给量小，因而工资高，但是对会计专业的普通人才需求量小，供给量大，因而工资水平低。

2. **补偿性的工资差别**

是指支付给那些接受差的或艰苦的工作条件的工人的额外工资，这是由劳动条件的不同带来的。比如经常在野外工作的石油工人，矿井下的挖煤工人，企业中常年驻外的工作人员等。

3. **特殊的工资差别**

是指那些具有很高天赋或拥有非凡才能的人，因具有一种在目前经济中被高度偿付和定价的特殊技能而获得特别高的收入而形成的工资差别。如对有特殊贡献的科学家的奖励，对体育界的世界冠军的奖励，付给著名表演艺术家高额的出场费等。

4. **非竞争性工资差异**

现实生活中的市场是一个非完全竞争市场，由于不完全信息、不完全劳动流动性、市场分割、非竞争群体等竞争因素的存在，也会导致工资差异。

比如劳动市场按职业被分割为若干子市场，医生和飞行员他们之间要进入对方的市场是困难和代价昂贵的，所以，就是飞行员的工资再高，医生也是望尘莫及。这就造成了行业工资水平的差异。

小案例

在深圳，华为公司新建的华为城分为生活区、科研开发区和生产区三个部分，均由来自美国、德国和香港的工程师规划和设计。这个设施齐全、技术先进、环境优美的现代化工业城为员工提供"比这个城市的其他人相对优越的生活和待遇"。

华为是个创造神话的企业。她不仅创造超过6000亿元的年销售额，而且创造出一批敬业高效、贴着"华为创造"标签的华为人。18万名华为员工用自己的全部青春和热情，日复一日地过着两点一线的生活。

据猎头公司介绍，外资企业要想挖华为的人很难，但华为要挖他们的人就容易多了。其中，待遇是重要的因素。华为实行高薪和职工持股计划，高薪和一个巨大的持股计划，使华为员工都很关心公司的市场前景和发展，也使他们愿意用自己的努力创造企业的神话。

想一想

外科医生与快餐工人的收入差别

在美国，外科医生每年平均收入为245000美元，而全职的快餐工人每年平均收入为12000美元。为什么外科医生和快餐工人的收入差异会这么大？

我们可以用生产要素的价格和需求决定要素价格的理论来分析这个问题。如图7-9、图7-10所示。

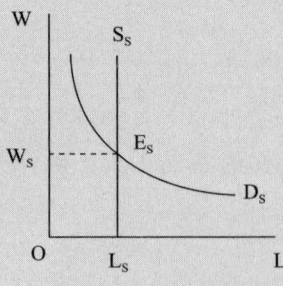
图7-9 外科医生市场

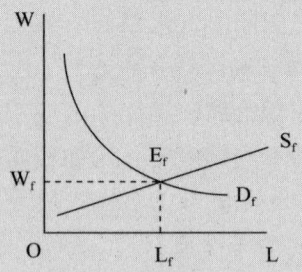
图7-10 快餐医生市场

由于行医需要执照，成为一个外科医生所受教育和训练时间长、成本高，外科医生的供给相当有限，因而美国的职业外科医生只有50000名。而由于对于外科医疗的需求与其他医疗服务的需求一起迅速增长，结果外科医生每年平均收入为245000美元。此外，由于需求上升比产出增长来得要快，医生的收入还会急剧增长。

快餐行业的工作对于技术或教育没有什么要求，几乎每个人都能做。劳动供给很有弹性，它雇用的人员已由1970年的150万人上升到1993年的250万人。快餐工人的工资接近于最低工资，因为进入这个市场很容易，全职工人平均每年挣12000美元。外科医生和快餐工人的收入悬殊原因何在？关键是劳动质量的差别，而不是工作时间的差别。

任务分析

所谓"民工荒"实际上仅表明了廉价劳动力的供给不足，并不是说整个劳动力市场已经出现了供给短缺。因此，"民工荒"的本质是在既定工资水平下，低级劳动力供给的减少、企业试图在接近甚至低于法定最低工资以及不提供相应福利待遇条件下招收足够的劳动力确实已经成为困难的事情了。劳动力成本是决定劳动力供给的重要因素。而劳动力成本既包括了与工人的工作时间成正比的可变成本，又包括具有准固定性质的劳动力成本。具体来说，准固定成本一般是非工资成本，比如，企业新雇员的雇用和培训成本、法定社会保险计划（如社会保障和失业补偿）等。对于民工来说，其可变成本部分（工资）都经常、普遍性地被企业主拖欠，更不用说社会保障和失业补偿、健康保险休假、病假工资这些了，估计民工连听都没听说过。对比发达国家，我们许多民营企业的发展大多是建立在削减民工待遇、压缩劳动力成本基础上的。对于民工来说，一方面由于谈判力量的缺乏以及对相应的法律法规不甚了解，不能合理维护自身合法权益，因此导致劳动力价格偏低；另一方面，随着整个中国的经济发展，中国城乡居民生活水平已经有了实质性提高，民工在城市里的生活成本大幅提高。正是因为民工做了简单的"收益—成本"比较，得出"入不敷出"的结论，"民工荒"的出现就成为一个必然趋势。

第三节　资本与利息

本节重难点

1. 了解资本市场的需求、供给。
2. 理解资本市场均衡与利息的决定。

任务导入

假设你是千万富翁，遇上大洪水，正在急流中，就要被巨浪淹没，一个人从你旁边经过，可以救你，而且是举手之劳。假设，除了他之外没有人知道你危险，没有人能救你。假设这人给你两个方案供你选择：第一，马上救你，但是你必须给他你的全部财产；第二，明天早上再来救你，只需要给他 100 元。

那么你将如何选择？

内容精讲

一、资本的需求

资本的需求主要是企业的投资需求，因此，通常用投资来代表资本的需求。任何社会的经济发展都与投资密切相关，投资意味着放弃部分当前产出的消费，以换取将来的产出。厂商的投资需求取决于预期投资收益率和投资成本的比较，只有当预期收益大于投资成本时，厂商进行投资才是值得的。预期投资收益率也称为资本的边际效率，即厂商每追加一单位资本预期可以获得的利润率，该利润率使厂商在某一时期内恰好收回投资。厂商的投资成本是利息率，它是厂商使用资本的代价，利息率的高低对厂商的投资决策具有决定性的作用。

在资本边际效率不变的情况下，利息率越高，预期收益与投资成本的差越小，厂商的投资需求越少，相反，利息率越低，二者相差越大，厂商的投资需求越多。因此，厂商对资本的需求曲线是一条向右下方倾斜的曲线，表示厂商对资本的需求量与利息率反方向变动。厂商的资本需求曲线如图 7-11 所示。

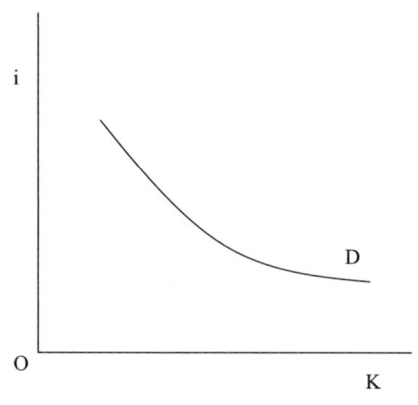

图 7-11 资本的需求曲线

在图 7-11 中，横轴 OK 表示资本的需求量，纵轴 Oi 表示利率水平，D 表示资本的需求曲线。

二、资本的供给

资本的供给来自于家庭的储蓄，储蓄意味着牺牲当期消费以用于未来消费,因此,家庭的储蓄决策实际上是家庭在当期消费与未来消费之间的跨期选择,影响这种选择的主要因素是利息率。

储蓄虽然以牺牲当期消费为代价,但可以获得利息收入,因此,可以将利息率视为当期消费的机会成本。在其他条件不变的情况下,利息率上升,当期消费的成本增加,人们会减少消费增加储蓄,使资本供给增加;利息率下降,当期消费的成本减少,人们会增加消费减少储蓄,使资本供给减少。因此,家庭的资本供给与利息率成同向变动关系,家庭的资本供给曲线是一条向右上方倾斜的曲线。家庭的资本供给曲线如图7-12所示。

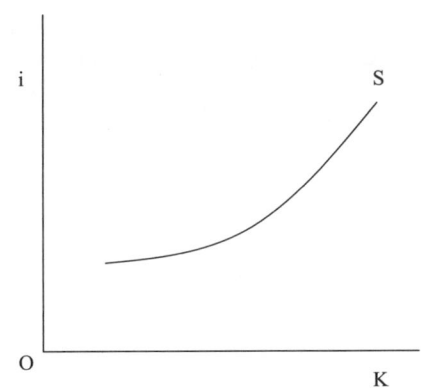

图 7-12 资本的供给曲线

在图7-12中,横轴OK表示资本的供给量,纵轴Oi表示利率水平,S表示资本的供给曲线。

> **注意**
> 储蓄是如何转化成资本的呢?企业家的资本是从银行的贷款中得来的。在传统的经济渠道中,当自己的储蓄不能够满足供应创新活动对资金的需要时,企业家唯一的办法就是向银行借款。当然,借款到期是要偿还的,并且还要付利息。然而,当企业家运用自己的知识和智慧看准机会时,他们的创新活动就会创造出巨大的利润,而且在还本付息之后,还会有很大的剩余。

三、资本市场的均衡与利息率的决定

资本市场的均衡由资本的供给和需求决定。当资本的供给和需求相等时,就实现了资本市场的均衡,由此决定了资本的均衡价格即均衡利息率。利率是由资本的需求与供给双方共同决定的,如图7-13所示。

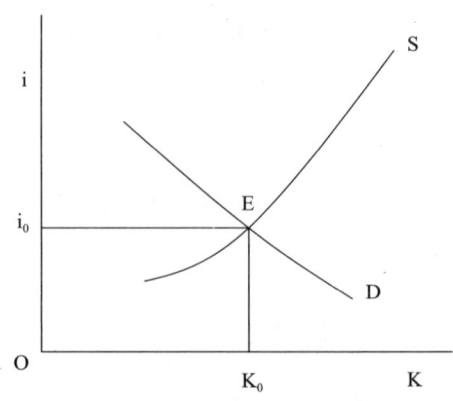

图 7-13 资本市场的利率决定

资本的需求曲线 D 和供给曲线 S 的交点为 E，均衡利率为 i_0，它表示利率水平为 i_0 时，投资者对资本的需求恰好等于储蓄者愿意提供的资本，两者均为 K_0。资本市场的均衡过程与其他市场的均衡决定一样，是在价格机制的作用下自发实现的，只要资本的供求不相等，利息率就会上升或者下降，并进而调整资本的供给和需求，直至二者相等，资本市场实现均衡。

任务分析

毫无疑问，肯定应该选择第一个方案。现在保命是最重要的，即使为此倾尽所有也不会吝惜，明天再救，表面上一样，而且只要付出 100 元，但是明天可能自己就不存在了。当然这是一种极端情况，可以由此推及资本和利息。同样一笔钱，放在今天比放在未来，比如一年后，价值更大。当现在的一笔钱和未来的一笔钱相交换时，未来的一笔钱必须得再加上一个余额，才能与现在的价值相等，这就是利息。如果没有利息，谁也不会把钱借出去，利息就是对承担风险的一个补偿。

第四节 土地与地租

本节重难点

1. 了解土地市场的需求、土地的市场供给。
2. 掌握地租的决定。
3. 理解级差地租、准地租和经济地租。

任务导入

土地丰度以及交通位置对土地产量有比较大的影响。从土地肥沃程度看，甘肃省 1979 年全省平均亩产小麦 221 斤，而水利灌溉条件较好的酒泉地区平均亩产 584 斤，中等的庆阳地区 214 斤，临夏自治州 249 斤；而干旱缺水的定西地区只有 102 斤。从 1979 年全省农村人口人均收入的梯度，可以看出土地位置差别的影响：省会兰州市（按三县六区）平均 92.57 元，陇南地区的武都县，只有 27.27 元。兰州市郊各区依次排列是城关区 233.50 元，安宁区 201.39 元，西固区 145.80 元，白银区 131 元，红古区 125 元。表现为离市区距离递进收入递增。请问这是为什么呢？

内容精讲

一、地租的决定

地租是土地这种生产要素的价格，形成土地所有者的收入。这里所说的土地是指在生产过程中使用的自然资源，包括山川、江河、海洋、矿藏、阳光、风雨等。土地是大自然赋予的，不是人为因素作用的结果。经济学中把可以人为地进行再生产的物质称为资本，把非人为因素的自然赋予的物质称为土地。地租可以理解为使用这些自然资源的租金。

地租是土地的价格，同劳动和资本的价格由该要素的供给与需求共同决定，劳动的需求取决于劳动的边际生产力一样，地租的高低也由土地的供求决定，租地人对土地的需求取决于土地的边际生产力。但由于土地这种自然资源并非人类劳动的产物，也不能通过人类劳动增加其供应量，它具有数量有限、位置不变，以及不能再生产的特点。因此，地租大小的决定具有与劳动的工资和资本的利息不完全相同的特点。由于土地的供给量是固定不变的，因此，土地的供给曲线是一条与横轴垂直的线。

将所有单个土地所有者的土地供给曲线水平相加，即得到整个市场的土地供给曲线。再将向右下方倾斜的土地的市场需求曲线与土地供给曲线结合起来，即可决定使用土地的均衡价格。如图 7-14 所示，需求曲线 D 与供求曲线 S 的交点 E 是土地市场的均衡点。该均衡点决定了土地的地租水平。特别是，如果假定土地没有自用价值，则单个土地所有者土地供给曲线为垂直线，故市场的土地曲线变为垂直线。

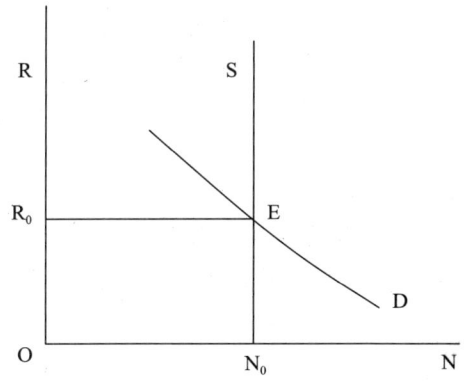

图 7-14 地租的决定

在图 7-14 中，横轴 ON 代表土地量，纵轴 OR 代表地租，垂线 S 为土地的供给曲线，表示土地的供给量固定为 N_0，D 为土地的需求曲线，D 与 S 相交于 E 点，决定了地租为 R_0。

随着经济的发展，对土地的需求不断增加，而土地的供给不能增加，这样，地租就有不断上升的趋势（如图 7-15 所示）。

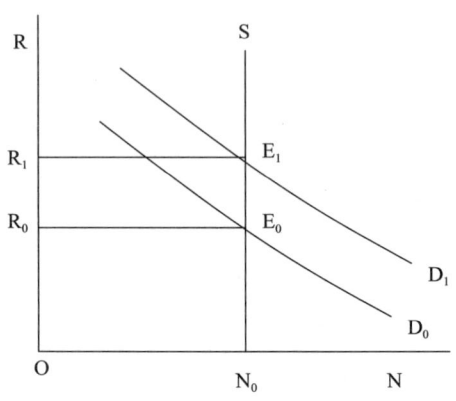

图 7-15 地租的变动

在图 7-15 中，土地的需求曲线由 D_0 向右方移动到 D_1，表明土地的需求增加了，但土地的供给仍然为 S，均衡点由 E_0 移动到 E_1，相应地，地租由 R_0 上升到 R_1。说明由于土地的需求增加，地租上升了。

> **想一想**
>
> 土地市场的供给曲线与劳动市场和资本市场的供给曲线有何异同？

> **知识窗**
>
> 在我国，土地市场是指国有土地使用权单独或连同其地上建筑物、其他附着物以价值形态流通及流通过程的集合。我国土地市场有以下几个特点：
>
> 土地市场中交易的是国有土地使用权而非土地所有权。按照我国《宪法》和《土地管理法》及其他有关法律法规的规定，城市土地属于国家所有，其所有权不能出让，只能出让使用权，所以在我国土地市场交易的只是国有土地使用权。这种使用权不同于一般的使用权，它包含了一定时期内对土地处置、收益、使用的权利。
>
> 土地市场中交易的土地使用权具有期限性。按照《城镇国有土地使用权出让和转让暂行条例》和《城市房地产管理法》的规定，国有土地使用权出让是有期限的，最高期限按用途分为：居住用地 70 年，工业用地 50 年，教育、科技、文化、卫生、体育用地 50 年，商业、旅游、娱乐用地 40 年，综合或者其他用地 50 年。

土地价格分为期限价格和用途价格。因为出让的土地使用权具有期限性,所以,同一地块地由于使用期限不同,造成出让价格也不相同。另外,由于我国对不同用途的土地在地价上给予了不同的标准,所以,同一块土地因为用途不同,其地价也不同。

由于我国土地市场分为土地使用权出让市场和土地使用权转让市场两个层次,而且这两个层次的市场在运行上各有特点,所以不能以一种市场模式对我国土地市场做出评价。

土地使用权出让市场是完全垄断市场,在这个市场中,卖方只有一个,即国有土地使用权的出让方——国家。这个市场的运行分为两个过程,第一个过程是政府征用农村集体土地和收回国有土地使用权。第二个过程是政府将其掌握的国有土地使用权出让给土地使用者。

小案例

黑死病的经济学

14世纪的欧洲,鼠疫的流行在短短几年内夺去了大约三分之一人口的生命。这个被称为黑死病的事件为检验我们刚刚提出的要素市场理论提供了一个可怕的自然试验。我们来看看黑死病对那些幸运地活下来的人的影响。你认为工人赚到的工资和地主赚到的租金会有什么变动呢?

为了回答这个问题,我们来考察人口减少对劳动的边际产量和土地的边际产量的影响。在工人供给减少时,劳动的边际产量增加了(这只是边际产量递减在相反方向起作用)。因此,我们估计黑死病提高了工资。

由于土地和劳动共同用于生产,工人供给减少也影响土地市场,土地是中世纪欧洲另一种主要生产要素。由于可用于耕种土地的工人少了,增加一单位土地所生产的额外产量少了。换句话说,土地的边际产量减少了。因此,我们可以认为黑死病降低了租金。

实际上,这两种判断都与历史证据相一致。在这一时期,工资翻了将近一番,而租金减少了50%,甚至更多。黑死病给农民阶级带来了经济繁荣,而减少了有土地阶级的收入。

(资料来源:伊兰伯格:《现代劳动经济学——理论与公共政策(第六版)》,中国人民大学出版社1999年版)

二、准地租与经济租

准地租是指使用土地以外的其他资源,如厂房、机器、设备等所支付的报酬,即固定资产的收益。这些资源从短期来看,数量是固定不变的,其使用价格在某种程度上类似于地租。准地租只存在于短期内,从长期来看,这些资源的供给量也会变化,那时使用这些资源的报酬不仅取决于需求方面,也取决于供给方面,由供求均衡决定,准地租也就不存在了。

经济租是指生产要素实际得到的报酬与使该要素被供给出来所必须支付的报酬之间的差额,即要素的实际收入超过其"机会成本"的余额。经济租的含义与生产者剩余类似,所不同的是生产者剩余是就产品价格而言的,而经济租涉及的是要素价格。可用图7-16来说明经济租。

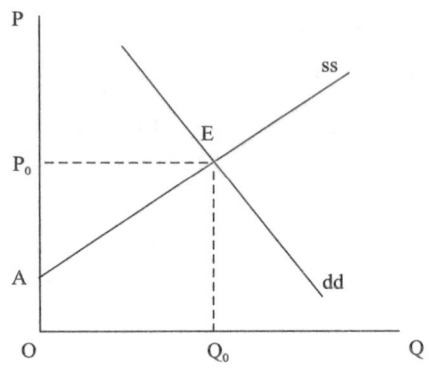

图 7-16 经济租

在图 7-16 中,横轴表示要素数量,纵轴表示要素价格,ss 表示要素的供给曲线,dd 表示要素的需求曲线,供给曲线 ss 和需求曲线 dd 的交点为 E 点,决定了均衡的要素价格为 P_0,均衡的要素数量为 Q_0。在均衡的条件下,要素的全部收入为要素均衡数量与均衡价格的乘积,即图中矩形 OP_0EQ_0 的面积。根据定义,要素的供给曲线表示对于每一单位生产要素居民户愿意接受的最低价格,据此可知,对于提供 OQ_0 数量的要素,供给者预期的全部收入为四边形 $OAEQ_0$ 的面积。这样,厂商实际支付的要素报酬大于要素所有者愿意接受的报酬,其差额即为经济租。

> **知识窗**
>
> ### 经济地租与准地租
>
> 例如,劳动市场上有 A、B 两类工人各 100 人,A 类工人素质高,所要求的工资为 200 元,B 类工人素质低,所要求的工资为 150 元。如果某种工作 A、B 两类工人都可以担任,那么,企业在雇佣工人时,当然先雇佣 B 类工人。但在 B 类工人不够时,也不得不雇佣 A 类工人。假设某企业需要工人 200 人,他就必须雇佣 A、B 两类工人。在这种情况下,企业必须按 A 类工人的要求支付 200 元的工资。这样,B 类工人所得到的收入就超过了他们的要求。B 类工人所得到的高于 150 元的 50 元收入就是经济地租。其他生产要素所有者也可以得到这种经济租。
>
> 由此可见,经济地租属于长期分析,而准地租属于短期分析。经济地租是对某些特定要素来说的,而经济利润是对整个厂商来说的。厂商存在

经济利润，并不意味着其要素也存在经济地租。一种要素在短期中存在准地租，也不意味着长期中存在经济利润。

任务分析

土地的差别，包括土地丰度、地理位置等是级差地租产生的物质基础。由于土地丰度、地理位置等的不同，等量劳动投入面积相等的土地上，会有不等量的收获；等量物品位置转移时，会消耗不等的劳动。社会主义土地公有制的建立，虽然为土地的改良、经济位置的改善提供了条件，使土地总面积的绝对丰度有可能提高，进入市场所支付的运输费用可能会降低，但土地的等级差别、各块土地的相对丰度和位置的差别并不会因此消失。

第五节　洛伦兹曲线与基尼系数

本节重难点

1. 理解公平和效率。
2. 了解洛伦兹曲线与基尼系数。
3. 能用分配理论解释我国的分配政策。

任务导入

从原始社会后期到现在的几千年来，贫富差距就不同程度地持续存在着，中国当然也存在着"富裕的贫困"问题，比如，中国是世界上拥有电话最多的国家，不少人买了别墅，购车热潮更是一年更比一年高，但是在许许多多的富裕表现面前，确实还存在着贫困的问题。

分配不公的问题，可以说是全球性的问题，而且贫富的差距也在扩大，不仅是以前，现在和未来都是扩大的趋势。

1. 贫富差距是怎样来衡量的呢？
2. 靠什么手段可以缩小已经存在的贫富差距呢？

内容精讲

一、社会收入分配标准和分配方式

在经济学中，收入分配的标准一般有两个：一是效率标准，即按照社会成员的贡献大小来分配国民收入。这种分配标准能保证经济效率，但是由于各社会成员存在能力、机遇的差别，会引起收入分配的不平等。二是平等标

准,即按照公平的原则来分配国民收入。这种分配标准有利于收入分配的平等化,但是不利于刺激经济发展。

根据不同的标准,有不同的收入分配方式:

(1) 效率优先。效率优先就是竞争优先,这种观点认为这符合市场经济竞争的原则,效率来自于个人的努力程度,它反映的是个人的勤奋,如果不重视效率,就会挫伤勤奋,鼓励懒惰。

(2) 公平优先。这种分配方式认为以公平为分配的标准,认为效率本身就来自于不公平,因为个人在市场中拥有的生产工具、占有的生产资源有差异,会导致在效率上的差异。另外由于个人的生活经历不同,效率不一定是勤奋的结果。

在实际经济生活中,既不能只讲公平,搞收入分配的绝对平均主义;也不能只讲效率,完全按照市场机制要求来进行收入分配,而是应将两者结合起来,一般来说,对公平和效率的关系处理原则是效率优先,兼顾公平。

小案例

向富人征税只能使富人少富而不会使穷人变富

收入分配要有利于经济效率的提高,则要按贡献来分配,这样,有利于鼓励每个社会成员充分发挥自己的能力,在竞争中取胜,这就是效率优先的分配原则。但这种分配方式使不平等加剧,甚至出现严重的贫富两极分化。因此,在收入分配中不仅要效率优先,而且要兼顾公平。效率优先、兼顾公平是许多国家收入分配的原则。但在现实中做起来却颇为困难。以收入分配平等化政策为例,平等化政策对于缩小贫富之间的差距,改善穷人的地位和生活条件,提高他们的实际收入水平,确实起到了相当大的作用,对于社会的安定和经济发展也是有利的。但是,这些政策有两个严重的后果,一是降低了社会生产效率,增加个人所得税和各种各样的社会保障使人们生产的积极性下降,社会生产效率下降。二是增加了政府的负担,巨额的福利支出成为各国财政赤字的主要原因。

向富人征税只能使富人少富而不会使穷人变富。收入平等化政策的必要性与所引起的问题,一直是经济学家关注的焦点。如何解决这一问题,已成为经济学研究的重要内容之一。

二、洛伦兹曲线

洛伦兹曲线是用来衡量社会收入分配(或财产分配)平均程度的曲线。它由美国经济学家洛伦兹提出。为了研究国民收入在国民之间的分配问题,洛伦兹提出了著名的洛伦兹曲线。它先将一国人口按收入由低到高排队,然后考虑收入最低的任意百分比人口所得到的收入百分比。将这样的人口累计百分比和收入累计百分比的对应关系描绘在图形上,即得到洛伦兹曲线。

洛伦兹曲线用以比较和分析一个国家在不同时代或者不同国家在同一时代的财富不平等，该曲线作为一个总结收入和财富分配信息的便利的图形方法得到广泛应用。

一般来说，洛伦兹曲线的弯曲程度反映了收入分配的不平等程度。弯曲程度越大，收入分配越不平等，反之亦然。特别是，如果所有收入都集中在一人手中，而其余人口均一无所获时，收入分配达到完全不平等，洛伦兹曲线成为折线 OHL，另外，若任一人口百分比均等于其收入百分比，从而人口累计百分比等于收入累计百分比，则收入分配是完全平等的，洛伦兹曲线成为通过原点的 45 度线 OL（见图 7-17）。

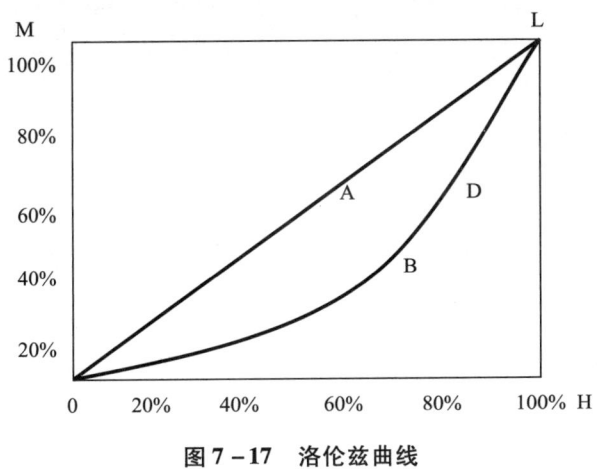

图 7-17　洛伦兹曲线

三、基尼系数

一般来说，一个国家的收入分配，既不是完全不平等，也不是完全平等，而是介于两者之间；相应的洛伦兹曲线，既不是折线 OHL，也不是 45°线 OL，而是像 ODL 那样向横轴凸出，尽管凸出的程度有所不同。收入分配越不平等，洛伦兹曲线就越是向横轴凸出，从而它与完全平等线 OL 之间的面积越大。

因此，可以将洛伦兹曲线与 45°线之间的部分 A 叫作"不平等面积"；当收入分配达到完全不平等时，洛伦兹曲线成为折线 OHL，OHL 与 45°线之间的面积 A+B 就是"完全不平等面积"。不平等面积与完全不平等面积之比，称为基尼系数，是衡量一个国家贫富差距的标准。设 G 为基尼系数，则

$G = A/(A+B)$ $(0 \leqslant G \leqslant 1)$

$A=0$，$G=0$，收入分配绝对平等；

$B=0$，$G=1$，收入分配绝对不平等。

基尼系数被西方经济学家普遍认为是一种反映收入分配平等程度的方法，也被现代国际组织（如联合国）作为衡量各国收入分配的一个尺度。

二维码7.3：
中国的贫富差距有多大

> **知识窗**
>
> **国家富裕程度的划分**
>
> 按国际上通用的标准:
>
> 基尼系数小于0.2表示绝对平均;
> 0.2—0.3表示比较平均;
> 0.3—0.4表示基本合理;
> 0.4—0.5表示差距较大;
> 0.5以上表示收入差距悬殊。

> **注意**
>
> 在引用基尼系数作为参照标准时,我们要对它有一个科学的了解。它是衡量收入分配差距的指标,可是它并不是唯一的标准,更不能认定超过0.4社会就会不稳定,甚至陷入"基尼恐慌"之中。我们应当做到具体问题具体分析,要懂得社会是一个非常复杂的大系统,并不是任何一个指标系数就能做出衡量的。就算是普遍认同的一些标准,在一定程度上也只能反映出社会的某一侧面,绝不能全面地反映出整个社会的状况。

任务分析

在经济学中,一般以洛伦兹曲线和基尼系数来作为衡量贫富差距的标准。洛伦兹曲线反映的是人口的收入分布状况,而基尼系数是洛伦兹曲线与对角线之间的面积占对角线下总面积的比例,它比洛伦兹曲线更为直观。为了缩小贫富差距,就要在注重效率的前提下,更加关注公平。所以各国政府可以通过税收和福利政策调节收入分配,对富人征收更多的税收,比如累进的个人所得税、遗产税、赠与税、公司所得税等,对穷人多进行支付,如政府组织的再就业培训、免费的医疗保险和医疗救助、廉租房、立法保护劳动者的权益等。

思考与练习

一、单项选择题

1. 在完全竞争市场上,生产要素的边际收益取决于(   )。
   A. 该要素的边际生产力   B. 该要素的平均收益
   C. 该要素的价格水平   D. 该要素的需求量
2. 在完全竞争市场上,厂商对劳动的需求主要取决于(   )。
   A. 劳动的价格   B. 劳动的边际生产力
   C. 劳动的边际产品价值   D. 劳动在生产中的重要性

3. 在以下四种方式中，工会为了提高工资可能提出的要求是（　　）。
A. 要求政府增加进口产品
B. 要求政府鼓励移民入境
C. 要求政府限制女工和童工的使用
D. 要求政府增加税收

4. 土地的供给曲线是一条（　　）。
A. 向右上方倾斜的线　　　　　　B. 与横轴平行的线
C. 与横轴垂直的线　　　　　　　D. 与纵轴垂直的线

5. 收入分配绝对平均时，基尼系数（　　）。
A. 等于零　　　　　　　　　　　B. 等于1
C. 大于零小于1　　　　　　　　　D. 大于1

二、多项选择题

1. 劳动、土地、资本和企业家才能等生产要素的价格分别是（　　）。
A. 工资　　　　　　　　　　　　B. 利润
C. 利息　　　　　　　　　　　　D. 税率
E. 地租

2. 生产要素的需求是一种（　　）。
A. 派生需求　　　　　　　　　　B. 直接需求
C. 联合需求　　　　　　　　　　D. 最终产品的需求
E. 引致需求

3. 利息是（　　）。
A. 资本的报酬
B. 资本这一生产要素的价格
C. 由资本市场的供求双方决定的
D. 由劳动市场的供求双方决定的
E. 劳动的报酬

4. 表示社会分配公平程度的分析工具是（　　）。
A. 菲利浦斯曲线　　　B. 洛伦兹曲线
C. 基尼系数　　　　　D. 国民消费曲线
E. 拉弗曲线

5. 洛伦斯曲线与基尼系数的关系是（　　）。
A. 洛伦兹曲线的弯度越大基尼系数越大
B. 洛伦兹曲线的弯度越大基尼系数越小
C. 洛伦兹曲线的弯度越小基尼系数越小
D. 洛伦兹曲线的弯度越小基尼系数越大
E. 洛伦兹曲线与基尼系数没关系

三、简答题

1. 什么是准地租和经济地租?
2. 洛伦兹曲线如何反映贫富差距?

四、思考分析

摇滚乐师有时候年收入超过 100 万元,你能从经济地租的角度来解释这笔收入吗?

五、技能实训

课堂讨论——如何看待我国恩格尔系数的下降与基尼系数的上升?

实训要求:

1. 此次实训项目以团队形式完成,团队分工情况如表 7-3 所示。
2. 收集我国 1990 年至今的恩格尔系数与基尼系数。
3. 形成书面的分析报告。报告应分析这两个指标所代表的经济与社会的现状及变化趋势,尝试在同一个坐标上画出这两个指标的图像,分析我国的经济发展情况以及分配公平情况。制作用于报告的 PPT,与大家交流分享。

表 7-3　　团队分工情况表

团队成员	任务分工	完成起止时间

第八章
市场中政府作用

本章知识点

1. 垄断的概念,垄断的危害,反垄断的措施,政府为纠正垄断采取的管制方法。
2. 外部性含义、种类,外部性的危害,外部性的处理方法。
3. 公共产品的含义及特点,公共产品的分类,政府对公共产品的管理。
4. 不完全信息含义,不完全信息危害,解决不完全信息的对策。

知识导图

	知识结构	知识要点
第八章 市场中政府作用	垄断与反垄断	垄断的概念,垄断的危害,反垄断的措施,政府为纠正垄断采取的管制方法
	外部效应	外部性含义、种类,外部性的危害,外部性的处理方法
	公共产品	公共产品的含义及特点,公共产品的分类,政府对公产物品的管理
	不完全信息	不完全信息含义,不完全信息危害,解决不完全信息的对策

引导案例

AT&T 的分割

AT&T 的前身是由电话发明人贝尔于 1877 年创建的美国贝尔电话公司。1895 年,贝尔公司将其正在开发的美国全国范围的长途业务项目分割,建立了一家独立的公司称为美国电话电报公司(AT&T)。1899 年,

> AT&T整合了美国贝尔的业务和资产，成为贝尔系统的母公司。该公司一直是美国长途电话技术的先行者。
>
> AT&T公司的拆分一直是被当作反垄断的著名案例而为研究者津津乐道，认为此举是打破垄断引入竞争的必需政策。虽然一个企业帝国被分拆，但是从此美国电信市场步入竞争时代。
>
> 1984年的拆分是AT&T公司一百二十年风雨历程的分水岭。拆分之前的AT&T几乎垄断了美国的州内、州际和国际电话业务，利用对市话系统的控制，限制长话竞争对手接入当地电话系统，AT&T实质上形成了对长话业务的垄断。此外，AT&T控股的Western Electric提供了几乎全部贝尔系统的设备，电信设备生产也在AT&T的垄断之下。其实，在1894年由于贝尔公司与政府所签的第二轮电话经营合同到期，贝尔电话公司已经失去了电话业务的经营垄断地位，10年之内，美国电信市场上就产生出6000多家电话公司。但是，虽然竞争者此起彼伏，但AT&T在美国电信界的统治地位仍然无可撼动。美国监管部门认为，AT&T已经严重阻碍了美国电信行业的健康发展，1913年和1949年，AT&T两度面临反托拉斯法诉讼，最后都一一化解。
>
> （资料来源：https：//baike.baidu.com/item/AT&T。）

每个人都力图运用其资本，来使其产品实现最大的价值。一般说来。他并不企图增进公共福利，也不知道他所增进的公共福利是多少。他所追求的仅仅是他个人的安乐、个人的利益。这样做时，有一只看不见的手引导他去促进一种目标，而这种目标绝不是他所追求的东西。由于追逐它自己的利益，他经常促进社会利益，其效果要比它真正想促进社会利益时所得到的效果要大。

第一节　垄断与反垄断

本节重难点

1. 掌握垄断的概念，了解垄断的危害。
2. 掌握反垄断的措施。
3. 了解政府为纠正垄断采取的管制方法。

任务导入

在现实生活中，垄断现象无处不在，例如，要加入移动通信网，有的电信部门要求用户购买其指定手机；办理煤气入户手续，有的煤气公司就搭售热水器和灶具；办理摩托车《驾驶证》就得买头盔等现象不胜枚举。请用垄断与反垄断理论来分析这些现象。

内容精讲

一、垄断的含义、产生的原因及危害

1. 垄断的含义

垄断（Monopoly），一般指少数的卖者在一个或多个市场（通过一个或多个阶段），面对竞争性的消费者，能够随意调节价格与产量的经济社会现象。

垄断的基本原因就是进入障碍：垄断者能够在市场上保持唯一卖者的地位，是因为其他企业不能进入市场并与之竞争。进入障碍有3个主要来源：

（1）关键资源由一家企业拥有；

（2）政府给予一个企业排他性地生产某种产品或劳务的权利；

（3）生产成本使一个生产者比大量生产者更有效率。

小案例

宝洁垄断案例

1994年，"熊猫"隶属的北京日化二厂与宝洁合资成立北京熊猫宝洁洗涤用品有限公司，随后"熊猫"即被雪藏。1999年，宝洁收购了"熊猫"所有资产，将合资公司更名为北京宝洁洗涤用品有限公司，力推旗下的汰渍、碧浪等产品，逐渐占领了熊猫的市场。

小案例

现实分析：吉列垄断案例

2003年9月底，世界500强之一、旗下拥有全球最大电池生产商金霸王电池公司的美国吉列公司整体收购香港中国电池有限公司全部股份，从而通过中国电池间接持有福建南平南孚电池有限公司72%股份，成为南孚电池最大控股股东。

2. 垄断产生的原因

（1）自然垄断。当一个企业能够比两个或更多企业以更低的单位成本为整个市场提供产品时，这个行业就存在自然垄断。

当一个企业的平均总成本曲线一直下降时，该企业就被成为自然垄断。在这种情况下，当生产分配到更多企业中去，每个企业生产减少，平均总成本便上升。因此，一个企业可以以最小成本生产任何既定量产品（如图8-1所示）。

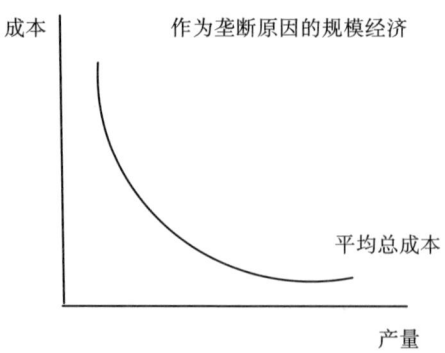

图 8-1 自然垄断成因

当一个企业是自然垄断时，它很少关心有损于其垄断力量的新进入者。正常情况下，一个企业如果没有关键资源的所有权或政府保护，要维持垄断地位是不容易的。垄断利润吸引了企业进入市场，而且这些进入者使市场更具有竞争性。与此相比，进入另一个企业已有自然垄断的市场并没有吸引力。想进入者知道，他们达不到垄断者所享有的同样的低成本，因为在进入之后，每个企业的市场份额都小了。

在某些情况下，市场规模也是决定一个行业是不是自然垄断的一个因素。例如，一座过河的桥，当人口很少时，桥可能是自然垄断。一座桥可以以最低成本满足人们过河的需求。但随着人口增加桥变拥挤时，满足通过同一条河的整个需求可能需要两座或者更多桥。因此，随着市场扩大，自然垄断会变为竞争市场。

(2) 资源垄断。资源垄断模式比较特殊，是建立在对某项政策资源或自然资源垄断基础上形成的业务模式。当企业通过某种方式获得这些资源，形成对资源的独占优势后，业务模式也就自然而然建立起来了。一般来说，对国家发展具有重要战略意义的国有大型企业多采用此种模式，例如，中国石油、中国电信等企业。通过对资源的独家垄断控制，企业可以彻底排除其他竞争者的进入，从而实现高额的盈利。

虽然关键资源的排他性所有权是形成垄断的潜在原因，但实际上垄断很少产生于这种原因。现实经济如此巨大，而且资源由许多人拥有。现实生活中，由于许多物品可以在国际上交易，它们的自然市场范围往往很广泛。因此，拥有没有相近替代品资源的企业很少。

(3) 行政性垄断。行政性垄断是行政机关或其授权的组织滥用行政权力，限制竞争的行为。主要表现为地区行政性市场垄断、行政强制交易、行政部门干涉企业经营行为等。它们不属于政府为维护社会经济秩序而进行的正常经济管理，也不属于政府为实现对国民经济的宏观调控而采取的产业政策、财政政策等经济和社会政策。因此，认定政府及其所属部门的一个行为是否构成滥用权力，其依据是国家的法律和政策。如果国家的法律或政策明确规定禁止政府及其所属部门从事某种限制竞争行为，而政府或其所属机构违背规定采取了这种行为，这就构成滥用行政权力限制竞争。

> **想一想**
>
> **微软公司为什么被起诉**
>
> 美国司法部起诉微软公司捆绑销售 IE 浏览器软件，涉嫌违反美国《反托拉斯法》，要求将它一分为二。哈佛大学教授高里·曼昆对分拆微软公司计划提出了质疑，并且在文章中讲了一个寓言故事：某人发明了第一双鞋，并为此申请了专利，成立了公司。鞋很快卖疯了，他成了最富裕的人。但这时他变得贪婪了，把袜子和鞋捆绑销售，还声称这种捆绑销售对消费者有利。
>
> 对于微软公司是否涉嫌垄断，经济学家们有不同的看法。一种意见认为，微软公司无论从结构上（即市场份额）还是从行为上（即捆绑销售）都具备了垄断企业的性质，使更新更先进的技术没有了生长的空间，消费者付出了更高的价格，造成了社会福利的损失。另一种意见认为，微软公司是通过正当的市场竞争手段获取的垄断地位，这种垄断有理无错，因为任何一个竞争中的厂商最终无不追求垄断利润，搞捆绑销售只不过是企业营销战略的选择，只要不是政府行为或寻租行为形成的垄断都是可以接受的，将微软公司分拆无疑会对美国的新经济带来负面影响，因为它改变了创业者的预期，对创业财富的安全性产生了疑虑。产生上述不同的看法主要是源于经济学家们对于垄断的不同看法。
>
> 请思考：你是怎么看待微软公司被起诉案例？

3. 垄断的危害

几乎所有垄断市场都产生两大危害：第一，垄断导致分配不公；第二，垄断导致效率损失。厂商理论已经指出，在正常情况下完全垄断无论是短期还是长期都可以获得超额利润。如果厂商的超额利润来自创新或风险，那么由于创新提高了生产率，厂商承担了风险，一般认为这种超额利润的获得是公平合理的。但是垄断者的超额利润的获得并不是因为创新和风险，而纯粹是因为垄断，是垄断者故意制造产品的稀缺性以提高产品价格从而剥夺消费者剩余所致，这种剥夺消费者剩余所获得的超额利润是不合理和不公平的。

除了分配不公和效率低两大危害外，垄断还产生以下危害：（1）妨碍技术进步（如完全垄断）；（2）价格歧视损害消费者利益；（3）社会福利的损失等。

由于垄断具有这样一些危害，为了保护竞争、维护经济效率，经济学家通常主张政府应对垄断及其行为采取一定的反制措施。

二、反垄断措施

1. 维护公平竞争的原则

国家应在军事与国家安全及关系重大国计民生的战略领域之外的所有生产与服务领域，制定相应的产业发展政策，全面引入公平竞争的机制，使行政垄断在竞争中消除，社会整体的管理、技术、质量与效益基于公平竞争得到全面提高，社会主义市场经济的健康、持续、快速发展亦能得到良好的制度支持。

2. 注重针对性与渐进性

制定对行业与部门经营体制与决策、采购、服务、定价及内部分配等各种经营行为予以约束并便于监管的法律与法规；通过税收解决垄断特权所产生的非风险性和非付出性的企业收益和个人收入；成立一个具有高度权威性与独立性的反垄断执法机构，负责根据权威的社情民意调查机构和新闻媒体所反映的现象确定立案调查和处理垄断行为；优先解决广大消费者所反映的有关垄断的热点与难点问题，并接受社会监督。其中，规范行为是重点，组织建设是关键，循序渐进是策略，公平监督是途径。

3. 剔除传统体制残余的行政垄断

正视行政垄断并以其作为立法的重要调整对象而及早出台相关反垄断的法律与法规；依法切实保障中国的经济增长、经济活动、技术进步与竞争能力；调整各级政府的审批权限与审批项目，割断行业、部门及地方经济与行政垄断得以强化之间存在的内在因果关系。

二维码 8.1：微软称将正式向欧盟投诉谷歌涉嫌市场垄断

想一想

两败俱伤的保暖内衣大战

当 21 世纪的钟声刚刚敲响时，中国保暖内衣市场上爆发了一场惨烈的价格战。许多企业生产保暖内衣，投巨资、请明星做广告，保暖内衣的价格卖到 400~500 元一套。可惜聪明的消费者在屡次吃过广告的亏以后也学乖了。他们发现其实保暖内衣与普通内衣没有多大差别，无非是厚一些，一层变两层而已。而且国家质检局又证明，保暖内衣两层之间的所谓高科技保暖层，实际上就是国外的裹尸塑料布——裹在死人身上臭味跑不了，包在活人身上热气也跑不了。但谁愿意未死先穿它呢？于是保暖内衣无人问津。企业只好进行价格竞争，保暖内衣降到每件 50~60 元，依然"臭大街"。这一场闹剧就以两败俱伤结束了。

请思考：保暖内衣市场导致两败俱伤的主要原因是什么？该市场应该采取什么办法才能避免走入困境？

三、政府对垄断的管制

1. 制定反垄断法

政府对垄断的强烈反应是制定反垄断法。反垄断法又称反托拉斯法，1890 年，美国通过了第一部反垄断法。在此后的 100 多年间，美国国会又通过了一系列补充性法案来加强反垄断工作，这些法律构成了美国政府反垄断的基础。反垄断法是政府反对垄断行为的重要的法律手段，也是规范市场经济中各个经济主体行为的根本大法，因此也被称为经济宪法。

西方许多国家都不同程度地制定了反垄断法，特别是美国，经过一系列的修正后，基本形成了一个完整的反托拉斯的法律体系。在 19 世纪末，面对日益增加的垄断企业和垄断行为，规定以托拉斯或其他形式出现的、旨在限制州际美国的反垄断法适用于几乎所有行业和公司。反垄断法禁止 3 类违法行为：阻碍交易的行为；有可能大幅降低某一特定市场竞争程度的企业兼并；旨在获得或维持垄断地位的反竞争行为。美国政府实施反垄断法的最终目的是"通过促进市场竞争来保护经济自由和机会。我国的反垄断法于 2008 年 8 月 1 日施行。

2. 公共政策制定

（1）价格管制。价格管制是指政府对处于自然垄断地位的企业的价格实行管制，以防止它们为牟取暴利而危害公共利益。在实践中，价格管制能否可行需要满足以下条件：一是垄断厂商必须能够盈利，否则它将拒绝生产；二是管制成本必须低于社会福利（净损失的消除）。另外，对于价格管制，最困难的事情是确定最优管制价格。如果价格定得过低，垄断者将削减产量。同时，由于价格已经下降，需求量将上升，结果存货会发生枯竭，出现短缺。

现实中，往往出现这种情况：即使政府能够限制价格，但垄断者仍能获得高于正常水平的利润，因而导致人们的不满。再者，某些价格管制可能在短期内是有效的和成功的，但在长期并不会。

（2）征税。一是征收定额税。定额税就是对每一个单位的产量或单位价格征收固定数额的税。采用征收定额税的手段，政府可以在不改变垄断厂商的生产量和价格的情况下，将该厂商的垄断利润完全征收。

价格管制可以将完全垄断厂商的利益直接转移给消费者，即消费者可以享受到低价的利益。而征收定额税，价格不变，消费者不能立即享受到政府干预的好处，但政府可以通过财政支出的方式为人们提供福利。价格管制可以促进完全垄断厂商增加产量供给人们消费，而定额税则不会促使该厂商提高产量。

二是征收定率税。定率税也称"单位税"，就是对每一个单位的产量或单位价格征收固定税率的税。定率税一般分为两种：第一种是"从量税"，即根据产品数量对每一个产品按一定的百分比所征收的税；第二种是"从价税"，即根据产品的价格按一定的百分比所征收的税。

（3）公有制。政府不是管制由私人企业经营的自然垄断，而是自己经营自然垄断本身。这种解决方法在欧洲国家是常见的，在这些国家，政府拥有并经营公用事业，如电话、供水和电力公司。在美国，政府经营邮政服务，普通一类邮件投递常常被认为是自然垄断。

（4）鼓励竞争。理顺地区间利益关系，打破市场分割和地区封锁，放宽民营资本市场准入条件。加快垄断行业改革，鼓励民营资本利用兼并重组等方式，进入垄断行业，参与竞争。

小案例

现实分析：中国电信的垄断及其走向竞争

我国各大城市的电信业务过去一直是由邮电部独家垄断经营的。那时，家庭用户申请安装电话非常困难，从填表申请到上门拉线安装，其间耗时半年、一年是再平常不过的事，家庭用户还得交上数千元的初装费。在今天看来，这数千元的初装费的交纳是多么的不可思议。申请用户还必须到邮电系统经营的营业场所购买电话机，然后凭在特定营业场所的购机发票才能得到装机的"恩赐"。那些营业场所的电话机品种稀少，式样陈旧，价格不菲，用户往往在电话开通后，再去别的商场随心所欲地选购自己喜爱的电话机。还有，用户如果到时不给电话安装人员送上几包甚至一条香烟，电话的开通也会成为问题。电信业务的完全垄断式经营不仅使电信服务不能令人满意，而且也造成了电信供给的严重不足。那时居民住宅区里，居民排长队依次打电话是一道特殊景观。

在社会舆论的强大压力和政府的干预、介入下，1994年，作为中国电信公司竞争对手的中国联通公司成立，这标志着我国电信从垄断开始走向竞争。后来，基础电信领域有中国电信、中国移动、中国联通、中国铁通、中国网通、中国吉通等公司相互竞争。为了进一步削弱中国电信的明显竞争优势，形成更有效的竞争格局，2002年5月，中国电信分拆方案出台：南方20个省市的电信公司组成"中国电信集团公司"，北方10个省市的电信公司和网通、吉通重组为"中国网通集团公司"。这样的分拆重组后，原中国电信与移动、联通、铁通之间的实力差距得以大大缩小，从而竞争能够更加充分。

基础电信由垄断走向竞争的过程中，服务质量不断提高，服务价格明显下降，服务供给量快速增长。

想一想

为什么垄断会影响经济效率？如何克服？

任务分析

现实生活中这些垄断行为不仅限制了相关企业的发展,而且严重地损害了消费者的切身利益;为地方保护主义和腐败现象的滋生蔓延提供了温床;违背了市场经济具有平等性、竞争性、法制性和开放性等一般特征;其实质是用不正当竞争的手段牟取最大限度的高额利润。因此开放市场,放开准入,打破垄断就是解决这些矛盾和问题的关键所在。

第二节 外部效应

本节重难点

1. 了解外部性的定义、种类。
2. 理解外部性的危害。
3. 掌握外部性的处理方法。

任务导入

三个和尚没水喝

"三个和尚没水吃"的故事大家都耳熟能详。它说的是一个庙里原来有一个和尚,他自己天天去挑水喝,后来又来了一个和尚,两人每天一起去抬水喝,等第三个和尚来了以后,因为三人分工不均,都不去打水,结果大家都没水喝。

由此可见,无论是一个人还是一件事都会对其他的个体产生重大的影响。这种影响在经济领域尤为明显,任何一种经济活动都会对外部产生影响,比如,汽车运输必然会产生废气污染环境,而植树造林发展林业就会形成改善环境的结果。请用经济学中的外部性理论来解释这一现象。

内容精讲

现代市场经济是一张由许多居民和厂商编制而成的网络,任何生产和消费活动均产生影响。无论是居民还是厂商在追求利益最大化时,都可能使其他居民或厂商产生额外利益或成本,而这些额外的利益或成本并不能直接反映在市场的价格之中。在经济学中,称之为外部效应或外部性。

一、外部性的含义及分类
(一) 外部性的含义

外部性(Externalities),又称为外溢性、外在性,是指一个人(个人、家

二维码8.2:
外部效应

庭、企业或其他经济主体）的行为对他人产生的利益或成本影响。萨缪尔森在《经济学》（第17版）中指出："外部性（或溢出效应）是指企业（或个人）向市场之外的其他人所强加的成本或收益。"

现实生活中经常会遇到如下现象：王先生在自己住宅周围种花植树，美化自己居住环境。周围邻居随之受益，但邻居不用为此付给王先生任何费用；赵女士家楼下有一家饭店，每天排出难闻气味使赵女士及邻居苦不堪言，但又无法从饭店得到任何补偿。这种类似现象都属于外部性问题。

> **小案例**
>
> **淮河污染创历史之最 600 亿元资金治淮无效**
>
> 2004 年 7 月 20 日至 27 日，淮河突然爆发有史以来最大的污染团，如同巨大的黑蘑菇，从上游奔腾而下，横扫千里淮河，充斥河面的黑色污染水团全长 133 公里，总量超过 5 亿吨，一路浩浩荡荡杀奔洪泽湖，顺者昌，逆者亡，满河黑污，伏尸（鱼虾蟹）千里。
>
> 2004 年 7 月 29 日，国家环保总局副局长、新闻发言人潘岳就此次特大污染在北京发表讲话：淮河水资源开发利用率已超过 50%，远远超过国际上内陆河合理开发利用程度 30% 的平均水平，河道基本丧失生态基流，已不能简单称之为河流。枯水季节，死水一潭；洪水季节，毒浪滔天，近万座水库闸坝的修建导致河流断流，地下水位下降，水土流失加剧，生态不断恶化，河流的自然水文性质被彻底改变，淮河基本丧失自净能力。

（二）外部性分类

1. 根据外部性对他人福利造成的影响分类

（1）正外部性又称外部经济或正的外部效应，当一个人的私人行为给其他人带来利益，产生好的影响，称这种外部性为正的外部性。

（2）负外部性又称外部不经济或负的外部效应，当一个人的私人行为给其他人带来损害，即产生坏的影响，称这种外部性为负的外部性。

2. 根据外部性发生的领域分类

（1）生产的外部经济。当某一厂商的生产行为给其他经济主体带来额外收益时，这种外部效应称为生产的外部经济。例如，经过某企业培训的员工可能跳槽到其他企业工作，新的雇佣者却不必向原厂商支付培训费。又比如，一个行业的厂商增加产量会给其他具有供应关系的厂商带来额外收益。

（2）消费的外部经济。当某一居民户的消费行为给其他经济主体带来额外收益时，这种外部效用称为消费的外部经济，例如，某人的住宅有美丽的花园和草坪，会给邻居带来"赏心悦目"的利益；某人教育有方使子女成为有责任感的公民，也会使乡邻和社会获益。

（3）生产的外部不经济。厂商的生产行为直接或间接地造成他人的损害而又不给予相应的补偿,这就是生产的外部不经济。例如,企业生产产生的"三废"破坏了生态环境,降低了居民生活质量,增大了其他厂商的生产成本,而制造污染的企业并不对受害者支付补偿费用。此外,城市拥挤、噪音污染、失业和安全问题,都是生产外部不经济的表现。

(4) 消费的外部不经济。居民户的消费行为直接地给其他经济主体带来了非补偿的额外成本,这就是消费的外部不经济。比如,某人在公共场合吸烟会使他人的健康受损,而吸烟者并不对他所造成的伤害承担经济责任(见表8-1)。

表 8-1　　　　　　　　　　　　外部性分类

	生产	消费
正外部性	生产:养蜂人在苹果园附近养蜂,给苹果园主人带来的外部性 消费:一企业在某地办厂给附近居民带来的地价上升的好处	生产:消费者偏好的改变,增加了对某种产品的购买,给相关企业带来了好处 消费:居住在富贵人家花园边上的人可以免费欣赏美景
负外部性	生产:河流上游的工厂排放的污水影响到下游养鱼 消费:淮河流域大量工厂污染一度导致安徽蚌埠地区居民购买矿泉水做饭	生产:消费者偏好的改变,减少了对某种产品的购买,给相关企业带来了损失 消费:某人欣赏音乐,声音过大,给正在休息的人带来了损失

二、外部性的影响

外部性的出现,是因为边际私人成本和边际社会成本、边际私人收益和边际社会收益的不一致所带来的。如果边际私人成本低于边际社会成本,那么生产或消费水平会高于最优水平,如图 8-2 (a) 所示,实际产量(消费量)Q'超过了最佳产量(消费量)Q^*;如果边际私人收益低于边际社会收益,那么结果正好相反,如图 8-2 (b) 所示。结合起来,负外部性会导致坏东西过量提供,正外部性会导致好东西提供过少。这是因为,企业和个人的生产经营决策依据的是边际私人成本和边际私人收益,而不是边际社会成本和边际社会收益。

二维码8.3:
石齐平——从洒香水打针和抽烟谈"外部性"

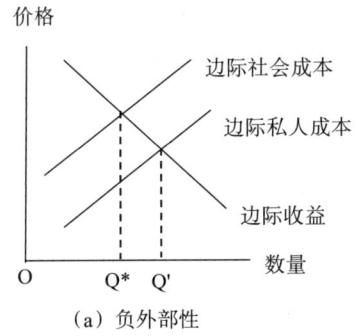

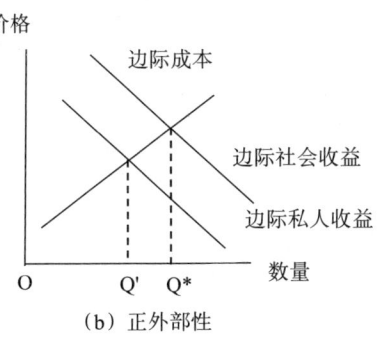

(a) 负外部性　　　　(b) 正外部性

图 8-2　外部性

负外部性的存在是造成经济无效率的一个来源，它使市场经济机制不能实现优化资源配置的基本功能。例如，假定一家钢厂向河中倾倒废水，给下游养鱼者带来损失。如果这家企业不对其带来的影响进行赔偿，那么它对社会环境的污染就会更严重，就会损害消费者的福利。因为钢的生产并没有承担废水的真实成本，从而在钢的生产中产生了过多的废水，这导致了投入无效率，如果这种外部性在整个产业流行，钢的价格（等于生产的边际成本）就比生产成本反映废水成本时要低。结果，太多的钢生产出来了，出现了产出的无效率。

由于这种外部性，生产钢的社会成本大于钢生产的私人成本。生产每一单位钢的社会成本包括钢生产者的私人成本加上受到污染影响的旁观者的成本。但若对负外部性不加管制，钢生产者生产的产品的私人成本就会低于社会成本，那么钢生产者就会尽量多生产。当出现正外部性时，生产的社会成本小于私人成本，社会收益大于个人收益，正的外部性会导致生产太少。例如，房屋修理和美化会使房主的成本提高，增加社会收益，但由于房主没有得到他对房屋修理和美化的投资的所有收益，就出现了无效率。

再如一项发明，发明家用了很长时间，花了很多工夫，甚至是一个团队在做，当他们成功以后，他们所得到的报酬远远低于他们的付出，就像爱迪生发明了电灯，从此人类的夜晚有了光明，但是他自己又能从中获得多少收益呢？牛顿发现了万有引力定律，爱因斯坦发现了相对论，他们能获得多少经济效益与回报呢？显然不能与他们对人类作出的贡献相比较。当人们作出巨大贡献时，市场并不对他们进行补偿，这也是市场机制所不能解决的。由于发明者并不能占有他们发明的全部利益，所以，发明者往往倾向于用很少的资源来从事研究。

小案例

北京沙尘暴——负外部性

过去北方沙尘暴每年平均发生十余次，部分沙尘暴甚至漂洋过海远至日本。经过退耕还林、退耕还牧的努力，气候环境已见成效，但在距离北京400公里某地区乱垦草原，所谓"种了土豆、毁了草原"，为了一时之力，造成土地沙化日益严重，有专家称，长此以往，未来的北京将成为"未来的楼兰"。

小案例

黄鱼的人工繁殖——正外部性

20世纪八九十年代，福建科技界有一件发明。科研机构发明了黄鱼的人工繁殖，并作为科研成果公开。如今，昔日珍稀的黄鱼成为沿海渔民网箱养鱼的一个主要品种，进入千家万户的餐桌。这些渔民无偿得到国家公布的人工繁殖的技术，获得了正的外部性。

三、外部性的处理

1. 产权

外部效应问题实质上是稀缺资源的使用问题,比如空气和河流的污染不外乎是对洁净的空气和清澈的水流等稀缺资源的使用问题。外部效应的产生和存在是因为没有为这些资源建立明确的产权,从而也就不可能为与外部效应相关的资源建立市场,使外部效应所涉及的各方基于各自的权利进行市场交易,并通过价格将外部效应内在化。只要双方为搜寻相关信息、谈判、签约以及监督契约履行所支付的费用为零,不管这些资源的初始分配状况如何,存在外部效应的双方总会认识到与对方进行某种交易是有利的,于是双方在市场机制的引导下都会把产量自动地调整到能够实现资源最佳配置的水平,这就是著名的科斯定理。

按照科斯定理来解决外部效应,就是要通过明晰资源的产权,为外部效应所涉及的资源建立市场,将外部效应内在化,使私人成本等于社会成本、私人收益等于社会收益,从而实现资源的最佳配置。例如,如果受到污染的渔场有不受污染的权利,邻近的纸厂若要继续排放污水,就必须向渔场支付排放污水的价格,只要纸厂继续排污所产生的收益大于渔场因污染而蒙受的损失,这种支付就是可行的。这样,过去纸厂施加于渔场的外部成本就转化为纸厂的私人成本。反之,如果纸厂有排放污水的权利,渔场要让纸厂停止排放污水,就必须向纸厂支付价格,以补偿纸厂因停止排污或是迁厂以及安装净水装置等所蒙受的损失。只要渔场因不受污染所增加的收益大于停止污染给纸厂带来的损失,这种支付也是可行的。价格由哪一方支付,完全取决于产权(排污权或纯净水流的使用权)的初始界定,但只要它们之间的交易是无成本的,哪一种支付方式都将实现资源的最佳配置。

二维码8.4:
石齐平——政府应干预外部性——使其"内在化"

知识窗

公地悲剧

1968年英国加勒特·哈丁教授(Garrett Hardin)在《公地的悲剧》(The tragedy of the commons)一文中首先提出"公地悲剧"理论模型。模型来源于一个关于牧民与草地的故事,说的是当草地向牧民完全开放时,每一个牧民都想多养一头牛,因为多养一头牛增加的收益大于其购养成本,是有利润的。尽管因为平均草量下降,增加一头牛可能使整个草地的牛的单位收益下降。但对于单个牧民来说,他增加一头牛是有利的。可是如果所有的牧民都看到这一点,都增加一头牛,那么草地将被过度放牧,从而不能满足牛的需要,导致所有牧民的牛都饿死。这个故事就是公共资源的悲剧。哈丁说:"在共享公有物的社会中,每个人,也就是所有人都追求各自的最大利益。这就是悲剧的所在。每个人都被锁定在一个迫使他在有限范围内无节制地增加牲畜的制度中。毁灭是所有人都奔向的目的地。因为在信奉公有物自由的社会当中，每个人均追求自己的最大利益。公有物自由给所有人带来了毁灭。"

公地作为一项资源或财产有许多拥有者，他们中的每一个都有使用权，但没有权利阻止其他人使用，从而造成资源过度使用和枯竭。过度砍伐的森林、过度捕捞的渔业资源及污染严重的河流和空气，都是"公地悲剧"的典型例子。之所以叫悲剧，是因为每个当事人都知道资源将由于过度使用而枯竭，但每个人对阻止事态的继续恶化都感到无能为力。而且都抱着"及时捞一把"的心态加剧事态的恶化。公共物品因产权难以界定（界定产权的交易成本太高）而被竞争性地过度使用或侵占是必然的结果。

2. 税收与补贴

通过税收或政府补贴，以缩小社会边际成本和企业私人边际成本以及社会收益和私人收益的差距，以达到克服外部性，实现资源优化配置的目的。

政府通过征税或者补贴来矫正经济当事人的私人成本，由于该方案是由庇古在1920年出版的《福利经济学》一书中加以阐述的，故被称为"庇古税"。具体来说，这种政策的措施是，向施加负外部经济影响的经济单位征收恰好等于外部边际成本的税收，而给予产生正外部经济影响的单位等于外部边际收益的补贴，以便使得这些单位的私人边际成本与社会边际成本相等。这一方案的基本原则与现行有关国际组织、国家政府及大多数经济学家所认同并倡导的"污染者付费原则"是完全一致的。因此，政府可以通过征税解决外部不经济行为。

知识窗

庇古税

根据污染所造成的危害程度对排污者征税，用税收来弥补排污者生产的私人成本和社会成本之间的差距，使两者相等。由英国经济学家庇古（Pigou, Arthur Cecil, 1877—1959）在《福利经济学》（1920）中最先提出，这种税被称为"庇古税"。

庇古税是解决环境问题的古典教科书的方式，属于直接环境税。它按照污染物的排放量或经济活动的危害来确定纳税义务，所以是一种从量税。庇古税的单位税额，应该根据一项经济活动的边际社会成本等于边际效益的均衡点来确定，这时对污染排放的税率就处于最佳水平。

按照庇古的观点，导致市场配置资源失效的原因是经济当事人的私人成本与社会成本不相一致，从而私人的最优导致社会的非最优。因此，纠正外部性的方案是政府通过征税或者补贴来矫正经济当事人的私人成本。只要政府采取措施使得私人成本和私人利益与相应的社会成本和社会利益相等，则资源配置就可以达到帕累托最优状态，这种纠正外在性的方法也称为"庇古税"方案。

3. 企业间合并

私人市场往往可以通过有关各方的私利来解决外部性问题，有时这种解决方法采取了把不同类型经营结合在一起的形式。在这种情况下，由于该企业将支付受损企业的全部成本，包括由其外部性导致的成本，因此实际上该企业支付了他的全部社会边际成本。例如，考虑一个苹果种植者和一个相互位置接近的养蜂人。每个人的经营都给对方带来了正外部性：蜜蜂在苹果树上采花粉，有助于果树结果实。同时，蜜蜂也用从苹果树上采集的花粉来酿造蜂蜜。但是当苹果园主决定种多少苹果树和养蜂人决定养多少蜂时，他们都没考虑正外部性。结果苹果园主种的树太少，而养蜂人养的蜂也太少。如果养蜂人购买苹果树，或如果苹果园主买蜜蜂，这些外部性就内部化了：可以在同一个企业内进行这两种活动，而且这一个企业可以选择最优苹果树和蜜蜂数量。

想一想

我国开始建立排污权交易制度

国家环保总局自 2002 年起在全国部分省市开展了排污权交易的综合试点工作，探索在市场经济条件下，运用经济杠杆的作用，充分调动企业主动削减污染物排放总量的积极性。

所谓排污权交易制度，是指在实施排污许可证管理及排放总量控制的前提下，鼓励企业通过技术进步和污染治理节约污染排放指标，这种指标作为"有价资源"可以"储存"起来以备自身扩大发展之需，也可以在企业之间进行商业交换。那些无力或忽视使用减少排污手段、导致手中没有排放指标的企业，可以按照商业价格，向市场或其他企业购买指标。在世界发达国家，排污权交易制度对污染总量控制起到了重要作用。

一个企业节约下来的污染排放指标，可以作为商品出售给其他缺少排放指标的企业。目前，我国正将市场机制引入污染防治领域，着手建立和推广排污权交易制度。

建立排污权交易制度，并不意味着企业只要有钱就能无所顾忌地扩大排污。无论"买""卖"双方，其交易都只能在满足国家总量控制的前提之下进行。

讨论：建立和推广排污权交易制度是否可行？为什么？

任务分析

三个和尚没水喝，这里面蕴含着外部性原理。假使其中一个和尚去挑水，其他两个和尚必将享受不挑水而直接喝水的福利，也就是说这两个和尚得到了正外部性。假使其中两个和尚去抬水，剩下的那个和尚也将享受不挑水而能喝水的福利，即这个不挑水的和尚得到了正外部性。正是因为总有人能不劳而获，参加劳动的和尚必定都希望自己不劳动而直接获得福利。于是，三个和尚就没水喝了。

第三节　公共产品

本节重难点

1. 掌握公共产品的含义及特点。
2. 了解公共产品的分类。
3. 熟悉政府对公共产品的管理。

任务导入

灯塔为什么只能由政府来兴建——公共产品

早期的英国，灯塔设施的建造与管理是由私人提供的。由于海上航行经常出事故，为了满足航海者对灯塔服务的需要，一些临海人家自己出钱建设了灯塔，然后根据过往船只的大小和次数向船只收费，以此作为维护灯塔日常开展的费用并获取一定的利润。

经营一段时间后，灯塔的建造者逐渐发现，过往的船只总是想方设法逃避交费。他们或者绕过灯塔行驶，或者以自己熟悉海路为名干脆就拒绝缴费。建造者们只能增雇人手、加强管理，但他们又没有执法权，就是真碰上不交费的人，也无可奈何。而且，增雇人手也加大了建造者们的成本，慢慢地他们就变得入不敷出了。于是，私人建造的灯塔也就逐渐废弃了。

可是，海上航行必须需要灯塔的指引，那么灯塔就只能由政府出面来建设，过往的船只从此不用再向政府交费，他们将免费使用灯塔资源。

内容精讲

并不是所有的产品和服务都可由私人提供。政府和其他公共组织的重要职责之一就是要向民众供给私人不愿意提供的产品或服务——公共产品。

二维码8.5：
公共产品

一、公共产品的含义及特点

1. 公共产品的含义

公共产品是与私人产品相对应的概念。公共产品（Public Goods）是指私人不愿意或无能为力生产而由政府提供的具有非排他性和非竞争性的物品。例如：国防保护、公共交通工具和天气预报等都是典型的公共产品。

> **小案例**
>
> **救命血清一剂难求**
>
> 据报道，北京市一名16岁男孩被眼镜蛇咬伤，情况危急，急需抗眼镜蛇毒血清救治，但北京的医院普遍没有这种血清，后来其家属和媒体多方寻找，却被多地医院告知"已用完"。后来救命血清才从云南一家医院送达北京相关医院。但像涉事男孩这样一剂难求、各大医院遍寻无着的案例，近年已多次发生。目前，我国只有上海赛伦公司生产抗蛇毒血清。抗眼镜蛇毒血清自2010年停产，至2013年年底再启生产，保质期至多3年，生产周期则要9个月，这也造成近年抗眼镜蛇毒血清频频告急。而短缺的更深层次原因，则在于被剧毒蛇咬伤毕竟属于偶发，赛伦公司在血清生产上长期处于单品亏损状态。由于需求量和利润都有限，涉事企业难免不感兴趣。而使用率偏低、保质期偏短、报废率较高、需在特定温度下才能保存，也会让医院选择弃用。正因"市场失灵"，抗眼镜蛇毒血清才会一剂难求。
>
> 剧毒蛇的抗蛇毒血清，本应带有公共品的性质。既然被剧毒蛇咬伤，公民凭一己之力难以解决，市场也"失灵"了，那么，就该由政府提供公共品来填补短板。首先对于抗蛇毒血清生产企业的部分单品亏损，以财政补贴的方式，来弥补，维持这些救命单品的生产供应。这包括，要打破抗蛇毒血清生产的垄断状况，规避"所有的鸡蛋都放在一个菜篮子里"的风险。再者，对于医院的抗蛇毒血清储备，同样以财政补贴来弥补其因使用率低、报废率高等因素导致的亏损，以维持供应，有备无患。再有，至少以省为单位，建立起抗蛇毒血清的统筹调配机制，而不是一旦有人被剧毒蛇咬了，抗蛇毒血清遍寻无着。救命如救火，时间耽误不得。2012年8月浙江省着手建立了全省范围内的抗蛇毒血清应急调剂机制，并公布了血清定点备货医疗机构。这样的先进经验，理应加以推广。

2. 公共产品的特点

（1）非竞争性。非竞争性是指一个消费者消费公共产品并不影响其他的消费者消费的数量和质量。即某一个人或厂商对公共物品的享用，不排斥、不妨碍其他人或厂商同时享用，也不会因此而减少其他人或厂商享用该种公共物品的数量和质量。这就是说，增加一个消费者不会减少任何一个人对公共物品的消费量，或者增加一个消费者，其边际成本等于零。仍以一国的国防为例，尽管人口往往处于与年俱增状态，但没有任何人会因此而减少其所享受的国家安全保障。可见，国防的消费是高度非竞争性的。私人产品的情况就不是这样。它在消费上具有竞争性。某一个人或厂商对某种一定数量的私人产品的享用，实际上就排除了其他人或厂商同时享用。

（2）非排他性。非排他性是指任何消费者都可以不付任何代价消费该产品,对公共产品的提供者而言,其无法将拒绝付款者排除在消费范围之外,或者虽然可以排他,但由于排他成本过高以致在经济上不可行。

在技术上没有办法或很难将拒绝为之付款的个人或厂商排除在公共产品的收益范围之外。或者说,公共产品的受益不能对拒绝付款的个人或厂商加以阻止。任何人都不能用拒绝付款的办法,将其所不喜欢的公共物品排除在其享用的范围之外。比如国防,如果在一国的范围内提供了国防服务,则要排除任何一个生活在该国的人享受国防保护,是极端困难的,就是那些在政治上反对发展核武器,而拒绝为国防费用纳税的人们,即使被投进监狱,也仍然处在核武器所提供的国家安全保障的范围之内。在私人物品上,这种情况就不会发生。私人物品在受益上是必须具有排他性的。因为只有在受益上具有排他性的产品,人们才愿意为之付款,生产者也才会通过市场来提供。

(3) 不可分割性。不可分割性是指公共产品通常是作为一个整体向社会提供的,他没有一定的计量单位,通常是所有的消费者都消费同样数量的公共产品。

知识窗

搭便车问题

搭便车理论首先由美国经济学家曼柯·奥尔逊于1965年发表的《集体行动的逻辑:公共利益和团体理论》(The Logic of Collective Action Public Goods and the Theory of Groups) 一书中提出的,其基本含义是不付成本而坐享他人之利。

搭便车问题是一种发生在公共财产上的问题。是指经济中某个体消费的资源超出他的公允份额,或承担的生产成本少于他应承担的公允份额。在财政学上,免费搭车是指不承担任何成本而消费或使用公共物品的行为,有这种行为的人或具有让别人付钱而自己享受公共物品收益动机的人成为免费搭车者。免费搭车现象缘于公共物品生产和消费的非排他性和非竞争性,免费搭车行为往往导致公共物品供应不足。

搭便车行为妨碍市场的自动调节过程。因此,一个成功的意识形态必须能够克服"搭便车"行为,这是各种意识形态的一个中心问题。意识形态是一种行为方式,它通过提供给人们一种"世界观"而使行为决策更为经济。

在日常生活中也常可找到搭便车的例子,例如许多轮船公司不肯兴建灯塔,他们可以获得同样的服务,此种搭便车问题会影响公共政策的顺利制定及有效执行。德国的高福利政策也是搭便车问题的例子,高收入者支付的高额税收对同样享用高福利(医疗、教育)的低税收贡献者来说是被后者"搭了顺风车"。

二、公共产品分类

1. 纯公共产品

纯公共产品是指同时具有非排他性和非竞争性的产品。

（1）非排他性。当一个人提供了特定数量的公共产品时，就不可能排除其他人来免费享用该公共产品，或者这种排他成本相当高。例如，总不能一盏路灯下站一个警察，凡是不花钱的人就不让从这里走。再如国防，当导弹打过来时，军队只保护交过税的人，没交税的就不保护，这难以实现。所以，在公共物品的使用上，排斥别人的费用是相当高的，也是非常困难的，但增加一个人消费，却不增加它的成本。

（2）非竞争性。当一个人消费了某一数量的公共产品，该公共产品同时也可以被其他人消费同样数量，即它们之间对公共产品的消费不是竞争性的，一个人不可能用价格去阻止别人对公共产品的消费。如灯塔、路灯、国防、公路、义务教育等。

2. 准公共产品

准公共产品是指具有不完全排他性和竞争性的产品。准公共产品又分为两类：一类是具有非竞争性和排他性的物品，称为俱乐部产品；另一类是具有排他性和竞争性的物品，称为公共资源。如表 8-2 所示。

表 8-2　　　　　　　　　　　产品分类

消费特点	竞争性	非竞争性
排他性	私人产品：饮用水	俱乐部产品：有线电视、网络
非排他性	公共资源：渔业资源	公共产品：绿化、普通马路

小案例

搭便车案例

只要有一户住户安装了公共楼道里的灯，这幢楼的其他住户就可以免费享用灯光带来的照明，并且一个人享用照明并不会影响别人来享用这种照明。由于每个人都是理性的经济人，自己付出了成本却让别人获得了额外受益，而别人并不需要因此而付费，这样的事显然是没人愿意做的，所以"搭便车"产生的结果使公共产品的供给量为零或者达不到最优供给水平。

三、政府对公共产品的管理

（一）政府提供公共产品类型

从国际经验及我国改革开放的实践来看，政府介入公共产品的生产和运营，可分为两种类型。

1. 政府直接提供公共产品

政府直接提供公共产品是指公共产品由政府通过安排预算支出进行垄断性生产或建立营利性的机构进行生产，并提供给消费者使用。

政府具有强制力，可以通过税收等手段为公共产品提供资源，有力量通过惩罚拒不合作者阻止搭便车行为，使得公共产品由政府提供成为可能。政府直接生产具有力度大、收效快的特点，其生产方式可分为三种：中央政府直接生产经营、地方政府直接生产经营、地方公共团体经营。

2. 政府间接提供公共产品

政府间接提供公共产品是指政府利用预算安排和政策安排形成经济刺激，引导私人企业参与公共产品的提供。其实质是在公共产品的生产和供给过程中，引入市场和私人的力量。政府间接提供公共产品有以下几种方式：

（1）法律保护私人进入；

（2）授予经营权，其重要内容就是允许经营者收费；

（3）签订合同；

（4）财政资助，主要有直接投资、减免税收、无偿赠款、低息贷款、财政贴息价格补贴，以及土地、设备所有权的无偿转让等方式。

（二）政府提供公共产品类型比较

政府直接生产无疑是政府介入公共产品生产的一个极为重要的方式，尤其是在经济发展的初始阶段，政府以直接生产的方式来供给公共产品，可以在短期内取得惊人的进展，而且极富效率。然而，随着经济的发展，公共事业规模的扩大，人们对公共物品需求的不断高涨，如果依旧采用单一的直接生产方式，会导致普遍的资源配置错误和供不应求。

这些弊端可以概括为：目标不明确、缺乏经营自主权和责任制、财政困窘以及劳资问题。产生这些问题的主要原因是政府以单一的直接生产方式提供公共产品，不存在破产的威胁和竞争的压力，使得公共事业部门缺乏降低成本和适应需求的压力，经营上自然缺乏活力和效率，而低效率必然外在地表现为较高的成本和消费价格。此时，如果政府不对公共部门予以财政支持，则较高的公共产品价格会使消费者减少公共产品的消费量从而蒙受损失。而如果政府通过财政支持以维持较低的公共产品价格，则既增加了政府的财政负担，又会造成公共产品的过度消费和供给上的相对不足。

因此，公共产品不一定只能由政府直接生产，也可以适当引入间接生产方式，允许民间进入公共产品的生产和经营，这样不仅有利于提高公共产品的供给效率，而且有利于减轻财政负担。但同时需要注意的是，政府不直接提供公共产品，并不等于政府在公共产品的供给上没有任何责任，而只是政府提供公共产品的方式由直接生产转向间接生产。政府在公共事业的发展规划、制定相应的方针政策、审批项目及经营权、财政资助、制定法律保护民营企业进入等方面仍然具有不可推卸的责任。从整体上来说，政府间接生产只能是政府直接生产方式的有益补充，不能取代直接生产而成为公共产品供给的主要方式。

> **想一想**
>
> ### 门票的疑惑
>
> 昨天上午，小王和未婚妻到公园拍婚纱照，没想到却吃了闭门羹。当时，在公园入口处有工作人员拦截，并索要 50 元的入门费。大热天的，穿着婚纱、礼服本来就不舒服，小王更不想因此坏了拍照的心情，二话没说交了 50 元后这才进园。可更让小王纳闷儿的是，50 元换来的却是一张票价两元的公园票。"本是免费入园，拍照就要收费，这究竟是什么费用？"拿着这样一张门票，小王怎么想都想不明白，但因拍照要紧就没多说什么，进入公园后，小王就开始准备拍照的东西，他看到路边的花开得非常漂亮于是采了几朵用作拍照道具，被公园管理人员发现后，硬是要让他交罚款，小王觉得公园本来就是公共场所，不该收入门费，摘几朵花也不该交什么罚款，于是和管理人员起了争执，本来的拍照计划也被搞得一团糟。
>
> 讨论：小王应不应该缴纳 50 元门票？为什么？

任务分析

政府是可以解决灯塔这类公共产品问题。如果政府确信，总利益大于成本，他就可以提供公共产品，并用税收为他支付，可以使每个航海者获得好处。因此，这种公共产品理应由政府来提供。

第四节 不完全信息

本节重难点

1. 掌握不完全信息含义。
2. 了解不完全信息危害。
3. 熟悉解决不完全信息的对策。

任务导入

误会是这样产生的

孔子被困在陈、蔡之间，只能喝没有米粒的野菜汤，七天没吃到粮食，白天也饿得只睡觉。一天，颜回讨到一点米回来做饭，饭快熟时，孔子看到颜回抓取锅中饭吃。一会儿，饭熟了，颜回拜见孔子并端上饭食。

孔子装作不知颜回抓饭之事，说："今天我梦见了先君，把饭食弄干净了去祭先君。"颜回回答说："不行，刚才灰尘落进饭锅里，扔掉沾着灰尘的食物是浪费的，我就抓出来吃了。"孔子叹息着说："所相信的是眼睛，可眼睛看到的还是不可以相信；所依靠的是心，可是心里揣度的还是不足以依靠，看来了解人真的很不容易。"

孔圣人尚不易辨识真实的世界，而作为凡夫俗子的人们要洞穿世间万物就显得更不容易了。人们总是愿意相信眼前的世界，但是这也并不一定是最真实的世界，因为人们无法看到所有的信息。

内容精讲

一、不完全信息

1. 不完全信息的含义

所谓不完全信息（Incomplete Information）是指市场参与者不拥有某种经济环境状态的全部知识。新凯恩斯学派认为，不完全信息经济比完全信息经济更加具有现实性，市场均衡理论必须在不完全信息条件下予以修正。信息不完全不仅是指那种绝对意义上的不完全，即由于认识能力的限制，人们不可能知道在任何时候、任何地方发生任何情况，而且是指"相对"意义上的不完全，即市场经济本身不能够生产出足够的信息并有效地配置它们。

2. 不完全信息产生原因

不完全信息产生的原因：(1)经济的不确定性；(2)获取信息需要成本。

作为一种有价值的资源，信息不同于普通商品。人们在购买普通商品时，先要了解它的价值，看值不值得买。但是，购买信息商品却无法做到这一点。人们之所以愿意出钱购买信息，是因为还不知道它，一旦知道了它，就没有人会愿意再为此进行支付。这就出现了一个困难的问题：卖者让不让买者在购买之前就充分地了解所出售的信息的价值呢？如果不让，则买者就可能因为不知道究竟值不值得而不去购买它；如果让，则买者又可能因为已经知道了该信息也不去购买它。在这种情况下，要能够做成"生意"，只能靠买卖双方的并不十分可靠的相互信赖：卖者让买者充分了解信息的用处，而买者则答应在了解信息的用处之后即购买它，因而在市场交易中会导致道德风险，使得市场效率低下，在一定程度上限制了市场的作用。

完全信息是信息对于双方来说是在完全公开的情况下，双方所做的决策是同时的，或者不同时但在对方做决策前不为对方所知的。

> **小案例**
>
> ### "天天平价、始终如一"的沃尔玛超市
>
> 　　众所周知,"天天平价、始终如一"是沃尔玛超市驰骋全球零售业沙场的营销策略,也是其成功经营的核心法宝。实际上,商店不可能把所有的商品都如此打折销售。人们可以看到的是,只有部分商品如此打折,并且是轮流打折。这次是饮料打折,下一次是衣服打折,还有可能是日用品打折。
>
> 　　一般来说,消费者不可能知道究竟有什么商品在打折促销,当来到沃尔玛超市,不可能只买自己预期的打折商品,很可能还买其他商品。在经济生活中,消费者掌握的商品信息往往是不完全的。在生活中,人们也经常能发现信息不完全现象,可见,信息不完全在经济生活中具有普遍性。

二、不完全信息危害

　　信息不对称（Asymmetric Information）指交易中的各人拥有的信息不同。在社会政治、经济等活动中,一些成员拥有其他成员无法拥有的信息,由此造成信息的不对称。在市场经济活动中,各类人员对有关信息的了解是有差异的;掌握信息比较充分的人员,往往处于比较有利的地位,而信息贫乏的人员,则处于比较不利的地位。

> **小案例**
>
> ### 东床快婿
>
> 　　东晋太尉郗鉴想在丞相王导府上物色个女婿,便派他的门生到王家代自己挑选。门生来到东厢房王家子弟齐集的地方一个个相看了一番,回去向郗鉴报告说:"王家的小伙子都很好,难分上下。不过,听说您要选女婿,他们个个都打扮得衣冠楚楚、举止矜持,希望能被选中,只有一个后生躺在东边的床上,散开衣襟,露着肚皮,满不在乎,好像根本不知道您要选女婿似的。"郗鉴听了,高兴地说:"这个人正是我要选的佳婿"。
>
> 　　于是郗太尉就把女儿许配给了这个人。后来经过打听,原来那个躺在床上袒露肚子的就是日后成为大书法家的王羲之。这个故事作为美谈流传了下来,渐渐地人们就把别人的好女婿称为东床佳婿、东床坦腹、东床和东坦等。
>
> 　　王羲之敢于将自己的真实面展示给别人,而太尉也能慧眼识人。这和经济学中的信息对称有异曲同工之妙。倘若一方掌握的信息多,另方掌握的信息少,两者不对称,交易就做不成;或者即使做成了,也很可能是不公平交易。

(一) 道德风险

1. 道德风险含义

道德风险(Moral hazard)是指交易双方在交易协议签订后,其中一方利用多于另一方的信息,有目的地损害另一方的利益而增加自己利益的行为。道德风险是在信息不对称的情况下产生的,有时被称为"隐藏行为"(Hidden Action)"隐藏信息"(Hidden Information)问题。

2. 道德风险特征

(1) 内生性特征:即风险雏形的形成于经济行为者对利益与成本的内心考量和算计。

(2) 牵引性特征:凡风险的制造者都存在受到利益诱惑而以逐利为目的。

(3) 损人利己特征:即风险制造者的风险收益都是对信息劣势一方利益的不当攫取,换言之,风险制造者(Risk—maker)与风险承担者(Risk—taker)的不对称存在(见表8-3)。

表8-3　　　　　　　　　　道德风险举例

市场	信息优势方	信息劣势方	道德风险表现
劳动市场	雇员	雇主	雇员偷懒,不努力工作
承包市场	承包方	发包方	承包方偷工减料,违反承包合同
上市公司	管理层	股东	管理层不追求股东利益最大化,发布虚假公告,用股东的钱谋取私利
公共服务	公务员	政府和民众	公务员就职时,誓言为公众利益服务,但却违法乱纪、以权谋私
家庭生活	自己	配偶	恋爱中百依百顺、隐忍扬善,结婚后真相毕露

(二) 逆向选择

逆向选择是指在买卖双方信息不对称的情况下,差的商品总是将好的商品驱逐出市场。当交易中的一方对交易可能出现的风险状态比另一方知道更多时,便会产生逆向选择问题。

在现实的经济生活中,存在着一些和常规不一致的现象。本来按常规,降低商品的价格,该商品的需求量就会增加;提高商品的价格,该商品的供给量就会增加。但是,由于信息的不完全性和机会主义行为,有时候,降低商品的价格,消费者也不会做出增加购买的选择(因为可能担心生产者提供的产品质量低,是劣质产品,而非原来他们心中的高质量产品);提高价格,生产者也不会增加供给的现象。所以,叫"逆向选择",说明逆向选择是无处不在。

> **知识窗**
>
> ### 劣币驱逐良币
>
> "劣币驱逐良币"（Bad money drives good money out of circulation）是经济学中的一个古老原理，这种经济现象又称"格雷欣法则"（Gresham's law），最初由16世纪的英国铸造局长格雷欣发现的。说的是铸币流通时代，成色不良的铸币（金币或银币）与成色优良的铸币在市场上一样流通，久而久之良币会逐渐退出流通转为收藏，而市面上流通的都是成色不良的劣币——劣币把良币赶出了市场。

> **想一想**
>
> ### 癞蛤蟆吃掉天鹅肉
>
> 优秀的总是能够战胜落后的，好的总是能打败坏的吗？看起来似乎理所当然的答案也许并不那么必然。或许你已经发现了一个奇怪的现象：在我们的生活中，有些时候占上风的并不是那些最优秀的，达尔文的"优胜劣汰"规则在那里不起作用。
>
> 有一句话叫"天鹅常被第一只癞蛤蟆吃掉"，说的是美丽女生往往有一个平庸的男朋友，而优秀男生的女友又常常长相平平。这样的情况频频出现，绝非偶然。
>
> 讨论：怎样解释它呢？

（三）委托——代理问题

当一个人（代理人）为另一个人或机构（委托人）工作，而工作的成果同时取决于投入的努力和不由主观意志决定的各种客观因素，且两种因素对委托人来说无法完全区分时，就会产生代理人的"道德风险"，如偷懒、偷工减料等，这就是不完全信息条件下的"委托—代理问题"（Principal - Agent Problem）。

（1）委托人和代理人之间存在着明显信息不对称，即委托人对代理人的行动细节并不了解。

（2）委托者的目标和代理人的目标存在着明显的差异。

（3）由于上述情况的存在，在报酬由委托人支付的情况下，代理人从自身利益出发，可能采取某些机会主义的行为，使自身效用最大化，并降低自己承担的风险。同时，由于信息不对称，双方都可能存在着不道德的欺诈行为，甚至违法行为，而监控不道德行为的成本又非常高。

（4）委托人预期效用的实现，依赖于代理人的行动，同时也取决于委托人在契约中的制度供给、彼此的承诺、相互信任、激励与补偿机制与监督制度的安排等（见表8-4）。

表 8-4　　委托—代理举例

委托人	代理人	代理人道德风险表现
公民	政府官员	廉洁奉公
原告/被告	代理律师	努力办案
雇主	雇员	工作努力
保险公司	投保人	风险防范
证券投资者	经纪人	投资收益与风险防范
病人	医生	诊断质量与节约治疗费

三、解决不完全信息的对策

（一）解决道德风险问题对策

关于市场中因为信息不对称产生的道德风险问题，以威廉姆森为代表的交易成本学派也从不完备合约、机会主义、交易费用及资产专用性的角度提出了自己的解决办法，通过某些制度设计使具有信息优势的交易方约束自己的行动。也就是说，要求具有私人行动或私人信息的交易方的自利行为得到激励，以符合或不违背缺乏信息的另一方的利益。即当资产存在专用性时，组织可以通过购并将外部市场交易转变为组织内部交易，从而降低因不完备合约所造成的机会主义行为，减少交易费用。

例如，保险公司解决道德风险问题，可以在保险单中加入共同保险或免赔额条款。共同保险是指一旦出现风险，投保人要承担保险金额的一部分。

（二）解决逆向选择问题对策

解决逆向选择问题可以采用信号传递和信息甄选两种方式。信号传递是市场上信息多的一方通过某种方式将信号传递给信息少的一方，即向市场发送信号。生产质量较高、较可靠的产品的厂商就通过提供质量保证或售后服务的方法来使消费者明白他们出售的产品是可靠的。因此，消费者就能把一项内容广泛的保证书看作是高质量的信号，并为提供保证书的产品支付更高的价格。一些著名商品的品牌本身也是一种信号，因为名牌是靠长期稳定过硬的质量建立起来的，在消费者心理名牌代表优质，为此他们愿意支付一定溢价来取得质量的保证。

信息甄选是委托人通过一定的技术手段对代理人的信息进行甄别。如银行经常甄选那些想借钱的人以排除那些不能偿还的人，银行要求借款人提供财务记录、工作保障、借钱原因、资产情况、受教育程度、经历等等。企业的面试过程也是信息甄选的一种形式。

（三）解决委托—代理问题对策

解决委托—代理问题的关键是激励。委托人需要确定某种适当的激励促使代理人采取某种适当的行为，企业所有者在支付给生产要素的报酬上做出某些改进。一种可供选择的方法是将管理者和所有者的利益协调起来。管理者的收入取决于企业的经营状况的体制被称为以业绩评定薪水体制。

另一种方法是，委托人不仅把代理人的收入水平同利润挂钩，而且还把公司股票作为衡量代理人收入的标准，即公司把一定数量的股票或者期权作为管理者收入的一部分，这种利润分享方式可能具有较强的激励特征。

此外，可以通过增加监督的力度，如组织外的监督，像社会审计制度、信息披露制度等；组织内的监督，如组织内部权力制衡设计、内部审计的设计、业绩计量、代理人交保证金、解雇忧虑等。还可以设计激励的机制，如计件工资、效率工资、股票期权等。

任务分析

任务导入案例说明，信息不完全不仅是指那种绝对意义上的不完全，即由于认识能力的限制，人们不可能知道在任何时候、任何地方发生的任何情况，而是指相对意义上的不完全，即信息不对称。因此，人们总是尽可能获取自己所要了解的完全信息。

在获取完全信息的过程中，信息商品为人们所推崇。作为一种有价值的资源，信息不同于普通商品。人们在购买普通商品时，先要了解它的价值，看看值不值得买。但是，购买信息商品无法做到这一点。

信息是不完全的，这就决定了竞争是不完全的，决策个体之间存在直接的相互作用和影响，私人信息发挥着重要作用。在信息不完全和非对称条件下，完全理性转化为有限理性，即经济个体是自私的，照最大化原则行事，但经济个体通常并不具有进行最优决策所需要的信息。因此，经济个体的能力是有限的，理性也就是有限的。

思考与练习

一、单项选择题

1. 垄断导致市场失灵是因为垄断产品的价格（　　）边际成本。
   A. 小于　　　　　　　　　B. 大于
   C. 等于　　　　　　　　　D. 不确定
2. 某一经济活动存在负外部性是指该活动的（　　）。
   A. 私人成本小于社会成本　　B. 私人成本大于社会成本
   C. 私人利益小于社会利益　　D. 私人利益等于社会利益
3. 为了使负外部性内在化，适当的公共政策将是（　　）。
   A. 禁止所有引起负外部性的物品的生产
   B. 政府控制引起外部性的物品的生产
   C. 补贴这种物品
   D. 对这种物品征税
4. 为了使正外部性内在化，适当的公共政策应该是（　　）。
   A. 禁止引起外部性的物品

B. 政府生产物品直至增加单位的价值为零

C. 补贴这些物品

D. 对物品征税

5. 如果一个人消费一种物品减少了其他人对该物品的使用，可以说这种物品是（　　）。

A. 公有资源　　　　　　　B. 由自然垄断生产的物品

C. 竞争性的　　　　　　　D. 排他性的

6. 私人市场难以提供公共物品是由于（　　）。

A. 公共物品不具有排他性　　B. 公共物品不具有竞争性

C. 消费者可以"免费搭车"　　D. 以上三种情况都是

7. 上游工厂污染了下游居民的饮水，按照科斯定理，（　　）问题就可解决。

A. 不管产权是否明确，只要交易成本为零

B. 只要产权明确，且交易成本为零

C. 只要产权明确，不管交易成本有多大

D. 不论产权是否明确，交易成本是否为零

8. 解决外部不经济可采取（　　）方法。

A. 通过征税的办法　　　　　B. 通过产权界定的方法

C. 通过将外部性内在化的方法　D. 以上各项都可行

9. 公共产品具有以下哪个特征（　　）。

A. 排他性　　　　　　　　B. 竞争性

C. 非排他性和非竞争性　　　D. 以上全对

10. 解决负外部性可采取的方法是（　　）。

A. 通过征税的方法或补贴来使外部性内在化

B. 通过征税使原有外部不经济的产品减少需求

C. 通过补贴使原有外部经济的产品减少需求

D. 不论产权是否明确，交易成本是否为零

二、多项选择题

1. 私人物品的基本特征是（　　）。

A. 竞争性　　　　　　　　B. 非竞争性

C. 排他性　　　　　　　　D. 非排他性

E. 竞争性与非竞争性

2. 外部性是指（　　）。

A. 私人成本高于社会成本

B. 私人成本低于社会成本

C. 私人利益低于社会利益

D. 私人利益高于社会利益

E. 某个家庭或厂商的一项经济活动能给其他家庭或厂商无偿带来好处

3. 外部性可以分为（　　）。

　　A. 生产的外部经济　　　　　　B. 生产的外部不经济
　　C. 消费的外部经济　　　　　　D. 消费的外部不经济
　　E. 政府的外部经济

4. 下面不产生外部性的是（　　）。

　　A. 一个消费者吃一条巧克力
　　B. 一个企业向空间中排放污染物
　　C. 一个家庭主妇铲掉自家院子的雪
　　D. 一个人在没有其他人的封闭环境里吸烟
　　E. 一个养蜂人的蜜蜂给邻居的果树授粉

5. 解决外部性的对策有（　　）。

　　A. 征税　　　　　　　　　　　B. 补贴
　　C. 企业合并　　　　　　　　　D. 提高利率
　　E. 明确产权

三、简答题

1. 政府如何管制垄断？
2. 不完全信息产生的原因及危害？

四、思考分析

1. 试运用外部效应理论分析环境保护问题。
2. 我国城市自来水、煤气等公共产品频频涨价引来了公众的不满。公众埋怨道：公共物品怎能一有亏损就涨价？2000年广州自来水涨价、南京煤气涨价，都因公众的不满而暂时流产。对此，政府也是一肚子苦水。公共产品成本与价格背离，公益企业的亏损，政府财力的有限，市场部门提供的公共产品的价格低下，其最大理由是"公共物品是市民生活的必需品"这个假定，认为其价格上升会严重影响人民生活，因此城市公共产品供给的传统方法只关注供给方，如何寻找资源，如何提高开采技术以增加供给，而对公共产品价格及其对需求影响完全不予考虑。问：我国公共产品供给的低效率的原因是什么？具体表现是什么？

五、技能实训

1. 辩论赛——高速公路该不该收费？

实训要求：

（1）阅读背景资料"我国高速公路的收费"。
（2）学生分成偶数组，两两对弈，双方各自持不同观点，进行讨论和准备资料。

（3）教师主持辩论赛，并选出获胜者，进行点评。借此让学生充分讨论公共产品（半公共产品）与政府的关系。

2. 实地考察——二手车市场考察分析。

实训要求：

（1）本调查以团队的形式完成，自行组建调查团队，团队以 4~5 人为宜。

（2）在实施实地调查前，填写调查进度计划表并提交指导老师确认。

（3）形成书面的调查报告（见表 8-5）。

表 8-5　　　　　　　　　　调查进度表

团队成员：
调查地点：
调查时间：

工作与活动内容	时间	地点	参与人员	备注

第九章
国民收入决定

本章知识点

1. 国内生产总值,国民生产总值、国民收入、总需求、总供给、投资乘数等基本概念。

2. 消费、储蓄与投资的关系,宏观经济均衡的条件,国内生产总值的计算方法,乘数原理。

知识导图

	知识结构	知识要点
第九章 国民收入决定	国民收入核算理论与方法	国内生产总值、国民生产总值、国民收入指标体系,国民收入核算基本理论与方法
	国民收入的决定和均衡	宏观经济均衡的条件,国内生产总值的计算方法
	乘数原理	消费函数,储蓄函数,边际消费倾向,乘数原理

引导案例

统计局重核 2016 年 GDP:总量超 74 万亿元,比上年增长 6.7%

按照我国国内生产总值(以下简称 GDP)核算和数据发布制度规定,年度 GDP 核算包括初步核算和最终核实两个步骤。2018 年 1 月,根据国家统计局统计年报、财政部财政决算和有关部门年度财务资料等,国家统计局对 2016 年 GDP 数据进行了最终核实,主要结果如下:

经最终核实,2016 年,GDP 现价总量为 743585 亿元,比初步核算数减少了 542 亿元;按不变价格计算,比上年增长 6.7%,与初步核算数一致。三次产业和各行业数据见表 9-1。

表 9-1　　2016 年 GDP 最终核实数与初步核算数对比

行业	现价总量（亿元）			不变价增速（%）			产业结构（%）		
	最终核实数	初步核算数	差距	最终核实数	初步核算数	差距	最终核实数	初步核算数	差距
GDP	743585	744127	-542	6.7	6.7	0.0	100.0	100.0	0.0
第一产业	63673	63671	2	3.3	3.3	0.0	8.6	8.6	0.0
第二产业	296548	296236	312	6.3	6.1	0.2	39.9	39.8	0.1
第三产业	383365	384221	-856	7.7	7.8	-0.1	51.6	51.6	0.0
农林牧渔业	65976	65964	11	3.5	3.5	0.0	8.9	8.9	0.0
工业	247878	247860	18	6.0	6.0	0.0	33.3	33.3	0.0
制造业	214289	214214	75	6.7	6.7	0.0	28.8	28.8	0.0
建筑业	49703	49522	181	7.2	6.6	0.6	6.7	6.7	0.0
批发和零售业	71291	71113	177	7.1	6.7	0.4	9.6	9.6	0.0
交通运输、仓储和邮政业	33059	33355	-297	6.6	6.5	0.1	4.4	4.5	-0.1
住宿和餐饮业	13358	13281	77	7.4	6.9	0.5	1.8	1.8	0.0
金融业	61122	62132	-1011	4.5	5.7	-1.2	8.2	8.3	-0.1
房地产业	48191	48133	58	8.6	8.6	0.0	6.5	6.5	0.0
信息传输、软件和信息技术服务业	21899	22828	-929	18.1	22.2	-4.1	2.9	3.1	-0.2
租赁和商务服务业	19483	19705	-222	11.0	12.6	-1.6	2.6	2.6	0.0
其他服务业	111626	110233	1394	7.5	6.3	1.2	15.0	14.8	0.2

注：本表中 GDP 总量、构成等数据中，有的不等于各产业（行业）之和，是由于数值修约误差所致，未作机械调整。

长期以来，GDP 作为政府对国家经济运行进行宏观计量与诊断的一项重要指标，曾被一代经济学大师凯恩斯推崇有加，以 GDP 为代表的国民经济总量数据逐渐演化成衡量一个国家宏观经济与社会发展进步的重要指标。

（资料来源：http://www.sohu.com/a/214757103_115376。）

第一节　国民收入核算理论与方法

本节重难点

1. 了解国内生产总值的含义，名义国内生产总值和实际国内生产总值。
2. 了解国民收入指标体系的内容和相关概念以及他们之间的关系。
3. 掌握国民收入核算基本理论与方法，能进行简单的相关计算。

第九章 国民收入决定

任务导入

经济是每个国家和地区的基础,所以说 GDP 总是人们所关心的话题。从 1995 年开始,日本的 GDP 一直在 5 万亿美元左右徘徊,这种情况持续了二十多年,如今的日本 GDP 几乎没有增长,2010 年我国的 GDP 成功超越日本,并且差距越来越大,2019 年我国的 GDP 总量已经到达了 90 万亿人民币,是日本 GDP 的两倍以上,为什么日本的 GDP 增长停滞而我国却大规模增长呢?

内容精讲

宏观经济学以整个国民经济活动作为考察对象,其核心理论是国民收入决定理论。要想从总体上把握整个国民经济活动,就必须要有一套定义和计量总产出或总收入的方法,这套方法即是通常所说的国民收入核算体系。经济学已经建立了一整套相对科学、系统和合理的国民收入核算体系,目前世界上绝大多数国家均采用 1993 年经联合国修订的《国民经济核算体系》。

一、国内生产总值的含义

国内生产总值(Gross Domestic Product,GDP)是指在一定时期内(一个季度或一年),一个国家或地区的经济中所生产出的全部最终产品和劳务的价值,常被公认为衡量国家经济状况的最佳指标。它不但可反映一个国家的经济表现,还可以反映一国的国力与财富。GDP 这个定义,包含以下几个方面的意思:

二维码 9.1:
杭州市生产总值超万亿元 成为中国第十个 GDP 万亿城市

第一,国内生产总值是一个市场价值的概念。各种最终产品的价值都是用货币加以衡量的,产品市场价值就是用这些最终产品的单位价格乘以产量而获得的。假如某个国家一年生产 10 万件上衣,每件上衣售价 50 美元,则该国一年生产上衣的市场价值就是 500 万美元。

第二,国内生产总值测度的是最终产品的价值。一般根据产品的实际用途,可以把产品分为中间产品和最终产品。所谓最终产品,是指在一定时期内生产的可供人们直接消费或者使用的物品和服务。这部分产品已经到达生产的最后阶段,不能再作为原料或半成品投入其他产品和劳务的生产过程中去,如消费品、资本品等。中间产品是指为了再加工或者转卖用于供别种产品生产使用的物品和劳务,如原材料、燃料等。

假定一件上衣从生产到消费者最终使用共要经过 5 个阶段:种棉、纺纱、织布、制衣、销售。棉花生产过程中的价值增值如表 9-2 所示。

表 9-2　　　　　　　服装生产过程中的价值增值

	棉花	棉纱	棉布	制衣	销售
投入的中间产品的价值	0	15	20	30	45
产品的售价	15	20	30	45	50
新增的价值	15	5	10	15	5

由表 9-2 可见，这件上衣在 5 个阶段中新创造价值共计：15+5+10+15+5=50 美元，正好等于这件上衣的最后售价。计算这一时期生产的价值可以采用两种方法：一是计算所生产出来的最终产品的价值，二是计算这一最终产品生产过程中新增加的价值，二者一定相等。如果我们把投入的中间支出也计算进去，必然会产生重复计算问题。

另外，GDP 必须是现期生产的最终产品的价值，凡是现期生产出的最终产品不论是否卖出均应计入 GDP。

第三，国内生产总值是一定时间内所生产的而不是所销售的最终产品的市场价值。假定今年某国所销售的货物为 1000 亿美元，但是其中 50 亿美元的产品是去年生产的，则今年的 GDP 是 950 亿美元。同样，假如今年生产了 1000 亿美元的产品，只卖掉 900 亿美元，则今年的 GDP 是 1000 亿美元。根据上述道理，假定某国今年出售的最终产品为 1000 亿美元，上年留下的库存为 50 亿美元，今年留作库存为 100 亿美元，则今年 GDP 为 1050 亿美元。总之，今年生产的总产品价值等于今年售卖的最终产品的价值减去上年库存，而加进今年库存的价值。

第四，国内生产总值是指一个国家领土内所生产的产品和劳务，既包括本国企业所生产的产品和劳务，也包括外国企业国在本国生产的产品和劳务。例如，日本公民在我国工作所获得的收入就应该计入我国的国内生产总值中，但是它不计入日本的国内生产总值。

第五，国内生产总值一般仅仅是指为了市场而生产的物品和劳务的价值，而非市场活动不包括在内。在我们现实生活中，许多产品和劳务虽然对人们经济福利也很有关系，但是如果不是市场交换活动，就不能包括在国内生产总值中。自给自足的生产，慈善机构的活动，在家中做饭和打扫卫生的活动等等，都不能计入国内生产总值中。例如，一个人花钱请人做保姆，那么保姆的收入就应该计入国内生产总值中；而如果该主人和保姆结婚了，这位妻子的生活费也许和她当保姆的收入一样多，但是由于不再是市场交易活动，因而就不能够再计入国内生产总值。

第六，国内生产总值仅仅是一定时期内的生产的价值，所以包含时间的因素。因为国内生产总值统计的复杂性，所以一般来说各个国家都采用一年的时间作为一个统计周期，当然在不同的地区有的也会采用季度、月作为统计周期。

> **想一想**
>
> 下列哪些项目应当计入 GDP？
> 1. 银行助学贷款的利息；
> 2. 私人向贫困大学生的捐赠；
> 3. 妻子从事的家务劳动；

4. 保姆从事的家务劳动；
5. 政府的转移支付；
6. 一个厨师在自己家里烹调食物；
7. 某企业在当年年底生产的但没有销售出去的价值20万元的成衣；
8. 某人从市场买来一辆已经用了5年的二手车；
9. 某面包店为生产面包而购买了10斤面粉。

知识窗

一国的GDP与其公民的生活水平密切相关

确定GDP有用性的一个方法是把GDP作为经济福利的衡量指标来考察国际数据。富国与穷国人均GDP水平差异巨大。如果高的GDP导致了高的生活水平，那么，我们就应该看出GDP与生活质量的衡量是密切相关的。而且，事实上我们也是这样做的。在美国、日本和德国这样一些富国，人们预期可以活到70多岁，而且，几乎所有的人都识字。而在一些穷国，人们一般只能活到50多岁，而且，只有一半人识字。尽管生活质量其他方面的数据还不完全，但这些数字也说明了类似的情况。人均GDP低的国家往往婴儿出生时体重轻，婴儿死亡率高，母亲生孩子时死亡率高，儿童营养不良的比率高，而且，不能普遍得到安全的饮用水。在人均GDP低的国家，学龄儿童实际在校生少。人均拥有的电视少、电话少、家用电器也少，交通设施差、医疗条件差等等。国际数据无疑表明，一国的GDP与其公民的生活水平密切相关。

二、名义国内生产总值和实际国内生产总值

一个社会经济体系生产千万种的物品和劳务，它们之所以能加总统计，就是因为都用货币来衡量其价值。例如，每千克香蕉0.20美元，每千克柑橘0.22美元。这样，各种不同的货物的价值才可以比较并合计。每种最终产品的市场价值就是用各种产品和劳务的单位价格乘以产量获得的。把所有最终产品的市场价值加总起来就是国内生产总值。

由于国内生产总值的核算中有价格乘以产量的关系，因此，产量和价格的变动都会使国内生产总值变动。但是人们的物质福利只与所生产的物品和劳务的数量和质量有关系。如果产品和劳务的数量和质量不变，而价格提高一倍，国内生产总值就会增加一倍，但人们的物质福利并未增加。为此，我们有必要把国内生产总值变动中的价格因素抽象出来，只研究产品和劳务的数量变化。这就要区别名义国内生产总值和实际国内生产总值这两个概念。

名义国内生产总值是指用生产物品和劳务当年的价格计算的全部最终产品的市场价值。实际国内生产总值是指用以前某年价格作为基期的价格来计

二维码放9.2：
GDP2015年同比增速

算出来的全部最终产品的市场价值。假设某国最终产品以香蕉和上衣代表。两种物品在 2008（现期）和 1998（基期）的价格分别如表 9 – 3 所示，则以 1998 年价格计算的 2008 年实际国内生产总值为 260 万美元。

表 9 – 3　　　　　　　　　　　名义 GDP 和实际 GDP

	1998 年的名义 GDP	2008 年的名义 GDP	2008 年的实际 GDP
香蕉	1 美元 ×15 万单位 =15 万美元	1.5 美元 ×20 万单位 =30 万美元	1 美元 ×20 万单位 =20 万美元
上衣	40 美元 ×5 万单位 =200 万美元	50 美元 ×6 万单位 =300 万美元	40 美元 ×6 万单位 =240 万美元
合计	215 万美元	330 万美元	260 万美元

某个时期名义国内生产总值和实际国内生产总值之间的差，可反映出这一时期和基期相比的价格变动程度，因为通过计算名义国内生产总值的比率，可计算出价格变动的百分比。

在上例中，$\frac{330}{260} = 126.9\%$，说明从 1998 到 2008 年该国的价格水平上涨了 26.9%。

三、国民收入指标体系

国民收入的指标体系中，除了上面说过的国内生产总值（GDP）之外，还包括国民生产总值（GNP），国内生产净值（NDP），国民收入（NI），个人收入（PI），个人可支配收入（PDI）。他们之间也存在一定的关系，下面分别讨论。

1. 国民生产总值（GNP）

国民生产总值（Gross National Product，GNP）是指一个经济社会在某一给定的时期内由一国所拥有的全部生产要素所生产的全部最终产品和劳务的市场价值总和，简称 GNP。国民生产总值和国内生产总值这两个指标在统计思想上反映了是按国土原则还是按国民原则进行统计的区分。国民生产总值测量一国居民的收入，是按国民原则进行统计，包括本国公民从国外取得的收入，但不包括外国居民在本国取得的收入。

国民生产总值和国内生产总值的关系如下：

国民生产总值 = 国内生产总值 + 本国公民在国外生产的最终产品的价值总和 − 外国公民在本国生产的最终产品的价值总和

在 1991 年 11 月之前，美国均是用 GNP 作为对经济总产出的基本衡量指标。后来改用了 GDP，现在大多数国家都采用 GDP，主要原因如下：

（1）一般来说，一个国家的对外开放程度越大，用 GDP 作为衡量指标就越具有科学性。在当今世界，国际贸易在各国经济中越来越重要，许多国家对外贸易的比例在不断增加，因此，大多数国家都采用 GDP。

(2) 由于国外要素收入的数据不足，而 GDP 的数据则比较容易获得，于是采用 GDP。

(3) GDP 相对于 GNP 来说是国内就业潜力的更好衡量指标（本国使用外资的时候解决的是本国的就业问题）。

2. 国民生产净值（NNP）

国内生产净值（Net National Product，NNP），指一个国家的全部国民在一定时期内，国民经济各部门生产的最终产品和劳务价值的净值。一般以市场价格计算。它等于国民生产总值减去固定资产折旧后的余额。即国民生产净值（NNP）＝GNP（国民生产总值）－资本折旧。

3. 国民收入（NI）

这里说的国民收入（National Income，NI）是狭义的国民收入，是指一个国家在一定时期内用于生产产品和提供劳务的各种生产要素获得报酬和收入的总和。国民收入与国民生产净值的区别是：从理论上来讲前者是从分配的角度考察的，后者是从生产的角度考察的；从数量上来讲国民收入等于国民生产净值减去企业间接税加上政府津贴。间接税从形式上看是由企业负担的，实际上间接税附加在成本上，在销售的时候转移出去了。间接税作为产品的价格附加，既不是任何生产要素提供的，也不能为任何生产要素所获得，因此计算国民收入时要扣除。政府津贴是国家对产品售价低于生产要素成本价格的企业的补贴，目的是弥补企业的损失来维持这种产品的生产。这种补贴可以看作是一种赋税（即倒付的税），属于企业生产要素的收入。因此计算国民收入要从间接税中扣除政府补贴。

二维码9.3：
国民收入的"大蛋糕"怎么切？

用公式表示为：国民收入 = 国民生产净值 – 企业间接税 + 政府津贴

4. 个人收入（PI）

个人收入是指一个国家所有个人在一定时期内，从各种来源所得到的收入的总和。它包括劳动收入、企业主收入、租金收入、利息和股息收入、政府转移支付收入和企业转移支付收入等。个人收入与国民收入的区别在于：国民收入中有一部分不分配给个人，如利润收入中要给政府缴纳公司所得税，公司还要留下一部分利润，另外职工收入中也要有一部分以社会保险费的形式上缴有关机构，这些都不构成个人收入。而个人收入中通过再分配的渠道取得的部分，如人们以各种形式从政府和企业那里得到的转移支付，则不属于国民收入。

二维码9.4：
北京市平均工资是怎样统计出来的？

个人收入的构成可用公式表示：

个人收入 = 国民收入 –（公司未分配利润 + 公司所得税 + 公司和个人缴纳的社会保障费）+（政府对个人支付的利息 + 政府对个人的转移支付 + 企业对个人的转移支付）

5. 个人可支配收入（DPI）

个人可支配收入是指一个国家所有的个人在一定时期内所得到的收入总和中减去个人或家庭纳税部分后实际得到的由个人自由使用的收入。个人收入并不是人们实际得到的、可任意支配的款项,它必须扣除个人所得税后才能归个人自由支配。

个人可支配收入一方面是用于个人消费,它包括食品、衣物、居住、交通、文娱和其他杂项方面的支出;另一方面用于个人储蓄,它包括个人存款、个人购买债券等。个人可支配收入用公式表示为:

个人可支配收入 = 个人收入 − 个人所得税 = 个人消费支出 + 个人储蓄

> **想一想**
>
> 2001年年初《北京晚报》报道,2000年北京的人均GDP达到了2700美元,按当时人民币与美元1比8的简单换算,约为2万余元。不少读者给报社打电话说,前几天刚报道过北京人均年收入为1万余元,现在却翻了一番,这是怎么回事呢?

四、国内生产总值指标的局限性

目前,世界各国普遍采用国民收入核算体系(SNA)来计量国民收入。GDP是SNA体系中的核心指标,它是研究机构进行研究和决策当局进行决策的重要参考资料和依据,它能够比较准确地反映出一个国家的居民富裕程度和经济福利水平。但是GDP指标本身也存在一些缺陷,导致了它并不能完全精确地反映一个国家的实际经济情况,具体来说,GDP指标存在着一些问题:GDP指标的统计核算存在较大偏差;GDP不能反映经济发展过程中对资源和环境造成的负面影响;GDP并不能真实地反映一个国家人民生活的实际差异;GDP并不反映一个国家国民收入的分配情况;GDP并不反映一个国家的自然资源拥有情况以及在环境保护等方面的工作,而这些对于一个国家的居民的经济福利水平的影响也是十分重要的。

由此可见,GDP是反映一个国家经济活动和收入水平的重要指标,但不是完全反映一个国家经济福利及其生活质量的唯一指标。在比较两国居民的生活质量时,我们还必须考虑其他因素。

> **小案例**
>
> ### 关于GDP的故事
>
> 一位德国学者和两位美国学者在合著的名为《四倍跃进》一书中,对GDP这样描写:"乡间小路上,两辆汽车静静驶过,一切平安无事,它们对GDP的贡献几乎为零。但是,其中一个司机由于疏忽,突然将车开向路的另一侧,连同到达的第三辆汽车,造成了一起恶性交通事故。'好极了',GDP说。因为,随之而来的是:救护车、医生、护士,意外事故服务中心、汽车修理或新车销售、法律诉讼、亲属探视伤者、损失赔偿、

保险代理、新闻报道、整理行道树等等，所有这些都被看作是正式的职业行为，都是有偿服务。即使任何参与方都没有因此而提高生活水平，甚至有些还蒙受了巨大损失，但我们的'财富'——所谓的 GDP 依然在增加。"他们最后指出："平心而论，GDP 并没有定义成度量财富或福利的指标，而只是用来衡量那些易于度量的经济活动的营业额。"

知识窗

绿色 GDP

绿色 GDP，指用以衡量各国扣除自然资源损失后新创造的真实国民财富的总量核算指标。简单地讲，就是从现行统计的 GDP 中，扣除由于环境污染、自然资源退化、教育低下、人口数量失控、管理不善等因素引起的经济损失成本，从而得出真实的国民财富总量。

中国是世界上经济增长速度最快的国家之一。世界银行的统计显示，从 1978 年以来，中国平均 GDP 增长率达到 9% 以上。但是，由于中国资源的浪费、生态的退化和环境污染的严重，中国经济增长的 GDP 中，部分是依靠资源和生态环境的"透支"获得的。

中国正在竭力应对经济高速发展带来的环境后果，正在大力倡导科学发展和可持续发展，"绿色 GDP"越来越受到关注和重视。

五、国内生产总值的核算方法

GDP 核算有三种方法，即支出法、生产法和收入法，三种方法从不同的角度反映国民经济生产活动成果。

1. 用支出法核算 GDP

支出法核算 GDP，就是从产品的使用出发，把一年内购买的各项最终产品的支出加总而计算出的该年内生产的最终产品的市场价值。这种方法又称最终产品法、产品流动法。从支出法来看，国内生产总值包括一个国家（或地区）所有常住单位在一定时期内用于最终消费、资本形成总额，以及货物和服务的净出口总额，它反映本期生产的国内生产总值的使用及构成。

如果用 $Q_1, Q_2, \cdots, Q_n$ 代表各种最终产品的产量，$P_1, P_2, \cdots, P_n$ 代表各种最终产品的价格，则使用支出法核算 GDP 的公式是：

$$Q_1P_1 + Q_2P_2 + \cdots + Q_nP_n = GDP$$

在现实生活中，产品和劳务的最后使用，主要是居民消费、企业投资、政府购买和出口。因此，用支出法核算 GDP，就是核算一个国家或地区在一定时期内居民消费、企业投资、政府购买和净出口这几方面支出的总和。用支出法计算 GDP 的公式：

$$GDP = C + I + G + (X - M)$$

二维码9.5：
衡量经济活动的有效尺度

若某国某年度国内个人消费量为 4000 亿元，私人投资量为 1000 亿元，政府购买量为 600 亿元，出口量为 400 亿元，进口量为 300 亿元，则该国当年 GDP = 4000 + 1000 + 600 +（400 - 300）= 5700 亿元。

2. 用收入法核算 GDP

收入法核算 GDP，就是从收入的角度，把生产要素在生产中所得到的各种收入相加来计算的 GDP，即把劳动所得到的工资、土地所有者得到的地租、资本所得到的利息以及企业家才能得到的利润相加来计算 GDP。这种核算方法，是从居民户向企业出售生产要素获得收入的角度看，也就是从企业生产成本看社会在一定时期内生产了多少最终产品的市场价值。但严格说来产品的市场价值中除了生产要素收入构成的生产成本，还有间接税、折旧、公司未分配利润等内容，这种方法又叫要素支付法、要素成本法。按收入法核算所得的国民收入等于工资 + 利息 + 利润 + 租金 + 间接税和企业转移支付 + 折旧。利用收入法计算 GDP，应注意以下两个问题：第一，销售上一期生产的产品和劳务取得的收入不计算在内。第二，与生产无关的收入不计算在内，如出售股票和债券它们只是一种金融交易。第三，政府的转移支付也不能算作接受者的收入。

从理论上讲，用收入法计算出的 GDP 与用支出法计算出的 GDP 在量上是相等的。

知识窗

美国 2002 年 GDP 的构成及其比重（收入法）

国内生产总值的构成	金额（10 亿美元）	百分比（%）
1. 工资、薪水和津贴	4427	57.98
2. 净利息	425	5.57
3. 个人租金收入	146	1.91
4. 企业间接税、调整与统计误差	553	7.24
5. 折旧	830	10.87
6. 非公司业主收入	520	6.81
7. 公司税前利润	736	9.64
国内生产总值	7636	100.00

资料来源：保罗·萨谬尔森、威廉·诺德豪斯：《经济学》（第 16 版），机械工业出版社 1998 年版。

3. 用生产法核算 GDP

用生产法核算 GDP，是指按提供物质产品与劳务的各个部门的产值来计算国内生产总值。生产法又叫部门法。这种计算方法反映了国内生产总值的来源。

运用这种方法进行计算时，各生产部门要把使用的中间产品的产值扣除，只计算所增加的价值。商业和服务等部门也按增值法计算。卫生、教育、行政、家庭服务等部门无法计算其增值，就按工资收入来计算其服务的价值。

按生产法核算国内生产总值，可以分为下列部门：农林渔业；矿业；建筑业；制造业；运输业；邮电和公用事业；电、煤气、自来水业；批发、零售商业；金融、保险、不动产；服务业；政府服务和政府企业。把以上部门生产的国内生产总值加总，再与国外要素净收入相加，考虑统计误差项，就可以得到用生产法计算的 GDP 了。

从理论上说按上述三种方法核算出来的 GDP，应该是完全相等的。但在国民经济核算的实践中，由于受资料来源、统计口径等因素的限制，三种方法的计算结果往往不相等。特别是支出法所得出的 GDP 数值与生产法、收入法的核算结果之间经常存在一定的出入。在我国国民经济核算实践中，生产法和收入法所计算的 GDP 数值相等。这是因为，生产法和收入法都是对各个产业部门增加值的计算。支出法核算的 GDP 则与之存在一定的统计误差。

实际统计中，一般以国民经济核算体系的支出法为基本方法，即以支出法所计算出的国内生产总值为标准。

> **想一想**
>
> 假定某国某年发生了以下活动：(1) 一银矿公司支付 7.5 万美元工资给矿工，开采了 50 磅银卖给一银器制造商，售价 10 万美元；(2) 银器制造商支付 5 万美元工资给工人造一批项链卖给消费者，售价 40 万美元。
> 试解答：
> (1) 用支出法计算 GDP；
> (2) 每个生产阶段生产了多少价值，用增值法计算 GDP；
> (3) 在生产活动中赚得的工资和利润各自总共为多少，用收入法计算 GDP。

任务分析

20 世纪 80 年代，日本的经济泡沫给其带来了非常大的困扰，到了 90 年代，日本的经济开始萧条，很多产业都开始进入了低迷时期。由于现在的日本人没有老一辈人拼搏劲头而且老龄化相当严重，生育率又很低，新生人口少了也就意味着市场的需求量降低，所以很多产业也减少了生产动力，老龄化消耗了日本更多的财富，GDP 陷于停滞。

新中国成立后，通过有计划地进行大规模的建设，我国已成为世界上最具有发展潜力的经济大国之一，人民生活总体上达到小康水平。庞大的投资、丰富廉价的劳动力资源、国际贸易的拉动、技术改善和劳动力技能的提高以及体制改革与制度创新保证了中国经济高速增长，特别是经济体制改革和对外开放为中国经济增长和生产率提高提供了强大动力。

第二节 国民收入的循环和均衡

本节重难点

1. 熟悉两部门、三部门、四部门经济中国民收入的循环。
2. 掌握两部门、三部门、四部门经济中的国民收入的恒等式。

任务导入

国民经济如何正常运行？

2002年国家经贸委的调查数据显示，当年我国86%的商品供过于求，企业找不到赚钱的投资项目。而当时有11万亿元银行储蓄，这说明了家庭挣来的钱没花出去，直接导致了企业大量的商品没有卖出去，这样经济的循环就出现了问题。为了保证经济的正常循环，国家想了很多的办法刺激消费和投资。如扩大财政支出、调整货币政策、加大出口等。一个国家的经济怎样才能平稳地正常运转呢？宏观经济怎样才能达到平衡？

内容精讲

一、两部门经济中的国民收入的循环与恒等式

两部门经济是假定在社会经济中只有居民和厂商两个部门。家庭又称为居民户，是消费者和生产要素的所有者；厂商也称为企业，是生产者与生产要素的使用者。两部门经济循环模型如图9-1所示。

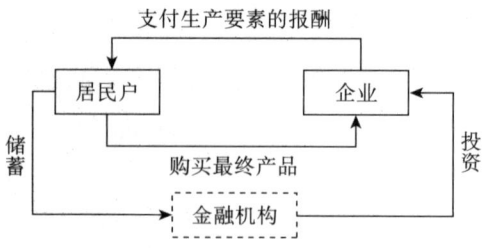

图9-1 两部门经济循环模型

现实经济中没有一个家庭会把挣来的钱都花出去，他们一般是把一部分花出去，一部分存起来。同时企业也不可能一直都是简单再生产，它想扩大再生产，就需要投资。家庭不花的钱存进银行，有了储蓄。企业扩大投资时向银行贷款，有了投资。于是，宏观经济中出现了投资和储蓄，只要把企业

的投资和家庭的储蓄相等，宏观经济也能正常运转。所以，宏观经济平衡最重要的条件是：储蓄等于投资。在两部门经济中，总需求分为居民的消费需求和企业的投资需求，消费需求和投资需求可以分别用消费支出和投资支出来代表，所以有

总需求 = 消费 + 投资

如果以 AD 代表总需求，C 代表消费，I 代表投资需求，上式可以写成：

AD = C + I

> **注意**
>
> 这里所说的两部门是指一个假设的经济社会，其中只有家庭（消费者）和企业（即厂商），因而不存在企业间接税，在两部门经济中，没有税收、政府支出及进出口贸易。

总供给是全部产品和劳务供给的总和。产品和劳务是由各种生产要素生产出来的，所以总供给是各种生产要素供给的总和。即劳动、资本、土地和企业家才能供给的总和。生产要素供给的总和可以用各种生产要素得到的收入的总和来表示，即用工资、地租、利息、利润的总和来表示。工资、地租、利息、利润是消费者所得到的收入，这些收入分为消费和储蓄两部分。

总供给 = 消费 + 储蓄

如果以 AS 代表总需求，C 代表消费，S 代表投资需求，上式可以写成：

AS = C + S

总需求和总供给的恒等式就是：

AD = AS

即 C + I = C + S，于是有 I = S，

即消费等于投资。这也是宏观经济学中，最基本的恒等式。

> **注意**
>
> 1. 上述的投资恒等式是国民收入恒等式的简化形式，二者属于定义性的恒等式，都是根据国民收入以及投资与储蓄的定义得出的。在两部门的情况下，国内生产总值等于消费加投资，国民收入等于消费加储蓄，而国内生产总值又等于国民收入，所以有了投资 = 储蓄恒等式。
> 2. 这种恒等关系就是两部门经济的总供给（C + S）和总需求（C + I）的恒等关系。只要遵循储蓄和投资的这些定义，储蓄和投资一定相等，而不管经济是否充分就业或通货膨胀，即是否均衡。
> 3. 需要说明的是，这里所讲的储蓄等于投资，是指整个经济而言，至于某个人、某个企业或某个部门，则完全可以通过借款或贷款，使投资大于或等于储蓄。

按照凯恩斯的理论，如果要让两个部门的经济运转起来，储蓄一定要等

于投资，经济才有希望增长。这是因为：当储蓄大于投资时，通货就在紧缩，因为东西卖不出去，这样企业只能降价卖，甚至赔本卖。当投资大于储蓄时，大家都想赚钱，这时需求多了，东西少了，企业就会提价卖商品，于是就会出现通货膨胀。因此，两部门经济平衡的条件是储蓄一定要等于投资。

> **注意**
>
> 在中国，投资是发展的动力，因此在GDP的增长中投资唱主角，而在美国，消费是发展的源泉，GDP构成中消费占主要份额。你认为哪种生产方式更有可持续性？为什么？

二、三部门经济中的国民收入的决定与恒等式

社会经济生活中政府是一个不可缺少的经济主体，政府一方面向厂商与家庭征税，构成政府的税收收入，另一方面购买厂商生产的商品与家庭的生产要素，构成政府支出。政府支出分为对产品的购买与转移支付两部分，政府购买是指政府为了满足政府活动的需要而进行的对产品的购买，转移支付是不以换取产品为目的的支出，如各种补助金、救济金等。个人有了收入要缴纳个人所得税，企业要缴纳企业所得税，还有增值税等。政府有了收入后就要支付出去。这样，整个宏观经济才能运转。如果政府的财政收入和财政支出不相等的话，就会出现财政赤字，或者出现财政盈余。引入政府部门，三部门经济循环模型如图9-2所示。

> **知识窗**
>
> ### 政府的转移支付
>
> 政府的转移支付大都具有福利支出的性质，如社会保险福利津贴、抚恤金、养老金、失业补助、救济金以及各种补助费等；农产品价格补贴也是政府的转移支付。由于政府的转移支付实际上是把国家的财政收入还给个人，所以有的西方经济学家称之为负税收。

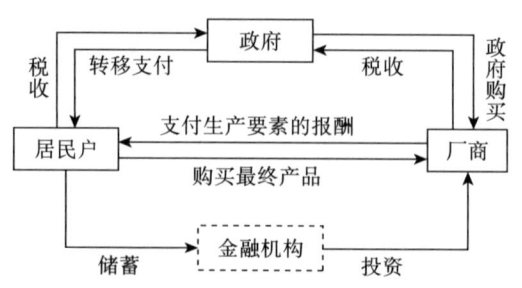

图9-2 三部门经济循环模型

模型中，社会总需求项目下又增加了一个政府需求，即政府购买，用G

表示，则 AD = C + I + G。社会总供给项目下增加了一个政府税收，用 T 来表示，则 AS = C + S + T。所以在社会总供求均衡时有：I + G = S + T。移项后 I - S = T - G，T - G 是政府收支差额，差额为正表示财政盈余，差额为负表示财政赤字。它表示的经济含义是投资与储蓄之差等于政府支出与税收之差。

三、两部门经济中的国民收入的决定与恒等式

现代社会经济都是开放经济。随着经济全球化进程的不断发展，对外经济关系在各国经济中处于越来越重的地位，因此，我们把宏观经济置于世界市场中考察。四部门国民经济是由企业、居民、政府和国外这四种经济单位所组成的经济社会。在这种经济系统中，国外部门作为供给者向国内三部门提供产品，就是进口；另外，国外部门作为需求者购买国内产品，就是出口。当国外部门加入进来时，宏观经济平衡的条件是：进口等于出口。

如果一国的出口大于进口，就会出现贸易顺差。如果一国的进口大于出口，就会出现贸易逆差。无论是贸易顺差还是贸易逆差，都是宏观经济不平衡的表现。四部门经济循环模型如图 9 - 3 所示。

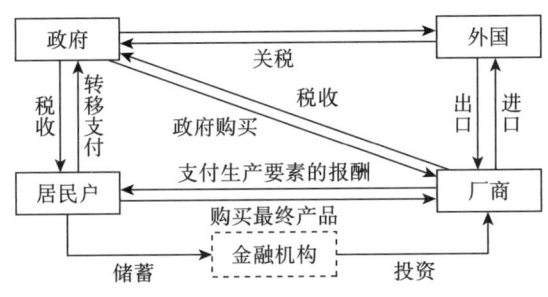

图 9 - 3　四部门经济循环模型

模型中，表明了四部门经济循环流程，即居民户、企业、政府和国外之间的经济联系，国外部门购买厂商和居民的商品与劳务，向政府缴纳关税，构成总需求中的出口（X），政府、厂商和居民购买国外部门的商品与劳务，构成总供给中的进口（M）。于是，社会总需求 Y = C + I + G + X，而社会总供给 Y = C + S + T + M。在社会总需求和总供给实现均衡时有：C + I + G + X = C + S + T + M，移项后，可变为 I + G + X = S + T + M。

在上述三个宏观经济模型中，收入流量循环形成了环形管道。当存在家庭储蓄、政府税收和国外进口时，都会减少对本国商品与劳务的购买，这是环形管道中收入流量的流出；而家庭投资、政府购买和向国外部门的出口都会增加对本国商品与劳务的购买，这是环形管道中收入流量的注入。只要总注入和总流出相等，收入流量的循环就会处于均衡状态，这是宏观经济学中一个重要原理。

> **想一想**
>
> **贸易顺差与贸易逆差**
>
> 在一国对外贸易中，出口总额大于进口总额称为贸易顺差，而进口总额大于出口总额称为贸易逆差。贸易差额是衡量一个国家对外贸易收支状况的一个重要标志，从一般意义上讲，贸易顺差反映一个国家在对外贸易收支上处于有利地位，表明它在世界市场的商品竞争中处于优势；而逆差则反映一国在对外贸易收支上处于不利地位，表明它在世界市场的商品竞争中处于劣势。从长期趋势看，一国的进出口贸易额应该保持平衡。
>
> 请问：是否出口越多越好？

任务分析

两部门经济的收入模型第一个部门是家庭，第二个部门是企业。一国经济要想平衡，他的条件是：家庭挣的钱全花了，企业生产的产品全卖了，这样宏观经济就能够正常运转了。但在现实中没有一个家庭会把挣来的钱全部花光，总是有点积蓄，作为企业来说，也不可能总是简单再生产，他想扩大再生产就需要资本。家庭不花的钱存进银行，有了储蓄；企业扩大再生产找银行借钱，有了投资。宏观经济中出现了储蓄和投资，只要企业的投资等于家庭的储蓄，宏观经济也能正常运转。这时候，宏观经济平衡的一个重要条件就是：储蓄等于投资。任何一个国家经济，都不能没有政府，政府收入的来源是税收。有了收入政府用它去维持政府的运转，这时，宏观经济要想正常运行，它的平衡条件是：财政收入等于财政支出。在现在世界开放的大环境下，没有一个国家经济可以封闭起来，所以在上述模型中又加入了一个国外部门。这时宏观经济平衡的一个的条件是：出口等于进口。

第三节 乘数原理

本节重难点

1. 掌握消费函数及其相关概念的含义。
2. 掌握储蓄函数、边际储蓄倾向的含义。
3. 理解乘数的概念，会进行简单的乘数计算。

任务导入

从《蜜蜂的寓言》看"节俭悖论"

18世纪,荷兰的曼德维尔博士在《蜜蜂的寓言》一书中讲过一个有趣的故事。一群蜜蜂为了追求豪华的生活,大肆挥霍,结果这个蜂群很快兴旺发达起来。而后来,由于这群蜜蜂改变了习惯,放弃了奢侈的生活,崇尚节俭,结果却导致了整个蜜蜂社会的衰败。

蜜蜂的故事说的是"节俭的逻辑",在经济学上叫"节俭悖论"。众所周知,节俭是一种美德,既然是美德,为什么还会产生这个悖论呢?用经济学理论该如何解释呢?

内容精讲

一、消费函数与储蓄函数

1. 消费函数

消费是指人们为了满足自身的各种需要而购买产品和劳务的经济活动,影响人们消费的因素有很多,如消费者的收入水平、商品价格的水平、消费者自身的偏好、风俗习惯等,在这些因素中,具有决定性作用的是收入水平。

消费函数(Consumption Function)是用来描述消费与收入之间依存关系的函数。根据凯恩斯的理论假定影响消费的各种因素中,收入是唯一的决定因素,把消费函数定义为消费与收入之间的依存关系。如果用 C 表示消费、Y 表示收入,则消费函数可写成:

$C = f(Y)$

二维码9.6:
我国 2017 年消费能力超越美国

消费和收入之间的关系,可以用消费倾向来说明。消费倾向是指消费在收入中所占的比例,它可以分为平均消费倾向和边际消费倾向。

所谓平均消费倾向是指消费总量在收入总量中所占的比例。用 APC 表示平均消费倾向,Y 表示收入,C 表示消费,则有:$APC = \dfrac{C}{Y}$。

一般来说,用于消费的份额大小,主要取决于收入的多少,收入多则用于消费的份额大,收入少则用于消费的份额小。因此,消费与收入成正比函数。然而,对于不同收入水平的家庭来说,其消费倾向是不同的。消费支出在收入中所占的比重是随着收入的增长而下降的,这种消费与收入之间的关系,可用图9-4来说明。

在图中,横坐标为居民可支配的收入,纵坐标为消费与支出;在45°线上的任何一点,消费正好等于收入。平均消费曲线与45°线相交点为"收支相抵"点,在这里消费开支正好等于可支配收入;家庭不借债,也不储蓄。交点的左边,消费支出大于收入总额,交点的右边,消费支出反而相对降低。

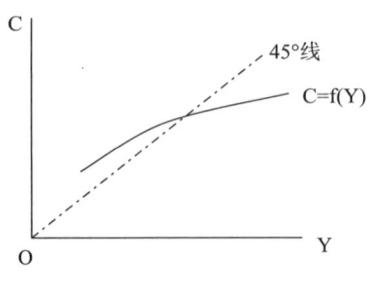

图 9-4 居民消费函数

总之，消费在收入总所占的比重是随着国民收入的增长而下降的，而储蓄的份额则随着收入的增长而上升。

所谓边际消费倾向是指在增加的收入中用于消费支出的部分所占的比例，也就是消费增量对收入增量的比，用 MPC 表示边际消费倾向，ΔC 和 ΔY 分别表示增加的消费和收入，则有：

$$MPC = \frac{\Delta C}{\Delta Y}$$

一般情况下，消费增量总是小于收入的增量而不会等于收入增量，这样，边际消费倾向总是大于 0 而小于 1，即 $0 < MPC < 1$，也就是说人们收入的增加必然要带来消费的增加。但是消费的增加总是小于收入的增加，而且在不断增加的一单位收入中，用于消费的比重会越来越小，这种变化倾向就称之为边际消费倾向递减规律。按照这个规律，在人们不断增加的收入中，用于消费支出的比例会越来越小，相反不消费即储蓄的部分会越来越多。

> **想一想**
>
> ### 中美边际消费倾向之比较
>
> 据估算，2010 年美国的边际消费倾向约为 0.68，中国的边际消费倾向约为 0.48。也许这种估算不一定十分准确，但是一个不争的事实是，中国的边际消费倾向低于美国。为什么中美边际消费倾向有这种差别呢？一些人认为，这种差别在于中美两国的消费观念不同，美国人崇尚享受，今天敢花明天的钱，中国人有节俭的传统，一分钱要掰成两半花。但在经济学家看来，这并不是最重要的。消费观念属于伦理道德范畴，由经济基础决定，不同的消费观来自不同的经济基础。还需要用经济与制度因素来解释中美边际消费倾向的这种差别。美国是一个成熟的市场经济国家，经济总体上是稳定的；美国的社会保障体系较为完善，覆盖面广而且水平较高。而我国正在建立社会主义市场经济，社会保障体系还没有完全建立起来。
>
> 讨论：从这个案例当中你可以得出什么结论？如果要提高我国的边际消费倾向，我们应该从哪几个方面入手？

2. 储蓄函数

储蓄是人们收入中没有用于消费的部分，或所有不花费在现期的商品和劳务开支的收入。家庭或个人、厂商都为着某种目的进行储蓄，储蓄既来源于收入，又对收入的决定起着重要作用。经济学家认为，收入是决定储蓄的最主要、最基本的因素。

经济学家认为随着收入的不断增加，消费的增加量会越来越少，而储蓄的增加量会越来越多。储蓄与收入之间的这种依存关系被称为"储蓄函数"，其公式为：$S = f(Y)$，表示储蓄是收入的函数，在其他条件不变的情况下，储蓄与收入按照同方向变化，收入的增减，会引起储蓄的增减。

储蓄与收入之间的关系可以用储蓄倾向来说明，储蓄占收入的比例叫作储蓄倾向。储蓄倾向可以分为平均储蓄倾向和边际储蓄倾向。

平均储蓄倾向是指在某一个收入水平上，储蓄在收入中所占的比例，即储蓄总量与收入总量的比。用 APS 表示平均储蓄倾向，S 表示储蓄总量，Y 表示收入总量，则有：$APS = \dfrac{S}{Y}$。

边际储蓄倾向是指在增加的收入中用于储蓄部分所占的比例，即储蓄增量与收入增量的比。用 MPS 表示边际储蓄倾向，ΔS 和 ΔY 分别表示储蓄的增加量和收入的增加量，则边际储蓄倾向为：$MPS = \dfrac{\Delta S}{\Delta Y}$。

边际储蓄倾向同边际消费倾向一样，随着收入的增加，储蓄也会增加，它们都是正数，也都是大于 0 小于 1，可表示为 $0 < MPS < 1$。它同边际消费倾向不一样的是，一般情况下，储蓄增加的速度要比消费增加的快，即 $\dfrac{\Delta S}{\Delta Y} > \dfrac{\Delta C}{\Delta Y}$。这就是边际储蓄倾向递增，它与边际消费倾向递减相对应，是西方经济学的一个重要理论观点。

3. 消费函数和储蓄函数的关系

消费函数和储蓄函数是说明消费、储蓄与收入的依存关系的函数，决定消费和储蓄的最基本因素都是收入。可以看出消费函数和储蓄函数之间也存在着相互联系和相互补充的关系。

消费函数和储蓄函数相互联系，两个函数中只要有一个确定，另一个也就随着确立了。如果消费函数已知，就可以得出储蓄函数；如果储蓄函数已知，就可以得出消费函数。原因在于，凯恩斯的基本公式：收入等于消费与储蓄之和（$Y = C + S$），所以，消费是收入与储蓄之差（$C = Y - S$），储蓄则是收入与消费之差（$S = Y - C$）。

对于消费函数和储蓄函数，其平均消费倾向和平均储蓄倾向互为余数，二者之和永远等于 1，即：

$$APC + APS = \dfrac{C}{Y} + \dfrac{S}{Y} = \dfrac{C+S}{Y} = \dfrac{Y}{Y} = 1$$

则有：

1 − APC = APS，1 − APS = APC

同样，边际消费倾向和边际储蓄倾向也互为余数，二者之和也永远等于1，即：

$$MPC + MPS = \frac{\Delta C}{\Delta Y} + \frac{\Delta S}{\Delta Y} = \frac{\Delta C + \Delta S}{\Delta Y} = \frac{\Delta Y}{\Delta Y} = 1$$

同样有：

1 − MPC = MPS，1 − MPS = MPC

> **想一想**
>
> ### 老百姓为什么喜爱储蓄
>
> 高储蓄率往往是高 GDP 增长的后果。道理很简单，普通老百姓收入增长后，会小心地"奖励"一下自己，但不愿大量花钱。日本在 20 世纪 70 年代 GDP 增长很快，在那个时期的储蓄存款率也是很高的。到了 90 年代，日本经济增长变缓，储蓄存款率也随着下降了。中国目前还是处在高 GDP 增长期间，较高的储蓄存款率其实是正常的。缺少有吸引力的投资渠道是高储蓄率的一个重要原因。其实，不光老百姓缺少投资渠道，近来很多企业也因缺少投资欲望而把资金存入银行。所以，老百姓不投资不是孤立的现象。中国是个高储蓄率的国家，老百姓把收入放在银行里。不断上涨的医疗费和教育费、买房买车等让老百姓不敢轻易花费银行存款。与发达国家相比，中国的高储蓄率是在平均收入水平较低的基础上形成的。老百姓储蓄多是对养老风险和医疗风险没有信心。在这种情况下，人们有钱不敢花就不难理解了。消费低并不是"节约的习惯"，而是未来要花钱的地方实在太多。
>
> 讨论题：
> 1. 边际消费倾向和边际储蓄倾向的含义。
> 2. 中国老百姓偏爱储蓄的根本原因是什么？

二、乘数理论

1. 乘数的含义及计算

乘数也译为倍数，是指总需求增加所引起的国民收入增加的倍数，或者说是国民收入增加量与引起这种增加量的总需求增加量之间的比率。总需求的不同部分的增加都具有乘数效用。如果指的是总需求中投资的增加，则是投资乘数；如果指的是总需求中政府支出的增加，则是政府支出乘数；如果指的是总需求中净出口的增加，则是对外贸易乘数。

我们以投资乘数为例，假设总投资增加 ΔI 时，国民收入增量 ΔY 将是投资增量 ΔI 的若干倍或 K 倍，K 就是投资乘数，其表达式为

$$K = \frac{\Delta Y}{\Delta I}$$

由于投资增加而引起的总收入增加中还包括由此而间接引起的消费增量（ΔC）在内，即 $\Delta Y = \Delta I + \Delta C$，这使投资乘数的大小与消费倾向有着密切的关系，两者之间的关系可用数学公式推导如下：

$$K = \frac{\Delta Y}{\Delta I} = \frac{\Delta Y}{\Delta Y - \Delta C} = \frac{1}{1 - \frac{\Delta C}{\Delta Y}}$$

其中，$\frac{\Delta C}{\Delta Y}$ 为边际消费倾向。

由上式可见，边际消费倾向越高，投资乘数越大，反之则投资乘数越小。

假设，在某社会经济活动中，投资增加 100 万元，边际消费倾向为 0.8 或 80%。当用这 100 万元来购买投资品时，生产投资品部门就增加收入 100 万元，形成了社会收入的第一次增加。因为边际消费倾向是 0.8，增加的 100 万元收入中会有 80（100×0.8）万元来购买消费品。生产消费品部门的收入增加 80 万元，这是社会收入的第二次增加。同样，由于边际消费倾向是 0.8，增加的 80 万收入中又会有 64 万元用于消费，社会的收入又第三次增加了 64 万元，以此类推，情况如表 9-4 所示。

表 9-4　　　　　　　　　乘数的作用过程

初始投资增加量 $\Delta I = 100$	本期收入增量	收入增长引起的消费增量 ΔC	收入增量引起的储蓄增量 ΔS
第一轮	100	80	20
第二轮	80	64	16
第三轮	64	51.2	12.8
第四轮	51.2	40.96	10.24
…	…	…	…
合计	500	400	100

在表 9-4 中，初始投资为 100 万元的情况下，循环到最后，最终国民收入增加 500 万元。这说明，当边际消费倾向为 0.8，储蓄倾向为 0.2 的时候，每增加 100 万元的投资，就能导致 500 万元的收入，二者之比为 $\frac{\Delta C}{\Delta Y}$，即投资乘数等于 5，它说明投资增加而导致收入增加的倍数是 5。

2. 乘数理论的适用条件

应当承认，国民经济各个部门之间确实存在着乘数理论所反映的这种连锁反应，实际中国民收入的增加也大于总需求的增加。但乘数理论发生作用也有一定的适用条件，具体有以下几个方面：

（1）自发需求增加引起收入多倍增加的条件。社会存在足够的闲置资源。乘数效应以社会存在足够的闲置资源为前提。需求增加的结果不外乎两个：

一是价格水平的上升，二是供给或收入的增加。只有当经济因需求不足而存在大量的闲置资源时，需求的增加才有可能不提高价格水平，而全部作用于收入的增加，乘数效应才得以充分发挥。如果经济已经实现了充分就业，社会没有闲置资源。此时，需求的增加只提高价格，不会增加供给，即没有乘数效应。可见，乘数理论仅仅适用于由需求不足导致的萧条经济。

（2）存在闲置资源条件下，乘数效应的发挥也受以下因素的影响。一是如果某种重要资源（我国的能源、交通等）处于"瓶颈状态"，乘数作用的发挥也会受到限制：一些重要资源的供给不足，使社会不可能利用其他闲置资源；二是投资和储蓄决定的独立性程度：如果储蓄和投资的决定有一定的联系，即储蓄不仅与收入有关，而且还与利率有关，则由投资增加引起的利率上升会增加储蓄减少消费，降低边际消费倾向，从而部分地抵消由投资增加所引起的收入增加，缩小乘数效应；三是货币供给量能否适应支出增加的需要。如果在投资增加时，货币供给不能随着货币需求的增加而增加，利率就会上升。更高的利率不但鼓励储蓄抑制消费，而且减少投资，最终将缩小乘数效应。

> **想一想**
>
> ### 承办奥运会有没有好处？
>
> 对这个问题要从两个方面来看：单单从承办者的角度来看，可能是赔钱或者没有多大的利润；但是对一个国家来说是大有好处的，且不谈政治、文化方面的意义，对国家的经济发展就会带来很大的促进作用。比方说，我国的 2008 年北京奥运会，在奥运会期间，来华的外国游客数量大大增加。他们在国内的花费就形成了我们的旅游收入，这笔收入中的一部分又会以工资、奖金、利润等形式分配给家庭、企业。这便导致了国民生产总值的增加。由于家庭消费又会再次增加国民生产总值，此往复循环下去，把所有国民生产总值的增加额累计起来，结果会造成国民生产总值增加额是最初旅游收入增加额的若干倍。正是看到了这种乘数效应，所以各国才会争相申办奥运会。

任务分析

宏观经济学的创始人凯恩斯对"节俭悖论"给出了让人们信服的经济学解释，他从微观上分析，某个家庭勤俭持家，减少浪费，增加储蓄，往往可以致富；但从宏观上分析，节俭对于经济增长并没有什么好处：公众节俭→社会总消费支出下降→社会商品总销量下降→厂商生产规模缩小，失业人口上升→国民收入下降、居民个人可支配收入下降→社会总消费支出下降……1931 年 1 月他在广播中断言，节俭将促成贫困的"恶性循环"，他还说"如果你们储蓄五先令，将会使一个人失业一天"。凯恩斯的解释后来发展成为凯恩斯定理，即需求会创造自己的供给，一个国家在一定条件下，可以通过刺激消费、拉动总需求来达到促进经济发展和提高国民收入的目的。

当然，我们必须要科学地看待"节俭悖论"。"节俭悖论"的产生是有其特定的时空条件的，只有在大量资源闲置、商品供过于求、社会有效需求不足或存在严重失业时，才有可能出现这种悖论所呈现的矛盾现象。2003 年以来，我国频频发生油荒、电荒、煤荒等现象，在这种情况下，节俭不但不会产生悖论，反而会给我们带来更多的好处。

经济学中的有一个基本规律叫合成谬误，即当所有的局部都是正确的时候，全局往往会陷入错误。"节俭悖论"即是一个证明，当社会上每个人都节俭的时候，国民收入往往会下降，从而最终导致每个人生活水平都会下降。明白"节俭悖论"的内涵对于我国这样一个崇尚节俭的社会具有积极的意义，我们应该根据自身的收入水平适当消费，而不是一味节俭，这样对自己、对社会都具有积极作用。但是，"节俭悖论"并不是要求我们要选择一种奢侈浪费的生活方式，我国是一个人众多的国家，自然资源尤其是能源非常紧缺，非常有可能成为制约我国未来经济发展的主要因素，所以理性的选择是"有选择的节俭"，而不是一味地节俭。

思考与练习

一、单项选择题

1. 下列不列入国内生产总值核算的是？（　　　）。
    A. 出口到国外的一批货物
    B. 经纪人为一座旧房买卖收取的一笔佣金
    C. 政府给贫困家庭发放的一笔救济金
    D. 保险公司收到一笔家庭财产保险

2. 某国名义 GDP 从 1990 年的 10000 亿美元增加到 2000 年的 25000 亿美元，物价指数从 1990 年的 100 增加到 2000 年的 200，若以 1990 年不变价计算，该国 2000 年的 GDP 为（　　　）。
    A. 10000 亿美元　　　　　　　B. 12500 亿美元
    C. 25000 亿美元　　　　　　　D. 50000 亿美元

3. 下列不属于政府购买支出的是（　　　）。
    A. 政府为低收入者提供最低生活保障
    B. 政府为政府公务员增加工资
    C. 政府向国外购买一批先进武器
    D. 政府在农村新建三所小学

4. 下列不属于转移支付的项目是（　　　）。
    A. 退伍军人的津贴　　　　　　B. 失业救济金
    C. 出售政府债券的收入　　　　D. 贫困家庭的补贴

5. 在下列情况中，应该计入当年国民生产总值的是（   ）。

   A. 去年生产而在今年销售出去的计算机

   B. 当年生产的计算机

   C. 张山去年购买而在今年转让给他人的计算机

   D. 某计算机厂商当年计划生产的计算机

6. 下列产品中不属于中间产品的是（   ）。

   A. 某造船厂购进的钢材   B. 某造船厂购进的厂房

   C. 某面包店购进的面粉   D. 某服装厂购进的棉布

7. 下列产品中能计入当年 GDP 的是（   ）。

   A. 纺纱厂购入的棉花

   B. 某人花 10 万元买了一幢旧房

   C. 家务劳动

   D. 某企业当年生产没有卖掉的 20 万元产品

8. 用收入法核算 GDP 时，不应包括（   ）。

   A. 折旧   B. 间接税

   C. 出售股票的收入   D. 工资

9. 当 GNP 大于 GDP 时，则本国居民从国外得到的收入（   ）外国居民从本国取得的收入。

   A. 大于   B. 等于

   C. 小于   D. 可能大于也可能小于

10. 在三部门模型中，居民储蓄 =（   ）。

    A. 净投资   B. 总投资

    C. 总投资 – 政府开支 + 折旧   D. 净投资 – 政府储蓄

二、多项选择题

1. 居民边际消费倾向递减说明（   ）。

   A. 随着人们的收入增加消费的绝对数量也会增加

   B. 消费增加的数量小于国民收入的增加量

   C. 消费在收入中的比例将随着国民收入的上升而下降

   D. 消费在收入中的比例将随着国民收入的上升而上升

   E. 消费和收入之间的差额随收入的增加而越来越大

2. 消费函数与储蓄函数的关系是（   ）。

   A. 由消费和储蓄的关系决定的

   B. 收入为消费和储蓄之和

   C. 当收入一定时，消费增加储蓄减少

   D. 当收入一定时，消费减少储蓄减少

   E. 当收入一定时，消费减少储蓄增加

3. 边际消费倾向与边际储蓄倾向的关系（   ）。

A. MPC + MPS = 1
B. MPS = 1 − MPC
C. APC + APS = 1
D. MPC = 1 − MPS
E. APC = 1 − APS

4. 乘数的效应可以理解为（　　）。
A. 总需求的增加引起国民收入的成倍增加
B. 总需求的减少引起国民收入的成倍减少
C. 乘数发挥作用是在资源没有充分利用的情况下
D. 乘数发挥作用是在资源充分利用的情况下
E. 乘数的大小取决于边际消费倾向的大小

5. 三部门国民收入决定的一般规律是（　　）。
A. 边际消费倾向提高，国民收入增加
B. 边际税率倾向降低，国民收入增加
C. 初始消费增加，国民收入增加
D. 投资增加，国民收入增加
E. 政府支出增加，国民收入增加

6. 乘数的公式表明（　　）。
A. 边际消费倾向越高，乘数就越小
B. 边际消费倾向越低，乘数就越小
C. 边际消费倾向越高，乘数就越大
D. 边际消费倾向越低，乘数就越大
E. 乘数一定是不小于 1 的

三、简答题

1. 什么是 GDP？
2. 支出法和收入法如何核算国内生产总值？
3. 为什么要同时核算名义国内生产总值和实际国内生产总值？

四、计算题

1. 根据如下资料，按支出计算国内生产总值。

项目	金额（亿元）	项目	项目金额（亿元）
耐用品支出	318.4	劳务	1165.7
厂房与设备支出	426	进口	429.9
政府购买支出	748	公司利润	284.5
工资和其他补助	2175.7	出口	363.7
所得税	435.1	居民住房支出	154.4
非耐用品支出	858.3	企业存货净变动额	56.8

2. 已知如下经济关系：国民收入 $Y = C + I + G$；消费 $C = 80 + 0.6Y$；政府购买 $G = 100$；投资 $I = 40 + 0.2Y$。试求：（1）均衡时的 Y、C 和 I；（2）投资乘数。

五、实训：分析——收集近五年来世界主要国家的 GDP 数据资料

实训要求：

1. 此次实训项目以个人形式完成。

2. 记录资料的来源。

3. 形成书面的分析报告。数据应包括世界主要的经济实体，报告分析世界主要国家 GDP 的变动趋势，并进一步探析其结构及变化原因。

第十章
失业与通货膨胀

本章知识点

1. 失业的定义、类型、影响及奥肯定律。
2. 通货膨胀的定义、类型及成因及治理。
3. 菲利普斯曲线。

知识导图

	知识结构	知识要点
第十章 失业与通货膨胀	失业理论	失业的定义、类型、影响及奥肯定律
	通货膨胀理论	通货膨胀的定义、类型、成因及治理
	失业与通货膨胀的关系	菲利普斯曲线

引导案例

毕业即失业：民国大学生失业率达 13%

20 世纪 30 年代，严峻的就业形势让大学生发出了"毕业即失业"的感叹，他们发起了向政府要工作的请愿运动。南京国民政府为此出台了一系列解决大学生失业问题的政策措施，虽然"头痛医头，脚痛医脚"，效果并不理想，但是其尝试性努力仍值得我们今天去重新审视。

1934 年 9 月，山西省官方在一份报告中透露这样一个信息：山西兴学 30 余年，全省专科以上毕业生不过 8905 人，但失业者就达 4700 多人。就连中央大学（现为南京大学）的毕业生就业情况都不容乐观。1931 年的《教育杂志》披露，"中大本届毕业生二百余人，半数未获相应职业"。

在当时的经济中心上海，繁荣的背后却是为数甚多的失业大学生的艰辛求职历程。1927 年成立的上海职业指导所，宗旨在于调节教育人才与

> 职业需求的关系，为失业青年提供职业指导与职业介绍。据报告，1930年至该所求职者共2772人，其中国内大学毕业生821人，国外大学毕业生133人，专科毕业生292人，三者占到求职者总数的45%。
>
> 截至1936年6月，全国108所高校中，已向教育部报告学生失业的学校达80多所。依据已报结果，平均每百名大学毕业生中失业人数约13人。按此比例计算，每年有1000多名大学生处于"毕业即失业"的状态。
>
> （资料来源：《毕业即失业：民国大学生失业率达13%，向政府要工作》，网易新闻，2017年5月。）

第一节　失业理论

本节重难点

1. 了解失业的定义，失业的衡量。
2. 了解失业的类型，能区分不同类型的失业。
3. 掌握奥肯定律。

任务导入

中国社会科学院：2019年稳就业重点关注三大群体

2018年12月25日，中国社会科学院等部门联合发布2019年《社会蓝皮书》。蓝皮书认为，我国就业形势总体稳定。2018年前三季度累计实现城镇新增就业1107万人，在中国劳动年龄人口每年持续下降几百万人的情况下，就业总量达到新高。截至2018年第三季度末，全国城镇登记失业率为3.82%，是多年来的最低点。2018年，应届高校毕业生规模达到820万人的高位。高校毕业生就业状况保持了总体稳定，企稳回升。三季度末，外出务工农村劳动力总量18135万人，比上年同期增加166万人，增长0.9%；外出务工农村劳动力月均收入3710元，同比增长7.3%。展望2019年，要以稳就业为重心，努力推进高质量的充分就业。高校应届毕业生、新生代农民工（特别是1995年及以后出生的农民工）、制造业去产能人员是未来一段时间需要重点关注的新增就业人群。请问为什么稳就业重点要关注上述三大群体？

内容精讲

一、失业的定义

失业就是已经达到就业年龄具备工作能力谋求工作但未得到就业机会的状态。

对于就业年龄，不同国家往往有不同的规定，美国为 16 周岁，中国为 18 周岁。

失业有广义和狭义之分。广义的失业，指生产资料和劳动者分离的一种状态。在这种状态下，劳动者的生产潜能和主观能动性无法发挥，不仅浪费社会资源，还对社会经济发展造成负面影响。狭义的失业，指有劳动能力的处于法定劳动年龄阶段的并有就业愿望的劳动者失去或没有得到有报酬的工作岗位的社会现象。

有劳动能力并愿意工作的人得不到适当的就业机会就是失业。没有劳动能力的人不存在失业问题。有劳动能力的人虽然没有职业，但自身也不想就业的人，不称为失业者。对失业的规定，在不同的国家往往有所不同。在美国，年满 16 周岁而没有正式工作或正在寻找工作的人都称为失业者。以下几种情况也算作失业：

一是被暂时解雇而等待重返原工作岗位的人；
二是 30 天之内等待到新的工作单位报到的人；
三是由于暂时患病或认为本行业一时没有工作可找而又不寻找工作的无业者。

按照国际劳工组织（ILO）的统计标准，凡是在规定年龄内一定期间内（如一周或一天）属于下列情况的均属于失业人口：

二维码 10.1：
失业的定义

一是没有工作，即在调查期间内没有从事有报酬的劳动或自我雇佣；
二是当前可以工作，就是当前如果有就业机会，就可以工作；
三是正在寻找工作，就是在最近期间采取了具体的寻找工作的步骤，例如到公共的或私人的就业服务机构登记、到企业求职或刊登求职广告等方式寻找工作。

失业率是指失业人数与就业人数、失业人数之和的百分比，失业率的波动反映了就业的波动情况。

$$失业率 = \frac{失业人数}{劳动力人数} \times 100\%$$

实际上，确定在找工作的失业人员数量是非常困难的，特别是在找到工作前失业救济金已经过期的那些人的数量。在我国，由于特殊的国情所致，农村的就业人数较难统计，存在大量的隐蔽性失业（见图 10-11）。

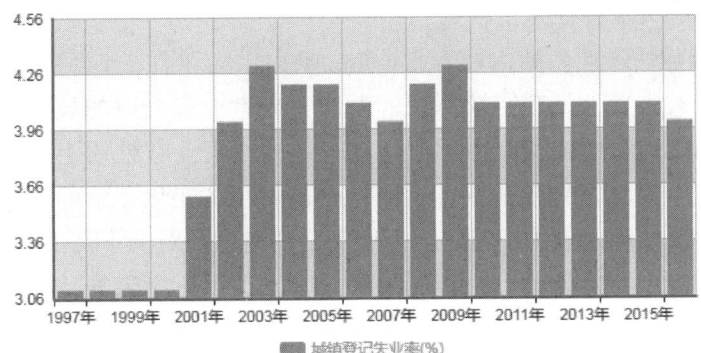

图 10-1　1997—2016 年中国城镇登记失业率

资料来源：国家统计局。

二维码 10.2：
城镇调查失业率

> **知识窗**
>
> **城镇登记失业率**
>
> 　　城镇登记失业率，是中国特有的失业统计指标。城镇登记失业人员数与城镇单位就业人员（扣除使用的农村劳动力、聘用的离退休人员、港澳台及外方人员）、城镇单位中的不在岗职工、城镇私营业主、个体户主、城镇私营企业和个体就业人员、城镇登记失业人员之和的比。其中，城镇登记失业人员指有非农业户口，在一定的劳动年龄内（16岁以上及男50岁以下、女45岁以下），有劳动能力，无业而要求就业，并在当地就业服务机构进行求职登记的人员。

二、失业的类型

1. 按个人就业意愿划分

（1）自愿失业。自愿失业是指劳动者不愿意接受现行货币工资和现行工作条件而引起的失业。由于这种失业是由于劳动人口主观不愿意就业而造成的，所以被称为自愿失业，无法通过经济手段和政策来消除，因此不是经济学所研究的范围。

二维码 10.3：
失业的种类

（2）非自愿失业。非自愿失业，是指有劳动能力、愿意接受现行工资水平但仍然找不到工作的现象。这种失业是由于客观原因所造成的，因而可以通过经济手段和政策来消除。经济学中的所讲的失业是指非自愿失业。

2. 按失业产生的原因划分

（1）摩擦性失业。摩擦性失业指人们在转换工作过程中的失业，在生产过程中由于难以避免的摩擦而造成的短期、局部的失业。这种失业在性质上是过渡性的或短期性的，通常起源于劳动力供给方。摩擦性失业在任何时期都存在，并将随着经济结构变化而有增大的趋势，但从经济和社会发展的角度来看，这种失业存在是正常的。

（2）结构性失业。结构性失业是指劳动力供给和需求不匹配造成的失业，其特点是既有失业，又有空缺职位，失业者或者没有合适的技能，或者居住地不当，因此无法填补现有的职位空缺。结构性失业在性质上是长期的，而且通常起源于劳动力的需求方。这种失业是由经济变化导致的，这些经济变化引起特定市场和区域中的特定类型劳动力的需求相对低于其供给。

造成特定市场中劳动力的需求相对低可能由以下原因导致：第一是技术变化。原有劳动者不能适应新技术的要求，或者是技术进步使得劳动力需求下降；第二是消费者偏好的变化。消费者对产品和劳务的偏好的改变，使得某些行业扩大而另一些行业缩小，处于规模缩小行业的劳动力因此而失去工作岗位；第三是劳动力的不流动性。流动成本的存在制约着失业者从一个地方或一个行业流动到另一个地方或另一个行业，从而使得结构性失业长期存在。

> **小案例**
>
> **纺织行业"失业潮"正在迅速蔓延**
>
> 最近几年，在40家纺织业上市公司中，有近五成的上市纺织企业减员。原材料价格、人工成本等在不断上升，纺织企业的利润被一再挤压！为了节约成本，多数纺织企业开始转型，并寻找降低成本的良方。其中，有纺织企业表示今后将更多地投资于自动化设备，裁减劳动力。"
>
> 2016年，纺织行业成本的不断上涨，使得纺织企业生产增速呈现逐渐趋缓态势。值得注意的是，随着国内人工成本的不断上涨，并向欧洲用工工资靠近，国内纺织企业以前的"人口红利"优势逐渐降低，纺织企业优势大幅减弱。据报道，国际纺织制造商协会（简称ITMF）数据显示，2008年至2016年间，意大利和中国的纱线劳工成本差距缩小30%，从0.82美元/千克降低至0.57美元/千克。
>
> 在人工成本大涨的情况下，多家纺织企业开始逐步减少员工的数量，其中，凯瑞德随着业绩的大幅下降和亏损，导致员工急剧流失。最后，公司更是将纺织主业剥离上市公司，转型互联网行业。从数据来看，凯瑞德2009年员工数量为5047人，而到了2011年，公司的员工总数直接锐减至1423人，截至2016年，公司因为剥离纺织主业，使得公司员工人数仅余58人。这意味着，2009年至2016年的8年间，公司员工流失近5000人。此外，与2015年相比，2016年员工总数减少最多的则是鲁泰A，公司员工人数从22445人减少至21019人，一年间，员工人数减少1426人。

（3）周期性失业。周期性失业是指经济周期波动所造成的失业，即经济周期中的衰退或萧条时，因需求下降而导致的失业，当经济中的总需求的减少，降低了总产出时，会引起整个经济体系的普遍失业。当经济发展处于一个周期中的衰退期时，社会总需求不足，因而厂商的生产规模也缩小，从而导致较为普遍的失业现象。周期性失业对于不同行业的影响是不同的，一般来说，需求的收入弹性越大的行业，周期性失业的影响越严重。

也就是说，人们收入下降，产品需求大幅度下降的行业，周期性失业情况比较严重。通常用紧缩性缺口来说明这种失业产生的原因。紧缩性缺口是指实际总需求小于充分就业的总需求时，实际总需求与充分就业总需求之间的差额。

> **小案例**
>
> **金融危机中的失业**
>
> 根据国际劳工组织的统计数据,2009年年底,全球失业人口从2007年的1.9亿人增加到2.1亿人,这是全球失业人口在历史上第一次突破2.1亿人关口,也是过去10年来全球失业人数首次突破2亿人。自从2007年美国经济进入衰退期的一年来,美国失业率上升了1.7个百分点,在2008年11月份达到6.7%,亦即共有1033万人失业。

(4) 技术性失业。在生产过程中引进先进技术代替人力,以及改善生产方法和管理而造成的失业。从长期看,劳动力的供求总水平不因技术进步而受到影响;从短期看,先进的技术、生产力和完善的经营管理,以及生产率的提高,必然会取代一部分劳动力,从而使一部分人失业。

除了这几种主要失业类型外,经济学中常说的失业类型还包括隐藏性失业,所谓隐藏性失业是指表面上有工作,但实际上对产出并没有做出贡献的人,即有"职"无"工"的人,也就是说,这些工作人员的边际生产力为零。当经济中减少就业人员而产出水平没有下降时,即存在着隐藏性失业。美国著名经济学家阿瑟·刘易斯曾指出,发展中国家的农业部门存在着严重的隐藏性失业。

三、充分就业和自然失业率

1. 充分就业

充分就业的本意是指所有的人力物力财力都已得到充分利用的一种经济状态。但西方经济学中特别强调人力资源的作用,他们认为任何经济活动都是人和其他各种生产要素相互结合,共同发生作用的结果,因此他们推论只要人有了工作,也就意味着其他各种生产要素得到了充分利用,从这个意义上说充分就业是指想要工作的劳动者,都没有多大困难地找到按现行货币工资率付酬的一种经济状况。西方经济学家认为,充分就业概念必须排除摩擦失业、自愿失业和季节失业,因为这些因素在某种程度上总是存在的。因此,充分就业并不是指百分之百的就业。在美国4%的失业率一般是作为临时性失业的正常比率,也是对充分就业来说可以容忍的最高失业水平。

2. 自然失业率

自然失业率指充分就业下的失业率,是失业率围绕其波动的平均水平。自然失业率即是一个不会造成通货膨胀的失业率(Non-Accelerating Inflation Rate of Unemployment, NAIRU),也是劳动市场处于供求稳定状态的失业率。从整个经济看来,任何时候都会有一些正在寻找工作的人,经济学家把在这种情况下的失业称为自然失业率,所以,经济学家对自然失业率的定义,有时被称作"充分就业状态下的失业率",有时也被称作无加速通货膨胀下的失业率。

四、失业的影响

失业会产生诸多影响，一般可以将其分成两种：社会影响和经济影响。

> **知识窗**
>
> ### 失业的利与弊
>
> 从利的方面看，一定量的失业人员是市场经济下劳动力的"蓄水池"，它有利于企业根据生产经营状况及时吞吐劳动力；还有利于单位选择合格的或高素质的劳动力；对失业人员的就业引入竞争机制，可以促使失业人员努力提高自己的素质；有失业问题存在也使在业人员产业"可能失去饭碗"的危机感，从而努力做好本职工作，争取职业的稳定和收入的提高。这无疑是社会进步所需要的。从弊的方面看，失业使部分劳动力失去了工作也就失去了生活费的来源，生活水平会降低，其社会地位也会下降。长期失业还会带来婚姻家庭等方面的问题，也会引起失业人员对政府的不满等。失业人员无工作还会在社会上游荡，成为社会不稳定的一个因素。大批人员的失业会降低社会消费水平，从而影响经济的发展速度。因此，不少市场经济国家都把失业问题作为社会发展的"头号敌人"，把降低过高的失业率作为政府工作的重要内容。

1. 社会影响

失业的社会影响虽然难以估计和衡量，但它最易为人们所感受到。失业威胁着作为社会单位和经济单位的家庭的稳定。没有收入或收入遭受损失，户主就不能起到应有的作用。家庭的要求和需要得不到满足，家庭关系将因此而受到损害。西方有关的心理学研究表明，解雇造成的创伤不亚于亲友的去世或学业上的失败。此外，家庭之外的人际关系也受到失业的严重影响。一个失业者在就业的人员当中失去了自尊和影响力，面临着被同事拒绝的可能性，并且可能要失去自尊和自信。最终，失业者在情感上受到严重打击。

2. 经济影响

失业的经济影响可以用机会成本的概念来理解。当失业率上升时，经济中本可由失业工人生产出来的产品和劳务就损失了。衰退期间的损失，就好像是将众多的汽车、房屋、衣物和其他物品都销毁掉了。从产出核算的角度看，失业者的收入总损失等于生产的损失，因此，丧失的产量是计量周期性失业损失的主要尺度，因为它表明经济处于非充分就业状态。20世纪60年代，美国经济学家阿瑟·奥肯根据美国的数据，提出了经济周期中失业变动与产出变动的经验关系，被称为奥肯定律。

奥肯定律的内容是：失业率每高于自然失业率一个百分点，实际GDP将低于潜在GDP两个百分点。换一种方式说，相对于潜在GDP，实际GDP每下

二维码10.4：
奥肯定律

降两个百分点,实际失业率就会比自然失业率上升一个百分点。

西方学者认为,奥肯定律揭示了产品市场与劳动市场之间极为重要的关系,它描述了实际 GDP 的短期变动与失业率变动的联系。根据这个定律,可以通过失业率的变动推测或估计 GDP 的变动,也可以通过 GDP 的变动预测失业率的变动。例如,实际失业率为 8%,高于 6% 的自然失业率 2 个百分点,则实际 GDP 就将比潜在 GDP 降低 4% 左右。

> **知识窗**
>
> **失业造成的经济损失**
>
> 奥肯定律告诉我们,失业会造成产出损失,从而导致整个社会财富缩水和居民生活水下降,那么,失业究竟会造成多大的产出损失呢?经济学家们给出了其分析结论。表 10-1 给出了 20 世纪中的高(低)失业率期间,美国实际产出相对潜在 GDP 的减少量。
>
> 表 10-1　　　　　　　　　　失业的损失
>
> | 时期 | 平均失业率(%) | 产出损失 | |
> |---|---|---|---|
> | | | GDP 损失(1990 年价格,10 亿美元) | 占该时期 GDP 百分比(%) |
> | 大危机时期(1930—1939 年) | 18.2 | 2420 | 27.6 |
> | 大滞胀时期(1975—1984 年) | 7.7 | 1480 | 3.0 |
> | 新经济时期(1985—1999 年) | 5.7 | 240 | 0.3 |
>
> (资料来源　萨谬尔森等:《经济学》(第十七版),人民邮电出版社 2004 年版,第 354 页。)
>
> 从表中可知,美国最大的经济损失发生在大萧条时期。而 20 世纪 70 年代和 80 年代的石油危机与通货膨胀也使产出损失高达 1 万亿多美元。相比之下,1985—1999 年的稳定增长时期,经济周期的损失非常小。

任务分析

我国目前处在改革开放的关键时期,高校应届毕业生规模逐步扩大、新生代农民工要转移到城镇就业,制造业由于智能化会裁减大批人员,这就使我国面临着较大的就业压力,就业问题是我国政府宏观经济政策要解决的最主要问题之一。奥肯定律给我们提供了一个可能的解决方案,即一定要保持 GDP 的高速增长。这样一方面能迅速提高我国人民的生活水平,同时也能较好地解决未来的就业压力。当然国家和社会也要采取积极措施提升劳动者就业技能,从而提高就业率和就业质量。

第二节 通货膨胀理论

本节重难点

1. 了解通货膨胀的定义、类型。
2. 理解通货膨胀的成因及治理。

任务导入

国民政府时期恶性通货膨胀

在国民党统治时期，国民政府肆意滥发纸币，结果造成长期恶性通货膨胀。据统计，从抗日战争全面爆发到国民政府崩溃（1937—1949）的十二年间，纸币发行量累计增加了1400多亿倍，致使同期物价上涨了85000多亿倍，达到古今中外罕见的程度。货币购买力一落再落，最后几乎变成废纸。有人曾经做过这样的统计，以100法币购买力为例，在1937年可买2头牛，1938年为1头牛，1939年为1头猪，1941年为1袋面粉，1943年为1只鸡，1945年为1条鱼，1946年为2个鸡蛋，1947年为1个煤球，1948年8月国民党货币改革时为3粒大米，广大劳动人民陷于极端痛苦和贫困的境地。

思考：分析通货膨胀的影响。

内容精讲

一、通货膨胀的定义（Inflation）

通货膨胀是货币理论中与实际经济生活联系最密切的问题之一，自20世纪70年代以来，它已成为普遍的全球性经济现象。通货膨胀意味着货币贬值，是居民手中持有的货币财富的贬值。通货膨胀具有财富和收入（主要是财富）再分配效应，这种再分配效应，主要是在债务人与债权人之间的财富再分配，是债权人财富向债务人的转移。通货膨胀是商品和劳务价格总水平持续上涨的经济现象。

正确理解通货膨胀现象，要注意理解以下几点：

第一，通货膨胀是一种货币现象，它的前提是现代信用货币制度。在足值金属货币流通的条件下，一般不会出现货币过多、物价上涨的现象。因为金属货币本身具有内在价值，它可以通过自身数量的变动，自发地调节流通中的货币量，从而控制物价上涨，使货币流通与商品流通相适应，而现代信用货币没有这种功能。从某种意义上讲，通货膨胀的根源就是现代信用货币制度。通货膨胀是价值符号流通条件下特有现象，它的充分条件是货币发行过多，必要条件是物价上涨。

第二，通货膨胀与物价上涨的关系。通货膨胀，纸币贬值，一般与物价上涨联系在一起。但我们不能说物价上涨就是通货膨胀，物价上涨还有可能是由于其他因素的影响所致。通货膨胀不是个别商品价格的上涨，而是指总的物价水平的上涨；局部性的价格上涨不能视为通货膨胀，即通货膨胀必须广泛地包括所有商品和劳务的价格在内，并且在通货膨胀过程中，商品价格上涨表现出不均衡性：紧俏商品价格上涨快于一般商品；生活必需品的价格上涨快于非生活必需品；垄断产品价格上涨快于非垄断商品；工业品的价格上涨快于农产品；国内商品价格上涨快于出口商品；货币集中投放地区商品价格上涨快于其他地区。

第三，通货膨胀中物价上涨的特征是：在一定时期内的物价总水平持续上涨，而不是偶然的、一次性的、暂时性上涨。换言之，在真正的通货膨胀过程中，个别物价虽有升降，但一般物价则呈现持续上升的趋势。因此，季节性、暂时性或偶然性的价格上涨，不能视为通货膨胀。

第四，关于物价上涨与货币发行速度问题。通货膨胀初期，物价上涨速度慢于货币发行速度，物价刚开始上涨，人们往往会认为这是物价的暂时波动，一般会等待价格回落后再购买商品，而暂时将货币储存，其结果必然造成市场上货币流通速度减慢，导致对流通中必要的货币需求量增多，从而增加货币发行；通货膨胀中期，物价上涨速度与货币发行速度互相接近，随着通货膨胀的发展，物价上涨速度逐渐加快，人们认识到物价上涨可能遭受货币贬值的损失，纷纷抛出手中的货币，购买商品以保值，其结果造成市场货币流通速度加快，货币相对过多；通货膨胀后期，物价上涨速度快于货币发行速度，货币流通速度加快之后，货币流通与商品流通不相适应，这时又增加货币发行，更使物价急剧上涨。因此在通货膨胀过程中，物价上涨与货币发行速度螺旋上升。

在通货膨胀、物价上涨的三个阶段中，通货膨胀预期发挥了重要作用。通货膨胀预期是指人们根据生活中的实际感受，预测通货膨胀即将发生或将继续发展，这种预测决定人们的经济行为。通货膨胀预期心理往往加剧了通货膨胀的速度与幅度。通货膨胀预期的出现与存在，导致投资者不愿持有货币，使货币流通速度加快；导致企业囤积商品，减少对商品的供应，扩大供求矛盾；导致企业提前涨价，推动物价迅速上涨。因此，通货膨胀会导致通货膨胀预期，通货膨胀预期又会加速通货膨胀的发展。

二、通货膨胀的衡量

衡量通货膨胀的指标是物价指数。物价指数是表明商品价格从一个时期到下一个时期变动程度的指数。物价指数一般采用加权平均的方式，即根据某种商品在总支出中所占的比重来确定其价格的加权数的大小。物价指数的计算公式如下：

$$物价指数 = \frac{\sum P_t Q_t}{\sum P_0 Q_t} \times 100\%$$

式中，P_0，P_t 是基期和本期的价格水平，Q_t 是本期的商品量（注：上式中采用的是报告期加权平均法，计算物价指数还有一种方式，即采用基期加权法，即用基期的商品量作为权数来计算物价指数）。

目前世界上多数国家，都采用以下一种或一种以上的物价指数：

1. 居民消费价格指数（CPI）

居民消费价格指数（CPI）是综合反映一定时期内居民生活消费品和服务项目价格变动趋势和程度的价格指数。消费物价指数能够衡量消费者一定时期内生产费用上升或下降的程度，能够反映消费者商品和劳务价格变动的趋势和程度。因为消费物价指数与人们生活直接相关，并且消费物价的变动最容易引起人们的注意，所以在度量通货膨胀程度的时候，这个指数在检验通货膨胀效应方面有其他指标难以比拟的优越性。中国从1984年开始编制消费物价指数（见图10-2）。

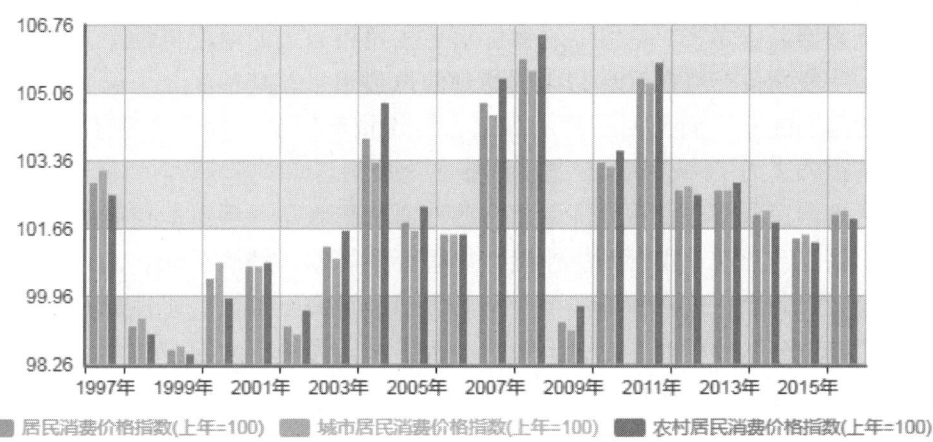

图10-2 中国居民消费价格指数变动情况：1997—2016年

资料来源：国家统计局。

2. 生产者价格指数（PPI）

PPI又称批发价格指数，是根据大宗商品，包括最终商品、中间产品及进口商品的加权平均批发价格编制的物价指数。这种指数局限性在于统计范围狭窄，它能够反映商品流通的物价变化情况，但不能反映劳务价格情况。由于批发价格的变动幅度常常小于零售商品的价格波动幅度，因而在用批发物价指数来判断总供给与总需求的对比关系时，可能会出现信号失真的现象。

3. 国民生产总值平减指数

国民生产总值平减指数又称国民生产总值折算价格指数，这是涵盖范围较宽的指数，它的定义是按当年价格计算的国民生产总值对按固定价格计算的国民生产总值的比率，实际上就是名义 GNP 与实际 GNP 的比值。该指数包括的商品和劳务的范围最广泛，与 GNP 核算范围相对应，不仅包括全部物质产品和涵盖计入 GNP 的全部服务产品，也包括进出口商品。理论上，它能最全面反映价格总水平变化，这是国民生产总值平减指数的优点所在；其缺点是资料较难搜集，公布频率不如消费物价指数快。

以上三种指数，以居民消费物价指数和国民生产总值平减指数较为适当，因此也最普遍地被采用为度量通货膨胀的尺度。

三、通货膨胀的类型

从不同的角度，根据不同的分类标准，可以把通货膨胀分成若干类型：

1. 按通货膨胀的程度，分为温和型通货膨胀、严重型通货膨胀和恶性型通货膨胀

温和型通货膨胀，是指一般物价水平按照不太大的幅度持续上升的通货膨胀。温和型通货膨胀发展缓慢，短期内不易察觉，但持续时间很长，通货膨胀率通常在2%—5%。事实上，这一界限正在不断提高。现在许多经济学家认为，通货膨胀率在10%以下即可认为是温和的通货膨胀。

严重型通货膨胀，是指一般物价水平按照相当大的幅度持续上升的通货膨胀。一般物价上涨在10%以上，达到两位数水平，其程度介于温和型和恶性型之间。随着人们预期心理的加强，纷纷抢购商品，货币流通速度加快，单位货币购买力下降，从而使通货膨胀更为加剧。

恶性型通货膨胀，在经济学上，恶性通货膨胀是一种不能控制的通货膨胀，价格飞速上涨，物价无法控制，货币贬值严重，经济活动紊乱，最后导致整个货币制度、价格体系甚至于整个国民经济完全崩溃。恶性通货膨胀没有一个普遍公认的标准界定，多数的经济学家认为的定义为"一个没有任何平衡趋势的通货膨胀循环"。

按国际标准，恶性通货膨胀具有四项特征：公众不愿持有现金，宁可把金钱投放在外国货币或非货币资产上；公众利用外国货币，结算自己本国货币的资产；信贷是按借款期内的消费力损耗计算，即使该时期不长久；利率、工资、物价与物价指数挂钩，而3年累积通货膨胀率在100%以上。在日常生活中，公众能轻易感受得到恶性通胀的影响。在一些知名例子中，德国20世纪20年代初的物价，曾在每49小时增加一倍；40年代初的希腊被德国占领时，物价每28小时上升一倍；匈牙利战后物价曾每15小时增加一倍，这种极端例子一般在战时发生，但近数十年亦时有出现：1993年10月至1994年1月，南斯拉夫的通胀就曾每16小时增加一倍；乌克兰、秘鲁、墨西哥、阿根廷、巴西等亦在80年代或90年代面对严重通胀。最近期例子为津巴布韦，据津巴布韦统计局公布，2007年津巴布韦的通货膨胀率是66212%。

> **小案例**
>
> ### 世界各地的恶性通货膨胀
>
> 　　第一次世界大战结束后，根据《凡尔赛条约》，作为战败国的德国要支付巨额的战争赔款，约 1300 亿金马克。德国十分不情愿，于是采取相对极端的方式来偿还赔款，那就是发纸币。1919 年，德国全年的货币发行量约为 500 亿金马克，到了 1923 年，德国货币发行量达到无以复加的天文数字 5 万亿亿金马克，物价上涨 200 亿金马克，一美元可以兑换 42000 亿金马克，货币连纸都不如。
>
> 　　1992 年是俄罗斯经济改革的第一年，通胀率达 2520%，主要原因是物价放宽限制。1993 年整年通胀率是 840%，而 1994 年是 224%。卢布从 1991 年 1 美元兑 100 卢布跌至 1 美元兑 30000 卢布。
>
> 　　秘鲁于 1984 年至 1990 年间经历最严重的通胀。1984 年货币的最大面额是 50000 金索尔（Soles de Oro）。到 1985 年已是 500000 金索尔。1985 年的货币改革令 1 单位印替（Inti）代替 1000 单位的金索尔。1986 年货币的最大面额是 1000 印替，1990 年则是 5000000 印替。1991 年的货币改革令 1 新索尔代替 1000000 印替。恶性通胀的整体影响：1 新索尔 = 1000000000 个 1985 年前的金索尔。
>
> 　　21 世纪初津巴布韦开始经历恶性通胀，通胀率升至 2004 年初的 624%，其后降至三位数字低位，之后攀升至 2006 年 4 月 1042.9% 的新高。2006 年的 2 月，津巴布韦储备银行行长宣布政府印了 21 兆津巴布韦元来换取外币。2006 年 5 月初，津巴布韦政府印制一共 60 兆津巴布韦元的货币，用来支付士兵和警察 300% 和其他公务员 200% 的加薪。这笔钱不包括在本年财政年度的预算案中，而政府没有解释这笔钱的来源。

2. 按通货膨胀的表现形式，分为隐蔽型通货膨胀和公开型通货膨胀

所谓隐蔽性通货膨胀，又称为抑制性通货膨胀，是指在市场商品的价格受到管制的情况下，货币工资水平没有下降，物价总水平也未提高，但居民实际消费水准却不同程度地有所下降的一种情况。在管制物价的前提下，市场机制作用不完全，物价由国家限定在一定的水平，这时职工工资或收入水平一般难以下降，社会需求压力过大，市场商品的供求关系一般表现为供不应求，其结果是商品的黑市价格与官方价格有较大差异，货币流通速度可能减慢，居民的实际消费水平也明显下降。政府一旦放松管制，商品价格将大幅度上涨，通货膨胀必然公开化。这种通货膨胀一般发生在实行计划经济的国家。

公开型通货膨胀，也称为显性通货膨胀，是指物价总水平明显地、直接地上涨的通货膨胀。在市场机制的作用之下，或对物价的管制比较少的国家，商品价格对供求反应灵敏，市场商品供求对比关系的变动必然引起物价水平

的波动,过度的需求可以通过价格的变动得以消除。市场经济属于开放型经济,这种通货膨胀称为开放型通货膨胀,它一般用物价指数的变动来衡量。

3. 按通货膨胀预期,分为预期通货膨胀和非预期通货膨胀

预期型通货膨胀,指通货膨胀过程被经济主体预期到了,以及由于这种预期而采取各种补偿性行动引发的物价上升运动。在市场上,人们已经认识到通货膨胀的存在,因此,在各种交易、合同、投资中都要将未来的通货膨胀率计算在内,从而无形中加重了市场的通货膨胀压力,引起物价的进一步上涨。这种类型的通货膨胀,主要归因于一种心理作用,虽然看到了心理预期对通货膨胀的影响,但根据却不是现实经济运行的结果。因此,很难解释通货膨胀产生的真正原因。

没有被经济主体预见的,在不知不觉中出现的物价上升,即为非预期通货膨胀。

4. 按通货膨胀的成因,分为需求拉上型通货膨胀、成本推进型通货膨胀、供求混合推进型通货膨胀、结构型通货膨胀等

需求拉上型通货膨胀又称超额需求型通货膨胀,是指总需求超过总供给所引的一般物价水平普遍而持续的上涨。通俗地说,这种通货膨胀是"过多的货币追逐过少的商品",因而物价上涨。

成本推进型通货膨胀,又称成本通货膨胀或供给通货膨胀,是指在没有超额需求的情况下由于供给方面成本的提高所引起的通货膨胀。成本的增加意味着只有在高于以前的价格水平时,才能达到与以前同样的产量水平,即总供给曲线向左上方移动,又分为:

(1) 工资推进型通货膨胀。是工资过度上涨所造成的成本增加而推动价格总水平上涨,工资是生产成本的主要部分。工资上涨使得生产成本增长,在既定的价格水平下,厂商愿意并且能够供给的数量减少,从而使得总供给曲线向左上方移动。

(2) 利润推进型通货膨胀。厂商为谋求更大的利润导致的一般价格总水平的上涨,与工资推进的通货膨胀一样,具有市场支配力的垄断和寡头厂商也可以通过提高产品的价格而获得更高的利润,与完全竞争市场相比,不完全竞争市场上的厂商可以减少生产数量而提高价格,以便获得更多的利润,为此,厂商都试图成为垄断者。结果导致价格总水平上涨。

(3) 进口成本推进型通货膨胀。造成成本推进的通货膨胀的另一个重要原因是进口商品的价格上升,如果一个国家生产所需要的原材料主要依赖于进口,那么,进口商品的价格上升就会造成成本推进的通货膨胀,其形成的过程与工资推进的通货膨胀是一样的。

小案例

20世纪70年代的石油危机期间,石油价格急剧上涨,而以进口石油为原料的西方国家的生产成本也大幅度上升,从而引起通货膨胀。

供求混合型通货膨胀。现实生活中,需求拉上的作用与成本推进的作用常常是混合在一起的,即所谓的"拉中有推,推中有拉"。因此人们将这种总供给和总需求共同作用情况下的通货膨胀称之为供求混合推进型通货膨胀。

结构型通货膨胀。是指在没有需求拉动和成本推动的情况下,只是由于经济结构因素的变动,也会引起一般价格水平的持续上涨,这种原因导致的一般价格水平的持续上涨被称为结构型通货膨胀。

四、通货膨胀的治理

虽然产生通货膨胀的原因很多,但归根到底是总需求与总供给的不均衡,通货膨胀对经济发展有诸多不利影响,对社会再生产的顺利进行有破坏性作用,因此,一旦发生了通货膨胀,必须下决心及时治理。这种治理应该是多方面综合进行的。

二维码10.5:谁是通货膨胀的受害者和受益者

1. 紧缩性货币政策

以弗里德曼为代表的货币主义学派认为,通货膨胀产生的根本原因在于货币供应量的增长率大于经济的增长率,而货币量过多的原因是政府错误的政策和行为所致。所以,要制止通货膨胀,唯一的办法是减少货币供应量的增长,即把货币供应量增长率降到接近经济增长率的水平,物价才可能稳定下来。减少货币供应量的主要手段有:

(1) 提高法定存款准备金率。中央银行对商业银行提高法定存款准备金率,可以降低商业银行可运用的信贷资金总额,缩小派生存款,减少投资额,达到控制货币供应量的目的。这种手段简单易行,见效快,对控制货币供应量效果较好。但明显缺乏弹性,对经济震动过大。

(2) 高再贴现率和利率。中央银行提高对商业银行再贴现率,可以促使商业银行对企业提高贴现利率,导致企业利息负担加重,利润减少,从而抑制企业对信贷资金的需求,以此减少投资,减少货币供应量。

提高储蓄存款利率,鼓励居民增加储蓄,把更多的消费基金转化为生产资金,减少直接需求,减轻通货膨胀的压力。提高利率是控制货币供应量比较有效的手段,但也有一定的负作用,主要表现是:会直接降低企业的投资,导致经济衰退;直接增加企业贷款成本,容易使企业提高商品价格,出现成本推动,加剧通货膨胀;高利率会诱使大量境外资金涌入,掌握甚至控制本国经济等等。

(3) 加强公开市场业务。通过公开市场业务出售政府债券,从而减少整个社会货币存量;同时,出售政府债券会减少债券的需求,债券的价格下跌伴随着市场利率上升,利率的上升促使人们将更多的收入用于储蓄,从而使消费需求减少;同时它还意味着投资成本的上升,从而对投资需求也有抑制作用。这是最常用的一种抑制通货膨胀的工具。

2. 紧缩性财政政策

是国家通过财政分配活动抑制或压缩社会总需求的一种政策行为。它往往是在已经或将要出现社会总需求大大超过社会总供给的趋势下采取的。它的典型形式是通过财政盈余压缩政府支出规模。因为财政收入构成社会总需求的一部分，而财政盈余意味着将一部分社会总需求冻结不用，从而达到压缩社会总需求的目的。实现财政盈余，一方面要增加税收，另一方面要尽量压缩支出。如果增加税收的同时支出也相应地增加，就不可能有财政盈余，增加税收得以压缩社会总需求的效应，就会被增加支出的扩张社会总需求的效应所抵消。运用财政政策治理通货膨胀有以下几种方式：增加税收，使企业和个人的利润和收入减少，以抑制私人企业投资和个人消费支出，降低需求；削减财政支出，包括减少军费开支和政府采购，限制公共事业投资等，以平衡预算、消除财政赤字，从而消除通货膨胀的隐患；降低政府转移支付水平，减少社会福利开支，从而起到抑制个人收入增加的作用；发行公债，用发行公债代替发行货币，回收市场货币，减少货币供应量。

3. 需求管理政策

需求管理政策就是指利用货币政策与财政政策的统筹运作，改变全社会的总收入与总支出情况，控制全社会货币供应量，从而实现控制通货膨胀的目的，主要有三条措施：

（1）控制消费支出。控制消费支出主要是通过财政政策，提高税率，特别是提高个人所得税率，减少个人可支配收入；通过货币政策，提高储蓄利率，吸纳社会资金，减轻资金流动性泛滥带来的压力。两者可以单独也可协调运用，以达到最佳的效果。

（2）控制固定资产投资规模。控制固定资产投资规模的关键作用是抑制社会总需求。通过实行市场准入、产业政策和行业规划等措施，加强对新上项目的引导、控制和监督，优化投资结构。固定资产投资的影响主要表现在三个方面：它制约流动资金的需求，因为投资规模大，对流动资金的需求也大，这将对银行信贷规模构成一种压力；固定资产投资规模膨胀，会使财政支出膨胀；固定投资规模中必然有一部分转化为消费基金，扩大对消费品的需求。可见，控制固定资产投资规模，不仅能约束投资需求本身，还可以起到"一箭双雕"的约束作用。在新中国成立以来发生的历次通货膨胀中，固定资产投资规模的膨胀都扮演了重要角色，因此，总是把压缩固定资产投资规模作为治理通货膨胀的重点措施之一。

（3）控制政府支出。影响政府支出的主要因素是办公经费、国防支出、社会福利支出等。这些支出是社会总需求的重要方面。控制总需求的重点是控制政府支出。但是，由于政府支出的刚性，因而控制幅度是非常有限的。

4. 供给政策

治理通货膨胀必须从两个方面同时入手：一方面控制总需求；另一方面增加总供给。二者不可偏废。若一味控制总需求而不着力于增加总供给，将影响经济增长，只能在低水平上实现均衡，最终可能因加大了治理通货膨胀的代价而前功尽弃。因此，在控制需求的同时，还必须增加商品的有效供给。

如果说调节、控制社会总需求可以起到"立竿见影"效果的话,那么增加有效供给则是稳定货币的根本措施。一般来说,增加有效供给的主要手段是降低成本,减少消耗,提高经济效益,提高投入产出的比例,同时,调整产业和产品结构,支持短缺商品的生产。

供应学派认为,治理通货膨胀、摆脱滞胀困境,治本的方法在于增加生产和供给。增加生产意味着经济增长,从而可以克服停滞;增加供给意味着消除过剩的需求,从而可以克服通货膨胀。其主要措施有:

(1) 减税。降低企业税率,刺激企业投资,降税后,企业投资的税后收益增加,投资的边际收益率提高,这就会刺激经济增长和降低失业率;降低个人税率,提高个人工作意愿,从而增加劳动供给。

(2) 削减社会福利开支。这一方面,可削减财政赤字,以消除通货膨胀压力;另一方面,又可杜绝人们对社会的依赖心理,促使人们更多工作,从而使失业减少。

5. 收入政策

收入政策主要针对的是成本推动型的通货膨胀。其原因在于:因靠财政信用紧缩的政策虽然能够抑制通货膨胀,但由此带来的经济衰退和大量失业的代价往往过高,尤其是当成本推进引起菲利普斯曲线向右上方移动,工会或企业垄断力量导致市场出现无效状况时,传统的需求管理的措施对通货膨胀将无能为力,必须采取强制性的收入紧缩政策。收入紧缩政策主要是政府为了控制一般物价水平的上涨幅度,采取强制性或非强制性的手段,限制提高工资和获取垄断利润,抑制成本推进的冲击,其目的在于控制通货膨胀而又不陷于"滞胀"。具体可采取了以下四种形式:

(1) 指数化方案。又称收入指数化政策,是指对与货币有关的契约或协议附加物价指数条款,使与货币有关的收入和支出能够与物价指数连锁变动的政策,即使工资、利息、各种债券收益以及其他收入随物价的变动而变动的政策与措施。这种指数化措施主要有两个功效:一是能借此剥夺政府从通货膨胀中所获得的收益,杜绝其制造通货膨胀的动机;二是可以借此抵消或缓解物价波动对个人收入水平的影响,克服由通货膨胀造成的分配不公。借此还可以稳定通货膨胀环境下的微观主体行为,避免出现抢购商品等使通货膨胀加剧的行为。

指数化方案有利于国民收入分配的公平和社会的稳定,特别是可以使固定收入者的名义工资收入得到及时调整,在一定程度上保持经济的正常发展,但是指数化方案强化工资和物价交替上升的机制,有可能使物价更加不稳定,而不是有利于通货膨胀率的下降。例如,假定农产品的歉收使得消费者价格指数上升了10%,在一个充分指数化的经济中,这将使所有的名义收入都升10%,从而使下一期的消费者价格指数进一步以接近于10%的速度上升。然后各种名义收入再次上升,并进而引起新一轮的价格水平上升。如此继续,当这一螺旋式的上升过程最终停止时,价格水平可能已经上升了好多次。因此，指数化也只是一种消极地对付通货膨胀的政策。

（2）道义规劝。也就是政府劝告工资和价格制定者们"负责任地"采取行动，鼓励雇员和雇主在较低的工资增长水平上达成和解，自动限制产品价格和工资的上涨幅度，以减轻通货膨胀的压力。其效果取决于协议双方是否认可现有工资水平并愿意遵守协议规定。

（3）以税收作为手段限制工资增长。即政府以税收作为奖励和惩罚的手段来限制工资和物价的增长。如果增长率保持在政府规定的范围内，政府就以减少个人所得税和企业所得税作为奖励；如果超过界限，就以增加强制税收作为惩罚。这一办法可使企业有所依靠，拒绝工会超额提高工资的要求，从而有可能与工会达成工资协议，降低工资增长率。例如，英国在1977年至1978年间，工党政府曾经许诺，如果全国的工资适度增长的话，政府将降低所得税。澳大利亚也于1967年至1968年间实行过这一政策。

（4）工资、价格管制。即由政府颁布法令，强行规定工资、物价的上涨幅度，在某些时候，甚至暂时将工资和物价加以冻结这种严厉的管制措施，这其中包括：对工资和价格进行直接控制，规定厂商和工会不经政府有关部门同意，不得提高工资和价格；对工资和价格规定指导性指标，一般在战争时期较为常见。但是当通货膨胀变得非常难以对付时，和平时期的政府也可能求助于它。例如美国在1971年至1974年间就曾实行过工资—价格管制，特别是在1971年，尼克松政府还实行过3个月的工资—价格冻结。较近一些的例子则有：1985年的阿根廷和以色列，以及1986年的巴西都曾将工资—价格管制作为它们反通货膨胀的一揽子方案中的重要组成部分。

但是，收入紧缩政策也存在缺陷，主要表现为：如果是温和性政策或税收政策，其效果取决于劳资双方与政府能否通力合作；强制性的收入政策会妨碍市场机制对资源的有效配置。因为，市场是通过价格信号来指导生产和要素流动的；如果禁止价格上涨，价格限制也就等于取消了资源转移的动力；如果在价格管制的同时没有采取相应的紧缩需求的措施，公开的通货膨胀则变为隐蔽型的通货膨胀，一旦重新开放价格，通货膨胀会加快爆发。因此，收入政策并不是治理通货膨胀的"灵丹妙药"，它充其量只能作为紧缩性财政、货币政策的一种补充。

6. 币制改革

通常这是在经历了严重的通货膨胀后而采取的措施，其做法是废除旧币，发行新币，并制定一些保证新币稳定的措施。目的是消除原来货币流通混乱的局面，在新的货币制度基础上实现稳定的货币流通。也有的是通过新旧币兑换，附带调节个人之间的收入分配。但必须指出的是，币制改革本身不能保证消除通货膨胀，关键在于能否实施币制改革中的各项稳定措施，为消除通货膨胀提供条件。例如，巴西政府为了对付恶性通货膨胀，自1967年以来已经进行了5次币制改革，每改革一次，就删去几个零，或者干脆改换货币名称。我国20世纪50年代初的抗美援朝战争，由需求引发的通货膨胀，导致了新中国成立以来唯一的一次币制改革，即原来的一万元旧币兑换新人民币的一元钱。

总之，通货膨胀是一个十分复杂的经济现象，其产生的原因是多方面的，需要有针对性地根据原因采取不同的治理对策，对症下药，不能机械僵化地照搬别人或自己以往的经验，应结合其他治理方案综合进行。治理通货膨胀是一项系统工程，各治理方案相互配合才能取得理想的效果。

第三节 失业与通货膨胀的关系

本节重难点

1. 了解原始菲利普斯曲线。
2. 了解货币主义的菲利普斯曲线

任务导入

菲利普斯曲线在美国的运用

菲利普斯曲线是为了纪念第一个研究了这种关系的经济学家菲利普斯而命名的。通货膨胀与失业之间的这种交替关系被称为菲利普斯曲线。20 世纪 70 年代，滞胀一直困扰着美国。1979 年通货膨胀率高达 14%，失业率高达 6%，经济增长率不到 1.5%。美联储主席沃尔克把中心任务定为反通货膨胀，他把贴现率提高到 12%，但到 1980 年通货膨胀率仍高达 14.9%，失业率高达 10%，沃尔克顶住各方面压力，继续实施这种紧缩政策，终于在 1984 年使通货膨胀率降至 4%，开始了 20 世纪 80 年代的繁荣。沃尔克反通货膨胀的最终胜利是以高失业为代价的，反通货膨胀付出的代价证明了短期菲力普斯曲线的存在，也说明维持物价稳定的重要性。

思考：菲利普斯曲线对我们有什么启示？

内容精讲

菲利普斯曲线是表明失业与通货膨胀存在一种交替关系的曲线，通货膨胀率高时，失业率低；通货膨胀率低时，失业率高。菲利普斯曲线是一个十分重要的概念，它的发展大致经历了三个阶段。第一阶段是菲利普斯和加拿大经济学家利普西发现通货膨胀率和失业率之间存在一种稳定的负相关系后提出了该曲线的原始模型。第二阶段是货币主义者弗里德曼和费尔普斯根据自然失业率假说，提出了附加预期的菲利普斯曲线模型，解释短期菲利普斯曲线与长期菲利普斯曲线之间的根本区别。第三阶段主要是理性预期学派经济学家对菲利普斯曲线的否认，提出失业率和通货膨胀胀率之间根本不存在有规律的替代关系。

一、原始菲利普斯曲线

1958年，菲利普斯根据英国1867—1957年失业率和货币工资变动率的经验统计资料，提出了一条用以表示失业率和货币工资变动率之间交替关系的曲线。这条曲线表明：当失业率较低时，货币工资增长率较高；反之，当失业率较高时，货币工资增长率较低，甚至是负数。根据成本推动的通货膨胀理论，货币工资可以表示通货膨胀率。因此，这条曲线就可以表示失业率与通货膨胀率之间的交替关系。即失业率高表明经济处于萧条阶段，这时工资与物价水都较低，从而通货膨胀率也就低；反之失业率低，表明经济处于繁荣阶段，这时工资与物价水平都较高，从而通货膨胀率也就高。失业率和通货膨胀率之间存在着反方向变动的关系。如图10-3所示。

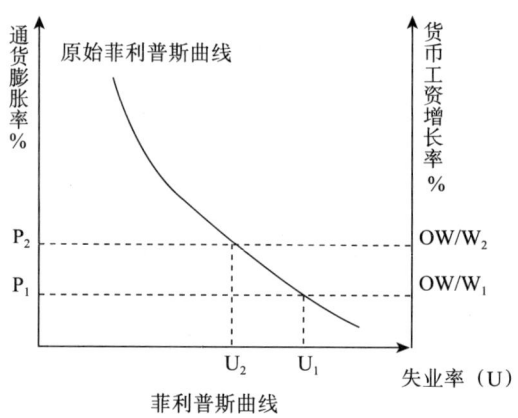

图10-3 原始菲利普斯曲线

从上图中可以看出，当失业率从 U_1 降到 U_2 时，货币工资增长率从 OW/W_1 上升到 OW/W_2。

二、货币主义的菲利普斯曲线

货币主义者在解释菲利普斯曲线时所用的预期概念是适应性预期，即人们根据过去的经验来形成并调整对未来的预期。他们根据适应性预期，把菲利普斯曲线分为短期菲利普斯曲线与长期菲利普斯曲线。短期菲利普斯曲线是表明在预期的通货膨胀率低于实际发生的通货膨胀率的短期中，失业率与通货膨胀率之间存在交替关系的曲线。这说明，在短期中引起通货膨胀率上升的扩张性财政与货币政策是可以起到减少失业的作用的。这就是宏观经济政策的短期有效性。长期菲利普斯曲线是一条垂线，表明失业率与通货膨胀率之间不存在交替关系。以引起通货膨胀为代价的扩张性财政政策与货币政策并不能减少失业，这就是宏观经济政策的长期无效性。

> **想一想**
>
> 请思考短期菲利普斯曲线与长期菲利普斯曲线之间的关系。
>
> 货币主义者认为，在工资谈判中，工人们关心的是实际工资而不是货币工资。在短期，当通货膨胀率不太高，工人还没有形成新的通货膨胀预期的时候，失业与通货膨胀之间存在的替代关系就被称为短期的菲利普斯曲线。随着时间的推移，工人们发现他们的实际工资随物价的上涨而下降，就会要求雇主相应地增加货币工资，以补偿通货膨胀给自己造成的损失。由于工人不断形成新的通货膨胀预期，使换取一定失业率的通货膨胀率越来越高，一条条菲利普斯曲线不断向右上方移动，最终演变成为一条垂直的菲利普斯曲线，这就是长期的菲利普斯曲线。长期的菲利普斯曲线是由短期的菲利普斯曲线不断运动形成的。

三、理性预期学派对菲利普斯曲线的解释

理性预期学派所采用的预期概念不是适应性预期，而是理性预期。理性预期是合乎理性的预期，其特征是预期值与以后发生的实际值是一致的。在这种预期的假设之下，无论在短期或长期中，预期的通货膨胀率与实际发生的通货膨胀率总是一致的，从而也就无法以通货膨胀为代价来降低失业率。所以，无论在短期或长期中，菲利普斯曲线都是一条从自然失业率出发的垂线，即失业率与通货膨胀率之间不存在交替关系。由此得出的推论就是：无论在短期还是长期中，宏观经济政策都是无效的。

任务分析

传统经济学认为，经济增长会导致工资提高，工资提高会引起物价上涨，从而引起通货膨胀率上升。著名的菲利浦斯曲线是一条向右下方倾斜的曲线，它显示了失业率和通货膨胀率之间存在的反相关关系，即如果失业率较低，通货膨胀率就会较高；如果通货膨胀率较低，失业率就会较高。因此，一个国家要保持较低的通货膨胀率，就必须接受较低的经济增长率。要保持较高的经济增长速度，就必须付出高通货膨胀的代价。因此了解菲利普斯曲线对观察和发现许多经济事件中的发生原因和发展趋势是至关重要的。特别是决策者在运用各种政策工具时，会经常需要考虑并利用到这种交替关系。因为在短期决策中政府可以通过改变财政支出量、税收量和货币的发行量来影响经济发展中的通货膨胀与失业量的结合时期。

思考与练习

一、单项选择题

1. 失业率是（　　）。

A. 失业人数除以总人口　　　　B. 失业人数除以就业人数
C. 失业人数除以劳动力总量　　D. 失业人数除以民用劳动力总量

2. 由于经济萧条而形成的失业属于（　　）。
A. 摩擦性失业　　　　　　　　B. 结构性失业
C. 周期性失业　　　　　　　　D. 永久性失业

3. 一般来说，某个大学生毕业后未能立即找到工作，属于（　　）。
A. 摩擦性失业　　　　　　　　B. 结构性失业
C. 自愿性失业　　　　　　　　D. 周期性失业

4. 某人因为纺织行业不景气而失业，属于（　　）。
A. 摩擦性失业　　　　　　　　B. 结构性失业
C. 周期性失业　　　　　　　　D. 永久性失业

5. 某人由于不愿接受现行的工资水平而造成的失业，称为（　　）。
A. 摩擦性失业　　　　　　　　B. 结构性失业
C. 自愿性失业　　　　　　　　D. 非自愿失业

6. 以下（　　）情况不能同时发生。
A. 结构性失业和成本推进的通货膨胀
B. 需求不足失业和需求拉上的通货膨胀
C. 摩擦性失业和需求拉上的通货膨胀
D. 失业和通货膨胀

7. 垄断企业和寡头企业利用市场势力谋取过高利润所导致的通货膨胀，属于（　　）。
A. 成本推进通货膨胀　　　　　B. 结构性通货膨胀
C. 需求拉上通货膨胀　　　　　D. 结构型通货膨胀

8. 在下列通货膨胀的原因中，（　　）是成本推动通货膨胀的原因。
A. 银行贷款的扩张　　　　　　B. 预算赤字
C. 进口商品价格的上涨　　　　D. 投资率下降

9. 一般来说，菲利普斯曲线是一条（　　）。
A. 向右上方倾斜的曲线　　　　B. 向右下方倾斜的曲线
C. 水平线　　　　　　　　　　D. 垂线

10. 根据短期菲利普斯曲线，失业率和通货膨胀率之间的关系是（　　）。
A. 正相关　　　　　　　　　　B. 负相关
C. 无关　　　　　　　　　　　D. 不能确定

二、多项选择题

1. 下列因素中，可能造成需求拉上型通货膨胀的有（　　）。
A. 过度扩张性的财政政策　　　B. 过度扩张性的货币政策
C. 消费习惯突然的改变　　　　D. 劳动生产率的突然降低

2. 按照价格上涨幅度加以区分，通货膨胀包括（　　）。
   A. 温和型通货膨胀　　　　　　B. 严重型通货膨胀
   C. 平衡式通货膨胀　　　　　　D. 恶性型通货膨胀
3. 菲利普斯曲线表明（　　）。
   A. 失业率低，通货膨胀率越低　　B. 失业率越高，通货膨胀率越高
   C. 失业率越高，通货膨胀率越低　　D. 失业率与通货膨胀率存在负相关关系
4. 菲利普斯曲线的特征有（　　）。
   A. 菲利普斯曲线斜率为负
   B. 菲利普斯曲线是一条直线
   C. 菲利普斯曲线与横轴相交的失业率为正值
   D. 菲利普斯曲线不是一条直线

三、简答题

1. 什么是失业？失业有哪些种类？
2. 什么是需求拉动的通货膨胀？

四、思考分析

1. 充分就业与自然失业互相矛盾吗？为什么？
2. 菲利普斯曲线在短期内和长期内的形状是不同的，这说明了什么问题？

五、技能实训

根据表10-2，计算1985—1990、1990—1995、1995—2000、2000—2003年等不同时间段内的通货膨胀率，结合本表数据，查询有关资料，分析其中高通货膨胀率阶段中通货膨胀产生的原因（注：计算时以居民消费价格指数为准）。

表10-2　　　　　　1978年以来我国居民消费价格指数

年　份	居民消费价格指数	城市居民消费价格指数	农村居民消费价格指数
1978		100.0	
1980		109.5	
1985	100.0	134.2	100.0
1990	165.2	222.0	165.1
1995	302.8	429.6	291.4
2000	331.0	476.6	314.0
2001	333.3	479.9	316.5
2002	330.6	475.1	315.2
2003	334.6	479.4	320.2

数据来源：国家统计局：《中国统计年鉴2004》，中国统计出版社2004年版。

第十一章
经济周期与经济增长

本章知识点

1. 经济周期的含义、类型，经济周期的成因。
2. 济增长概念，经济增长的源泉。

知识导图

第十一章 经济周期与经济增长	知识结构	知识要点
	经济周期	经济周期的含义、类型，经济周期的成因
	经济增长	经济增长概念，经济增长的源泉

引导案例

美国20世纪30年代萧条与40年代繁荣的原因

20世纪30年代初的经济灾难称为大萧条，而且是美国历史上最大的经济下降。从1929年到1933年，实际GDP减少了27%，失业率从3%增加到25%，物价水平下降了22%。在这一时期，许多其他国家也经历了类似的产量与物价下降。经济史学家一直在争论大萧条的原因，但大多数解释集中在总需求的大幅度减少上。

许多经济学家主要抱怨货币供给的减少：从1929年到1933年，货币供给减少了28%。另一些经济学家提出了总需求崩溃的其他理由。例如，在这一时期股票价格下降了90%左右，减少了家庭财富，从而也减少了消费者支出。此外，银行的问题也阻止了一些企业获得它们想为投资项目进行筹资，从而减少了投资支出。当然，在大萧条时期，所有这些因素共同发生作用紧缩了总需求。

20世纪40年代初的美国经济繁荣是容易解释的。这次事件显而易见

> 的原因是二战。随着美国在海外进行战争，联邦政府不得不把更多资源用于军事。从 1939 年到 1944 年，政府的物品与劳务购买几乎增加了 5 倍。总需求的巨大扩张几乎使经济中物品与劳务的生产翻了一番，并使物价水平上升了 20%。失业率从 1939 年的 17% 下降到 1944 年的 1%，这是美国历史上最低的失业水平。
>
> （资料来源：高鸿业：《西方经济学（宏观部分）》，高等教育出版社 2007 年版。）

增长与发展是经济学永恒的主题。经济的稳定增长是各国追求的目标，但经济增长却常常伴随着经济活动的上下波动，形成周期性变动的特点。增长理论强调经济的长期稳定增长，研究影响国内生产总值增长的因素与增长的途径。经济周期理论研究经济波动的原因与周期。

第一节 经济周期

本节重难点

1. 掌握经济周期的含义、类型。
2. 了解经济周期的成因。

任务导入

从 1978 年以来，我国经济增长率最高的波峰年分别是 1978 年（11.7%）、1984 年（15.2%）、1992 年（14.2%）和 2007 年（13%）；经济增长率最低的波谷年分别是 1981 年（5.2%）、1990 年（3.8%）、1999 年（7.6%）和 2009 年（假设 2009 年为本轮周期的波谷年，增长率为 8%）。如果依据波峰年计算周期的长度，从 1978 年至 2007 年的 30 年间，总共形成了 3 个经济周期，周期的平均长度为 9.66 年；若依据波谷年计算周期的长度，从 1981 年至 2009 年的 28 年间也形成了 3 个经济周期，周期的平均长度为 9.33 年。

从工业化到现在，世界经济呈现出具有规律性的周期变动已经历了 5 个长周期，即分别以"早期机械化"技术革命、"蒸汽动力和铁路"技术革命、"电力和重型工程"技术革命、"福特制和大生产"技术革命和"信息和通讯"技术革命的世界经济周期。请问什么是经济周期？

内容精讲

一、经济周期的含义及类型
（一）经济周期的含义

经济周期（Business Cycle）也称商业周期、商业循环、景气循环，它是

二维码 11.1：
经济周期

指经济运行中周期性出现的经济扩张与经济紧缩交替更迭、循环往复的一种现象。是国民总产出、总收入和总就业的波动。经济周期的基本变动规律使国民经济增长态势呈现出繁荣、衰退、萧条和复苏4个不同的变化阶段,并交替循环往复进行。早期的经济学家对经济周期的判断是建立在实际 GDP(或 GNP)变动的基础之上的,这样的经济周期被称为古典的经济周期。现代经济学家将经济周期归结为以经济增长率的变化为基础,即经济周期是经济增长率的上升和下降交替出现的经济发展变化过程,对这一变化过程及其规律通过对国民收入变动的分析来进行研究。根据经济周期理论,经济发展总会呈现为扩张和收缩,但收缩是为了更好地发展。因而,衰退不一定表现为经济总量绝对量的下降,而是表现为经济总量增长率的下降,所以在现代经济中存在着增长性的衰退。

在图11-1中,横轴表示时间T(年份),Y 纵轴表示国民收入 Y,向右上方倾斜的直线 N 表示正常的经济活动水平和整个宏观经济的总体趋势。由于大多数国家的人口和资本存量是逐年递增的,劳动生产率也是逐年提高的,所以经济增长的长期趋势是逐年递增的。即直线 N 向右上方倾斜。一个周期内的最高点为经济繁荣,最低点为经济萧条,从顶峰到低谷为经济衰退,从低谷到顶峰为经济复苏,从一个顶峰(或低谷)到另一个顶峰(或低谷)为一个经济周期。

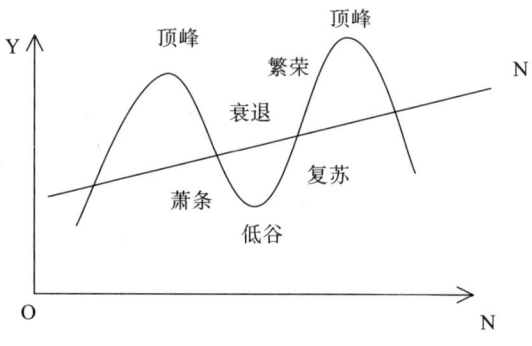

图 11-1 经济周期

1. 衰退

衰退是经济周期顶峰过去以后,经济开始向下滑坡的阶段。在衰退期间,投资和需求萎缩,生产和就业下降。就业下降导致家庭收入减少,生产下降导致投资减少,这又引起需求进一步萎缩,企业利润也随之下降,企业经营困难。在繁荣时期经济情况看好时所进行的投资,现在已变得无利可图了,投资急剧降至最低水平。衰退严重时,会有大量生产能力闲置起来,失业大量增加,整个社会充满悲观情绪。这个阶段就业、产量、工资、价格、利率和利润一般都下降。

2. 低谷

低谷阶段是衰退阶段的继续发展,是经济周期接近低谷部分。其特点是:

劳动力失业率高，公众消费水平下降到较低水平，企业生产能力大量闲置，存货大量积压，企业对前景缺乏信心，充满悲观情绪，不愿冒投资的风险。但萧条不会永远持续下去，随着现有设备的不断耗损，企业投资会逐渐增加，复苏会慢慢到来。这时就业、产量、工资、价格、利率和利润跌至最低水平。

小案例

全世界"黑色"记忆——经济萧条

1929年10月29日是美国历史上最黑暗的一天，"黑色星期二"是股票市场崩盘的日子，经济大萧条（Great Depression）也正式开始，失业率攀升到最高点。1933年，有1/4的劳工失业。

1929年的经济大危机引发了各国严重的政治危机，为摆脱经济危机打起了贸易壁垒战，严重依赖美国的德国与严重依赖外国市场的日本，都无法通过自身内部经济政策的调整来摆脱危机，只能借助原有的军国主义与专制主义传统，建立法西斯专政进行疯狂对外扩张，最终形成欧、亚战争策源地。

1931年日本发动"九一八事变"，1935—1936年意大利侵略埃塞俄比亚，1936—1939年德意武装干涉西班牙，德国吞并奥地利、占领捷克斯洛伐克，1939年9月初德国突袭波兰。

美国于1941年加入第二次世界大战后，经济大萧条也随之结束。美国、英国、法国与苏联等同盟国共同对抗德国、意大利与日本。这场战争死亡的人数不断增加。在德国于1945年5月投降之后，欧洲的战火也随之熄灭。由于中国人民的顽强抗日，同时也得到国际反法西斯同盟的支持，日本天皇在1945年8月宣布无条件投降。

经济萧条是指长时期的高失业率、低产出、低投资、企业信心降低、价格下跌和企业普遍破产。经济大衰退是于1929年在美国发生的。当时，美国大部分的股票价格暴跌，股票市场崩溃，很多人在一夜间丧失全部资产，引起了全国的经济大恐慌。大量工厂、银行纷纷倒闭，全国陷入经济困境。

经济大衰退导致极权主义在德国、日本兴起，而且带给美、英、法等西方国家严重的失业及社会不稳定等问题。"罗斯福新政"在一定程度上减缓了经济危机对美国经济的严重破坏，促进了社会生产力的恢复。由于经济的恢复，使社会矛盾相对缓和。

正是由于20世纪的经验和教训，在遇到2008年经济危机的时候，美国经济免于遭遇第二次大萧条，在平息此轮经济危机中起到关键作用的是"大政府"的救助行为。

（资料来源：静涛、黑岛：《哈佛教授讲述的300个经济学故事》，立信会计出版社2011年版）

3. 复苏

当复苏阶段开始时，也就是已经过了经济周期的最低点。促使经济复苏的因素是多种多样的。例如，大批机器经过多年磨损需要更换，存货减少需要补充，企业订单增加。政府对经济的刺激，使就业水平提高、收入和消费支出都增加了，从而扩大了需求，刺激生产扩张。生产销售增加以后，利润随着增加。经济前景看好，投资的乐观主义代替了萧条时的悲观主义，投资增加进一步扩张了经济。就业、产量、工资、价格、货币供给、利率和利润一般都上升。

4. 繁荣

繁荣阶段是经济周期的波峰。在繁荣时期，现有生产设备业已充分利用。劳动力，特别是技术熟练劳动力已感缺乏。主要原材料也开始感到供应不足。由于这些原因，企业增产的困难越来越大，这时只有增加企业投资，继续扩大生产能力才能扩大产量。投资建设需要时间，生产的增加速度满足不了需求的增长要求，价格不断上涨，生产要素需求的急剧增长促使生产要素成本不断上升，但由于商品价格也同时上涨，企业生产仍有较为丰厚的利润可图。就业率提高，失业率下降。由于经济前景看好，投资量可能超过现有销售水平。这时就业、产量、工资、价格、利率和利润升至最高水平。

（二）经济周期类型

二维码11.2：
经济周期变动规律

经济周期的循环过程并非一成不变，波动的幅度各有不同，循环时间长短不一。西方经济学家按时间长度的不同将经济周期大致分为以下几种类型：

1. 基钦周期

英国经济学家基钦（J. Kitchin）于1923年提出了一种时间长度为40个月左右的经济周期概念，这是一种短周期，又称为"基钦周期"。基钦认为，经济周期实际上包括大周期、小周期两种周期，小周期即为上述的40个月左右，一个大的周期则包括2个或3个小周期。基钦还认为，这种小周期是心理原因所引起的有节奏的运动结果，而这种心理原因又是受农业生产丰歉影响食物价格所造成的。

2. 朱格拉周期

这种经济周期是以法国经济学家朱格拉（C. Juglar）的名字命名的，该周期是以国民收入、失业率和大多数经济部门的生产、利润和价格的波动为标志加以划分的。朱格拉在1862年出版的《法国、英国及美国的商业危机及其周期》一书中提出，资本主义社会中存在着一种9至10年的周期性经济波动，由于该种周期与其他类型的周期相比处于中等长度，因此又被称为中周期，有的经济学家还把这种周期称为"主要经济周期"。

3. 康德拉季耶夫周期

苏联经济学家康德拉季耶夫（N. Kondratiev）于1925年提出了这种经济周期理论。他认为，资本主义经济社会中存在着50至60年的周期，又被称为长周期。该经济周期理论认为，从18世纪末期以后，经历了3个长周期：

第一个长周期从 1789 年到 1849 年，上升部分为 25 年，下降部分为 35 年，共 60 年；第二个长周期从 1849 年到 1896 年，上升部分为 24 年，下降部分为 23 年，共 47 年；第三个长周期从 1896 年起，上升部分为 24 年，1920 年以后进入下降期。

4. 熊彼特的综合周期

这种经济周期理论是奥地利经济学家熊彼特（Joseph Schumpeter）在 1936 年以他的"创新理论"为基础，对各种周期理论进行综合分析后提出的。他认为，每个长周期包括 6 个中周期，每个中周期包括 3 个短周期，其中短周期为 40 个月，中周期为 9 至 10 年，长周期为 49 至 60 年。熊彼特于 1939 年提出，人类进入工业社会后大约经历了 3 个长周期，每个长周期都与人类技术创新紧密结合：第一个长周期是 1780 至 1842 年，为"纺织机时代"；第二个长周期是 1842 至 1897 年，为"蒸汽机和钢铁时代"；第三个长周期是 1897 年以后为"电气化和汽车时代"。

5. 库兹涅茨周期

这种经济周期理论由美国经济学家库兹涅茨（S. Kuznets）于 1930 年提出的。他在 1930 年出版的《生产和价格的长期变动》中分析了美国、英国、德国、法国、比利时 1866 至 1925 年 53 种商品的历史统计资料，认为经济中存在着长度为 15 至 25 年不等长期波动。这种波动在美国的许多经济活动中，尤其是在建筑业中表现得特别明显，所以库兹涅茨周期又被称为"建筑业周期"。他把 1873 年、1890 年和 1913 年作为这种周期的顶点，而 1878 年和 1896 年则是谷底。在研究建筑业时库兹涅茨还分析了人口、资本形成、收入、国民生产总值及其他因素。

二、经济周期的成因

自 19 世纪中期以来，经济学家们提出的研究经济周期的理论非常多，他们并不满足于仅仅对经济周期现象的描述和对经济周期阶段统计资料的整理，而是力图寻找引起经济周期的原因，建立起一套经济周期理论。时至今日，对经济周期原因的理论研究主要有以下几种观点。

1. 货币周期理论

当银行体系降低利率、信用扩大、贷款增加时，生产扩张，供给增加，收入和需求进一步上升，物价上涨，经济活动水平上升，经济进入繁荣阶段。由此引发通货膨胀，银行体系被迫收缩银根，停止信用扩张，贷款减少，订货下降，供过于求，经济进入萧条阶段。萧条时期，资金逐渐向银行集中，银行采取措施扩大信用，促进经济复苏。货币周期理论认为，货币量的扩张和收缩对经济周期有普遍的影响，这一理论的代表人物是拉尔夫（Larf）、霍特里（H. Hotelling）、弗里德曼。

2. 投资过度理论

这一理论的代表人物是奥地利经济学家哈耶克和密塞斯。该理论认为，经济周期产生的原因不是投资太少，而是投资过度。投资过度是指生产资本品和耐用品部门的发展超过了生产消费品部门的发展。经济扩张时，引起经济繁荣，导致对生产资料等投资品需求的增加。资本品和耐用品的增长速度比消费速度要快，形成经济结构性失衡；经济衰退时，资本品的下降速度也比消费品的下降速度要快。正是由于资本品和耐用品的投资过度才造成了整个经济的波动。

3. 心理周期理论

心理周期理论和投资过度理论是紧密相联的。该理论认为经济的循环周期取决于投资，而投资大小主要取决于企业主对未来的预期。而预期是一种心理现象，而心理现象又具有不确定性的点。因此，经济波动的最终原因取决于人们对未来的预期。当预期乐观时，增加投资，经济步入复苏与繁荣，当预期悲观时，减少投资，经济则陷入衰退与萧条。随着人们情绪的变化，经济也就周期性地发生波动。

4. 消费不足理论

消费不足理论的出现较为久远。早期有西斯蒙第和马尔萨斯。近代则以英国经济学家霍布森为代表。该理论把经济的衰退归因于消费品的需求赶不上社会对消费品生产的增长。这种不足又根据源于国民收入分配不公所造成的富人过度储蓄。如果收入分配公平些，就可以减轻经济的波动。该理论一个很大的缺陷是，它只解释了经济周期中危机产生的原因，而未说明其他三个阶段。因而在周期理论中，它并不占有重要位置。

5. 有效需求不足理论

该理论的观点是凯恩斯对经济周期原因做出的解释。他认为，决定就业的各种因素的影响都会成为导致商业周期出现的原因，其中边际消费倾向、灵活偏好和资本边际效率三者为主要影响因素。只有当实现充分就业时，经济才会平稳发展，而就业不足必然导致社会有效需求不足，因此产生经济周期性波动也就不可避免。

6. 创新周期理论

创新理论（Innovation Theory）是奥地利经济学家J. 熊波特提出的用以解释经济波动与发展的一个概念。J. 熊波特把经济周期归因于各种重大的发明和创新。所谓创新是指一种新的生产函数，或者说是生产要素的一种"新组合"，生产要素新组合的出现会刺激经济的发展与繁荣。当新组合出现时，老的生产要素组合仍然在市场上存在。新老组合的共存必然给新组合的创新者提供获利条件。而一旦用新组合的技术扩散，被大多数企业获得，最后的阶段——停滞阶段也就临近了。在停滞阶段，因为没有新的技术创新出现，因而很难刺激大规模投资，从而难以摆脱萧条。这种情况直到新的创新出现才被打破，才会有新的繁荣的出现。总之，该理论把周期性的原因归之为科学技术的创新，而科学技术的创新不可能始终如一地持续不断的出现，从而必然有经济的周期性波动。

7. 政治性周期理论

由外因形成经济周期的一个主要例证就是政治性周期。政治性周期理论把经济周期性循环的原因归之为政府的周期性的决策（主要是为了循环解决通货膨胀和失业问题）。该理论认为，经济周期与经济政策的行为密切相关。为了选举，政府会维持较高的经济增长速度，而较高的经济增长速度往往会导致通货膨胀，政府为治理通货膨胀往往又引起一次衰退。当经济衰退时，政府迫于政治压力又会再一次实行充分就业的政策，经济周期由此形成。政治性周期的产生有三个基本条件：①凯恩斯国民收入决定理论为政策制定者提供了刺激经济的工具；②选民喜欢高经济增长、低失业以及低通货膨胀的时期；③政治家喜欢连选连任。

> **想一想**
>
> **中国经济出现超周期高速增长**
>
> 国内的各种研究表明，改革开放以来，中国的经济增长率之所以高于改革前，关键在于全要素生产率（TFP）大幅度提高。根据分析，中国经济增长的具体体现为：①劳动力保持2.6%的均衡增长；②资本存量的平均增长率约为9.3%，低于1952—1978年期间11.5%的增长率；③人力资本（按15岁以上就业人口平均受教育年限计算）增长率为2.2，全要素生产率由改革前（1952—1978年）的-1.9%提高到3.3%~4.6%（按不同的资本或劳动权重计算），对经济增长率的贡献在33%~47%。上述计算结果与国际上的主要研究结论比较接近。
>
> 请思考：(1) 什么是经济增长？
> (2) 影响经济增长的主要因素是什么？

三、经济周期与乘数—加速理论

1. 投资支出在经济周期变动中起着关键性的作用

国民收入决定理论说明，总需求的变动是短期国民收入变动的原因，同样，总需求的变动也是国民收入波动的因素。

在构成总需求的各个因素中，净出口在国民收入中所占比例很小，它的变动不足以引起国民收入的波动。政府支出在国民收入中占有较大的比例，但它是一种可以人为控制的因素，往往是在扩张阶段减少，在衰退阶段增加。也就是说，它起着平抑经济周期而不是促成经济周期的作用。消费支出是总需求的主要组成部分，在美国，它占总支出的2/3。非耐用消费品的支出比较平稳，耐用消费品的支出虽然是间歇性变动的，但从长期看则是相当稳定的。因而也不是经济周期的主要原因。

投资支出是总需求中的一个重要且易发生变动的组成部分。投资一旦变动会影响总需求，从而引起生产和就业变动。投资可以区分为净投资和重置投资。净投资是指在原有投资数量以外新增加的投资，它受收入增长的制约；重置投资是指用于补偿已耗资本设备的投资，它取决于原有资本数量及其折旧状况。投资的变动主要是净投资的变动。净投资支出在总支出中所占比例不高，在美国，它占总支出的 1/5，但它却有剧烈波动的性质。

厂商进行投资，无论是增加存货，修建住宅，还是建筑新厂房和增添机器设备，其最终目的在于获取利润。因此，投资支出取决于三个因素。一是投资收益，即资本（投资）的边际效率；二是投资的成本，这主要是借款利息；三是对未来的预期。厂商对未来具有信心时，才会决定投资。投资支出的大小取决于一国的经济状况，也就是决定于国民收入水平，说明投资决定于产量水平或国民收入变化的理论称为加速原理。

2. 加速原理

在国民收入的决定中我们介绍了乘数理论，说明投资、消费等因素的变动对国民收入变动有乘数作用。这里说的加速原理，则要解释国民收入的变动又是如何影响投资变动的。加速原理是一种投资理论，它说明一国所需投资量主要取决于产量水平；只有在产量增长时才出现净投资；扩张不仅仅是当产量下降时，而且可以是在产量保持高水平不变时即告结束。可用下列公式来表示加速原理：

$$I_t = I_o + D = a(Y_t - Y_{t-1}) + D$$

在上式中，I_t 为总投资，它是净投资（I_o）和重置投资（D）之和。由于净投资是在某个时期内的资本增量，故有 $I_o = a(Y_t - Y_{t-1})$。此式说明净投资等于产量或收入增量即本期收入（Y_t）与上期收入（Y_{t-1}）的差额乘加速系数（a）的积。加速系数是指技术条件不变的情况下，产量增加一定量所需要增加的投资量，即净投资量与产量增量之比。例如，增加 100 万元的产量需要增加 200 万元投资，加速系数为 2。如果产量增加即 $Y_t > Y_{t-1}$，净投资为正值；如果产量减少即 $Y_t < Y_{t-1}$，则净投资为负值。可见，投资水平是产量或收入变化的函数。总投资最少只能等于零，因为总投资的下限是不投入任何机器设备。由于净投资是从总投资扣除了折旧部分以后的剩余，所以可能为负值。

3. 乘数和加速数的交织作用

国民收入周期性波动是由乘数和加速数的互相交织作用而带来的。加速原理又称加速数，因为加速原理表明的就是国民收入变动率与投资水平之间的数量关系。如果说产量的变化通过加速数会导致净投资更大的变化，净投资的变化也会通过乘数引起产量的变化。乘数和加速数的相互作用，将会加深一国的经济波动，增加衰退和扩张的程度。

假定某经济社会正从谷底走出，这时投资需求逐渐恢复，资本品的产量及相应的就业趋于增加，对消费品的需求也随之提高，消费品部门的就业增加，通过乘数的倍增作用使国民收入水平逐渐提高。国民收入的增长通过加速数的作用导致净投资增加，净投资的增加又将通过乘数的作用引起国民收入水平的进一步提高。当这一过程持续下去时，经济活动便经过扩张阶段逐渐到达顶峰。

在顶峰阶段，由于某些资源变得稀缺，产生瓶颈现象，如现有劳动力充分就业后，劳动力变得短缺。投资需求的增长还将导致资金短缺，利率上升，这些因素将提高成本，降低利润，从而导致国民收入的增长放慢。一旦生产增长放慢，在加速数的作用下，净投资将趋于下降，而净投资的减少会通过乘数作用引起国民收入数倍的下降。国民收入的下降又进一步通过加速数的作用使净投资减少。当这一过程持续下去时，国民收入便经过衰退阶段走向谷底。

在谷底阶段，由于居民还存在必需品的消费支出，政府除保持原有支出水平还可能增加新支出，厂商为生产居民和政府所需物品，仍要进行一定量的重置投资，所以，国民收入的下降不会无限制地持续下去。为了满足现期生产水平的需要，重置投资重新开始增加。资本品生产部门的产量增加，通过乘数的作用导致国民收入增加，国民收入的增加通过加速数的作用又增加了资本品生产部门的投资。于是，一国经济活动走出谷底，开始了又一个新的向上运动。

以上说明，人口增长和技术创新等外部因素带动了经济周期，一旦经济周期开始运转，加速数和乘数这两种内部力量就将推动经济周期循环变动。

四、经济周期的预报和熨平

1. 经济周期转折点的预报

为了实施反周期政策措施，需要根据国民收入统计数据和各种时间数列（即按时间顺序记录的变量所表现的一系列的数量）去跟踪和预测经济周期的变动与发展。这种预测主要是使用归纳法，即根据观察，了解事情在过去是怎样发生的，估计它们在将来可能同样发生。

为了跟踪和预测经济周期的变动与发展，准确地把握周期的转折点，经济学家经常注视下面三类时间数列的变动。

第一类是同步指标。这类时间数列大致是与总体经济同时发生增减变化的数列，因而是衡量总体经济现期活动的指标。这类时间数列包括就业和失业率、工业生产指数、国民生产总值、零售额、一般批发物价等。其中国民生产总值和工业生产指数的最高点或最低点一般作为经济周期到达顶峰和谷底的标志。

这一组指标对于经济周期的预测帮助不大。它们只能宣告转折已经到来，并在转折已经发生两三个月后对转折加以证实。

第二类是滞后指标。这类时间数列是在总体经济活动发生变化之后，才随之发生增减变化的数列。它们通常是在总体经济业已转折之后，才达到经济周期的转折点。这类时间数列包括单位劳动成本、工商企业存货、消费分期付款、借款利率等。

这一组指标无助于预测，因为它们总是落在经济周期转折的后面。

第三类是超前指标。这类时间数列是在总体经济活动发生变化之前就已发生增减变化的数列。它是整体经济活动行将发生转折的一种先兆。属于这类时间数列的有机器设备的新订单、耐用消费品的新订单、企业利润、股票价格、房屋建筑合同的数量、敏感商品的批发物价、制造业的解雇率等。

这一组指标走在经济形势的前头，是获取经济趋向信息的主要来源。如果其中绝大部分指标都改变了走向，或明显地变动，就可以有把握地认为，经济周期的转折点即将到来。在美国，超前指标一般先行 4~6 个月。

超前指标之所以超前于经济总进程，有以下两个原因：第一，通过它们可以测量和预计生产活动的变化。例如，解雇率的大量增加，意味着经济总趋势将走向衰退，反之则预示着扩张的开始。建筑合同的增加，意味着几个月后建筑工程开工的增加。第二，该系列指标可能反映有经验的投资者对经济前景的预期。当大量的投资者确信衰退即将结束时，他们就会迅速以低价购买证券而得到好处，于是股票价格会率先转而向上。敏感的原材料等批发物价也是同样情形。

但是，超前指标并不能及时、准确和全面地提供预测经济活动走势所需的全部信息。其主要原因是：①在一些条件下，个别指标可能太早或太晚地转变，使预测者过于敏感或迟钝。②许多指标的变动也常常只预示着经济的一时回潮或一股逆流，人们不能立即说出这是真正的转折点。③超前指标中有些统计资料不易及时得到。凡此种种，致使预测者在发现了超前指标总体重大变化后，距转折点到来已经滞后一段时间。因此，信赖任何一个指标都很可能导致错误。

2. 经济周期的熨平

无论经济周期的成因如何，它都不会无限扩张或无限收缩。经济本身自发力量的牵制与调节使经济周期具有上限和下限。经济周期的上限是产量扩张时不能超越的界限，这一界限取决于社会生产技术水平和经济资源可利用的程度。当资源在现有技术水平下得到了充分利用，投资就会停止，产量也不能再增加，经济活动就达到了上限，转而开始走向衰退。经济活动的下限是产量收缩时不能跌破的最低界限。这一界限是由总投资的特征和加速数的交织作用决定的。经济社会的投资和消费不会是零，于是，经济衰退到一定程度，便自然不再继续收缩。一旦产量不再下降，重置投资的乘数作用与加速数的相互推动，会使经济走出谷底。

经济周期的波动虽然有上下限，但其上下波动，尤其是萧条的出现，对正常的经济生活仍有极其不良的影响。这样，宏观经济管理部门就有必要通过对经济活动进行调节，使经济不致过热，也不致过冷，促成经济长期稳定地增长。这就是所谓经济周期的熨平。

宏观经济管理部门在熨平经济周期时，主要有以下三种方式：

（1）调节投资。可以通过调整政府支出的时机和数量，影响私人投资的增减，以此抑制投资过度或刺激投资增长。

（2）影响加速系数。政府可以采取鼓励提高劳动生产率的政策，推动投资效益的提高。

（3）引导消费。以适当的财税手段刺激消费，影响消费在新增收入中的比例，提高消费倾向，由此带动投资与下期产量的增长。

任务分析

世界经济是在繁荣与衰退的周期性交替中不断发展的。我们一般把这种经济波动称为经济周期。经济周期是现代经济社会中不可避免的经济波动，是现代经济的基本特征之一。衡量总体经济状况的基本指标是国民收入，所以经济周期也表现为国民收入的波动。

第二节　经济增长

本节重难点

1. 掌握经济增长的定义。
2. 理解经济增长的源泉。

任务导入

自从独立以来，非洲国家在寻求捐赠国——通常是它们以前的殖民统治者以及国际金融机构对经济增长的指导。实际上，自20世纪80年代非洲债务危机开始以来，指导已经变成一种经济监管，许多非洲国家的政策是在似乎永无止境地与IMF、世界银行捐赠者和债券人的会议中决定的。

非常遗憾。好主意很多，但成果很少。1978—1987年，非洲人均产值下降了0.7%，1987—1994年又下降了0.6%。对1995年的估算是有些增长，但也仅仅是0.6%——远远低于快速增长的发展中国家……如果非洲在结构上无法达到世界其他地方表现出来的增长率，或者如果非洲大陆的低增长是一个难解之谜，那么，IMF和世界银行就可以对这种低增长不负什么责任。但是，非洲的低增长率并不是什么破解不开的谜。

思考：非洲经济长期增长缓慢的原因是什么？

内容精讲

现代经济增长理论的中心是研究国民收入的长期增长趋势问题。经济增长理论试图说明，在相对长的时间里产量的增长率是由什么因素决定的，这些因素的相互作用能否使经济处于充分就业下的稳定增长以及其条件如何。

一、经济增长的含义与特征

1. 经济增长

二维码 11.3：
经济增长

经济增长通常是指在一个较长的时间跨度上，一个国家人均产出（或人均收入）水平的持续增加。经济增长率的高低体现了一个国家或地区在一定时期内经济总量的增长速度，也是衡量一个国家或地区总体经济实力增长速度的标志。决定经济增长的直接因素：投资量、劳动量、生产率水平。用现价计算的 GDP，可以反映一个国家或地区的经济发展规模，用不变价计算的 GDP 可以用来计算经济增长的速度。

> **小案例**
>
> 　　为什么有的国家富，有的国家穷？为什么有的国家能够实现经济的起飞和持续的增长，有的国家则长期陷于穷困而无力自拔？对这些问题的解释就涉及经济增长问题。当你在世界各国旅行时，你会看到生活水平的巨大差别。在美国、日本或德国这样的富国，平均每人的收入是印度、印度尼西亚这样的穷国平均每人收入的十几倍。这种巨大的收入差异反映在生活质量的巨大差异上。富国有更多的汽车，更多的电话、电视机，更好的营养，更安全的住房，更好的医疗以及更长的预期寿命。
>
> 　　即使在一个国家内，生活水平也随着时间推移而发生了巨大变化。在美国过去一个世纪以来，按人均实际 GDP 衡量的平均收入每年增长 2% 左右。虽然 2% 看来并不大，但这种增长率意味着平均收入每 35 年翻一番。由于这种增长，今天的平均收入是一个世纪以前的 8 倍左右。因此，普通美国人享有比他们的父母、祖父母高得多的社会福利。
>
> 　　用什么来解释这些呢？富国如何能确保自己的高生活水平呢？穷国应该采取什么政策加快经济增长，以便加入发达国家的行列呢？这些问题是宏观经济学中最重要的问题。我们应该分三步进行研究：第一，我们要考察人均实际 GDP 的国际数据。使我们对世界各国生活水平程度与增长的差别大小有一个大体了解。第二，我们考察生产率的作用，生产率是一个工人每小时生产的物品与劳务量。特别是，我们要说明一国的生活水平是由其工人的生产率决定的，而且，我们要考虑决定一国生产率的因素。第三，我们要考虑生产率和一国采取的经济政策之间的关系。

2. 现代经济增长的六个基本特征

第一，人均产量和人口的高增长率。但其速度远慢于实际国民生产总值和资本数量的增长。

第二，劳动和各生产要素生产率增长迅速。

第三，经济结构的变革速度很快。经济结构的变化，从部门结构来看，是从农业活动转向非农业活动，由工业活动转向服务活动；从生产规模来看，是从家庭企业转向全国性甚至跨国性的大企业。就业结构和消费结构的变化也有明显现代化的趋势。

第四，社会结构和意识形态的快速改变。如城市化，教育与宗教的分离。经济增长使僵化的社会结构变得较为灵活，开放的、多样性的观念取代了传统的思想观念。这种变化极其重要，并与上述各种变化密切相关。

第五，经济增长在全世界范围内迅速扩大。由于知识经济浪潮的兴起，科学技术力量大为增强，尤其是电子信息产业的发展，推动运输、通讯、航空航天、海洋开发等现代产业突飞猛进，经济增长与发展正在走向全球一体化。

第六，世界各国增长的情况是不平衡的。目前，全世界有3/4的人口仍生活在远落后于现代技术潜力所能提供的水平之下，处于发展中或不发达状态。

3. 经济发展

发展经济学家普遍认为经济发展的含义要比经济增长的含义广泛得多。经济发展除了包括经济总量增长和人均产出增长之外，还包括国民生活质量的提高、产出和收入结构的改善、社会政治体制和文化法律的变革。经济学家赫力克（Herrick）和金德尔伯格（Kindle-berger）在谈到经济增长与经济发展时说过："在通常使用中包含的意思和在行文中明确表明的意思是：经济增长指更多的产出，经济发展则既包括更多的产出，同时也包括产品生产和分配所依赖的技术和体制安排的变革。"

经济发展和经济增长相比，经济增长主要强调"量"的变化，而经济发展主要强调"质"的变化，经济发展当然包括经济增长，同时也包括经济结构的变化。这些变化包括：

第一，生产要素投入的变化。从简单劳动到复杂劳动，从手工操作到机械化操作，从传统的生产方法到现代生产方法，从劳动密集型技术转到资本密集型和知识密集型技术，生产组织和管理形式从传统的小生产转到现代的大公司。

第二，产业结构的变化。随着经济的发展，产业结构呈现出不断优化的趋势，即第一产业的比重趋于下降，第二产业比重趋于上升，知识技术密集型、附加值高的第三产业比重逐渐扩大，最终成为经济中最大的部门。

第三，产品构成的变化与质量的改进。社会中生产出来的产品和服务构成不断适应消费者需求的变化，产品与服务质量不断提高，品种更加丰富，更加多元化。

第四，人民生活水平的提高。具体表现在：人均收入持续增加，一般居民营养状况、居住条件、医疗卫生条件和受教育程度明显改善，文化生活更加丰富多彩，人均预期寿命延长，婴儿死亡率下降，物质与文化环境比以前更加舒适。

第五，分配状况的改善。收入和财产的不平等程度趋于下降，贫困人口趋于减少。

由上可见，经济发展的包含的内容要更加复杂，然而，没有经济增长就不会有经济发展，经济增长是经济发展的必要条件。

二、经济增长的源泉

1. 经济增长因素

研究经济增长的经济学家发现，经济增长的源泉是人力（劳动力的供给、教育、纪律、激励）、自然资源（土地、矿产、燃料、环境质量）、资本（机器、工厂、道路）和技术（科学、工程、管理、企业家才能）。

二维码11.4：消费是经济增长的第一动力

（1）人力资源。劳动力投入包括劳动力数量和劳动大军的技术水平。很多经济学家认为，所投入的劳动力的质量，如劳工的技术、知识和纪律性，是一国经济增长的最重要的因素。一个国家可以购买最先进的通信设备、计算机、发电装置和战斗机，但是，这些先进设备只有那些有技术、受过训练的劳动力才能使用，并使它们充分发挥作用。提高劳动力的知识水平、健康程度和纪律意识以及提高劳动力的计算机操作技能，都将极大地提高劳动生产率。

（2）自然资源。产出的第二大传统要素是自然资源。这里所指的主要资源包括耕地、石油天然气、森林、水力和矿产资源等。一些高收入国家，如加拿大和挪威，就是凭借其丰富的资源，在农业、渔业和林业等方面获得高产而发展起来的。与它们类似，美国因拥有广阔的良田所以才成为当今世界最大的谷物生产和出口国。但在当今世界上，自然资源的拥有量并不是经济发展取得成功的必要条件，美国纽约的繁荣主要源于它高度发展的服务业。许多几乎没有自然资源可言的国家，如日本，通过大力发展劳动密集型和资本密集型产业而使经济昌盛。

（3）资本。如果工人用工具进行工作，生产率就更高。用于生产物品或劳务的设备、建筑物存量称为物质资本，或简称资本。例如，建筑工地用的吊车、升降机、水泥浇筑机等设备，就能大大提高建筑生产效率。经济增长中一定要有资本的增加，英国古典经济学家亚当·斯密就曾把资本的增加作为国民财富增加的源泉。特别是在经济增长的开始阶段，资本的增加所做的贡献与劳动和技术相比要大一些，随着经济的进一步发展，资本的相对作用会不断下降。

说到资本，不应该仅局限于计算机和工厂等投资，还包括许多为新兴的私人投资部门提供基础设施的投资。这些投资被称作社会基础资本（Social Overhead Capital），包括大规模的先于贸易和商业的工程，其中重要的项目如公路、灌溉和引水工程、公众医疗保健事业等。这里所涉及的各类大型投资一般都是整体性的、不可细分的，有时还具有规模效应。这些工程一般都具有外部经济或溢出效应，私人公司无法投资经营，所以政府必须介入，以保证这些社会基础设施投资能够有效进行。

（4）技术。技术进步在经济增长中的作用体现在生产率的提高上，即同样多生产要素的投入能够提供更多的产出。一百年前大多数美国人在农场干活，这是因为农业技术要求大量的生产投入才能养活整个国家。现在，由于农业技术的进步，少数人就可以生产足以养活整个国家的食物。在工业中，由于先进技术的使用，使得工厂的劳动生产率大幅度提高。从当今世界各国经济发展进程看，知识进步与发展是技术进步中最重要的内容，它包括科学技术的发展与应用、新工艺的发明与采用等，是经济增长的根本动力。

需要说明的是，这里分析的经济增长的源泉是指经济因素，假设的前提是社会制度和意识形态已经符合了经济增长的要求，一个社会只有具备了经济增长所要求的基本制度条件，这些经济因素才能发挥作用。

2. 经济增长的制度因素

制度、意识形态因素对经济增长的促进或制约的作用非常重大。然而，完全符合经济增长要求的现存制度是极其少见的，要想促进经济健康、快速的增长，改革、变迁现存制度是必然的选择。1973年，美国经济学家道格拉斯·诺斯出版了《西方世界的兴起》一书，创立了著名的"制度变迁理论"，并因此而荣膺1993年诺贝尔经济学奖。诺斯认为，制度是一系列用以约束人的行为，调整人与人之间利益关系的社会规则，包括正式制度与非正式制度两部分内容。正式制度有如法律、政府法令、公司章程、商业合同等；非正式制度如习俗、传统、道德伦理、意识形态等。由于社会体系由许多人组成，在人与人之间就得相互往来、竞争或者合作，因而就有无穷尽的调节或协商，用经济学术语来说就是"交易"。制度之所以有存在的必要，就是可以用来代替协商，节约交易成本。从总体上说，制度是相对稳定的，不可能一成不变，渐进式的调整时有发生，常常更会被一种新制度所取代，这就是所谓的制度变迁。

诺斯认为，较理性的制度变迁之所以发生，归根结底是因为推动变迁有利可图。具体原因主要有三点：一是资源状况变动的需要。如人多地少时地租很高，地广人稀则地租必然低；二是技术创新的需要。比如指南针的发明推动了航海贸易的发展，为了筹集航海贸易所需的巨额资金，在17世纪的荷兰就出现了一种叫作"康门达"的贸易组织，创造人类工业文明史的股份公司制度就是由此演变而来；三是资源优化配置的需要。由于旧的制度束缚生产效率的提升，阻碍生产力的发展，降低生产要素收益，造成资源严重浪费，而必须用新的制度所取代。

诺斯还总结出制度变迁的经济含义：有些变迁推动了经济的增长，有些则阻碍了经济的增长，但不论是推动还是阻碍，其影响都是非常重大的。这是制度变迁理论和传统的经济增长理论的重要区别。如中国在改革开放的前后，技术创新的速度和效益为什么会有那么大的差别？这只能用制度变迁来解释。从这个意义上说，诺斯的制度变迁理论对于传统的经济增长理论是有革命性的。

3. 经济增长争论

（1）增长极限论。增长极限论亦称"零增长理论"。指关于战后资本主义经济增长的代价的一种理论。这一理论从经济增长引起人类生活的自然环境的变化的角度出发而得出极其悲观的结论：资本主义的经济增长，已经把世界推向毁灭的边缘，人类社会的经济增长已经到了极限，今后即使想按照同以往一样的速度增长，也是不可能的事情。如果人类社会继续这样增长下去，用不了多久，地球就会毁灭，人类社会的末日将会来临。这种理论从生态平衡的角度提出了使经济增长率下降并保持为零的主张。持这种理论的主要代表人物是美国麻省理工学院的教授麦多斯。麦多斯与人合作在1972年写了一份名为《论人类困境》的报告，后以《增长的极限》为书名出版。书中指出，由于人口增长和可耕地面积有限，再加上城市建设、道路建设、渠道建设等占用越来越多的可耕地，人类社会迟早会遇到粮食供应不足的危机，由于不能再生的资源（如铁矿石等）被大量消耗，若干年后，这些资源也会耗尽。此外，由于工业的增长和技术的发展，对空气和水源的污染会越来越严重，自然环境和生态破坏的速度加快，这些不仅会反过来影响粮食的生产，甚至会威胁到人类社会本身的生存。

（2）经济增长怀疑论。经济增长怀疑论是一种现代资产阶级经济理论。以美国经济学家米香为代表。该理论认为，应当把经济增长与社会福利联系起来考察，并以此判断经济继续增长是否可取。米香提出，经济增长是不可取的，因为它并没有带来人类福利的普遍增加，相反，为了继续实现经济增长，人类付出了很大的社会和文化代价。他提出，经济增长（主要是国民生产总值的增长）使人们失去了美好的生活，包括闲暇、文化和美丽的环境。由于片面追求经济增长，造成了环境污染、大城市的人口拥挤、娱乐费用的提高和闲暇的减少等，在他看来，一切美好的东西都成了增加国民生产总值的代价。因此，他对经济是否应继续增长持怀疑态度。经济增长怀疑论反映了西方国家中一部分中产阶级的思想意识，同时也从生活质量的丧失方面揭示了经济增长的某些局限性。

任务分析

对各国增长的研究表明人均增长与下列因素相关：一是与一国初始的收入水平相关，穷国往往比富国增长得快；二是与整体市场化程度相关，包括贸易的开放程度、国内市场自由化程度、私有制而不是国有制、保护私人产权，以及低边际税率；三是与国民储蓄率相关，而储蓄率又受政府本身的储蓄率强烈影响；四是与一个经济的地理与资源结构相关。这四个因素可以广泛的作为非洲长期增长困境的原因。尽管由于人均收入较低，非洲国家应该比其他发展中地区增长快（从而"追赶"增长的机会更大），但非洲增长较慢。这主要是因为许多高贸易壁垒、过高的税率，较低的储蓄率以及不利的结构条件，包括相当多的地区不靠近海洋（53个国家中有15个是内陆国）。

思考与练习

一、单项选择题

1. 经济周期的四个阶段依次是（　　）。
   A. 繁荣、衰退、萧条、复苏　　B. 繁荣、萧条、衰退、复苏
   C. 复苏、萧条、衰退、繁荣　　D. 萧条、衰退、复苏、繁荣

2. 中周期的每一个周期为（　　）。
   A. 5~6年　　　　　　　　　　B. 8~10年
   C. 25年左右　　　　　　　　　D. 50年左右

3. 50~60年一次的经济周期称为（　　）。
   A. 基钦周期　　　　　　　　　B. 朱格拉周期
   C. 康德拉季耶夫周期　　　　　D. 库兹涅茨周期

4. 经济周期是指（　　）。
   A. 国民收入上升和下降的交替过程
   B. 人均国民收入上升与下降的交替过程
   C. 国民收入增长率上升和下降的交替过程
   D. 以上都正确

5. 经济周期的中心是（　　）。
   A. 利率波动　　　　　　　　　B. 通胀率波动
   C. 国民收入波动　　　　　　　D. 就业率波动

6. 一国在一段时期内GNP的增长率在不断降低，但是总量却在不断提高，从经济周期的角度看，该国处于（　　）阶段。
   A. 复苏　　　　　　　　　　　B. 繁荣
   C. 衰退　　　　　　　　　　　D. 萧条

7. 根据现代关于经济周期的定义，经济周期是指（　　）。
   A. 名义GDP值上升和下降的交替过程
   B. 人均GDP值上升和下降的交替过程
   C. GDP值增长率上升和下降的交替过程
   D. 实际GDP值上升和下降的交替过程

8. 赤字增加的时期是（　　）。
   A. 经济衰退时期　　　　　　　B. 经济繁荣时期
   C. 高通货膨胀时期　　　　　　D. 低失业率时期

9. 要评价一个国家人民生活水平的变化，应该考察（　　）指标。
   A. 实际消费总额　　　　　　　B. 人均实际消费额
   C. 人均实际GDP　　　　　　　D. 实际GDP

10. 下列各项中，（　　）不属于生产要素供给的增长。

A. 投资的增加 B. 就业人口的增加
C. 发展教育事业 D. 人才的合理流动

二、多项选择题

1. 西方经济学中划分的经济周期类型有（　　）。
   A. 朱格拉周期 B. 库兹涅茨周期
   C. 熊彼特周期 D. 康德拉季耶夫周期
2. 当某一社会经济处于经济周期的衰退阶段时（　　）。
   A. 经济的生产能力超过它的消费需求
   B. 总需求逐渐增长；但没有超过总供给
   C. 存货的增加与需求的减少相联系
   D. 总需求超过总供给
3. 经济增长的源泉包括（　　）。
   A. 人力资本 B. 自然资源
   C. 资本 D. 技术
4. 经济周期包含阶段（　　）。
   A. 繁荣 B. 衰退
   C. 低谷 D. 复苏
5. 经济周期的成因包括（　　）。
   A. 货币周期 B. 投资过度
   C. 心理周期 D. 消费不足

三、简答题

1. 什么是经济增长？
2. 什么是经济周期？
3. 经济周期不同阶段的特征是什么？

四、思考分析

1. 2014年3月13日，十二届全国人大二次会议闭幕后，国务院总理李克强应大会发言人邀请，在人民大会堂与采访大会的中外记者见面并回答记者提出的问题。

美国消费者新闻与商业频道记者：许多投资者认为，今年中国经济的增长会继续放缓，会低于确定的7.5%的增长目标。在不采取更多刺激政策的前提下，您所能接受的最低增速是多少？

李克强：我们在去年并没有采取短期刺激政策的情况下能够实现经济预期目标，为什么今年不可以呢？当然，我不否认今年可能会有更复杂的因素，我们之所以把经济增长率定在7.5%左右，考虑的还是保就业、惠民生，增加城乡居民收入。我们更注重的是数字背后的民生、增长背后的就业。这使我想到上月 23 日，G20 也就是 20 国集团的财长和央行行长会议发布了一个公报，提出要在原有政策可达到的水平上，把 GDP 在 5 年内再提高 2 个百分点，以增加就业。在我的印象当中 G20 这么说可能还是第一次，这表明主要经济体更加看重增长和就业的关系。没有就业就没有收入，也难以增加社会财富。我在基层曾经访问过一些"零就业家庭"，一个家庭没有一个人就业，真是毫无生气，没有希望。现在我们全国每年要新增城镇劳动力就业 1000 万人以上，还要给六七百万新增的农村劳动力进城务工留有一定的空间，所以要有合理的 GDP 增速。当然，我们既然说 GDP 增长的预期目标是 7.5% 左右，左右嘛，就是有弹性的，高一点低一点，我们是有容忍度的。至于你说可以接受的下限是什么，那就是这个 GDP 必须保证比较充分的就业，使居民收入有增长。我们不片面追求 GDP，但是我们还是需要贴近老百姓的 GDP，提高质量效益节能环保的 GDP。

请问：如何理解 GDP 增长率？如何看待李克强总理答记者问中涉及的中国经济增长方式转变？

2. 你认为经济增长有极限吗？你对经济增长的价值如何看待？

五、技能实训

上网查找我国 2006 至 2018 年的 GDP 增长速度的有关数据，分析经济周期。

要求：

1. 根据查找到的数据画出我国经济周期曲线。
2. 如果有一个完整经济周期，请标出经济周期的各个阶段并说明理由。
3. 形成书面的实训报告。

第十二章
宏观经济政策

本章知识点

1. 宏观经济政策的含义，宏观经济政策目标，宏观经济政策类型。
2. 财政政策的概念，财政政策的目标，财政政策工具。
3. 货币政策的定义，货币政策的特征，货币政策工具。

知识导图

	知识结构	知识要点
第十二章 宏观经济政策	宏观经济政策的目标及其类型	宏观经济政策、经济增长、充分就业、物价稳定、国际收支、国际收支平衡、收入政策、产业政策、消费政策
	财政政策	财政政策、国债、税收、财政投资、财政补贴
	货币政策	货币政策、货币政策工具、再贴现、存款准备金率、公开市场、选择性货币政策工具

引导案例

1929—1933年世界经济危机——市场失灵催生宏观调控

第一次世界大战结束后，世界经济出现极不平衡的繁荣。美国靠对德国贷款和国内信贷消费造就经济繁荣，法国靠巨额赔款和贸易保护取得经济增长，英国经济则在国际竞争中衰落，经济停滞，德国虽然要对外支付巨额战争赔款并失去阿尔萨斯和洛林，却依靠巨额外债更新了工业设备，重新成为世界第二工业强国。这种极不平衡的繁荣终于以一场大萧条告终。1929年10月28日美国纽约证券交易所股市崩溃，大危机由此开始：银行倒闭、生产下降、工厂破产、工人失业。大危机从美国迅速蔓延到整个欧洲和除苏联、蒙古以外的全世界，使资本主义世界的工业生产下降了40%。

此次危机的根源在于自由竞争资本主义进入垄断资本主义以后，国家对经济运行不加干预，经济运行的波动性很大，经济危机频繁爆发，造成了社会资源的巨大浪费。在这种背景下，以主张国家对社会经济进行全面干预和控制的"凯恩斯理论"应运而生，宏观调控理论开始成长和丰富起来，政府的经济职能也日益增强。

第一节 宏观经济政策的目标及其类型

本节重难点

1. 了解宏观经济政策的定义。
2. 掌握宏观经济政策的目标。
3. 理解宏观经济政策的类型。

任务导入

1998年年初开始，中国经济进入了通货紧缩时期。国内需求不足、产品滞销与企业利润减少和紧缩开支之间相互影响，形成了恶性循环。同年，我国政府采取了一系列宏观经济措施，比如发行大量的国债用来进行基础设施和其他方面的投资。到2000年年初，经济增长速度下降的趋势开始反转，GDP增长率恢复到了8%的水平。

请用宏观经济政策理论来解释这一现象。

内容精讲

一、宏观经济政策

宏观经济政策（Macroeconomic Policy）是指国家或政府为实现宏观（总量）平衡，保持经济持续、稳定、协调增长，而有意识有计划地运用一定的政策工具，对货币供求总量、财政收支总量、外汇收支总量和主要物资供求总量等进行调节与控制，以保持社会总需求与总供给的总量平衡和结构平衡，达到优化产业结构、优化资源配置、提高经济效益、保持物价基本稳定、实现充分就业、保持国际收支平衡等政策目标。宏观调控是公共财政的基本职责，所谓公共财政，指的是为弥补市场失效、向社会提供公共服务的政府分配行为或其他形式的经济行为。

二、宏观经济政策目标

从短期来讲，宏观经济政策主要是通过对总需求和总供给的调节，实现经济的稳定增长；从中长期来看宏观经济政策的调节应促进资源的优化配置，促进社会公平。从长期来看，宏观经济政策的目标是通过促进经济的可持续发展，推动社会的全面发展。

二维码12.1：
宏观经济政策目标

1. 经济增长

世界各国一般是以一个特定时期内扣除价格变化因素后的人均国内生产总值或国民收入来近似地衡量一国经济增长状况。一般认为，经济增长与就业目标是一致的。经济增长通常用一定时期内实际国内生产总值年均增长率来衡量。经济增长会增加社会福利，但并不是增长率越高越好。这是因为经济增长一方面要受到各种资源条件的限制，不可能无限地增长，尤其是对于经济已相当发达的国家来说更是如此；另一方面，经济增长也要付出代价，如造成环境污染，引起各种社会问题等。因此，经济增长就是实现与本国具体情况相符的适度增长率。

> **小案例**
>
> **美国刺激经济增长的政策**
>
> 2009年，美国时任总统奥巴马出台了一系列经济刺激方案（新能源、减税），以履行他在大选演讲时带领美国破解金融危机的承诺。内容主要包括以下几个方面：在未来10年内耗资1500亿美元刺激私人投资清洁能源，帮助创造500万个就业机会；未来10年内节省更多石油，节约石油量要多于目前从中东地区和委内瑞拉进口的石油总量；到2015年前，将有100万辆美国本土产的充电式混合动力汽车投入使用；到2012年，保证美国人所用电能的10%来自可再生能源，到2025年这个比率将达到25%；实施"总量控制和碳排放交易"计划，到2050年，将温室气体排放在1990年水平的基础上降低80%。该方案的宗旨是让更多的资金重回到国民的口袋里来，并通过增长国民消费能力来达到刺激经济的目的。

2. 充分就业

充分就业包含两种含义：一是指除了摩擦失业和自愿失业之外，所有愿意接受各种现行工资的人都能找到工作的一种经济状态，即消除了非自愿失业就是充分就业。二是指包括劳动在内的各种生产要素，都按其愿意接受的价格，全部用于生产的一种经济状态，即所有资源都得到充分利用。失业意味着稀缺资源的浪费或闲置，从而使经济总产出下降，社会总福利受损。因此，失业的成本是巨大的，降低失业率，实现充分就业就常常成为西方国家宏观经济政策的首要目标。根据近20年的西方主要国家的经验，失业率若控制在4%左右，即可视为充分就业。

> **知识窗**
>
> **金融危机之后我国积极应对农民工就业难问题**
>
> 2008年国际金融危机之后,中国约有2000万农民工由于经济不景气失去工作或者还没有找到工作,占外出就业农民工总数的15%以上。面对如此严峻的农民工就业形势,中国政府采取了多种措施来帮助农民工就业。其中包括,通过贷款、财税等手段支持农民工创业;积极落实减轻企业负担的政策,稳定现有就业岗位;对农民工开展就业服务和技能培训;在基础设施建设工程上雇佣农民工,及时为农民工提供有效就业信息等等。各地政府以及工会等相关组织也积极行动。湖北、辽宁、甘肃、四川等地纷纷开办了农民工就业技能培训班,让农民能掌握更多的劳动技能,重新就业。

3. 物价稳定

物价稳定是指物价总水平的稳定。一般用价格指数来衡量一般价格水平的变化。价格稳定不是指每种商品价格的固定不变,也不是指价格总水平的固定不变,而是指价格指数的相对稳定。价格指数又分为消费物价指数(CPI),批发物价指数(PPI)和国民生产总值折算指数(GNPdeflator)三种。物价稳定并不是通货膨胀率为零,而是允许保持一个低而稳定的通货膨胀率,所谓低,就是通货膨胀率在1%~3%,所谓稳定,就是指在相当时期内能使通货膨胀率维持在大致相等的水平上。这种通货膨胀率能为社会所接受,对经济也不会产生不利的影响。

> **小案例**
>
> **政府推出五大措施稳定物价**
>
> 2010年,居民消费价格指数月度同比涨幅一路攀升,连续突破3%、4%、5%、6%,2011年6月达到了6.4%。物价既反映宏观经济运行,又直接影响百姓的衣食住行,是民众感受的"温度计"。物价稳,人心才稳、社会才稳;物价问题不仅是经济问题,而且是影响全局的政治问题、社会问题。
>
> 国家提出要把稳定物价作为宏观调控的首要任务,并频频"亮剑",打出了一套控物价、保民生的"组合拳"。具体包括五大措施:一是转稳健:管好货币稳物价;二是保供应:增加供给稳物价;三是畅流通:降低成本稳物价;四是强监管:规范市场稳物价;五是增补贴:雪中送炭惠民生。国家出台这些措施,对防止物价过快上涨效果明显。

4. 国际收支平衡

国际收支平衡具体分为静态平衡与动态平衡、自主平衡与被动平衡。静态平衡，是指一国在一年的年末，国际收支略有顺差或略有逆差；动态平衡，不强调一年的国际收支平衡，而是以经济实际运行可能实现的计划期（如3年，5年）为平衡周期，保持计划期内的国际收支均衡。自主平衡，是指由自主性交易即基于商业动机，为追求利润或其他利益而独立发生的交易实现的收支平衡；被动平衡，是指通过补偿性交易即一国货币当局为弥补自主性交易的不平衡而采取调节性交易而达到的收支平衡。

二维码 12.2：
美国经济政策致新兴市场货币贬值

> **想一想**
>
> ### 国际收支再度恶化之忧
>
> 中国的整体国际收支状况在 2015 年之后再度面临压力。而这样的状况也容易让我们回想起 2015 年人民币"一次性贬值"之后发生的市场动荡
>
> 2018 年 6 月底，中国外汇管理局公布了截至第一季度底的外债数据以及国际投资头寸数据，这两个关乎国际资本流动的数据，与国际收支数据之间，形成了一个互为印证的关系，即中国的整体国际收支状况再度出现恶化的趋势。而在中美贸易摩擦日趋白热化的背景下，这样的一个变化值得引起市场重视。
>
> 数据显示，2018 年第一季度，中国出现了 341 亿美元的经常账户逆差，这几乎是历史上第一次出现季度性的经常项目逆差，主因是在服务业项下出现了 735 亿美元的逆差，这主要是因为海外带来的。由于中国居民的消费升级，更频繁的海外旅游是大趋势，因此服务业项下的逆差的增加难以避免。但货物贸易项下的顺差却有明显的收窄趋势，第一季度中国有 517 亿美元的货物贸易顺差，与 2017 年同比几乎下降了 37%，而未来由于中美贸易摩擦加剧，中国的货物贸易顺差将很可能继续收窄。
>
> 一个市场忽视的事实是，在 2018 年上半年，中国对美国的贸易顺差几乎占到全部贸易顺差的 94%，换句话说，中国与非美国家的贸易几乎实现了平衡，而几乎所有的"不平衡"都来自于美国，美国对中国采取的任何贸易保护行动，都会对中国的国际收支带来压力。
>
> 请从宏观经济政策的角度思考中国如何应对中美贸易争端对我国国际收支的影响？

国际收支平衡的目标要求做到汇率稳定，外汇储备有所增加，进出口平衡。适度增加外汇储备看作是改善国际收支的基本标志。同时一国国际收支状况不仅反映了这个国家的对外经济交往情况，还反映出该国经济的稳定程度。

以上四大目标相互之间既存在互补关系，也有冲突关系。互补关系是指一个目标的实现对另一个的实现有促进作用。如为了实现充分就业水平，就要维护必要的经济增长。冲突关系是指一个目标的实现对另一个有排斥作用。

如物价稳定与充分就业之间就存在两难选择。

由此,在制定经济政策时,必须对经济政策目标进行价值判断,权衡轻重缓急和利弊得失,确定目标的实现顺序和目标指数高低,同时使各个目标能有最佳的匹配组合,使所选择和确定的目标体系成为一个和谐的有机的整体。

三、宏观经济政策类型

国家实行宏观经济调控的政策体系主要包括:

1. 需求管理

需求管理是指通过调节总需求来达到一定政策目标的宏观经济政策工具。它包括财政政策和货币政策。需求管理政策是以凯恩斯的总需求分析理论为基础制定的,是凯恩斯主义所重视的政策工具。需求管理是要通过对总需求的调节,实现总需求等与总供给,达到既无失业又无通货膨胀的目标。

小案例

中国采取积极的财政政策应对亚洲金融危机

1998年亚洲许多国家发生金融危机,经济遭到重创。由泰铢贬值开始,不少亚洲国家货币纷纷贬值,我国政府从维持亚洲地区经济稳定的大局出发,坚持人民币不贬值。这就必然影响我国出口,因为周边国家货币贬值而我国货币不贬值,必然会影响我国出口商品在国际市场上的竞争力。

再从当时国内经济形势看,几年来为治理通货膨胀而实行的财政政策和货币政策都适度从紧的效应已强烈地显现出来,那就是市场低迷,物价下跌,内需严重不足。

内需和外需都不足,怎么办?中共中央和国务院敏锐地把握了国际国内经济形势的变化,针对国际经济环境严峻和国内有效需求不足的困难局面,果断地把宏观调控的重点从实行适度从紧的财政政策和货币政策,治理通货膨胀,转为实施积极的财政政策和稳健的货币政策。

1998年实施积极的财政政策当年就增发了国债1000亿元,国债投资带动了万亿元的基础设施建设,由此拉动GDP增长2.5个百分点。这为克服亚洲金融危机影响、推动经济增长立下汗马功劳,中国也成为当年亚洲地区唯一保持经济较高增长速度的国家。

为了继续保持经济增长,从1999年到2001年,我国每年增发国债都在500亿元以上。南水北调、西电东送、西气东输、西部大开发等跨世纪工程也得以启动,这对增强中国经济增长后劲有十分重大的意义。不仅如此,中国积极财政政策在过去6年间,平均每年增加120万~160万个就业岗位,6年共增加就业700万~1000万人,为促进社会稳定发挥了重大作用。

2. 供给管理政策

供给学派理论的核心是把注意力从需求转向供给。供给管理是通过对总供给的调节，来达到一定的政策目标。在短期内影响供给的主要因素是生产成本，特别是生产成本中的工资成本。在长期内影响供给的主要因素是生产能力，即经济潜力的增长。

3. 国际经济政策

国际经济政策是对国际经济关系的调节。现实中每一个国家的经济都是开放的，各国经济之间存在着日益密切的往来与相互影响。一国的宏观经济政策目标中有国际经济关系的内容，即国际收支平衡，其他目标的实现不仅有赖于国内经济政策，而且也有赖于国际经济政策。因此，在宏观经济政策中也应该包括国际经济政策。

本章重点介绍需求管理政策，即财政政策和货币政策。

任务分析

在我国，央行和财政部分别承担着货币政策和财政政策执行者的角色，这决定了二者在宏观经济领域的重要地位。一般来说，财政部门管财政政策、央行管货币政策。宏观经济政策目标是国家实行宏观经济政策的目的与出发点，各国都根据当前的市场环境来决定相关的宏观经济政策、并借用一定的调控工具，来确保本国经济的发展。1998 年国家发行大量的国债用来进行基础设施和其他方面的投资，正是根据中国所面临的国际、国内市场环境做出的抉择，其目的在于促进投资平稳较快增长、提升社会需求，促进中国经济的平稳健康发展。

第二节 财政政策

本节重难点

1. 了解财政政策的含义。
2. 理解财政政策的目标。
3. 掌握财政政策工具的含义及应用。

任务导入

截至 2015 年年底，我国还有 5630 万农村建档立卡贫困人口。他们主要分布在 832 个国家扶贫开发工作重点县、集中连片特困地区县（以下统称贫困县）和 12.8 万个建档立卡贫困村，多数西部省份的贫困发生率在 10% 以上，民族 8 省区贫困发生率达 12.1%。让贫困人口和贫困地区同全国一道进入全面小康社会，是中国确定的庄严目标。习近平总书记提出"精准扶贫"重要理念五年来，我国脱贫攻坚工作取得了决定性进展和历史性成就。2012年到2017年，中国贫困人口减少近7000万，相当于每分钟至少有26人摆脱了贫困；贫困发生率由10.2%下降到3.1%；贫困县数量实现了首次减少，减少了153个。创造了中国扶贫史上的最好成绩。2017年，中央财政补助地方专项扶贫资金达到1060.95亿元，并新增200亿元资金全部用于支持深度贫困地区脱贫攻坚。

谈谈你身边还有哪些财政现象？请用财政政策理论来解释这一现象。

内容精讲

一、财政政策的含义

财政政策是国家在参与社会产品分配过程中，利用一系列财政手段对社会经济活动和经济利益进行宏观调节和控制的政策措施。财政政策是政府目标、政策手段、政策效应三位一体的有机整体。财政政策的主体是国家财政机构；其调控机制主要是通过资金的无偿转移来实现对宏观经济的调控，是经济手段、法律手段和行政手段的统一；其调控对象主要是国民收入中的增量。通过财政政策手段可以实现对社会总供求、产业结构、收入分配和国际收支等方面的宏观调控。

二维码12.3：
财政政策

二、财政政策目标

财政政策目标是指政府制定和实施财政政策所要达到的预期目的。财政政策目标可以是一元的，也可以是多元的。一般来说，一个国家的财政政策目标往往不止一个，而是由多重目标构成的体系。现代市场经济条件下，财政政策目标概括起来主要包括：

1. 经济增长

经济增长是指一国商品与劳务产出的增长以及相应供给能力的增长，一般采用国民生产总值扣除价格变动因素后的年增长率来测定。当前经济增长是世界各国政府均在追求的重要目标。我国是实行社会主义市场经济的发展中大国，经济增长是实现其他一切目标的基础，因此，利用财政政策实现经济增长是财政政策的重要目标。

2. 价格总水平的相对稳定

价格总水平的稳定是经济稳定的标志，因此它成为多数国家政府追求的一个目标。所谓价格总水平的相对稳定，不是指冻结物价，而是把物价总水平的波动约束在经济稳定发展可容纳的空间内，即避免和抑制恶性通货膨胀。稳定物价是财政政策和货币政策的共同目标，从政策传导机制看，货币政策在这方面发挥作用更直接有力，而在财政政策方面相对较弱，因此，这一目标应该作为货币政策的首选目标，作为财政政策的次选目标，财政政策应配合货币政策。

3. 收入合理分配

收入合理分配是市场经济条件下实现经济稳定与发展的关键因素。市场经济奉行的是按要素贡献大小进行分配的原则，它虽能调动积极性，但也能带来收入分配的悬殊差别。为了解决收入分配上的矛盾，需要政府在按要素贡献的基础上实行再调节，通过财政收入再分配政策实现社会平均分配目标。

> **知识窗**
>
> **中国财政政策蓝皮书：财政政策应更侧重促进就业公平**
>
> 日前，中国财政科学研究院与社会科学文献出版社共同发布的《财政蓝皮书：中国财政政策报告（2018）》显示，从"积极"到"积极有效"，是2017年以来我国财政政策呈现的新特征。2017年财政政策效果显著，有效促进我国经济社会发展。
>
> 蓝皮书指出，未来财政政策要从侧重宏观调控转向公共风险管理，这也更契合我国从注重经济增速转向注重发展质量的要求。未来财政政策转向公共风险管理，实质上是在经济、社会各个领域注入确定性，以确定性来对冲各类不确定性和风险挑战。
>
> 财政蓝皮书建议，2018年我国财政政策目标应更侧重促进就业公平。近年来实施的积极财政政策，主要着眼于经济增长，财政政策目标主要是保持适度的经济增长。与宏观管理相适应，未来财政政策不应以实现经济稳定增长或适度增长为主要目标，应转向关注就业，以改善就业状态为目标，主动发挥财政在国家治理中的基础和重要支柱作用，增强财政政策的预见性和预防性，更加积极主动地应对和降低就业状态中的各种不确定性，化解风险。

三、财政政策工具

财政政策工具是为财政政策目标服务的，没有财政政策工具，财政政策目标就无从实现。

1. 国家预算

国家预算是财政政策的主要手段，其调控作用主要表现在两个方面：第一，通过预算收支规模的变动及收支对比关系的不同状态，可以有效地调节社会总供求平衡，一般来说，当总需求大于总供给时，可以通过紧缩预算进行调节；相反则扩张预算规模，从而实现总供求基本平衡；第二，通过预算支出结构的调整，达到调节国民经济中各种比例关系，形成合理的经济结构。

> **小案例**
>
> **特朗普《预算案》对我国的启示**
>
> 根据特朗普政府5月发布的《预算案》，2018财年美国财政预算支出总额为40940亿美元，绝对值稳步提高。同时，美国财政的赤字水平将由2017年的6030亿元降至4400亿美元。联邦机构支出大幅压缩。2018年各联邦机构支出降至11503亿美元，同比下降2.6%。
>
> 《预算案》重点调整财政支出结构：
>
> 一是军费开支增幅创历史新高。最新通过的《国防授权案》进一步提升了《预算案》中国防预算的规模，从5220亿美元提高至5740亿美元，加上海外应急行动经费650亿美元，用于军事方面的总开支飙升至6390亿美元，达到2013年以来的最高点。其中，武器装备采购为本财年国防采购重点，包括拨款106亿美元订购94架F-35战斗机，拨款250亿美元建造13艘战舰等。
>
> 二是科研经费大幅降低。根据各主要科研机构提交的2018财年预算案，美国各主要科研机构的预算额度将全面缩减。
>
> 三是控制行政成本、监督执行效率。美国提出通过增加对财政支出系统的信息技术（IT）和人力投入提高财政管控水平，同时制定政府采购、预算的系统性规定改进政府管理。特朗普政府宣称在10年内削减3.6万亿美元政府开支。此外，特朗普2月份签署"执行监管改革议程"行政令，命令各机构内设立监管改革官员和监管改革工作组，负责执行总统监管改革优先事项。
>
> 四是强化本土预算。特朗普提出"美国优先"的理念，反映在2018财年预算中，就是把财政支出的重点集中于美国本土，而大幅降低国际项目的相关资金，从而最大限度地将有限资金用于提升本国国力。
>
> 特朗普政府大刀阔斧地对财政政策进行规模、结构和效率调整，充分体现了特朗普作为企业家的治国理念——美国优先、务实提效。这在引导国内产业发展走向的同时，对我国也将产生一定的外溢影响。对此，我国应保持战略定力，围绕制造强国、网络强国战略，继续深入推进政府简政放权、科技创新挖潜、产业提质增效，同时密切跟踪美国财政、产业等政策走向，提前做好政策储备与应对方案。

2. 税收

税收的调控作用表现在三个方面：第一，调节社会总供给与总需求的平衡关系。流转税与所得税是我国税收的主体税种，二者具有不同的征税效应，从而对总供给与总需求产生不同的调节作用；第二，通过税率调整、税收减免或加征等措施调整产业结构，优化资源配置；第三，调节收入分配，通过征收所得税使收入分配相对公平合理。

> **知识窗**
>
> **小微企业的减税历程**
>
> 小微企业是推动国民经济发展、促进市场繁荣、稳定扩大就业和加快技术创新的重要力量，自2012年1月1日至2017年12月31日，对年应纳税所得额低于6万元（含6万元）的小型微利企业，其所得减按50%计入应纳税所得额，按20%的税率缴纳企业所得税。
>
> 为进一步支持小型微利企业的发展，经国务院批准，2015年1月1日至2017年12月31日，小型微利企业年应税所得额低于20万元（含）；2015年10月1日至2017年12月31日，小型微利企业年应税所得额在20万元至30万元（含）之间的，其所得减按50%计入应纳税所得额，按20%的税率缴纳企业所得税。
>
> 根据《财政部、国家税务总局关于扩大小型微利企业所得税优惠政策范围的通知》（财税〔2017〕43号）第一条规定：自2017年1月1日至2019年12月31日，将小型微利企业的年应纳税所得额上限由30万元提高至50万元，对年应纳税所得额低于50万元（含50万元）的小型微利企业，其所得减按50%计入应纳税所得额，按20%的税率缴纳企业所得税。
>
> 自2018年1月1日至2020年12月31日，将小型微利企业的年应纳税所得额上限由50万元提高至100万元，对年应纳税所得额低于100万元（含100万元）的小型微利企业，其所得减按50%计入应纳税所得额，按20%的税率缴纳企业所得税。

> **想一想**
>
> **房产税——千呼万唤不出来**
>
> 房地产价格涨得稍快些，就会引来房地产税的"期待"，在2013年之前，房地产税（那时的名称还是物业税或个人住房房产税）的传闻在各大城市此起彼伏，党的十八届三中全会提出"加快房地产税立法并适时推进改革"，以及后来的立法法修改，意味着作为一种新税的房地产税的开征，目前，重庆、上海已正式试点开征房产税。
>
> 请思考：房地产税对我国经济的调节作用主要体现在哪些方面？

3. 国债

国债是财政政策工具中具有有偿特征的一种手段，具有财政调节与金融调节的双重特征和功能。国债的调节作用主要表现在：第一，调节国民收入的使用结构；第二，调整产业结构，国家将以国债形式筹集的资金投入到那些微观效益较低，但社会效益和宏观经济效益较高的项目上（如农业和"瓶颈"产业、基础工业等）；第三，在金融市场健全的条件下，通过增加或减少国债的发行量，调高或调低国债利率，可以有效调节资金供求和货币流通，进而影响社会总供给与总需求。

> **小案例**
>
> 1998 年中国实施积极财政政策，增发了国债 1000 亿元，国债投资带动了万亿元的基础设施建设，由此拉动 GDP 增长 2.5 个百分点。这为克服亚洲金融危机影响，推动经济增长立下汗马功劳，中国也成为当年亚洲地区惟一保持经济较高增长速度的国家。
>
> 为了继续保持经济增长，从 1999 年到 2001 年，我国每年增发国债都在 500 亿元以上。南水北调、西电东送、西气东输、西部大开发等跨世纪工程也得以启动，这对增强中国经济增长后劲有十分重大的意义。

政府借债是有偿的，国债是国家遵循有借有还的信用原则，集中部分社会资金所形成的债务。国债到期时，国家必须向国债持有人还本付息，国债的这一偿还性，决定了政府举债要考虑自身的偿债能力，必然存在一个负担问题。

（1）国债认购者的负担。认购者投资国债实际上是认购人资金使用权的让渡，虽然这种让渡是暂时的，但也会对他的经济行为产生一定影响，从而造成一定负担。因此，国债发行必须考虑认购者的实际负担能力。

（2）政府即债务人的负担。政府借债是有偿的，到期要还本付息，是一种预期的财政支出因而政府借债的同时，也对自身形成一定的国债负担，政府借债必须要量力而行。

（3）纳税人负担。不论国债资金的使用方向如何、效益高低，还债资金的最终来源还是税收，也就是当政府以新债还旧债的方式难以继续时，最终还是要用税收来还本付息，对纳税人造成负担。

（4）代际负担。从长远来看，由于一些国债偿还期限长，使用效率低下，不仅形成当前的一确定种社会负担，而且可能转化为下一代甚至几代人的负担，因此，必须注意提高国债的使用效率，为后代积累更多财富。

> **想一想**
>
> **欧洲债务危机——谁之过？**
>
> 2009 年 12 月 8 日希腊主权信用评级由 A－降至 BBB＋，前景展望为负面。12 月 15 日希腊发售 20 亿欧元国债，12 月 16 日标准普尔将希腊的长期主权信用评级由 A－下调为 BBB＋，12 月 22 日穆迪宣布将希腊主权评级从 A1 下调到 A2，评级展望为负面。

二维码 12.4：
从欧债危机看国债适度原则

> 欧洲其他国家也开始陷入危机,包括比利时这些外界认为较稳健的国家,及欧元区内经济实力较强的西班牙,都预报未来三年预算赤字居高不下,希腊已非危机主角,整个欧盟都受到债务危机困扰。
>
> 2010年1月11日穆迪警告葡萄牙若不采取有效措施控制赤字将调降该国债信评级,2月5日西班牙债务危机引发市场惶恐,西班牙股市当天急跌6%,创下15个月以来最大跌幅。
>
> 2010年4月23日希腊正式向欧盟及IMF提出援助请求,5月4日欧债危机升级,欧美股市全线大跌,5月6日欧债危机引发恐慌,道指盘中暴跌近千点,5月10日欧盟和IMF斥资7500亿欧元救助欧元区成员国,5月20日问题债券恐酿欧洲银行危机,金融股频频失血。
>
> 请思考:西方国家出现主权债务危机,其本质原因是什么?对中国来说有什么重要警示?

4. 财政补贴

财政补贴是配合价格政策和工资政策发挥宏观调控作用的重要政策工具。其调节作用主要表现在:通过减少补贴或增加税收抑制社会总需求;或者通过增加生产领域的补贴、减税,从而刺激生产、促进供给增加。

> **小案例**
>
> ### 财政补贴政策助力新能源汽车推广
>
> 《关于调整完善新能源汽车推广应用财政补贴政策的通知》自2018年6月12日开始执行。纯电动车销量排行榜稳步攀升,已能看出新政对市场的影响。随着补贴新政实施,纯电动汽车市场格局出现了很大变化。同比来看,6月份新能源汽车产量和销量分别增长31.7%和42.9%,较2015年同期分别增长-11.7%和9.9%,产销缺口进一步收窄;高速发展态势明显。

5. 财政投资

财政投资是指国家预算安排的生产建设性支出,是国家重点建设和大中型项目建设的主要资金来源。财政投资建设的项目,都是关系国家经济全局的重点建设项目,这些项目直接关系到我国经济的持续、稳定、协调发展。因而,财政投资是调整和改善国民经济结构的有力手段。

> **小案例**
>
> 2008年,伴随愈演愈烈的国际金融危机对世界经济的严重冲击,中国经济开始陷入困境。面对通货膨胀和经济增长趋缓的双重压力,我国为了保持经济稳定增长,减少国际金融风暴对中国的冲击,国务院常务会议

公布拉动内需十项措施,并启动4万亿元投资计划,而这一切逐渐拉开了中国有史以来最大规模投资建设的序幕。其目的就是保持经济稳定增长,保就业,促和谐。重点投向于廉租住房、保障性住房、农村水电气等民生和基础设施,铁公鸡(机)、水利、城市电网等重大工程建设,医疗卫生教育文化社会事业发展,节能减排生态工程,自主创新产业结构调整等方面。

4万亿元投资计划的实施,把社会效益远高于经济效益、公益性远高于市场性的设施由政府来进行投资和建设,为民间投资的下一步有力跟进打下了坚实的基础,对民间投资起到了积极的保护和拉动作用,保护了民间投资的信心。

任务分析

在2008年国际金融危机中,我国靠4万亿元的强投资加上10万亿元的银行贷款,财政、金融两个轮子,换来了2009年保增长8.3%。但是,我们要认识到,政府不能过度干预市场,靠外力推动。靠速度规模拉动经济增长,容易造成产能过剩、重复建设、市场起伏等问题。新时期的财政调控市场经济应该适应经济新常态,向改革要红利,加强政策的引导和适度的微调。

第三节 货币政策

本节重难点

1. 了解货币政策的含义及特征。
2. 理解我国货币政策的目标选择。
3. 掌握货币政策工具的类型及应用。

任务导入

2019年1月4日,中国人民银行发布消息,决定下调金融机构存款准备金率1个百分点,其中,2019年1月15日和1月25日分别下调0.5个百分点。此次降准将释放资金约1.5万亿元,加上将开展的定向中期借贷便利操作和普惠金融定向降准动态考核所释放的资金,再考虑一季度到期的中期借贷便利不再续做的因素后,净释放长期资金约8000亿元。

请用货币政策理论来解释央行调整存款准备金率的原因。

内容精讲

一、货币政策的概念及特点

1. 货币政策的概念

所谓货币政策,就是指中央银行为实现其特定的经济目标所采用的各种控制和调节货币供应量、信贷规模的方针和措施的总和。

中央银行无论是作为发行的银行、银行的银行还是国家的银行,其所有的特征与职能都与货币政策的制定、贯彻以及日常的管理紧密相连。因此,货币政策是中央银行行使其职能的核心所在。

2. 货币政策的特征

货币政策具有以下几个特征:

(1) 属于宏观经济政策。货币政策是一国宏观经济政策的重要组成部分,它在现代经济活动中有着极强的影响力和极其广泛的作用范围。它涉及的是整个国民经济运行中的货币供应量、信贷量、利率、汇率及金融市场等问题。

(2) 是调节社会总需求的政策。货币政策调节宏观经济是通过调节社会总需求而实现的。通过对社会总需求的调节,间接地影响到社会总供给的变动,从而促使整个社会总需求和总供给的平衡。

(3) 是间接调节经济的政策。货币政策对经济的调节一般不适合采取直接的行政手段,而主要是通过经济手段利用市场机制的作用,通过调节货币供应量及其他金融变量影响经济活动主体的行为来达到间接调节经济活动的目的。但也不排除在特定的经济及金融环境下采取一定的直接控制措施。

(4) 目标具有长期性。货币政策目标是稳定币值、经济增长、充分就业和国际收支平衡,是一种长期性的政策目标。但是,货币政策的各项具体措施具有短期性、时效性的特点。所以,货币政策不能笼统地说成是一种长期性经济政策,应该是目标的长期性与措施的短期性的动态结合,短期措施服从长期政策目标的政策系统。这是货币政策与其他经济政策的重要区别。

> **想一想**
>
> **治大国如烹小鲜**
>
> 美联储主席格林斯潘具有传奇的经历,由于他在任职美联储期间,成功地实施了货币政策,使得美国经济多次化解金融危机和通货膨胀。
>
> 1987年,格林斯潘担任美国联邦储备委员会主席。因此当时他的任命一宣布,道·琼斯指数竟下降了22个点。债券价格下滑得更厉害。在一天之内降到了五年内的最低点。在东京,美元对日元的汇率由1:145跌到了1:142.5;在巴黎,美元对法国法的汇价下降了2%。
>
> 格林斯潘上任伊始,危机四伏,股市、油价跌跌不休。在经过一周的惨重损失后,到10月19日这一天——不久就成为臭名昭著的"黑色星期

一"——股票市场大幅度地下降了508点（降至1738.74点），这一天下降的百分比为22.6%，是1929年大萧条时著名的"黑色星期二"那一天的两倍。面对挑战，格林斯潘挺身而出。他当夜召开紧急会议，并做出了至关重要的决策。在星期二开市铃声响前不到一个小时，他发表了下面的简要声明："联邦储备委员会，根据其国家中央银行的责任，今天重申它时刻准备着发挥其清偿来源的作用，支撑经济和金融系统。"也就是说美联储会根据需要，向金融体系注入资金，以防止金融崩溃。换句话说，对付危机的紧迫性远远超过了紧缩银根的政策。

市场很快就平静下来。在短短的几个月内，人们挽回了"黑色星期一"中所遭受的全部损失。正如《福布斯》日报所描绘的那样，"这是格林斯潘最辉煌的一刻，他高高举起喇叭，告诉银行把钱借给华尔街，然后降低短期利率，而长期利率也随之下降。"

这种有效的干预，对格林斯潘来说，还只是开头。股票大跌几个月后，美联储又调高了利率，这是一个惊人的举动，而且传递了两个有关信息：首先，格林斯潘已下定决心抑制通货膨胀；其次，他相信1987年的股票大跌与其说是危机，倒不如说是对经济的调整。他高瞻远瞩，不让短期波动影响经济的长期持续增长。值得庆幸的是，1987年的股票大跌没有重演1929年的悲剧。

请思考：

1. 谈谈你对货币政策特点的认识。
2. 你认为央行负责人的能力对货币政策的成功与否影响大吗？请说明你的理由。

二、我国货币政策目标的选择

自1984年中国人民银行专门行使中央银行职能以后至1995年3月《中华人民共和国中国人民银行法》（以下简称《中国人民银行法》）颁布之前，我国事实上一直奉行的是双重货币政策目标，既发展经济和稳定货币。这种做法符合中国过去的计划经济体制，特别是在把银行信贷作为资源进行直接分配的情况下，货币总量控制与信贷投向分配都是有计划安排，发展经济和稳定货币这两种目标比较容易协调。但是改革开放以后10多年来的实践表明，在大多数情况下，货币政策的双重目标并没有能够同时实现。在支撑经济增长的同时，却伴随着较为严重的货币贬值和通货膨胀，1984—1995年的12年中，全国零售物价总指数涨幅超过5%的年份就有9年。

1995年3月颁布实施《中国人民银行法》对"双重目标"进行了修正，确定货币政策目标是"保持货币币值的稳定，并以此促进经济增长"。2003年12月27日重新修订的《中国人民银行法》再次确认了这一目标。这个目标体现了两个要求：（1）不能把稳定币值与经济增长放在等同的位置上，从主次看，稳定币值始终是主要的；从顺序看，稳定货币为先。中央银行应该以保持币值稳定来促进经济增长。（2）即使在短期内满足经济增长的要求，也必须坚持稳定货币的基本目标。

三、货币政策的工具

中央银行对经济的宏观调节是通过运用货币政策工具。中央银行货币政策工具就是中央银行为实现货币政策目标，进行金融控制和调节所运用的策略手段。中央银行的货币政策工具有一般性使用的货币政策工具和选择性使用的货币政策工具。

1. 一般性政策工具

一般性使用的货币政策工具是中央银行运用最多的传统工具，包括再贴现政策、存款准备金政策和公开市场政策，我们称为传统的三大货币政策工具，也有人称之为"三大法宝"，因为这些手段的实施对象是整体经济，而非个别部门或个别企业。

二维码12.5：
一般性政策工具

（1）再贴现政策。所谓再贴现政策是中央银行通过制定或调整再贴现利率，来干预和影响市场利率以及货币市场的供应和需求，从而调节市场货币供应量的一种货币政策。再贴现率是中央银行对商业银行的票据进行贴现所收取的利息的比率。

再贴现政策的效果包括四方面：第一，可以影响商业银行的资金成本和超额准备，从而改变其贷款和投资活动；第二，贴现政策可以产生告示性效果，从而影响商业银行和公众的预期，引导金额市场利率；第三，通过决定何种票据具有再贴现资格，从而影响商业银行资金运用方向，起到抑制和扶植的效应；第四，再贴现率的调整，对货币市场具有较广泛的影响。

再贴现政策的局限性包括：第一，如果再贴现利率过高，商业银行就不会去中央银行再贴现，而通过其他渠道获得资金，中央银行不能强迫商业银行一定要到中央银行申请再贴现，中央银行处于被动地位；第二，中央银行调整再贴现率，只能影响利率水平，不能改变利率结构；第三，中央银行的再贴现政策缺乏弹性，因为中央银行如经常调整再贴现率，会引起市场利率的经常性波动，使企业和商业银行无所适从。

二维码12.6：
美元加息与我国
宏观调控

> **知识窗**
>
> **我国再贴现政策简介**
>
> 自1986年人民银行在上海等中心城市开始试办再贴现业务以来，再贴现业务经历了试点推广到规范发展的过程
>
> 1986年，针对当时经济运行中企业之间严重的贷款拖欠问题，人民银行下发了《中国人民银行再贴现试行办法》，决定在北京、上海等十个城市对专业银行试办再贴现业务。这是自人民银行独立行使中央银行职能

以来，首次进行的再贴现实践。

1995 年末，人民银行规范再贴现业务操作，开始把再贴现作为货币政策工具体系的组成部分，并注重通过再贴现传递货币政策信号。

1998 年以来，为适应金融宏观调控由直接调控转向间接调控，加强再贴现传导货币政策的效果。规范票据市场的发展，人民银行出台了一系列完善商业汇票和再贴现管理的政策。2008 年以来，为有效发挥再贴现促进结构调整，引导资金流向的作用，人民银行进一步完善再贴现管理，适当增加再贴现转授权窗口，以便于金融机构尤其是地方中小金融机构法人申请办理再贴现；适当扩大再贴现的对象和机构范围；推广使用商业承兑汇票，促进商业信用票据化；对涉农票据优先办理再贴现等。

2010—2012 年，央行对中小微企业投入再贴现资金达到 80.5% 的比例。帮助企业顺利融资，有助于企业资金周转，促进企业维持正常的经济活动以及转型升级。同时，央行再贴现政策大力支持涉农企业票据融资，在全部再贴现资金中占比高达 35.3%。

2014 年以来，通过再贴现金融工具的指引，再结合票据融资业务的大力开展，有效地支持了中小法人金融机构业务发展。

（2）存款准备金政策。存款准备金政策是指中央银行在法律所赋予的权力范围内，通过调整商业银行交存中央银行的存款准备金比例，以改变货币乘数，控制金融机构的信用扩张能力，间接控制社会货币供应量，从而影响国民经济活动的一种制度。存款准备金与金融机构存款总额的比例就是存款准备金率。

存款准备金政策的效果：第一，可以将金融机构分散保管的准备金集中起来，防止存款人集中、大量挤提存款而导致支付能力削弱，对经济金融产生破坏性影响，保证金融机构的清偿力和金融业的稳定；第二，用于调节和控制金融机构的信用创造能力和贷款规模，控制货币供应量；第三，增强中央银行资金实力，使中央银行不仅有政治实力，还有强大的经济实力做后盾。

存款准备金政策的局限性：中央银行难于确定存款准备金率调整的时机和幅度，商业银行难于迅速调整准备金数额以符合提高的法定限额，如果少量的超额准备金难以应付，会使商业银行资金周转不灵，因此，这一工具是一件威力巨大但不能经常使用的武器（见表 12-1）。

表 12-1　　　　　　　　　中国存款准备金调整一览表

公布时间	生效日期	大型金融机构			中小金融机构		
		调整前	调整后	调整幅度	调整前	调整后	调整幅度
2019/01/04	2019/01/25	14.00%	13.50%	-0.50%	12.00%	11.50%	-0.50%
2019/01/04	2019/01/15	14.50%	14.00%	-0.50%	12.50%	12.00%	-0.50%
2018/10/07	2018/10/15	15.50%	14.50%	-1.00%	13.50%	12.50%	-1.00%

续表

公布时间	生效日期	大型金融机构			中小金融机构		
		调整前	调整后	调整幅度	调整前	调整后	调整幅度
2018/06/24	2018/07/05	16.00%	15.50%	-0.50%	14.00%	13.50%	-0.50%
2018/04/17	2018/04/25	17.00%	16.00%	-1.00%	15.00%	14.00%	-1.00%
2016/02/29	2016/03/01	17.50%	17.00%	-0.50%	15.50%	15.00%	-0.50%
2015/10/23	2015/10/24	18.00%	17.50%	-0.50%	16.00%	15.50%	-0.50%
2015/08/25	2015/09/06	18.50%	18.00%	-0.50%	16.50%	16.00%	-0.50%
2015/04/19	2015/04/20	19.50%	18.50%	-1.00%	17.50%	16.50%	-1.00%
2015/02/04	2015/02/05	20.00%	19.50%	-0.50%	18.00%	17.50%	-0.50%
2012/05/12	2012/05/18	20.50%	20.00%	-0.50%	18.50%	18.00%	-0.50%
2012/02/18	2012/02/24	21.00%	20.50%	-0.50%	19.00%	18.50%	-0.50%
2011/11/30	2011/12/05	21.50%	21.00%	-0.50%	19.50%	19.00%	-0.50%
2011/06/14	2011/06/20	21.00%	21.50%	0.50%	19.00%	19.50%	0.50%
2011/05/12	2011/05/18	20.50%	21.00%	0.50%	18.50%	19.00%	0.50%
2011/04/17	2011/04/21	20.00%	20.50%	0.50%	18.00%	18.50%	0.50%
2011/03/18	2011/03/25	19.50%	20.00%	0.50%	17.00%	18.00%	1.00%
2011/02/18	2011/02/24	19.00%	19.50%	0.50%	16.50%	17.00%	0.50%
2011/01/14	2011/01/20	18.50%	19.00%	0.50%	16.50%	16.50%	0.00%
2010/12/10	2010/12/20	18.00%	18.50%	0.50%	16.00%	16.50%	0.50%
2010/11/19	2010/11/29	17.50%	18.00%	0.50%	15.50%	16.00%	0.50%
2010/11/10	2010/11/16	17.00%	17.50%	0.50%	15.00%	15.50%	0.50%

想一想

2010年1月提高准备金率,这是自2008年6月提高存款准备金率间隔一年多之后的首次准备金利率的上调。从此,开始了中国紧缩性的货币政策,到2011年6月接连12次提高存款准备金率,收紧流动性,以抑制通货膨胀。

请思考:我国自2011年11月30日起,连续10次调低存款准备金率,其原因和主要作用何在?

(3)公开市场政策。公开市场政策是指中央银行在公开市场上买进或卖出有价证券、外汇,以吞吐基础货币,实现货币政策目标的行为。

公开市场政策的效果:第一,中央银行在市场上大量买进有价证券,相当于向市场上投放了一笔资金,增加了市场货币供应量,如果是流入商业银行手中,可以导致信用的扩张,货币供应量成倍增加。相反,当中央银行大量卖出有价证券,使市场资金流回中央银行,会引起信用规模的收缩,货币供应量减少。因此,公开市场政策可以达到适时适量地按任何规模扩张和收缩信用，调节货币供应量的目的，比调整法定存款准备金率灵活；第二，公开市场政策比贴现政策具有"主动权"，可以根据不同的情况和需要，随时主动出击，而不是被动等待；第三，中央银行可以根据金融市场的信息不断调整业务，产生一种连续性的效果，这种效果使社会对货币政策不易做出激烈的反应，而其他两个政策只能产生一次性的效果，易引起社会的强烈反应。

公开市场政策的局限性：第一，传导机制较缓慢，其影响需经过一段时间后才能见效；第二，公开市场政策对各种有价证券的价格和收益率影响很大，需要发达的金融市场和多样的证券种类；第三，当商业银行的行动不配合中央银行货币政策，公开市场政策的作用就不能得到充分发挥。

小案例

央行重启公开市场逆回购操作

2017年2月13日，央行官网发布公开市场业务交易公告，央行13日以利率招标方式开展了1000亿元逆回购操作，其中包括200亿元的7天期、300亿元的14天期和500亿元的28天期，中标利率分别为2.35%、2.50%和2.65%。此前，央行已连续六个交易日暂停公开市场逆回购操作。

在稳增长和去杠杆背景下，2017年，央行货币政策表现出放量和加价的"量价分离"的政策组合特征。在价格工具方面，2017年央行分别于2月、3月、12月3次提高公开市场操作利率，其中2月、3月各上调10个基点，12月则上调了5个基点。

分析认为，2017年实体经济整体运行平稳，经济韧性不断凸显。在此背景下，公开市场操作利率上行有助于进一步去杠杆；同时央行保持基准利率不变，可保证经济平稳增长。

2. 选择性政策工具

传统的三大货币政策工具都是通过调节货币总量从而影响整个宏观经济。在这些一般性政策工具之外，还有可选择地对某些特殊领域的信用加以调节和影响的措施，这就是选择性货币政策工具。它是中央银行针对不同的部门、不同的企业和不同用途的信贷而采取的政策工具，这些工具可以影响金融机构体系的资金运用方向以及不同信用方式的资金利率，起到鼓励或抑制的作用，达到结构调整的目的。这些工具有：

（1）消费信用控制。消费信用控制是指中央银行对不动产以外的各种耐用消费品的销售融资进行控制。在消费信用膨胀和通货膨胀时期，中央银行采取消费信用控制，能抑制消费需求和物价上涨。

（2）不动产信用控制。不动产信用控制是指中央银行对金融机构在房地产方面放款的限制措施，从而达到抑制房地产投机和泡沫的目的。主要做法是对房地产贷款规定最高限额、最长期限以及首次付款和分摊还款的最低金额。

（3）证券市场信用控制。对各种贷款和信用交易的保证金比率进行限制，并随时根据证券市场的状况加以调整。目的在于金融交易的总量，抑制过度投机。

（4）预缴进口保证金。预缴进口保证金类似证券保证金的做法，即中央银行要求进口商缴相当于进口商品总值一定比例的存款，以抑制进口的过快增长。预缴进口保证金多为国际收支经常出现赤字的国家采用。

（5）优惠利率。优惠利率是中央银行对国家重点发展的经济部门或产业，如出口工业、农业等所采取的鼓励措施。优惠利率不仅在发展中国家多有采用，发达国家也普遍采用。

3. 其他货币政策工具

（1）直接信用控制。直接信用控制是指中央银行对金融机构的信用活动进行直接控制。例如，规定利率的最高限，对商业银行的信贷实行规模控制，规定商业银行的流动性比例等。

一般来说，直接信用控制是在市场机制不完善，一般性货币政策工具不能发挥作用或作用不大时采用的，即在不能通过一般性货币政策工具作用于操作目标，再通过操作目标作用于中间目标，然后通过中间目标作用于终极目标时才采用直接信用控制，以直接信用工具直接作用于中间目标货币供应量或利率。

（2）间接信用控制。间接信用控制是指中央银行通过道义劝告、窗口指导等办法间接影响商业银行的信用创造。

所谓道义劝告是指中央银行利用其威望和地位，对金融机构发出通告、指示或指导意见等，劝告金融机构进行或不进行某种活动。例如，当经济发展速度过快时，劝告商业银行减少放款；反之，当经济发展速度低迷时，劝告商业银行扩大放款；当消费信贷过旺时，劝告商业银行减少这方面的贷款等。

所谓窗口指导就是指中央银行根据产业行情、物价趋势和金融市场动向，规定商业银行每季度贷款的增减额，并要求其执行。虽然窗口指导没有法律约束力，但其作用有时也很大。第二次世界大战结束后，窗口指导曾一度是日本货币政策的主要工具。

四、货币政策与财政政策的协调配合

根据一般理论和国外实施宏观调控的经验，财政政策与货币政策是国家实行宏观调控的手段，然而，无论是财政政策还是货币政策，都是有一定的局限性。这就是客观上要求协调运用财政政策和货币政策，并使之形成合力，避免发生逆向调节而导致政策效果的相互抵消，以便更充分地发挥它们的综合调节能力。财政政策与货币政策的配合模式有以下组合形式：

1. 松财政、松货币组合

双松政策是扩张性的财政政策和扩张性的货币政策组合，当社会的总需求量严重不足时，生产资源大量闲置，解决失业和刺激经济增长成为宏观调控的首要目标时，适宜采取以财政政策为主的"双松"的财政货币政策配合模式。

2. 紧财政、紧货币组合

当社会总需求量极度膨胀，社会总供给严重不足和物价大幅度攀升，抑制通货膨胀成为首要的控制目标时，适宜采取"双紧"的财政政策和货币政策配合模式。

3. 紧财政、松货币组合

当政府开支过大，国家基本稳定，经济结构合理，但是企业投资并不十分旺盛，经济也非常过度繁荣，促使经济较快增长成为经济运行的首要目标时，适宜采取"紧财政，松货币"的配合模式。

4. 松财政、紧货币组合

当社会运行表现为通货膨胀与经济停滞并存，产业结构和产品结构失衡，治理"滞胀"、刺激经济增长成为政府协调经济的首要目标时，适宜采取松财政、紧货币政策配合模式。

二维码12.7：改革开放40年——对话货币政策

> **想一想**
>
> **财政政策配合货币政策——积极稳健真假之争**
>
> 2018年7月13日，央行研究局人士撰文称，"多个现象表明积极的财政政策不是真积极""没有赤字增加的积极财政政策就是耍流氓"。此文引发了市场上关于金融与财政的新一轮争论。
>
> 对此，中国财政科学研究院人士指出，创新积极财政政策，更好地服务供给侧结构性改革，主要体现在三个方面：一是财政政策从总量为主转向结构性政策；二是财政政策从过去单一关注、重点关注经济到综合；三是从过去宏观调控转向公共风险的管理。
>
> 7月16日，财新网署名为"青尺"的一位财政系统人士也指出，不能将赤字规模与积极财政政策的力度简单等同起来。财政部门在实际操作中已统筹考虑多种渠道加大积极财政政策力度。
>
> 关于金融与财政如何更好地发挥作用的探讨由来已久，请结合我国宏观经济实践谈谈你的理解。

任务分析

降准，一方面向市场提供所需的流动性；另一方面将本属于银行的流动性释放给银行，把法定存款准备金率过高导致的金融市场扭曲恢复到正常状态，相对于公开市场业务等其他货币政策工具，这也更有助于降低银行资金成本，相应也有助于降低企业融资成本，缓解企业融资难、融资贵。此次降准及相关操作净释放约 8000 亿元长期增量资金，可以有效增加小微企业、民营企业等实体经济贷款资金来源。置换中期借贷便利每年还可直接降低相关银行付息成本约 200 亿元，通过银行传导有利于实体经济降成本。这些都有利于支持实体经济发展。

思考与练习

一、单项选择题

1. 国内生产总值表示一定时期内的某一国家或地区领土范围内（　　）的市场值总和。
   A. 所有经济交易
   B. 所有市场交换的最终商品和劳务
   C. 所有商品与劳务
   D. 生产的所有最终商品和劳务

2. 传统的三大货币政策工具不包括（　　）。
   A. 再贴现政策　　　　　　　B. 存款准备金政策
   C. 调整利率　　　　　　　　D. 公开市场政策

3. 以下不属于财政政策工具的是（　　）。
   A. 国债　　　　　　　　　　B. 税率
   C. 利率　　　　　　　　　　D. 政府投资

4. 如果中央银行采取扩张的货币政策，可以（　　）。
   A. 在公开市场买入债券，以减少商业银行的准备金，促使利率上升
   B. 在公开市场卖出债券，以增加商业银行的准备金，促使利率下跌
   C. 在公开市场买入债券，以增加商业银行的准备金，促使利率下跌
   D. 在公开市场卖出债券，以减少商业银行的准备金，促使利率上升

5. 在下列中央银行可以运用的货币政策工具中，主动权完全由中央银行掌握的是（　　）。
   A. 公开市场业务　　　　　　B. 利率
   C. 再贴现率　　　　　　　　D. 存款准备金率

6. 当市场上货币供应量过多时，中央银行应该采取的措施为（　　）。
   A. 降低法定存款准备金率　　B. 买入证券
   C. 提高再贴现率　　　　　　D. 减少央行票据发行量

7. 中央银行在金融市场上卖出或买入有价证券，吞吐基础货币，以改变商业银行等金融机构的可用资金，进而影响货币供给量和利率，实现货币政策目标的措施是指（　　）。
   A. 贴现政策　　　　　　　　B. 公开市场业务
   C. 利率政策　　　　　　　　D. 法定存款准备金政策

8. 中国人民银行制定和执行货币政策的目标是（　　）。
   A. 保持货币币值稳定，并以此促进经济增长
   B. 提高就业率
   C. 提高生产力
   D. 促进国际收支平衡

9. （　　）是指中央银行为实现特定经济目标而采用的控制和调节货币供应量、信用及利率等方针和措施的总称，是国家调节和控制宏观经济的主要手段之一。
   A. 财政政策　　　　　　　B. 货币政策
   C. 经济政策　　　　　　　D. 社会政策

10. 在一国经济过度繁荣时，最有可能采取的政策是（　　）。
    A. 扩张性财政政策，抑制通货膨胀
    B. 紧缩性财政政策，抑制通货膨胀
    C. 扩张性财政政策，防止通货紧缩
    D. 紧缩性财政政策，防止通货紧缩

二、多项选择题

下面宏观经济发展目标所对应的衡量指标错误的是（　　）。
1. 经济增长—国民生产总值
   B. 充分就业—失业率。
   C. 物价稳定—居民消费者价格指数
   D. 国际收支平衡—国际收支

2. 宏观经济政策的选择原则是（　　）。
   A. 急则治标　　　　　　　B. 缓则治本
   C. 缓则治标　　　　　　　D. 标本兼治

3. 货币政策具有的特征是（　　）。
   A. 属于宏观经济政策　　　B. 是调节社会总需求的政策
   C. 是直接调节经济的政策　D. 目标具有短期性

4. 国债的调节作用主要表现在（　　）。
   A. 调节资源的优化配置
   B. 调整产业结构
   C. 调节资金供求
   D. 调节国民收入的使用结构

5. 中国人民银行为执行货币政策，可以运行的货币政策工具有（　　）。
   A. 要求银行业金融机构按照规定的比例交存存款准备金
   B. 确定中央银行浮动利率
   C. 为在中国人民银行开立账户的银行业金融机构办理再贴现
   D. 向商业银行提供贷款

E. 在公开市场上买卖国债、其他政府债券和金融债券及外汇

6. 货币政策的最终目标包括（　　）。

　　A. 经济增长　　　　　　　　B. 货币供应量
　　C. 物价稳定　　　　　　　　D. 充分就业
　　E. 利率

7. 下列一般性货币政策工具中，缺乏弹性或灵活性的货币政策工具有（　　）。

　　A. 公开市场操作　　　　　　B. 利率政策
　　C. 再贴现政策　　　　　　　D. 法定存款准备金政策
　　E. 窗口指导

8. 当经济过热时中央银行可采取的货币政策措施有（　　）。

　　A. 提高再贴现率　　　　　　B. 提高法定存款准备金率
　　C. 增加再贷款规模　　　　　D. 在公开市场上卖出有价证券
　　E. 降低利率

9. 我国中央银行实施货币政策的三大传统法宝是（　　）。

　　A. 法定存款准备金　　　　　B. 再贴现利率
　　C. 公开市场业务　　　　　　D. 税收
　　E. 支出

10. 下列属于宏观经济政策的是（　　）。

　　A. 财政政策　　　　　　　　B. 收入政策
　　C. 产业政策　　　　　　　　D. 货币政策

三、简答题

1. 货币政策的特征是什么？
2. 供给管理政策的具体内容有哪些？
3. 简述我国货币政策工具？

四、思考分析

　　近年来，美国失业率保持一种相对稳定状态，而欧盟国家的失业率却急剧上升而且保持在30年前的水平之上。如何解释两地劳动力市场的差别呢，部分原因在于两个经济体的宏观经济政策不同。美国只有一个中央银行，即联邦储备系统，它严格监控着美国经济。当失业率提高影响到居民对经济的信心时，美联储会放松银根，实行积极的货币政策，刺激总需求和提高产出，并防止失业率的进一步提高，实际上这是通过提高通胀率来降低失业率的方法。

　　而今天的欧盟还不存在这样的机构，欧盟是个国家联盟，它的货币政策由欧洲中央银行统一制定，由于考虑到各国情况的复杂性，欧洲中央银行的目标主要是保持物价的稳定，奉行强有力的货币政策，全力保持低利率和低

通胀。在这样的情况下，就无法利用通货膨胀政策来降低失业率。

思考：

1. 造成失业的原因有哪些？
2. 结合学过的经济学原理或曲线，分析失业和通货膨胀的关系。

五、技能实训

实训任务：请对我国 2018 年宏观经济发展相关数据指标进行搜集统计进而分析我国宏观经济调控改革的政策重心及效果。

实训要求：

1. 本调查以团队的形式完成，自行组建调查团队，团队以 4~5 人为宜。
2. 在实施实地调查前，填写调查进度计划表并提交指导老师确认。
3. 形成书面的调查报告（见表 12-2）。

表 12-2　　　　　　　　　　调查进度表

团队成员：
调查地点：
调查时间：

工作与活动内容	时间	地点	参与人员	备注

参考文献

［1］曼昆．经济学原理．第二版［M］．北京：北京大学出版社，2002．

［2］梁小民．经济学是什么［M］．北京：北京大学出版社，2002．

［3］保罗·萨缪尔森，威廉·诺德豪斯．经济学．第十七版［M］．北京：人民邮电出版社，2004．

［4］刘源海．经济学基础［M］．北京：高等教育出版社，2006．

［5］罗伯特·弗兰克．牛奶可乐经济学［M］．北京：中国人民大学出版社，2008．

［6］徐美银．经济学原理［M］．北京：高等教育出版社，2008．

［7］缪代文．微观经济学与宏观经济学．第3版［M］．北京：高等教育出版社，2008．

［8］卢进强．应用经济学［M］．北京：北京交通大学出版社，2009．

［9］陈国栋，赖文艳．经济学基础［M］．北京：经济科学出版社，2009．

［10］邹伟，谭少杰．经济学基础［M］．广州：华南理工大学出版社，2009．

［11］郑健壮，王培才．经济学基础．第2版［M］．北京：清华大学出版社，2009．

［12］胡田田．经济学基础与应用［M］．上海：复旦大学出版社，2010．

［13］黄泽民．经济学基础．第3版［M］．北京：清华大学出版社，2010．

［14］陈福明．经济学基础［M］．北京：高等教育出版社，2011．

［15］钱明义．世界上最有趣的经济学故事［M］．北京：中国戏剧出版社，2011．

［16］高鸿业．西方经济学．第五版［M］．北京：中国人民大学出版社，2011．

[17] 拉斯·特维德. 逃不开的经济周期［M］. 北京：中信出版，2012.

[18] 保罗·萨缪尔森，威廉·诺德豪斯. 经济学. 第十九版［M］. 北京：商务印书馆，2013.

[19] 鲁宾费尔德，李彬. 微观经济学. 第八版［M］. 北京：中国人民大学出版社，2013.

[20] 徐辉. 经济学基础［M］. 北京：电子工业出版社，2013.

[21] 彼得·D. 希夫，安德鲁·J. 希夫. 小岛经济学［M］. 北京：中信出版集团，2017.

[22] 托马斯·索维尔. 经济学的思维方式［M］. 成都：四川人民出版社，2018.

[23] 薛兆丰. 薛兆丰经济学讲义［M］. 北京：中信出版社，2018.

[24] 魏海峰. 价格歧视在电信运营中的运用［J］. 通信企业管理，2005（6）.

[25] 周列平，白崭. 论经济人假设的合理性与局限性［J］. 科技创业月刊，2007（4）.

[26] 邓新华. 为什么第二杯饮料半价［J］. 旅游，2010（6）.